K 779

# HISTOIRE DE LA GASCOGNE

DEPUIS LES TEMPS LES PLUS RECULÉS

JUSQU'A NOS JOURS

—

TOME V.

# HISTOIRE

DE LA

# GASCOGNE

DEPUIS LES TEMPS LES PLUS RECULÉS

JUSQU'A NOS JOURS,

DÉDIÉE

A MONSEIGNEUR

## L'ARCHEVÊQUE D'AUCH

ET A NOSSEIGNEURS

### LES ÉVÊQUES

DE BAYONNE, D'AIRE, DE TARBES ET DU PUY.

Par l'Abbé J. J. MONLEZUN,

CHANOINE D'AUCH.

TOME CINQUIÈME.

AUCH,
**BRUN, Libraire-Éditeur.**

1850

AUCH, J. A. PORTES,
IMPRIMEUR DE LA PRÉFECTURE.

# HISTOIRE DE LA GASCOGNE
## DEPUIS LES TEMPS LES PLUS RECULÉS
### JUSQU'A NOS JOURS.

## LIVRE XVII.

### CHAPITRE I<sup>er</sup>.

Éléonore, comtesse de Foix, monte sur le trône de Navarre. — Sa mort. — François Phœbus, son petit-fils, lui succède et meurt à 15 ans. — Guerre pour sa succession. — Catherine, sœur de François, est reconnue par les États. — Son mariage. — Hommage des seigneurs d'Armagnac. — Les enfants et le frère du duc de Nemours obtiennent justice. — Charles, frère de Jean V, est délivré de prison. — Tortures qu'il avait endurées. — Il intéresse à sa cause les états de Tours. — Une grande partie des biens de son frère lui sont rendus. — Son entrée solennelle à Auch.

Pendant que le duc de Nemours rougissait l'échafaud de son sang, la maison de Foix voyait enfin s'ouvrir les barrières qui l'éloignaient du trône. Le roi Jean mourut à Barcelonne âgé de près de quatre-vingt-deux ans. Avant d'expirer, il consacra par un dernier testament (1) la transaction déjà passée avec Gaston et Éléonore, et légua à celle-ci la Navarre. Éléonore s'empressa

(1) Favin, histoire de Navarre, pag. 591. Nous avons puisé chez lui et chez Olhagaray qui n'est le plus souvent que son copiste et son abréviateur, une partie de nos documents sur la maison de Navarre.

de se faire couronner. La cérémonie eut lieu à Tudèle ; mais les fêtes brillantes données à cette occasion, furent presqu'aussitôt changées en deuil ; car la nouvelle reine ne survécut à son couronnement que quinze jours suivant les uns (1) et vingt-quatre suivant les autres. Jamais on ne vit mieux tout le vide de l'ambition humaine. Éléonore avait acheté un règne d'une ou deux semaines par trente ans d'agitations et de brigues. Heureuse encore si ses actes n'avaient pas été quelquefois horriblement coupables. Les persécutions suscitées à son frère et surtout la réclusion et la mort de sa sœur flétriront à jamais sa mémoire.

Le jeune François Phœbus succédait à sa grand'mère. Il habitait le Béarn où il croissait sous la tutelle de Madeleine de France (2). Cette princesse envoya aussitôt des députés en Navarre pour y faire reconnaître son fils ; mais les deux puissantes maisons de Beaumont et de Grammont, qui troublaient depuis si longtemps le royaume, plus divisées alors que jamais, s'étaient saisies de presque toutes les villes. Leurs rivalités ne laissaient pas de place à l'autorité légitime. Les députés ne furent point reçus. Madeleine, outrée de cette insulte, menaça de recourir à la force et d'appeler à son aide les rois de France et d'Aragon. Cette menace, loin de ramener les esprits, irrita l'orgueil national, et la malheureuse Navarre demeura deux ans livrée à tous les maux qu'entraîne l'anarchie. Après ce terme, Madeleine crut

---

(1) Favin, liv. II, pag. 593. Olhagaray, pag. 379. Grands Officiers, tom. III, page 374.

(2) Voir pour tout ce qui suit, Olhagaray, page 388 et suiv. Grands Offic., tom III. L'Art de vérifier les Dates, édition de 1818, tom. VI, page 510. Dom Vaissette, tome V, et surtout Favin, liv. II, page 600 et suivantes.

que l'expérience aurait dessillé les yeux de la nation. Elle espérait d'ailleurs que sa présence aplanirait bientôt les difficultés. Dans cet espoir, elle traversa les monts accompagnée du cardinal de Foix son beau-frère; mais elle ne fut pas mieux accueillie que ne l'avaient été ses ambassadeurs.

Elle se tourna alors vers Ferdinand, roi d'Aragon, et dans une entrevue qu'elle eut avec lui, elle en obtint la promesse d'une armée considérable. Se sentant soutenue, elle convoqua les états à Tudèle, et pour laisser les délibérations plus libres, ou pour ménager la susceptibilité des seigneurs, elle repassa les Pyrénées. Son beau-frère seul resta en Espagne. L'assemblée fut nombreuse. Le cardinal y parla pour son neveu; sa harangue entraîna les états. On lui répondit que les Navarrais n'avaient d'autre désir que celui de recevoir leur prince et de le voir occuper le trône où Dieu l'avait appelé. On ajouta que Phœbus pouvait venir avec confiance; ses sujets lui promettaient, non seulement obéissance et fidélité, mais aide et secours contre tous ceux qui voudraient lui fermer l'entrée de son royaume. Quelques seigneurs essayèrent en vain d'arrêter cet élan; ils furent contraints de céder à l'entraînement général. Le comte de Lerins et le maréchal de Navarre, les deux chefs des factions ennemies, abjurèrent leurs anciennes animosités et se réconcilièrent publiquement.

Rien ne s'opposait plus à l'arrivée du souverain. On députa vers la régente qui se trouvait alors au château de Mazères dans le comté de Foix. A la nouvelle de ce qui se préparait, Madeleine se hâta de quitter Mazères et de se rendre à Pau où elle voulait recevoir la députation. Six gentilshommes envoyés par le roi de

France pour l'assister de leurs conseils, l'y avaient précédée. Elle marchait escortée de la noblesse du pays de Foix, commandée par Gaspard de Villemur, sénéchal du comté. Les seigneurs de Béarn conduits par Bernard de Foix s'avancèrent à sa rencontre. Les deux troupes réunies formaient quinze cents lances, nombre considérable sans doute, mais qui ne saurait étonner, puisque le Béarn seul comptait plus de sept cents seigneurs hommagiers.

C'est au milieu de cette brillante escorte que Phœbus se présenta aux députés et qu'il entra ensuite en Navarre. Le comte de Lerins lui ouvrit les portes de Pampelune, où il fut accueilli au bruit des plus vives acclamations. Sa jeunesse, ses grâces, sa beauté achevèrent de lui gagner tous les cœurs. Les rues étaient trop étroites : on montait sur les toits : on dressait des théâtres pour le contempler. Il fut couronné le 9 décembre 1481. Après quelques jours donnés aux réjouissances publiques, il visita successivement les principales places du royaume, et reçut avec l'hommage des habitans le serment des capitaines qui y commandaient. La politique lui conseillait de ménager le comte de Lerins. Il lui confirma la charge de connétable dont il avait été investi sous le règne précédent, et lui donna Larraga et quelques autres seigneuries. Mais il est des cœurs qu'aucun bienfait ne saurait gagner ; Lerins ne tarda pas à abandonner la maison de Foix et à passer à ses ennemis.

Phœbus achevait alors sa quatorzième année. Ferdinand lui offrit pour épouse, Jeanne, sa fille puînée, la même qui mariée plus tard à Philippe, fils de l'empereur Maximilien, porta dans la maison d'Autriche avec la Sicile presque toutes les Espagnes et la plus grande partie du Nouveau-Monde (\*). Madeleine (\*\*) n'osa pas accepter cette alliance, de peur de déplaire à Louis XI. Elle refusa pour le même motif la main de la princesse Jeanne, fille d'Henri l'impuissant, dernier roi de Castille. Pour se soustraire à de nouvelles obsessions, elle ramena son fils en France et vint fixer son séjour au château de Pau. Le jeune prince se plaisait à l'habiter. On prétend même qu'il l'agrandit; car selon quelques historiens, c'est lui que désigne une inscription qu'on lit encore sur une des portes (\*\*\*); mais s'il y travailla, sa mort prématurée dut bientôt suspendre les travaux.

François aimait singulièrement la musique. Un jour on lui présenta une flûte nouvelle. A peine l'eut-il approchée de ses lèvres, qu'il tomba sans vie en murmurant, dit-on (1), ces mots : mon royaume n'est pas de ce monde, ne vous troublez pas : je vais à mon Père. Ce tragique événement arriva le 22 janvier 1483. On a soupçonné que le poison avait hâté sa fin ; mais par qui et pourquoi eût été commis ce crime ? Les documents contemporains ne le disent point et la tombe a

---

(\*) Ce mariage et celui de Maximilien qui épousa Marie, fille unique et héritière de Charles-le-Téméraire, duc de Bourgogne, inspirèrent le vers suivant si souvent cité : *Bella gerant alii, tu felix, Austria, nube.*

(\*\*) Elle s'intitulait Madeleine, fille et sœur des rois de France, princesse de Viane, tutrice et gouvernante de notre très-cher et bien aimé François Phœbus, roi de Navarre, seigneur souverain du Béarn et comte de Foix. Olhagaray, page 394. Favin, page 603.

(\*\*\*) *Phœbus me fecit.* M. de Baure et M. Mazure le pensent ainsi. Pour nous, nous croyons que cette inscription regarde plutôt Gaston Phœbus. Un prince, enlevé dans sa seizième année, n'a pu guère s'occuper de bâtiments.

(1) Favin, page 603.

gardé ses mystères. Nous savons seulement qu'il fut enterré dans l'église cathédrale de Lescar. Avec lui s'éteignit la branche aînée des Foix Grailly. Elle avait gouverné le Béarn quatre-vingt-trois ans et régné quatre ans en Navarre, si l'on peut appeler règne une autorité presque toujours contestée.

François Phœbus, peu de jours avant d'expirer, fit un testament (*) par lequel il instituait Catherine, sa sœur, héritière de ses vastes domaines. Les droits de la jeune princesse semblaient incontestables. La couronne de Navarre n'était entrée dans la maison de Foix que par Éléonore, et nous avons déjà vu les femmes hériter des comtés de Foix et de Bigorre, et de la vicomté de Béarn. Néanmoins Jean de Foix, vicomte de Narbonne, second fils de Gaston IV et d'Éléonore, et oncle de Phœbus et de Catherine, prétendit que les Grailly avaient depuis peu adopté la loi salique comme l'avaient fait les maisons d'Armagnac et d'Albret, et qu'ainsi il devait être préféré à sa nièce. Madeleine, sans trop s'inquiéter de ces prétentions, s'empressa de convoquer les états des cinq ou six comtés ou vicomtés que possédait Phœbus en deçà des Pyrénées. Tous se prononcèrent pour sa fille et lui prêtèrent serment. La Navarre suivit cet exemple. Le cardinal de Foix, qui la gouvernait au nom de son neveu, n'eut pas de peine à y faire

---

(*) Ce testament est daté du 19 janvier 1483 et écrit en Gascon. François s'y qualifie par la grâce de Dieu roi de Navarre, duc de Nemours, Montblanc et de Gandie, et par la même grâce comte de Foix, seigneur de Béarn, comte de Bigorre et de Ribagorce, vicomte de Castelbon, de Marsan, de Gavardan et de Nebouzan, pair de France. La date de ce testament si rapprochée du jour de la mort de Phœbus nous fait soupçonner que la mort du jeune prince ne fut pas si inopinée que le font entendre presque tous les historiens.

reconnaître Catherine, malgré la sourde opposition du comte de Lerins secrètement gagné par Ferdinand, roi d'Aragon.

Ferdinand espérait à l'aide des troubles obtenir la main de la nouvelle reine pour l'infant d'Aragon, son fils, jeune prince encore au berceau. Il se hâta d'envoyer une ambassade à la régente pour en faire la demande solennelle; mais Louis XI vivait encore. Le monarque, dont la politique ombrageuse avait fait repousser une princesse espagnole, eût encore bien moins consenti à une alliance, qui devait réunir toutes les couronnes d'Espagne sur une même tête et introduire l'étranger dans le cœur de la France. Madeleine objecta (1) la disproportion d'âge et éconduisit les ambassadeurs. Cet acte de déférence fut le dernier qu'arracha à la régente la crainte d'un frère dont elle subissait toutes les volontés. A quelques mois de là (30 août 1483), Louis expirait dans son château du Plessis-les-Tours, en proie à la méfiance et à la terreur qu'il inspirait aux autres; roi à part de tous nos rois, prince bizarre, chez lequel se heurtent tous les contrastes; monarque devant lequel l'impartiale histoire hésite, n'osant pas trop flétrir ses défauts, tant ils servirent les intérêts de la France, osant encore moins louer ses qualités tant elles ressemblent à des vices. Tour-à-tour, ajouterons-nous avec le savant compatriote (2) que nous citons toujours avec un nouveau bonheur, avare et généreux, défiant et téméraire, trivial et superbe, populaire et hautain, abject et magnifique, il semblait s'envelopper de caprices et vouloir échapper aux jugements. Charles VIII,

(1) Favin, page 604. Mariana. — (2) M. Laurentie, Histoire de France, tome 4, page 469.

ou plutôt Anne de Beaujeu, sa sœur, à qui le roi avait laissé l'administration de l'état durant la minorité de son fils, ne perdit pas de vue la riche héritière dont la main était tous les jours plus ambitionnée. Elle proposa quatre candidats (1) : le duc d'Alençon, Charles d'Orléans, comte d'Angoulême, qui épousa depuis Louise de Savoie et en eut le roi François I*er*, Jean, fils aîné d'Alain, sire d'Albret, et le prince de Tarente, seigneur italien.

Madeleine et sa fille ne voulurent point choisir elles-mêmes. Dans ces temps reculés où l'on pense souvent qu'un despotisme stupide pesait sur l'Europe, on comprenait pour le moins aussi bien et peut-être mieux que de nos jours, que les souverains appartiennent à leurs peuples avant de s'appartenir, et qu'une nation ne peut passer sous les lois d'une maison étrangère au choix ou selon les caprices d'une fille légère ou inexpérimentée. On convoqua une assemblée générale à Pau. Les trois états de Béarn, du Marsan et du Gavardan ouvrirent leurs séances le 16 février 1484. La régente annonça qu'elle ferait connaître le motif qui l'avait portée à les mander près d'elle, dès que les députés de Foix, de Bigorre et de Nebouzan seraient arrivés. On les attendit quelques jours, et quand l'assemblée fut complète, Madeleine, après avoir fait promettre par serment le secret sur la délibération qu'elle provoquait, déclara que la reine, étant nubile, demandait que les états lui désignassent, selon Dieu et leur conscience, l'époux qu'elle devait appeler à partager son trône.

Les votes seuls du Béarn nous ont été conservés. Les vicaires des évêques de Lescar, d'Oleron et d'Aire

(1) Voir M. Faget de Baure, page 359 et suivantes.

se déclarèrent pour Jean d'Albret. La noblesse se partagea : une voix demande l'infant d'Espagne, plusieurs se prononcèrent pour le prince de Tarente; mais le plus grand nombre se rangea à l'avis des trois députés ecclésiastiques. Les communautés opinèrent ensuite; elles avaient d'abord supplié la régente de choisir elle-même l'époux de sa fille en s'aidant des conseils des seigneurs de sa maison et surtout du cardinal de Foix, du comte de Candale et du duc de Bretagne; mais sur la réponse de Madame et après la délibération des seigneurs ecclésiastiques, des barons et des gentilshommes, les bourgs et les parsans du Vicbilh, du Montanarès, de Sauveterre, de Pau, et les villes de Belloc, de Morlas et de Castilès, opinant selon Dieu et leur conscience, et sous le serment par eux prêté, ne furent point d'avis que le sire d'Albret fût accepté. Là se borna leur réponse. Ils ne désignèrent aucun candidat. Les vallées d'Ossau, d'Aspe et de Baretous déclarèrent que leur très-grand désir serait de voir leur souveraine mariée avec un seigneur, par qui, *moyennant Dieu,* elle eût des enfants promptement. Toutefois, des quatre seigneurs proposés, elles choisirent le jeune d'Albret.

Nous nous arrêtons avec bonheur et presque avec respect devant ces délibérations véritablement consciencieuses. Le vote du tiers-état surtout nous paraît singulièrement empreint de moralité et de raison. Les domaines de Catherine, placés comme ils étaient entre le puissant et redoutable Ferdinand d'Aragon et le jeune Charles VIII, réclamaient un prince qui pût prendre en main les rênes de l'administration. Néanmoins, on conçoit la préférence donnée à Jean d'Albret. On l'attribue assez généralement aux sympathies non équivoques et aux recommandations de la couronne de France. On devrait plutôt en faire honneur au bon sens des états. Le duc d'Alençon et le comte d'Angoulême, princes du sang, il est vrai, n'avaient l'un et l'autre qu'un assez mince apanage, et cet apanage était situé bien loin des Pyrénées. Le prince de Tarente, seigneur italien, mais fils de Marie de Foix, ne pouvait apporter que sa parenté et la maturité de son âge. Jean, au contraire, chef de la riche et puissante maison d'Albret, devait réunir un jour d'immenses terres à celles que possédait déjà Catherine. Avec lui presque toute la Gascogne allait se concentrer dans les mêmes mains, et l'âge, l'expérience, la haute renommée d'Alain, père de Jean, viendraient en aide à la jeunesse de son fils. Ajoutons enfin que Charles VIII et Anne de Beaujeu n'auraient pas vu avec plaisir l'agrandissement des deux princes du sang dont ils redoutaient déjà l'influence. Ils écrivirent (1) d'Amboise à Jean de Foix, vicomte de Lautrec, qui avait beaucoup d'empire sur l'esprit de la régente, pour qu'il l'engageât à préférer le sire d'Albret. Ainsi tout se réunit pour faire triompher une candidature qui avait d'ailleurs obtenu la pluralité des suffrages. Le contrat fut bientôt arrêté; les deux maisons de Navarre et d'Albret le signèrent à Orthez le 14 juin 1484 (2), et le mariage fut célébré dans la cathédrale de Lescar vers la fin de cette même année. Jean et Catherine étaient à peu près du même âge. Jean entrait dans sa quinzième année et Catherine achevait sa treizième.

(1) Histoire du Languedoc, tome 5, page 70.
(2) Ce contrat nous a été conservé. On le trouvera dans notre 6e volume.

Le vicomte de Narbonne s'efforça de traverser les négociations. Il n'eut pas plutôt appris la mort de Louis XI, qu'il se transporta à Pau. Il harangua le peuple et essaya de l'attirer à sa cause; mais toute son éloquence ne put gagner que quelques citoyens sans aveu. Les consuls et les notables, pour toute réponse, songeaient à se saisir de sa personne. Le vicomte instruit de leur dessein, s'évada sagement et se retira à Maubourguet, une des villes qui lui étaient advenues des dépouilles de l'infortuné Jean V. De là, il dépécha dans le Béarn deux gentilshommes munis de ses instructions et chargés de ses pleins pouvoirs. La noblesse attachée au sang de ses maîtres, lui était plus favorable que les communes. Les seigneurs de Grammont, de Gerderest, d'Andouins et de Coarrase se déclarèrent pour lui. Leur exemple fut suivi par Gaspard de Villemur, sénéchal du comté de Foix (1). Villemur était capitaine du château de Foix, la clé et le boulevard du pays; il pouvait le remettre entre les mains du vicomte; mais en loyal chevalier, il envoya un de ses parents à Pau *devers Madame Catherine*, avec charge de remettre entre ses mains *tant son estat que son chasteau*. Il la priait en même temps de l'excuser, s'il embrassait la défense du vicomte de Narbonne dont il croyait la cause non moins juste qu'équitable, et il la remerciait des honneurs qu'elle avait daigné lui conférer.

Jean de Château-Verdun se joignit à Gaspard de Villemur, et les deux seigneurs à la tête d'un corps de cavalerie assez considérable se rendirent à Maubourguet. Le vicomte y attendait le résultat du message qu'il avait envoyé dans le Béarn; mais comme les états

(1) Favin, page 607.

tardaient à se prononcer en sa faveur, il suivit le conseil de Villemur et de Château-Verdun, et prit avec eux le chemin du pays de Foix. Il courut assiéger la ville de Mazères, séjour ordinaire des comtes ses ancêtres. Il se flattait que les habitants, qui l'avaient vu naître et croître parmi eux, lui ouvriraient leurs portes; mais ils demeurèrent fidèles à Catherine. Il fallut que la trahison l'introduisît dans la place. Le gouverneur eut le temps de se retirer dans le château avec les troupes placées sous ses ordres; mais pendant qu'il s'amusait à parlementer, quelques soldats escaladèrent le mur et le forcèrent à se rendre. Le vicomte se présenta ensuite devant Montaut. Bernard de Vignaux, seigneur de Lespinasse, qui y commandait, essaya une légère résistance; puis content d'avoir ainsi sauvé son honneur, il arbora le drapeau ennemi. La ville de Pamiers qui fut assiégée après Montaut parut hésiter un instant; mais elle se prononça enfin pour la reine et repoussa l'aggression. Jean de Foix se vengea sur le Mas-St-Antonin qu'il occupa quoique cette ville appartînt à l'évêque de Pamiers. Ses armes échouèrent partout ailleurs, et il ne put que ravager un pays dont il se proclamait le légitime maître.

Son ambition s'était promis de plus grands succès. Outré de voir que la force ouverte lui profitait si peu, il appela (1) le poison à son aide. Deux des plus grands seigneurs du Béarn, Roger de Grammont et Jean de Gerderest, beau-frère de Roger, entrèrent dans le complot; il paraîtrait même que l'idée première en appartint à Grammont, qui séduisit Gerderest et le détermina à se charger de l'exécution. Le vicomte instruit de leur

(1) Favin, page 638.

dessein y applaudit et les conjura de ne pas perdre un instant. En même temps il envoya le bâtard d'Astarac et un autre gentilhomme occuper les hauteurs de Navailles pour être à portée de se saisir d'Orthez, dès que le crime aurait été commis.

Gerderest gagna Méric de Pouilleau, maître-d'hôtel de la reine, et Thomas Brunet son pâtissier; mais le poison fut préparé par une main mal habile, et l'événement trompa l'attente du vicomte. Néanmoins, sur quelques vagues soupçons, on arrêta les deux serviteurs. Ils accusèrent Gerderest qui fut saisi aussitôt et confiné dans la tour du château. La reine ordonna qu'on instruisît son procès; seulement elle en réserva le jugement à son conseil privé. Les juges s'assemblèrent : c'étaient N. de Castelbajac, sénéchal de Bigorre, Pierre de Béarn, sénéchal de Marsan, Bernard, vicomte de Sère, Arnaud de Douzon, Arnaud de Navailles, Arnaud-Guilhem de Castet, Raymond de Casaré et Pierre de Sère, juge de Béarn. Le crime ayant été prouvé, les coupables furent condamnés au dernier supplice. Le maître-d'hôtel et le pâtissier furent exécutés à Pau. Gerderest subit le même sort à Montaner; Roger de Grammont, le plus criminel des quatre, fut seul épargné. Le roi de France intercéda pour lui; on se contenta de lui faire promettre qu'il ferait oublier par son repentir et sa conduite l'attentat qu'il venait de commettre.

Ce lâche assassinat provoqué ou du moins encouragé par le vicomte fut un nouveau brandon jeté au milieu des haines qui divisaient les deux branches de la maison de Foix-Navarre. La guerre reprit avec une nouvelle fureur : elle se poursuivit en même temps dans le pays de Foix, dans le Bigorre et le Béarn. Les meurtres, l'incendie et le pillage désolèrent ces vastes domaines (1) qui, plus heureux jusque là que les domaines des autres grands seigneurs du royaume, avaient si longtemps goûté les douceurs d'une paix profonde.

Les anciennes possessions de la maison d'Armagnac se reposaient au contraire de la tempête qui les avait bouleversées sous le règne précédent. Les créatures de Louis XI s'étaient empressées de se mettre en possession des terres dont elles avaient été gratifiées. Pierre de Beaujeu le plus largement partagé, convoqua à Nogaro la noblesse et les députés des villes de l'Armagnac (2). L'assemblée eut lieu le dimanche 20 novembre 1479 après vêpres. On y vit Auger, seigneur de Lau, Bernard d'Armagnac, seigneur de Thermes, Bernard, seigneur de Bergognan, Bertrand de Pardeillan, seigneur de Panjas, Bertrand de Manas, seigneur de Sabazan, Jean de Bernède, seigneur de Corneillan, Bertrand de Luppé, seigneur de Sion, Pierre d'Aydie, seigneur de Maupas, Carbonnel de Bassabat, seigneur de Castet, Carbonnel, seigneur du Bourrouillan, Jean d'Armagnac, seigneur de Ste-Christie, Manaud de St-Martin, seigneur de St-Martin, Michel de Luppé, seigneur de Luppé, Bertrand de Bernède, seigneur d'Arblade-Comtal, Archambault de Rivière, seigneur de N., Pierre de Baychens, seigneur de St-Aubin, Jean de Latrau, seigneur de Laterrade, Gérard de Larée, seigneur de Betous, Manaut de Mont, seigneur de Lartigue, Carbonnel de Lau, seigneur de Capmortères, Bertrand de

---

(1) Voir encore, outre les auteurs précédents, les procès-verbaux des séances du conseil d'état de Charles VIII, et en particulier la lettre de ce prince, page 32.

(2) Chartier du Séminaire.

Fers, seigneur de Lapeyrie, Guillaume de Montlezun, seigneur de St-Gô, Arnaud-Guillaume de Luppé, seigneur d'Arech, Bertrand de Lavardac, seigneur de Meymes, Géraud de Mont, seigneur de Gellenave, Jean de Tarride, seigneur de Larée, Bertrand de Molinier, seigneur de Mau, Carbonnel de Duffourc, co-seigneur de Montastruc, Grassiot de Labarrère, seigneur de Larroque, Hugues de Salles, seigneur de Salles, Bertrand de Bernède, seigneur de Bernède-Brassal, Jean de Latrau, seigneur de Pouydraguin et de St-Griède, Manaut de Batz, seigneur de Batz, Manaut d'Aurensan, seigneur de Burosse, Bernard, seigneur de Pernillet, Jean de St-Griède, seigneur d'Estalens, Christine de Bernède dame de Mormès, Seignoret de Betous, seigneur de Boulouch; Jean de Salles, seigneur de Perchède, Nicolas de Baradat, seigneur du Bédat, Garsie-Arnaud de St-Griède, seigneur de Clarens, Sansonnet Ducoussol, seigneur d'Esparsac, Jean de Lafontan, seigneur de Laborde, Jean de Sorbier, seigneur de Caupenne, Jean de St-Aubin, seigneur de Panjas, Leberon de Thèze, de Riscle, Jean de Larée, seigneur de Galabert, M. Hugues Rolland, Jean de Chastanet, Guillaume Duplanté, sieur de Bordes, de Nogaro, Jean de Horcat, consul de Riscle, Leberon de Chèze, sieur de Labauvalière, consul de Riscle. Les consuls d'Aignan, du Houga, de Caupenne, de Corneillan et de Fustarrouau avaient remis leurs pouvoirs à Jean Marre, prieur de St-Luper d'Eauze.

Le sire de Beaujeu n'y parut point en personne, il s'y fit représenter par Charles d'Archiac son chambellan, assisté d'Antoine de Montlezun, seigneur de Préchac et de Montbert, gouverneur d'Armagnac, et de

Jean Jaquinet, licencié en droit. D'Archiac jura d'abord au nom de son maître de respecter et de maintenir les priviléges du comté, et après ce serment il reçut celui de l'assemblée. Le sire de Beaujeu ratifia le 8 janvier de l'année suivante l'engagement pris par son chambellan; mais les temps ne devaient pas consacrer les libéralités arbitraires de Louis XI.

Le règne de son successeur s'ouvrit par des réactions contre d'indignes favoris. La justice réclamait d'autres réparations. Quelques-unes étaient difficiles et ne pouvaient arriver que lentement. On commença par la commisération. Cinq malheureux orphelins, Jean, Louis, Catherine, Marguerite et Charlotte, enfants de l'infortuné duc de Nemours languissaient dans la misère. Jacques de Luxembourg, leur oncle, et Gratien Dufaur, qui leur avaient été donnés pour tuteurs, représentèrent au nouveau roi qu'ils manquaient des choses les plus nécessaires à la vie, les biens de leur père ayant été confisqués; et qu'ainsi ils ne pouvaient pas poursuivre le procès intenté en leur nom pour répéter la succession de Charles d'Anjou, roi nominal de Sicile, leur oncle maternel. Charles, touché de leur profonde détresse, leur assigna (1) pour demeure le château de Châtellerault avec six mille livres de rente sur la vicomté de ce nom (20 octobre 1483).

En même temps, il rappela de l'exil l'évêque de Castres, Jean d'Armagnac, frère de leur père. Jean avait été voué aux autels dès son enfance, et le roi Louis XI avait sollicité pour lui auprès du St-Siége l'évêché de Castres quoiqu'il fût à peine sorti de l'adolescence; le

---

(1) Histoire de Charles VIII par Jaligny, page 387. Dom Vaissette, page 62.

pape le trouva trop jeune. On attendit quelques années et Jean fut pourvu de l'évêché (1460). Il le gouvernait paisiblement, lorsque la main du roi s'appesantit sur Jean, comte d'Armagnac et sur Jacques, duc de Nemours. L'évêque déplora la mort de son frère et de son cousin et la ruine de toute sa maison. Boffile de Juge envenima ses larmes et accusa sa douleur. Sur un rapport mensonger, il fut ajourné à *trois briefs* jours (1), et comme il se garda de comparaître, il fut banni du royaume et obligé de se retirer à Rome. La haine du roi l'y poursuivit. Il écrivit au pape pour qu'il engageât l'évêque banni à se démettre de son siége en faveur d'un neveu de Boffile, son persécuteur, et à accepter en échange l'évêché d'Orange, où il priait le pape de le transférer. Mais ni le pape ni l'évêque n'acquiescèrent à ses désirs, et Jean conserva son siége.

Quand il rentra à Castres, on lui rendit le temporel de son évêché qui avait été saisi; le prélat ne se contenta pas de cette restitution. Il prétendit que la baronnie de Lezignan et la moitié du comté de Castres, confisqués sur le duc de Nemours son frère, lui appartenaient, et attaqua devant le tribunal de Paris Boffile, à qui ces biens avaient été donnés. L'affaire traîna en longueur : les deux parties s'ennuyèrent de ces délais et en appelèrent aux armes (2). Des villes furent prises, des châteaux brûlés. Jean d'Armagnac, affligé comme évêque et comme descendant des comtes de La Marche, de voir son diocèse et l'ancien domaine de ses ancêtres livré aux horreurs de la guerre, pria le duc de Bourbon, gouverneur général du Languedoc, de placer le comté

(1) Dom Vaissette, tome 5, page 24. — (2) Idem, page 62.

sous sa main et de le tenir en séquestre jusqu'à la fin de la procédure. Le séquestre fut accepté, mais la procédure se prolongea plus que la vie de Jean ; car étant retourné à Rome en 1493, il y mourut peu de mois après. Sa mort laissa Boffile paisible possesseur du pays contesté. L'ambitieux artisan de tant de coupables machinations, le vil complaisant des haines de Louis XI, n'en fut pas plus heureux. Marie d'Albret sa femme, lasse de son despotisme et de son avarice, maria (1) malgré lui Louise leur fille unique à Jean de Montferrand. Montferrand poussé par sa femme et sa belle-mère et soutenu par Charles, seigneur de Roquetaillade son frère, déclara la guerre à son beau-père et s'empara de quelques-uns de ses châteaux. La réconciliation se fit toutefois après quelques mois d'une lutte acharnée ; mais Jean de Montferrand n'en ayant pas tenu fidèlement toutes les conditions, Boffile toujours aigri déshérita sa fille, transporta tous ses biens à Alain d'Albret son beau-frère, et mourut tristement en 1497, détesté de tous les siens.

Charles VIII étendit aussi sa justice à Charles d'Armagnac, frère de Jean V. L'infortuné gémissait encore dans les cachots de la Bastille. Ce n'est pas que sous le règne précédent ses anciens vassaux n'eussent plusieurs fois élevé leurs voix en sa faveur ; mais Louis XI s'était montré sourd à toutes les sollicitations. Après la mort de l'implacable monarque, les États d'Armagnac augurant mieux de son successeur firent une nouvelle tentative. Ils s'assemblèrent à Muret dans les premiers jours de l'an 1484 et arrêtèrent qu'il serait envoyé à la cour une députation des trois Ordres du pays pour

(1) Dom Vaissette, tome 5, page 62.

supplier le jeune prince d'ordonner l'élargissement de Charles et son rétablissement dans les domaines de ses ancêtres. En même temps ils cherchèrent à intéresser à son sort le parlement de Toulouse, et lui députèrent Philippe de Voisins, seigneur de Montaut, Gaspard de Noé, seigneur de l'Isle, Jean de Montesquiou, seigneur de Mansencomme, Jean de Pardeilhan, seigneur de Gondrin, Bertrand de Preissac, seigneur d'Esclignac, Antoine de Montlezun, seigneur de Préchat et de Montbert, et Jean, seigneur de Bergognan, auquel ils adjoignirent Mathurin Molineau, un des légistes les plus habiles et les plus renommés de cette époque. Ces seigneurs devaient engager les magistrats à agir de concert avec les États pour obtenir la fin d'une captivité que rien ne justifiait. Tant d'efforts furent enfin couronnés de succès. Charles céda à des instances aussi générales et brisa les fers du comte d'Armagnac.

Aucun des barbares traitements qui souillaient alors la législation française ne lui avaient été épargnés. A peine entré dans les prisons de la conciergerie, on lui avait fait subir divers interrogatoires, et comme on ne put en obtenir aucun aveu de complicité avec le comte d'Armagnac son frère ou le duc de Nemours son cousin, on l'appliqua plusieurs fois à la question ordinaire et extraordinaire (1), mais avec aussi peu de succès. On le remit alors entre les mains du parlement. Devant ce tribunal, Charles n'eut pas de peine à se justifier, et il croyait toucher au moment où son innocence allait être proclamée, lorsque ceux qui s'étaient mis en possession de ses biens eurent le crédit d'évoquer

(1) Voir, pour toutes ces atrocités, le Journal de Jean Misselin, édité par Bernier.

la procédure et de tirer l'accusé de la conciergerie pour le livrer à Phililippe L'Huillier, gouverneur de la Bastille.

Ce digne ministre de Louis XI avait sans doute reçu un ordre secret de le faire périr d'une mort lente. Il l'enferma d'abord dans un cachot ténébreux plus profond que les fossés remplis d'eau qui entouraient la Bastille. L'eau à la vérité n'entrait point par la porte de la prison; mais elle suintait par les parois et dégouttait continuellement de la voûte sur la tête nue et sur le lit de l'infortuné. S'il voulait faire quelques pas, il s'enfonçait dans la fange jusqu'aux genoux. Durant deux ans, il n'eut guère pour boisson que de l'eau et pour nourriture qu'un pain sec et noir que lui distribuait une main avare. A demi couvert d'un habit sale et déchiré, il manqua souvent de chemise et toujours de chaussure. Encore si tant de tourments avaient pu satisfaire la barbarie de ses ennemis; mais non; ils semblaient avoir juré de ne conduire leur victime à la mort, qu'en la faisant passer lentement par tous les supplices. Philippe L'Huillier, leur principal ministre, lui fit arracher la plus grande partie de ses dents. A la cruauté, il fallait encore ajouter l'outrage et l'ignominie. Par les ordres de l'infâme geôlier, plus de cent fois on le frappa de verges jusqu'au sang, comme on eût fait d'un enfant mutin et capricieux.

La force de son tempérament déjoua le calcul de ses ennemis. Quatorze ans de pareilles atrocités ne purent épuiser sa vie; mais quand il fut rendu à la liberté (1),

---

(1) Le roi réduisit à deux mille livres la dépense que Charles avait faite dans sa prison, et que L'Huillier portait bien plus haut. Mais L'Huillier ayant réclamé contre cette réduction, Alain d'Albret et Antoine de Salignac, mandataires de Charles, lui comptèrent cinq mille livres le 5 décembre 1483. — Col. Doat.

sa santé était profondément altérée, et sa raison vacillante. En sortant du cachot, il ne trouva que la plus profonde misère. Ses biens étaient entre les mains de ses persécuteurs. Rien ne lui fut alloué, et l'héritier d'une longue série de puissants seigneurs, le descendant des Mérovingiens et des rois d'Aragon fut réduit à mendier un asile et le pain de la charité. Heureusement les États généraux allaient s'assembler à Tours. Le comté de Fezensac (1) y avait député le seigneur de Montaut et Mathurin Molineau. La ville de Condom s'y faisait représenter par Simon d'Esperiez, Jean du Sage et Pierre de Porterie. La sénéchaussée de Bazas y avait envoyé Thomas Fabre ou Faure et Antoine de Faonet, et la sénéchaussée des Landes, l'évêque de Dax, le seigneur de Castillon et le comte de Candale. On ignore qui représenta la sénéchaussée d'Armagnac, et parmi les députés du pays de Foix, on ne connaît que l'évêque de Couserans.

L'assemblée s'ouvrit le 15 janvier 1484. Le roi y parut entouré de tous les princes du sang. Après la séance royale, les états élurent pour président Jean de Billères-Lagraulas, évêque de Lombez et abbé de St-Denis. Les premières séances furent consacrées aux affaires générales. Pendant que les députés divisés en sections (2) rédigeaient leurs cahiers, quelques particuliers vinrent porter leurs plaintes aux États et réclamer leur protection. Charles d'Armagnac ne fut pas des

(1) Journal de Jean Misselin, page 26.

(2) Il y en eut six. L'Aquitaine avec ses sénéchaussées et les régions voisines, l'Armagnac, le pays de Foix, l'Agenais, le Périgord, le Quercy et le Rouergue formaient la quatrième. — Journal de Misselin, page 76.

derniers. Après avoir rappelé les services rendus à la France par ses ancêtres, et la mort tragique de son frère (*), il raconta les supplices qu'on lui avait fait subir, quoiqu'on ne pût rien reprocher à sa vie. Il exposa (1) ensuite qu'on lui avait ravi toutes ses possessions, et pria les États d'intercéder en sa faveur. Peu de jours après, un avocat vint au nom des enfants du duc de Nemours dérouler devant l'assemblée tout ce qu'avait eu de monstrueux le procès qui les avait privés de leur père et dépouillés de tous leurs biens. Son récit arracha (2) des larmes d'attendrissement et de compassion ; mais à cette requête comme à toutes les autres, les États répondirent qu'ils s'occupaient des intérêts généraux du royaume ; ils promirent toutefois que lorsqu'ils descendraient aux affaires particulières, ils ne négligeraient pas les intérêts qui leur étaient confiés.

Le 11 février le roi se rendit à l'assemblée pour entendre la lecture des cahiers. La lecture achevée, tous les députés mirent un genou à terre et attendirent dans cette posture la réponse du monarque. Le chancelier, après avoir parlé quelque temps à ses oreilles, alla prendre les avis de tous les princes du sang. Il se tourna ensuite vers l'assemblée et dit que le roi content

---

(*) Voici comment le père Montgaillard raconte cette mort. Manuscrit de Toulouse, page 458. *Ipse Joannes comes Armaniaci in œdibus propriis quæ adhuc supersunt ad divi Gervasi fanum repertus innumeris vulneribus confossus, tribus potissimum in capite quorum vestigia in ejus cranio ipse conspexi cùm in mediis lapidibus post centum ferè annos nempe 1871 repertum est ab aperientibus fundamenta futuri chori in illo divi Gervasi fano.*

(1) Journal de Misselin, page 88. L'évêque de Riez porta la parole en son nom.

(2) *Hæc ubi dixit, multis ex compassione lacrimæ manaverunt*, page 134.

de la conduite des députés, les remerciait de leur zèle et adoptait sans restriction certaines parties de leur travail, mais que d'autres avaient besoin d'une nouvelle discussion.

Le chancelier parlait encore, lorsque Charles d'Armagnac qui se tenait sur l'estrade aux pieds du trône, se jeta à genoux devant le roi et demanda audience. L'ayant obtenue, il descendit dans le parquet avec un avocat et trois ou quatre personnes de sa suite, et alla se placer en face du prince. L'avocat prenant aussitôt la parole, peignit avec plus de force encore que Charles ne l'avait fait lui-même devant les États toutes les iniquités qui avaient pesé sur la malheureuse famille d'Armagnac, et s'enhardissant à mesure qu'il avançait dans la peinture de tant d'horreurs, il osa désigner les bourreaux. « Oh ! Dieu (1), s'écria-t-il en finissant, non seulement ils vivent ces monstres de scélératesse, mais ils regorgent de biens et d'honneurs ; et tandis qu'ils ne devraient être occupés qu'à fuir et à assurer leur vie, ils osent encore venir parmi nous et s'y tenir de manière qu'à leurs gestes et à leurs rires moqueurs, on dirait qu'ils écoutent une vaine fable. Qui, je vous le demande, supporterait une pareille audace de la part d'hommes si pervers, et quel plus grand endurcissement que de ne pas rougir du crime au milieu d'une si noble assemblée ? J'espère, ô hommes de sang, qu'un temps viendra où refrénés par l'autorité royale, vous porterez la peine de vos iniquités et payerez vos forfaits de votre sang. Commencez, roi sérénissime, commencez, en tirant vengeance de ces grands criminels, l'exercice

---

(1) Journal de Misselin, page 292.

sévère de la justice que vous avez promise à vos peuples; faites saisir les coupables. La plupart sont ici sous votre main. Mettez en même temps en détention l'infortuné seigneur qui les accuse ; que sa cause soit portée devant la cour du parlement, qu'elle y soit instruite, discutée et jugée. Charles d'Armagnac se soumet d'avance à subir les supplices qu'il appelle sur la tête de ses ennemis. »

« Ce discours, poursuit Misselin, un des députés aux Etats de Tours, qui nous a transmis ces détails, ce discours fut écouté avec une profonde attention et une grande pitié par toute l'assemblée, excepté par ceux que l'orateur avait attaqués et qui y prirent, sans doute, peu de plaisir. Il y avait là le comte Dammartin, Robert de Balsac, sénéchal d'Agenais, le seigneur de Castelnau-Bretenous, L'Huillier et maître Olivier le Roux. Pendant la chaleur du discours, ne pouvant répliquer parce que la présence du roi les forçait au silence, ils montraient par leurs gestes et par l'agitation de leurs mains et de leurs têtes qu'ils dédaignaient les paroles de l'orateur et qu'ils n'en faisaient aucun cas. »

La plaidoirie terminée, le chancelier s'approcha du roi et des princes, et après s'être entretenu quelque temps avec eux, il répondit au suppliant : Vous vous présenterez au conseil du roi et l'on vous fera justice. Il en fut dit autant aux enfants du duc de Nemours, qui avaient aussi présenté leur requête.

Après la séance, les princes et quelques seigneurs ayant ramené le jeune Charles dans ses appartements, le comte de Dammartin qui était du nombre, dit d'une voix assez haute pour être entendu de tous : Tout ce qui a été fait dans cette occasion a été exécuté par ordre du roi, et je soutiens que ça été à bon droit; car, ajouta-t-il, le comte d'Armagnac était coupable et traître. Le comte de Comminges et quelques autres partisans de la maison d'Armagnac répliquèrent aussitôt que Dammartin avait menti par la gorge. A ces mots, le vieux guerrier porta la main à son épée. Ses adversaires s'avancèrent de leur côté, et ils se fussent précipités les uns sur les autres si la présence du roi et des princes ne les eût forcés à modérer leur emportement.

Le Conseil eut égard à la requête présentée par les Etats en faveur des enfants du duc de Nemours. Jean, l'aîné des deux frères, eut le duché de Nemours, et Louis le duché de Guise. Graville, à qui Louis XI les avait donnés, les rendit (1) aux orphelins (7 et 30 juillet 1484) et reçut en dédommagement 7000 livres que lui compta Jacques de Luxembourg. Les deux frères n'en jouirent d'abord que par provision, et la possession ne leur en fut assurée qu'en 1491.

Le sire de Beaujeu avait eu la plus large part dans les dépouilles de Charles d'Armagnac; aussi les réclamations de ce dernier souffrirent plus de difficultés que celles de ses neveux; néanmoins elles avaient eu trop de retentissement pour que le Conseil pût s'empêcher d'y faire justice. Une procédure s'ouvrit pour réhabiliter la mémoire de Jean V; et pendant qu'elle se poursuivait, le sénéchal de Lyon eut ordre de mettre sous sa main les domaines de ce seigneur (2), excepté la ville de Maubourguet dont le roi avait disposé temporairement en faveur du vicomte de Narbonne, et d'en donner la jouissance à Charles, frère de l'ancien comte d'Arma-

---

(1) Col. Doat, tome 84. Procès-verbal du conseil d'état, page 114.
— (2) Col. Doat, tome 84. Extrait du château de Pau.

gnac. L'ordre n'était peut-être que simulé; du moins ne fut-il point mis à exécution. Il fallut (1) que le roi de Castille et le duc d'Orléans se joignissent à sire d'Albret, au comte de Comminges et aux autres parents de la famille d'Armagnac. On obtint enfin que Charles fût rétabli dans les biens de sa maison. On lui rendit les comtés d'Armagnac, de Fezensac et de Rhodès, avec la vicomté de Fezensaguet; mais on mit des restrictions à cet acte de tardive justice. On ne donna que le domaine utile et on réserva les droits régaliens : c'était faire descendre le nouveau comte d'Armagnac au niveau des seigneurs ordinaires; encore même eût-on soin de limiter cet abandon du domaine utile à la vie du possesseur. Enfin, on l'obligea à payer quinze mille écus au sire de Beaujeu (2), sous prétexte que le comté d'Armagnac avait été engagé à Pierre pour le dédommager des dépenses qu'il avait faites dans la guerre contre Jean V et qui se portaient à cette somme. On le voit : une pareille justice ressemblait assez à la justice du lion; mais que pouvait contre la force un malheureux sans asile, à peine échappé d'une longue et cruelle captivité.

Il accepta presque avec reconnaissance ce qu'on lui rendait avec si peu de générosité et s'achemina vers la Gascogne. Ses malheurs l'avaient rendu plus cher à ses vassaux; ils accoururent de toutes parts à sa rencontre. Son entrée à Auch fut plus magnifique que l'entrée de

(1) Grands Officiers, tome 2.
(2) Le 15 mars 1484, Pierre de Beaujeu donna ses ordres pour qu'on remît à Charles le comté d'Armagnac, Nogaro, Riscle, Barcelonne et Aignan; ce qu'exécutèrent en son nom Gautier d'Escars, sénéchal de La Marche, Antoine de Montlezun et Jean Jacquinet, ses procureurs. — Col. Doat, tome. 80.

son frère, la plus pompeuse pourtant de toutes celles dont nos annales eussent jusque là conservé le souvenir. Il avait à sa suite (1) Clément de Bazillac, évêque de St-Papoul, Hugues d'Espagne, évêque de Lectoure, Pierre de St-Maurin, abbé de Lacaze-Dieu et Jean de Monlezun, abbé de Flaran. Après eux venaient Bernard de Rivière, sénéchal d'Armagnac pour le roi, et les quatre barons du Fezensac, Philippe de Montaut, Jean de Montesquiou, Jean de Pardaillan et Gaspard de l'Isle-de-Noé. Enfin, suivaient Bernard d'Armagnac, seigneur de Thermes, Auger de Lau, Bernard de Bergognan et une foule d'autres seigneurs. Il fut reçu aux portes de Ste-Marie par le Chapitre composé alors de Pierre d'Armagnac, archidiacre d'Anglès, de Bernard de Barran, archidiacre d'Armagnac, de Baptiste Dubosc, archidiacre de Sos, de Jean de Larroque, archidiacre d'Astarac, d'Aimeric de Vic, archidiacre de Magnoac, de Mengot de Magnaut, archidiacre de Vic, de Pierre Lary, sacristain, d'Arnaud de Baradat, abbé d'Idrac, de Pierre de Recourt, de Sans de Rique, de Bernard de Biran, de Jean de Fourcès, de Pierre de Laroche, de Balthazar de Beaufort et d'Odon de Monlezun. Après avoir prêté et reçu le serment ordinaire, Charles entra dans l'église, et s'étant avancé jusqu'aux pieds du maître-autel, il y fit sa prière. Il alla ensuite prendre place au chœur et au Chapitre, en sa qualité de chanoine laïque. Il offrit, à cette occasion, un écu d'or. Le palais archiépiscopal avait été disposé pour le recevoir. Charles y logea quelque temps et reçut chaque jour sa portion en pain et en vin comme les autres chanoines.

(1) Col. Doat, tome 80.

Le comte d'Armagnac s'arrêta à peine à Auch. Madeleine de France, tutrice de la reine de Navarre, l'attendait à Aire, où s'étaient déjà rendus Alain, sire d'Albret, Odet d'Aydie, comte de Comminges et Jean de Foix, vicomte de Lautrec. Tous ces seigneurs y signèrent (1), le 10 juin 1484, un traité de confédération qui ne paraissait avoir pour but que l'amour de la patrie et le désir de protéger le roi contre les tentatives dont son jeune âge pourrait être la victime. Mais ce n'était là que le prétexte ; leur motif réel était de se précautionner contre les éventualités d'une régence déjà hautement disputée. Dans cette vue, ils se promirent aide et secours, et se garantirent mutuellement leurs possessions.

(1) Manuscrit du Séminaire. Dom Vaissette. tome 5, page 70.

## CHAPITRE II.

Mort de Jean de Lescun, archevêque d'Auch et du comte de Comminges, son frère. — Le comté de Comminges est donné à Odet d'Aydie, qui est comblé de faveurs par Louis XI. — François de Savoie, archevêque d'Auch. — Évêques de Lectoure, de Dax, de Comminges, d'Oleron, de Lescar, d'Aire, de Bayonne, de Bazas, de Tarbes, de Lombez et de Condom.

Le palais métropolitain put facilement abriter le comte d'Armagnac et les principaux seigneurs de sa suite. L'Archevêque d'Auch habitait au-delà des monts. Jean de Lescun, que nous avons laissé sur ce siége, était mort depuis quelques années, ainsi que le maréchal de Comminges, son frère. Le maréchal descendit le premier dans la tombe. Louis XI, dont il posséda la confiance jusqu'à ses derniers moments, ne se contenta pas de lui avoir donné le comté de Comminges, la lieutenance générale du duché de Guyenne et le gouvernement du Dauphiné. Il y ajouta successivement la vicomté de Ferrières, la seigneurie de Langoiran et le comté de Briançon avec tout ce qui appartenait à la couronne dans la ville de Gap. Ces libéralités et la haute faveur dont il jouissait enflèrent son cœur. Il se fit l'ennemi de Jean V, son frère ou son neveu : du moins on l'accuse généralement d'avoir aigri contre son parent le cœur de son maître, et contribué ainsi à la ruine de la maison d'Armagnac. Si cette accusation est vraie, le ciel ne lui permit pas de jouir longtemps du fruit de sa déloyauté. Il tomba malade dans les premiers jours d'avril 1473, fit son testament le 20 de ce mois et mourut peu après, ne laissant de Marguerite de Saluces, sa femme, que trois filles. Le comté de Comminges revenait à l'État; Louis XI en disposa aussitôt en faveur d'Odet d'Aydie.

Odet était fils de Bertrand d'Aydie, seigneur de la terre de ce nom dans l'Eusan, et neveu d'un autre Odet d'Aydie, qui avait servi avec distinction dans la guerre contre les Anglais, et qu'une conduite réservée, genre de mérite rare à cette époque de licence, avait fait surnommer le Sénèque. Il prit le nom de Lescun de sa femme (1) Marie, fille aînée et principale héritière de Matthieu, père de Lescun et de Diane de Béarn. *Dans sa jeunesse il était fort adextre gentilhomme, bon homme d'armes et fort adroit à cheval, très entrant, bien parlant et hardi avec les princes et les seigneurs.* Il entra d'abord dans les compagnies d'ordonnances du roi Charles VII. Ce prince ne tarda pas à le distinguer de ses compagnons d'armes. Il lui donna plusieurs marques de sa faveur et l'établit bailli du Cotentin. Le duc de Bretagne fréquentait souvent la maison royale. Il accueillit aussi Lescun et lui laissa prendre de l'autorité sur son esprit. A la mort de Charles VII, Louis XI ayant négligé ou repoussé tous ceux qui étaient bien venus de son père, Odet se retira en Bretagne et devint presqu'aussitôt l'arbitre souverain de cette petite cour. Il prit ensuite un empire aussi absolu sur l'esprit de Charles, duc de Berry, qu'il ne cessa d'indisposer contre son frère. C'est lui qui alluma la guerre du bien public; on peut même dire qu'il fut l'âme de tous les complots qui se tramèrent contre Louis XI. Ce prince

---

(1) Grands Officiers, tome 7, page 858, et surtout Jaligni, Histoire de Charles VIII, page 17.

essaya d'abord de se venger et poursuivit d'Aydie de sa haine; mais sa politique changea bientôt, il recourut à une arme qui lui était familière et qui lui réussit presque toujours. « Lorsqu'il rencontrait parmi ses ennemis un homme dont les talents pouvaient lui être utiles, il oubliait tous les maux qu'il en avait reçus » et ne cessait d'intriguer autour de lui qu'il ne l'eût gagné, quel que fût le prix auquel il mît sa soumission. Il agit ainsi pour Lescun; il lui prodigua les séductions et l'attira à son service en le comblant de dignités. *Lescun n'était certes ni d'une maison si ancienne ni d'un mérite si supérieur, pour que le roi dût l'élever sitôt, et si haut;* néanmoins pour mieux conquérir son dévoûment, il le fit chevalier de son Ordre, lui donna les sénéchaussées de Guyenne, des Landes et du Basadois. Il l'établit gouverneur général de Guyenne et son lieutenant-général dans tout ce duché. Il l'investit encore du comté de Comminges et de la seigneurie de Fronsac, lui mit entre les mains le château Trompette à Bordeaux et le château de Bayonne, ainsi que les villes et châteaux de Dax, de St-Sever, de Libourne, de Blaye et de La Réole. Il lui fit ainsi plus de 40,000 fr. de rente, somme très-forte pour l'époque. Ce ne fut point encore assez. Jusque là il n'y avait eu qu'un amiral en France. Louis XI sépara la Guyenne du reste du royaume et lui en donna l'amirauté. Grâce à tant de bienfaits, Lescun avait une si grande autorité dans cette vaste contrée, *qu'il y était craint et obéi comme s'il en eût été le duc.* La munificence royale s'étendit sur les parents du nouvel amiral. Un de ses frères nommé Odet comme lui eut la sénéchaussée de Carcassonne. Labat d'Aydie fut établi bailli du Labour; Raymond Arnaud et Perret d'Aydie obtinrent des pensions. Aucun seigneur de France, fût-il prince ou proche parent du roi ne pouvait se flatter d'avoir été aussi bien traité. Tant de faveurs n'enchaînèrent qu'à demi cet esprit inquiet et remuant. Avec son bienfaiteur, il perdit la mémoire de ses bienfaits. Nous le verrons bientôt intriguer contre Charles VIII et Anne de Beaujeu, sa sœur. Il se montra plus fidèle à une famille malheureuse. Odet, né dans les domaines du comte d'Armagnac, n'oublia jamais ce qu'il devait au sang de ses anciens suzerains. Nous avons vu avec quelle chaleur il défendit la mémoire de Jean V et s'intéressa au rétablissement de l'infortuné Charles.

L'archevêque d'Auch partagea longtemps avec son frère les faveurs de Louis XI. Peu de jours avant la mort du maréchal (mars 1473), ce prince lui obtint du St-Siége l'abbaye de Lacaze-Dieu (*) en commande,

(*) Un sceau de Jean de Lescun qui fut conservé jusqu'en 89, nous montre ce prélat à genoux, la croix à la main et la mitre sur la tête au pied d'une statue de la Ste-Vierge placée dans une niche en ogive, à côté de deux anges en respect. Sur la face opposée était son écusson où ne se voyaient que les armes d'Armagnac. On lisait pour exergue ces mots : *sigillum pontificale Domini Joannis Dei gratiâ archiepiscopi Armaniaci.*

Pierre de Montus, prédécesseur de Jean, dans l'abbaye de Lacaze-Dieu, aimait l'étude. Il possédait trois bibliothèques dont l'une était à Lacaze-Dieu, l'autre à Marciac et la troisième à Vic-Fezensac. Cet abbé fit le voyage de Rome et obtint du pape Pie II pour lui et pour ses successeurs (17 juin 1462), l'usage de la mitre et des ornements pontificaux, le pouvoir de conférer les quatre petits Ordres et de bénir les ornements sacerdotaux, mais non pas les calices. La chapelle de l'hôpital ou de Notre-Dame de Vic-Fezensac, desservie par les moines de Lacaze-Dieu était alors une dévotion célèbre. On y venait de toutes parts en pélerinage. Le comte d'Armagnac, l'archevêque d'Auch, Jean de Lescun, et l'abbé de Lacaze-Dieu s'unirent pour en augmenter la dotation. Le comte donna les chapelles de ses châteaux d'Auch et de Lavardens ; l'archevêque y annexa la cure de St-Jean-Poutge, de St-Pierre de Lugagnan, Ste-Madeleine de Pléhaut et St-Jacques de Ferrabouc. L'abbé abandonna la grange de Bougos. — Manuscrit de Lacaze-Dieu.

sous prétexte que les guerres avaient singulièrement diminué les revenus de l'archevêché. Les religieux refusèrent de reconnaître cette nomination, et à l'instigation de l'abbé de Prémontré leur supérieur général, ils élurent Pierre de Massengarbe. En même temps ils appelèrent à leur aide quelques troupes et les introduisirent dans le monastère; mais les armes ne pouvaient terminer un différend ecclésiastique. On recourut au parlement. La justice fut lente et l'arrêt ne fut rendu qu'en 1481; il confirma les prétentions de l'archevêque. Pendant que le procès s'instruisait, Jean sut par sa douceur et ses bienfaits si bien gagner les cœurs de ses adversaires, que la communauté entière crut devoir dans sa reconnaissance lui voter des prières publiques pendant sa vie et un service annuel après sa mort.

Mais il était plus facile de triompher des préventions d'une communauté jalouse de ses priviléges, que d'échapper à la méfiance et aux soupçons de Louis XI. Quand l'appui de son frère ne put le défendre, on accusa le prélat d'avoir donné des larmes au sort de Jean d'Armagnac, son ancien protecteur, du prisonnier de la Bastille et du duc de Nemours; et sur cette vague accusation, le roi, chez qui la bienveillance faisait vite place à la colère et au ressentiment, ne tarda pas à l'envelopper dans les mesures de rigueur ordonnées contre les deux branches de la maison d'Armagnac. Il fit saisir les fruits de l'archevêché, de l'abbaye de Lacaze-Dieu et du prieuré de St-Mont, dont Jean de Lescun avait été pourvu, lorsqu'il avait dû céder le siége d'Auch à Philippe de Levis son concurrent. Mais par un de ces scrupules religieux que ce prince bizarre alliait fréquemment à la cruauté et à l'injustice, il ne voulut pas profiter lui-même des dépouilles d'un ministre de l'Église, et en gratifia le cardinal de Foix, Pierre-le-Jeune.

Lescun n'osa pas braver le courroux d'un maître si impatient de la plus légère résistance. Il quitta le royaume et se réfugia sur le territoire d'Avignon ; il laissait en France des cœurs dévoués. Marguerite de Saluces, sa belle-sœur, députa à la cour le procureur d'Armagnac et le prieur d'Eauze, Jean Marre, dont la haute vertu devait relever la parole aux yeux d'un prince si étrangement dévot. En même temps elle tâcha d'intéresser au sort de son beau-frère l'évêque d'Alby, souvent employé dans les affaires sous ce règne. Le chapitre, de son côté, n'abandonna pas son archevêque et s'adressa au pape. Sa lettre nous a été conservée; elle nous peint l'immense charité du prélat qui nourrit quelquefois jusqu'à mille pauvres, en même temps que par une bienfaisance non moins sage et non moins fructueuse, il donnait du travail à tout ce qui pouvait s'occuper. Il répara ainsi les châteaux et les divers édifices de la mense archiépiscopale. L'église métropolitaine surtout attira ses soins; la foudre avait dévoré cet édifice vers 1469. Marre qui gouvernait le diocèse, accorda au nom du prélat, alors absent, dix ans d'indulgence à ceux qui aideraient à sa reconstruction. On se mit aussitôt à l'œuvre. Plus de cent ouvriers y furent employés journellement; les murs s'élevèrent bientôt presque jusqu'au faîte. On entrevoyait déjà l'époque où après une si longue attente, Auch allait enfin être doté d'une basilique digne de servir de siége au métropolitain de la province, lorsque cet orage vint chasser le pasteur, disperser les ouvriers et suspendre les travaux.

Le chapitre se plaignait aussi grandement de l'animosité du cardinal de Foix, qui, en cédant l'archevêché d'Arles à Philippe de Levis, avait espéré sans doute lui succéder à Auch, et n'avait pu pardonner à Jean de Lescun de lui avoir été préféré. Le pape prit en main la défense de l'archevêque d'Auch; il en écrivit au cardinal de Foix et à son légat à la cour de France. Celui-ci fut chargé de ramener Louis XI à des sentiments plus équitables. Le monarque se montra longtemps sourd à toutes les sollicitations; mais enfin ses infirmités précoces faisant planer sur sa tête la mort, objet de sa profonde terreur, il se laissa fléchir et permit à Jean de Lescun de rentrer dans son diocèse; il lui fit même restituer tous ses biens. La métropole avait souffert de la longue absence de son pasteur; la foudre s'était abattue une seconde fois sur les murs inachevés; le feu, la pluie et l'ouragan avaient détruit la plus grande partie des travaux.

Jean en appela une seconde fois à ses ouailles, et provoqua leur charité par de nouvelles indulgences (1483). Suivant le Père Montgaillard et surtout suivant Dom Brugelles, il avait alors prolongé sa carrière jusqu'à l'âge de 111 ans; mais cette assertion n'est étayée sur aucun monument. Ce ne sont pas les larmes d'un centenaire que l'on soupçonne et que l'on poursuit, lors même qu'on serait un Louis XI. Le vieux prélat mourut le 28 août de l'année suivante dans l'abbaye de Gimont où il fut enterré. Ce fut un prélat pieux et zélé. Il assembla en l'an 1469 un Concile provincial à St-Mont. Les actes de cette assemblée ont été perdus; nous savons seulement qu'on y condamna les simoniaques, et qu'on y ordonna la rigoureuse observance des Canons proclamés dans les autres Conciles de la province (1).

Le siége ne vaqua pas deux mois ; le chapitre se réunit le 23 octobre et donna ses suffrages à François de Savoie (2) qui lui avait été sans doute désigné par la cour. François était petit-neveu du pape Félix V, et fils de Louis, duc de Savoie et d'Anne de Chypre. Charlotte sa sœur avait épousé le roi Louis XI et en avait eu Charles VIII, Anne de Beaujeu et Jeanne, la sainte et malheureuse femme de Louis XII. Ainsi François fut le beau-frère ou l'oncle de trois de nos rois. Son illustre naissance et ses rares vertus répandirent un nouveau lustre sur l'église d'Auch. Il était déjà administrateur perpétuel de l'évêché de Genève et abbé du Mas-d'Azil (\*). La lutte qui divisait Catherine de Navarre et le vicomte de Narbonne son oncle, troublait la Gascogne entière. Charles VIII se hâta de donner des lettres de sauvegarde (\*\*) pour le nouvel archevêque et pour son chapitre. Néanmoins François ne vint pas occuper son siége ; il aida sa belle-sœur à gouverner la Savoie durant la minorité de son neveu, et se fit représenter à Auch par François Colombier qu'il

---

(1) Il paraît certain que l'antipape Pierre de Lune avait décoré de la pourpre Jean de Lescun. Nous ignorons si cette promotion fut reconnue plus tard par les pontifes de Rome. (*Voir note 1re.*)

(2) *Gallia Christiana.* — M. d'Aignan.

(\*) Malgré sa naissance et ses dignités, il ne put payer les bulles de sa nomination ; il fallut que le chapitre, par les mains de Jean de Lacroix, lui prêtât à cet effet la somme de six cent quatre-vingt-neuf écus huit sous. Nous en avons la quittance du 7 octobre 1484.

(\*\*) Elles sont datées de Bourges le 31 octobre 1483, et ont pour suscription : A notre très cher et très aimé oncle et cousin François, archevêque d'Auch, et à nos très chers et bien aimés les chanoines de l'église métropolitaine.

établit son vicaire-général. Celui-ci confirma en 1485 la fondation du chapitre collégial de Castelnau-Magnoac, érigé quatre ans auparavant par quelques prêtres associés à des seigneurs du voisinage.

Les prélats se succédaient plus rapidement à Lectoure qu'à Auch. Martin Gultières (1), mort le 24 mai 1452 et dont les restes furent rapportés à Pampelune et ensevelis chez les Franciscains, avait succédé à Bernard André ou d'André, chanoine de la cathédrale, qui ne siégea que trois ans. Ce dernier prélat avait fait de brillantes études et avait été reçu docteur en droit civil et en droit canon. En mourant, il institua pour son héritier le chapitre dont il avait fait partie. Un moine Franciscain, Amalric ou Aymeric, lui fut donné pour successeur. Celui-ci prolongea son pontificat plus longtemps que n'avaient fait depuis plus d'un siècle ses prédécesseurs; il ne mourut que dans le mois d'avril 1479. On élut après lui Hugues d'Espagne ou peut-être Dorsan qui cessa de vivre en 1487. Deux ans auparavant, il avait publié, de concert avec son chapitre, des réglements qu'il fit confirmer par le pape Innocent VIII. C'est tout ce que l'on sait de son épiscopat.

Guillaume Arnaud de Bordes avait enfin trouvé la paix et la tranquillité sur le siége de Dax; mais il l'occupa assez peu de temps et fut remplacé par Jean-Baptiste de Foix (*), fils naturel de Matthieu de Foix, comte de Comminges et d'Ismène de Kersagna. Jean-

---

(1) Voir, pour tous les évêques qui suivent, le *Gallia Christiana*.

(*) Sous son épiscopat, Louis XI fit son entrée solonnelle à Dax dont il confirma les priviléges, et en particulier la clause qui portait que la ville et la prévôté ne pourraient être aliénées de la couronne. — Manuscrit de Dax.

Baptiste était déjà abbé de St-Savin lorsqu'il fut appelé à l'épiscopat. Il passa vers l'an 1471 à l'évêché de Comminges et eut pour successeur à Dax Bertrand de Borie ou de Laborie d'une ancienne famille du pays. Bertrand était né avec un caractère violent et emporté. Une rixe dans laquelle il se mêla et où périt un homme, le fit accuser d'homicide. Son chapitre profita de cette accusation et de quelques autres griefs qui lui étaient imputés pour se soustraire à sa juridiction. Il sollicita cette exemption en cour de Rome. Sixte IV l'accorda par une bulle datée du 13 des calendes d'avril 1472, et nomma le cardinal de Foix pour administrer le diocèse, jusqu'à ce que l'évêque se fût justifié. Bertrand le fit sans peine et conserva son siége.

L'évêché de Comminges où nous venons de voir transférer l'évêque de Dax, avait été occupé depuis la mort du cardinal de Foix Pierre-le-Vieux, d'abord par Grimoal dont nous ne connaissons que le nom, puis par Arnaud-Raymond d'Espagne, qui passa d'Oleron à Comminges et siégea de 1450 à 1462 ou 1463, et nfin par Jean Ier que Dom Martenne soupçonne être le même que le cardinal Jean-Baptiste Cibo, devenu pape sous le nom d'Innocent VIII. Arnaud-Raymond d'Espagne était fils de Roger de Montespan, sénéchal de Toulouse et de Claire de Grammont. Il eut pour prédécesseur sur le siége d'Oleron (1) Sans Muller, religieux de St-Dominique, qui fut un des orateurs députés par le comte de Foix au Concile de Bâle en 1414, et qui mourut cette même année. Sa science l'avait fait élever à l'épiscopat. Il composa des commentaires sur le quatrième livre des sentences. On en gardait le ma-

---

(1) *Gallia Christiana* et Manuscrit d'Oleron.

nuscrit dans la bibliothèque des Jacobins de Toulouse. Sa mort fut suivie d'une assez longue vacance que le schisme explique assez facilement. Quelques monuments parlent d'un Géraud d'Orbinas, d'autres nomment André et Michel de Sedirac ; mais leur existence est assez problématique. On n'a rien de bien assuré jusqu'à Arnaud-Raymond d'Espagne, et encore varie-t-on sur l'époque où commença son épiscopat. Les uns le font remonter à l'an 1420, les autres le reculent jusqu'à 1436 ou même 1438. Ce qui est certain, c'est qu'il passa à Comminges en 1450 et fut remplacé à Oleron par Garsias de Fondera ou peut-être de Faudoas qui confirma en 1461 les statuts du collége de Foix, fondé à Toulouse par le cardinal Pierre-le-Vieux. Après lui vint Garsias de Lamothe que les Frères de Ste-Marthe ont confondu avec son prédécesseur, et sur lequel le fils puîné de Gaston de Foix et d'Éléonore de Navarre, à qui le pape avait donné en commande les abbayes de St-Savin et de Ste-Croix de Bordeaux, se déchargea du soin de l'administration. Il vivait encore en 1473. Sanche de Cazeneuve ou Cazenave lui succéda. Né d'une famille noble du pays, il accompagna François Phœbus lorsque ce jeune prince alla prendre possession de la Navarre. Nous le trouvons encore au château de Pau quand son suzerain prêta serment à la noblesse de Béarn ; il ne mourut qu'après le 18 février 1491.

Nous n'avons presque qu'une froide et aride nomenclature pour les évêques de Lescar. Après le cardinal Pierre-le-Vieux, dont l'évêché de Lescar fut la première dignité ecclésiastique, ce siége fut occupé successivement en 1421 par Jean de Saliers ou de Salinis, qui, en 1442 se qualifiait aussi évêque de Couserans, ce qui nous ferait conjecturer qu'il administrait le diocèse au nom du cardinal; en 1428 par Arnaud d'Abadie; en 1433 par le cardinal de Foix Pierre-le-Jeune ; en 1473 par Jean de Levi et en 1480 par Robert d'Espinai, frère du cardinal de ce nom. Parmi les évêques de Couserans (1) nous ne distinguerons que Guillaume Beaumaître que le duc de Berry nomma un de ses exécuteurs testamentaires en 1412, André qui souscrivit au Concile de Pise en 1439, Jourdain d'Aure, d'abord chanoine à Tarbes et puis évêque à Mirepoix, d'où il fut transféré à Couserans en 1441, Tristan d'Aure neveu de Jourdain que nous retrouverons à Aire, et Guichard d'Aubusson d'une famille illustre de La Marche, à laquelle appartenait le célèbre cardinal d'Aubusson. Guichard passa à Cahors en 1475 et fut remplacé à Couserans par Jean de Cours ou de La Salle *(de Aulâ)*, qui partagea les études et l'amitié du cardinal de Foix, et que sa bienfaisance et sa piété firent surnommer le bon évêque. Jean possédait surtout la connaissance des livres saints ; c'est là qu'il avait puisé les vertus qui le rendirent le modèle et les délices de son troupeau. Il renouvela les anciens statuts pour la réforme de son clergé et les confirma par ses exemples plus encore que par son autorité.

Aire (*) n'avait changé que deux fois de premier pasteur depuis Roger de Castelbon, le dernier évêque dont nous avons recueilli le souvenir. Roger mourut vers la fin de 1452, et le 18 janvier suivant les cha-

(1) *Gallia Christiana.*

(*) **En 1508,** suivant l'état dressé par son économe, les revenus de l'évêché se portaient à **2,120** écus de 18 sols l'écu.

noines élurent Louis d'Albret dont le père avait arraché leur ville au joug de l'Angleterre. Louis comptait à peine 33 ans et il était déjà revêtu de la pourpre. Il posséda aussi le prieuré de Pontous et les abbayes de La Grasse, du Mas Garnier et de Sorèze. Presqu'à chaque pas, nous trouvons le cumul des dignités ecclésiastiques; la réforme tentée à Constance et à Bâle avait été étouffée presque dans son berceau. Les nécessités, créées par les guerres et les malheurs du temps, prévalurent sur les Canons : on se relâcha et les abus reparurent. Louis d'Albret ne jouit pas longtemps de tant de revenus; il mourut à Rome à l'âge de quarante-deux ans et fut enterré dans l'église des Cordeliers d'*Ara cœli*, où sa famille lui fit élever un mausolée. On vante la gravité de ses mœurs, la rectitude de son esprit, les charmes de sa conversation. Sa mort fut singulièrement édifiante. Dès qu'il connut son état, il réclama lui-même les derniers sacrements, et à l'approche du St-Viatique il se fit descendre de son lit et déposer à terre : quoique son mal s'aggravât, il voulut réciter ses heures canoniales; il les continua jusqu'à ce que la voix expira sur ses lèvres immobiles.

Louis avait mené avec lui à Rome Tristan d'Aure, fils de Sans-Garsie d'Aure, sénéchal de Bigorre, et d'Anne, vicomtesse d'Asté, dont cette branche prit alors le nom (*). Tristan obtint d'abord le titre de référendaire du pape, et ensuite l'évêché de Couserans qu'il

(*) Elle l'échangea à la seconde génération contre celui de Grammont, l'héritière des Grammont ayant porté chez les d'Asté les biens de cette famille. Les d'Aure portaient d'argent au levrier rampant de sable, à la bordure de sable chargée de huit besans d'or. Les d'Asté portaient de gueules à trois flèches d'argent en pal emplumées d'or. Enfin les Grammont portent d'or au lion d'azur.

permuta plus tard contre celui d'Aire. Il assista au mariage de Gaston de Foix avec Madeleine de France; d'autres auteurs veulent qu'il ait paru aux États de Tours en 1477. Ce qui est certain, c'est qu'il confirma le 27 janvier 1469 les libertés de la ville d'Aire et du Mas, données le 17 février 1333 par Edouard, roi d'Angleterre, Gaston comte de Foix et l'évêque Garsias. Il mourut selon les uns en 1472, et selon les autres en 1509. Ce dernier sentiment quoiqu'appuyé par les auteurs de la Gaule Chrétienne et de l'Art de vérifier les Dates, est complètement erroné, ou alors Tristan se serait depuis longtemps démis de son évêché; car le siége était occupé dès 1477 par le cardinal de Foix Pierre-le-Jeune (*). Ce cardinal fit bâtir la nef de la cathédrale : on y voit encore ses armes à la voûte. Il mourut à Rome le 10 août 1490 et fut enterré dans l'église de Ste-Marie del Popolo. Ami des lettres et des sciences comme son oncle, comme lui il encouragea les savants et les admit dans sa familiarité. Il fut encore comme lui un habile politique; la paix qu'il ramena dans le royaume de Naples et les troubles qu'il apaisa plusieurs fois dans la Bretagne sous le gouvernement du faible François II son beau-frère attestent sa dextérité à manier les esprits.

(*) On révoque en doute assez généralement que le cardinal ait occupé le siége d'Aire. Oihenard n'en dit rien. Les Frères de Ste-Marthe qui l'admettent, placent avant le cardinal Pierre, un Christophe de Grammont qui vécut longtemps après. Enfin, les successeurs de Ste-Marthe n'osent pas se prononcer. Toutefois, le fait est constant, Pierre de Foix approuva la fondation des Chapelains de la Trinité, établie dans l'église de Geaune ; et le 25 mars 1489, Pierre d'Ossun, son vicaire-général, inféoda quelques terres. D'ailleurs ses armes à la clef de voûte de la nef sont un témoignage irrécusable.

Les incertitudes de l'histoire sur les évêques de Bayonne ne finissent pas avec le schisme (1). Il est assez difficile de reconnaître le véritable successeur de Guisart de Lissague, qui paraît être mort en 1453 ou 1454. Au milieu de ces ténèbres, nous pensons qu'à Lissague succéda Jean de Marœuil, nommé Montrevel par quelques-uns, et remplacé en 1466 par Jean de Laur ou de Lau d'une ancienne famille de la Gascogne. Celui-ci prolongea son épiscopat jusqu'après le 12 janvier 1488. Le cardinal Pierre-le-Jeune en fut peut-être alors administrateur; mais dès l'année suivante, le siége était occupé par Jean de Labarrière, sous l'administration duquel Charles VIII fit bâtir les deux grosses tours rondes avec les deux carrées que l'on voit encore dans l'enceinte du Château-Neuf, ainsi appelé par rapport à un autre corps de bâtiments appelé le Château-Vieux, et dont la construction remonte au 12e ou 13e siècle. Le Château-Neuf avait été commencé par Louis XI dans les dernières années de son règne; on y établit un gouverneur; le seigneur de St-Pé est le premier que l'on connaisse: il commandait en 1489.

Depuis Guillaume de Montlaur qui monta sur le siége de Bazas vers 1369 (\*), jusqu'à Henri de Tulles vers 1448 au plus tard, nous trouvons dix ou douze prélats dont nous ne connaissons guère que le nom et dont plusieurs paraissent avoir siégé à la fois. Le schisme pesait alors sur l'Église; les deux papes nommaient leurs créatures. Les chapitres à leur tour, au mépris de l'au-

(1) *Gallia Christiana* et Manuscrit de Bayonne.

(\*) En 1371 on fit des fouilles considérables dans l'église de St-Jean. On trouva sous terre une grande quantité de pièces d'or que l'évêque, de l'avis du chapitre, employa à paver l'église.

torité pontificale, avaient leurs élus. De ces oppositions naissent des contradictions qu'il n'est pas toujours facile d'expliquer, et moins encore de lever complètement. Un de ces prélats mérite un souvenir particulier; il se nommait Pierre Salpini et appartenait à l'Ordre de St-François. Sa haute réputation de vertu et de science le fit juger propre à gouverner l'église de Bazas durant ces temps difficiles. Il n'en fut d'abord qu'administrateur; mais il en devint enfin titulaire et occupa le siége vingt ans. Il mourut dans le couvent des Cordeliers de Toulouse d'où il avait été tiré et où il fut enseveli.

Raymond de Tulles avait lui aussi embrassé l'état religieux et était prieur de La Réole lorsqu'il fut placé sur le siége de Bazas par l'antipape Félix, dont il suivit l'obédience. Eugène IV et après lui Nicolas V lui donnèrent pour compétiteur Bernard du Rosier, prévôt de Toulouse, qui avait professé avec éclat dans l'université de cette ville et était devenu référendaire de ses deux bienfaiteurs; mais Nicolas V voyant que du Rosier ne pouvait se mettre en possession de son évêché, le transféra (1450) à Montauban, d'où il passa bientôt à l'archevêché de Toulouse. Raymond de Tulles, qui l'évinça, fut aussi abbé de Fontguilhem et évêque de Couserans. On dit qu'il reçut les honneurs de la pourpre romaine; mais cette conjecture paraît hasardée. Il fut vraisemblablement remplacé par un autre Raymond surnommé du Treuil, que quelques-uns confondent avec lui, et qui occupa le siége de Bazas jusqu'en 1486. Du Treuil fut nommé, en 1472, exécuteur testamentaire d'Anne d'Armagnac, veuve de Charles d'Albret. Il fit à sa mort plusieurs legs à son église et établit diverses fondations pieuses. Les statuts du chapitre furent faits de son temps (1475). Sixte IV les confirma le 20 décembre 1481. Ils étaient encore en vigueur en 1793. Jean de Bonau, sous-doyen de St-André et abbé de Fontguilhem dont il conserva le gouvernement toute sa vie, fut nommé peu après la mort du dernier Raymond; car il prêta serment le 28 mai 1486. Il était né dans ce diocèse et appartenait à une ancienne famille qui posséda longtemps la terre de Sauviac. Il fit paver sa cathédrale en belles pierres de taille, établit la psallette, fit quelques legs à son chapitre et mourut vers 1503.

Bernard III, évêque de Tarbes (1), que nous avons laissé au Concile de Lavaur en 1368, mourut en 1374. L'abbé de Calers et ses moines, parmi lesquels il avait choisi sa sépulture, se présentèrent pour enlever ses dépouilles; mais le chapitre s'y opposa et le corps fut enseveli dans la cathédrale. L'église de St-Sernin de Toulouse célèbre l'anniversaire de ce prélat le 13 avril. Après Bernard vinrent Guillaume de Coarrase et Reginal qu'on croit fils naturel de Matthieu de Foix-Castelbon. Le pape Pie II commit l'abbé de Sordes pour gouverner le diocèse en 1392, soit qu'il y eût vacance, soit plutôt que Reginal que plusieurs ne reconnaissent pas pour évêque, disputât le siége à Guillaume. Adalbert occupait le siége en 1399, mais il s'y arrêta à peine un an. Ici comme ailleurs nous avons à déplorer les tristes suites du long schisme d'Occident. Des monuments nous apprennent que l'archevêque d'Auch prit l'administration de cette église et la garda jusqu'en 1406 ou 1407. Oihenard et les Frères de Ste-Marthe appellent cet administrateur Pierre.

(1) *Gallia Christiana*. Manuscrit de M. l'abbé Vergés.

C'était sans aucun doute Pierre de Langlade que nous avons vu chargé par Rome de l'archevêché d'Auch et des évêchés d'Aire et d'Oleron. On se trompe ainsi en lui donnant le titre d'archevêque, qu'il n'eut jamais. A Tarbes, comme à Auch, Pierre de Langlade, malgré la nomination du Souverain-Pontife, ne fut reconnu que par une partie du clergé. Christian et un autre Bernard siégèrent après la vacance. Ce dernier fut remplacé le plus tard en 1422 par Bonhomme d'Armagnac-Thermes, qui, sentant sa mort approcher, se retira dans l'abbaye de St-Pé-de-Genérez, et se prépara par quarante jours de retraite et d'exercices pieux au passage de l'éternité. Sa mort arriva le 17 mars 1427. Raymond Bernard, qui succéda à Bonhomme quelques mois après et Jean qui mourut en 1439, n'ont laissé que leur nom dans les diptyques de Tarbes. Roger de Foix-Castelbon est plus connu. Transféré d'Aire à Tarbes en 1440 ou 1441, il ne termina sa vie qu'en 1461 ou peut-être en 1463. Le cardinal de Foix, Pierre-le-Jeune, obtint alors l'administration de l'évêché et la garda jusqu'en 1465. Il se démit en faveur de Raymond-Arnaud de Palats, chanoine de Tarbes, archidiacre de Lavedan. Palats appartenait à une famille très-ancienne dans le Bigorre, et était né à Solon dans le voisinage de l'abbaye de St-Savin. Attaché au jeune Pierre de Foix en qualité de précepteur, il sut si bien gagner son attachement et sa confiance, que l'élève, qu'il avait accompagné à Rome, lui résigna son évêché. Raymond Arnaud le posséda près de neuf ans : il mourut à Orthez en 1474 et fut enseveli à St-Savin. On vante la douceur de ses mœurs et la bonté de son cœur. Manaut d'Aure, fils de Sans-Garsie, vicomte d'Asté et abbé de Nisors, lui succéda et fut remplacé par un de ses neveux nommé Manaut comme lui, ce qui les a fait confondre. Celui-ci fut vraisemblablement prévôt d'Avignon et siégea jusqu'en 1503. A travers tant d'obscurités, on concevra sans peine que nous ne nous soyons pas arrêté longtemps dans chaque évêché ; nous n'avions guère à glaner que des noms propres, souvent même obscurs ou inconnus. Les temps ne sont plus où la vie des évêques remplissait à peu près toutes les pages de l'histoire.

Deux siéges nouveaux, ceux de Lombez et de Condom avaient été créés dans la Gascogne par Jean XXII; mais ils n'ont jamais fait partie de la province ecclésiastique d'Auch. A Lombez (1) Arnaud de Mirepoix avait été remplacé vers 1420 par le cardinal de Foix Pierre-le-Vieux, que nous avons déjà trouvé sur plusieurs siéges. Après lui vinrent Géraud de Charno, qui siégea plus de vingt ans, Géraud d'Aure, frère de Manaut d'Aure et de Bertrande, mariée au seigneur de Castelbajac, avec lesquels il traita en 1460 à l'occasion de quelques biens patrimoniaux, et enfin un Sans dont on ignore la famille, et qui siégea de 1466 à 1472. A ce dernier succéda Jean de Vilhères ou plutôt Billères plus illustre qu'aucun de ses prédécesseurs. Jean (2) que la plupart des historiens nomment à tort de La Grolaye de Villiers, et font neveu du cardinal d'Aubusson, le célèbre grand-maître de Malte, était fils de N. de Billères, seigneur de Lagraulas et de Camicas près de Nogaro, et probablement aussi de Billères, dont

(1) *Gallia Christiana*. — (2) Manuscrit de M. d'Aignan. — Dom Brugelles et surtout Histoire généalogique de la maison Faudoas, par les Bénédictins.

cette famille avait pris le nom. Il entra jeune dans l'Ordre de St-Benoît, fit ses vœux à Condom et remplaça vers 1473 à Pessan, l'abbé Pierre d'Anglade (1).

Louis XI, qui reconnut son mérite, l'attira près de lui et en fit un de ses conseillers. Après le meurtre du comte d'Armagnac, les quatre vallées d'Aure, de Magnoac, de Neste et de Barousse hésitèrent quelque temps à reconnaître un nouveau maître. Jean V les avait données à sa sœur. Leurs véritables intérêts et les anciens liens d'une commune patrie les attiraient vers la France; mais le roi d'Aragon tentait leur fidélité en leur offrant de nombreux avantages. Louis se hâta de députer vers ce pays l'abbé de Pessan. Jean de Billères parcourut les vallées, se concilia l'esprit des habitants, et les amena à repousser les avances du roi d'Aragon et à se donner à Louis XI. Il signa avec eux une convention par laquelle il s'obligeait au nom de son maître à respecter à jamais les priviléges et les coutumes dont ils avaient joui sous les barons de Labarthe, les vicomtes d'Aure et les comtes d'Armagnac. Dès ce moment ils acceptèrent solennellement la domination française, et rien depuis n'a pu ébranler leur attachement. Louis XI, qui suivait de loin cette négociation, en apprit avec joie l'heureux succès; et pour témoigner sa reconnaissance à l'habile négociateur, il le fit élire évêque de Lombez, et le nomma administrateur temporel de l'abbaye de St-Denis (*).

(1) Pierre d'Anglade donna en 1444 des coutumes aux habitants de Pessan.

(*) La famille de Billères ne tarda pas à se fondre dans celle de Besolles, vraisemblablement par le mariage de Quitterie de Billères avec Jean, seigneur de Besolles, d'où sortirent les marquis de Besolles,

Le cardinal Joffredi, qui en était titulaire, n'avait survécu que quelques mois au meurtre de Jean V et au pillage de Lectoure. Tant d'atrocités commises sous ses yeux et peut-être à son instigation, avaient dû peser sur la conscience du prince de l'Église. Il s'était retiré dans le prieuré de Ruilly et y était mort le 24 novembre de cette année 1473, si tristement célèbre dans les annales de la Gascogne. Le pape Sixte IV voulut nommer à St-Denis le cardinal Guillaume d'Estouteville, archevêque de Rheims; mais Louis XI s'opposa à cette nomination et désigna en attendant l'évêque de Lombez pour administrer les biens de l'abbaye. Ces fonctions le rapprochaient des religieux; il sut si bien gagner leurs cœurs, que le choix de leur supérieur leur ayant été laissé, ils l'élurent d'une voix presque unanime le 12 mai 1474. Le pape accueillit cette élection avec froideur; mais après avoir fait attendre quelques mois sa ratification, il la donna enfin vers le milieu de l'année suivante.

Deux ans après, Louis XI à qui la soumission des quatre vallées avait révélé les talents diplomatiques de Jean de Billères, le mit à la tête d'une ambassade qu'il envoyait en Espagne pour y conclure un traité avec Ferdinand V et Isabelle. La négociation était épineuse; néanmoins Jean de Billères la termina heureusement,

---

seigneurs de Lagraulas. Cette Quitterie de Billères et Jeanne de Besolles, sans doute sa fille, réglèrent quelque intérêt avec Gilles, seigneur de Podenas, agissant pour noble Françoise de Barrau, son épouse (22 juin 1560). Les Billères ou Vilhères portaient pour armes au 1er et au 4e d'argent à la croix de gueules et au 2e et 3e de gueules au besant d'argent. Ces armes se voyaient en divers endroits du palais épiscopal de Lombez.

V.

et le traité fut signé à St-Jean-de-Luz le 2 octobre 1475. Le 10 de ce mois il en donna la nouvelle aux religieux de St-Denis et leur dit de célébrer cet événement par une procession solennelle suivie d'un feu de joie. Louis XI le gratifia à cette occasion de l'abbaye de St-Quentin de Beauvais. Le poids de tant de dignités, joint à celui de ses années, le forcèrent à chercher un aide : il le demanda à sa famille et appela près de lui Jean de Faudoas, fils de Bertrand de Faudoas, seigneur d'Avensac, et de Jacquette de Billères sa sœur. Jean de Faudoas avait embrassé l'état religieux dans le couvent de Condom où son oncle avait fait profession avant lui et où nous trouvons dans tout ce siècle des membres des premières familles de la province. Jean de Billères l'associa à l'administration de l'abbaye de St-Denis et l'y établit son vicaire général. Il lui donna bientôt après le prieuré d'Argenteuil, auquel fut ajouté plus tard le prieuré de St-Yon.

A la mort de Louis XI qui fut suivie de tant de changements, la faveur de l'évêque de Lombez sembla s'accroître loin de s'affaiblir. La régente l'admit dans ses conseils et le créa en 1483 président de la Cour des Aides. Deux ans plus tard, le clergé de Paris le députa aux États de Tours qu'il présida quelque temps. Enfin, en 1489, il assista avec les pairs et les autres grands du royaume au parlement où le roi Charles VIII avait fait citer les ducs d'Orléans et de Bretagne. Il était alors président de l'échiquier de Normandie; le roi le fit presqu'aussitôt partir pour l'Allemagne, où il ménagea la paix entre la France et l'empereur Maximilien. Nous le retrouverons bientôt chargé d'une autre ambassade.

Les évêques de Condom nous sont plus connus que leurs voisins. Si nous les avons passés sous silence depuis si longtemps, c'est qu'ils sont constamment restés étrangers aux faits que nous avions à raconter. Désormais nous les allons voir se mêler à notre histoire. Raymond de Galard (1) que nous avons laissé aux prises avec Edouard II, roi d'Angleterre et avec les habitans de Condom, n'avait pas tardé à se réconcilier avec le prince anglais. La lutte avec les habitans de Condom fut plus longue; mais enfin on se rapprocha de part et d'autre, et de ce rapprochement naquit un compromis qui remettait tous les différends à des arbitres. Ceux-ci prononcèrent sur quelques points et en déférèrent d'autres au jugement du sénéchal d'Agenais. Les consuls et les habitans furent maintenus dans leurs anciens privilèges. L'interdit qui pesait sur la ville fut levé et l'évêque s'engagea à ne plus recourir à cette arme. Raymond confirma à cette occasion les coutumes dont jouissaient les habitans et leur concéda les deux grandes foires de Ste-Catherine et du Carême. (Lundi avant la Purification 1382). Rien ne troubla désormais son administration, qui ne se termina que dans les premiers mois de 1340. Des affaires l'ayant alors conduit à Paris, il y mourut (*) le 16 mars; mais son corps fut rapporté à Condom, et enterré dans la chapelle de St-Benoît.

---

(1) *Gallia Christiana*, et surtout Manuscrit de M. Lagutère.

(*) Par son testament, il établit dans sa cathédrale quatre chapellenies, dont il laissa la nomination à ses successeurs, stipulant toutefois qu'elles ne seraient données qu'à des religieux du chapitre dépourvus d'autres bénéfices. Il dota cette fondation de tous les biens qu'il avait acquis durant son long pontificat. Il mentionnait entr'autres la moitié du moulin de Vadarnaut, qui avec les terres et les prés

Après ses obsèques, le siége vaqua quelques mois. Enfin le 13 novembre, le chapitre élut Pierre de Galard, neveu de Raymond, d'abord moine de Condom comme son oncle, et ensuite prieur de Nérac. L'acte d'élection qui nous a été conservé, vante sa piété, sa prudence, sa parfaite connaissance des divines écritures et la noblesse de son origine. Pierre siégea près de trente ans, car il ne mourut que le 24 octobre 1370. La peste et les guerres désolaient la Gascogne ; aussi de ce long pontificat n'avons-nous pu recueillir que quelques faits assez peu importants. En 1343, il donna des statuts à son chapitre, et réduisit à vingt le nombre des prébendiers de sa cathédrale. Le 16 avril, il assista à l'hommage que Raymond, abbé de Belleperche, rendit dans l'église de Laplume, à Jean comte d'Armagnac, et reçut lui-même alors l'hommage de Jean pour la vicomté du Bruilhois. Enfin le 7 avril 1366, il unit l'archiprêtré de Beraut et la chapellenie de Mons à la vicairerie perpétuelle de St-Pierre (*). Baluse prétend qu'à sa mort,

---

qui en dépendaient, avait coûté 220 livres, une maison à Francescas du prix de 210 livres, une métairie du prix de 35 livres, 15 cartelades de bois dans Eauze et le quart des dîmes de la Serraute, le tout du prix de 240 livres; une métairie à La Ressingle avec 22 concades de terre labourable et de bois du prix de 550 livres ; à Cassaigne 16 concades de bois au prix de 230 livres ; enfin dans le lieu de Gardères, des terres pour le labourage d'une paire de bœufs, au prix de 130 livres.

(*) Peu de mois avant sa mort (janvier 1372), Charles V, pour récompenser les habitans de Condom de ce qu'ils avaient adhéré à l'appel des seigneurs Gascons contre le prince Noir, leur accorda des lettres patentes portant permission d'établir un sénéchal ainsi qu'un receveur pour faire battre monnaie, d'avoir une cloche pour convoquer leurs assemblées et de se faire prêter serment par le sénéchal et par le receveur.

le pape donna l'évêché de Condom à Richard, précenteur de Mende; mais ce Richard mourut sans avoir pris possession, ou l'opposition du chapitre le priva de ce siége; il est du moins certain que Pierre de Galard fut remplacé par Bernard d'Alleman, moine de St-Pierre comme ses deux prédécesseurs. Bernard s'attacha d'abord à Urbain VI que reconnaissait l'Angleterre, maîtresse à cette époque d'une partie du Condomois, et alla se faire sacrer à Rome par les mains même du Pontife; mais le Condomois ayant bientôt passé tout entier sous les lois de la France, Bernard abandonna Urbain et reconnut Clément VII son compétiteur. Toutefois cette adhésion fut assez froide, car en 1392 la cour lui ayant demandé des prières pour le roi Charles VI dont il était un des chapelains, Bernard écrivit au prince, dès que son état se fut amélioré, et lui représenta que la maladie cruelle qui l'avait frappé avait peut-être été envoyée du ciel pour le punir de sa négligence à ramener la paix dans l'Église; il lui adressa en même temps un traité sur le schisme que l'on garde encore en manuscrit dans la bibliothèque nationale, et qu'on a faussement attribué à Pierre Teste, neveu du cardinal de ce nom. Dans cet opuscule dédié à Charles VI, l'évêque de Condom remontait à l'origine de cette déplorable division et parlait de l'élection de Clément VII en termes trop libres pour faire croire qu'il fût fort attaché à son obédience. Clément s'en montra offensé. Bernard se défendit dans une lettre où, sans descendre à de vaines excuses, mais unissant le respect à la fermeté, il maintenait ses premières assertions et conjurait le Pontife de mettre un terme aux déchirements de l'Église. (Condom, 20 mars 1393). Il vécut huit ans encore et mourut à Paris en 1401. On l'enterra chez les Chartreux où il avait élu sa sépulture (*).

À la nouvelle de sa mort le chapitre s'assembla, et les deux tiers des suffrages s'arrêtèrent sur Hugues de Regimbaut, doyen de Larroumieu, vicaire-général de Bernard d'Alleman. Le nouvel élu s'empressa de faire confirmer son élection par l'archevêque de Bordeaux; néanmoins il trouva un concurrent dans Guillaume de Montheils, que lui opposaient sans doute le tiers des votants, ou que le pape avait désigné de son autorité. Le chapitre par un acte du 20 juin 1401 soutint sa nomination : les débats se poursuivaient encore le 28 juillet de l'année suivante, mais la victoire resta enfin à Hugues. Le triomphe du prélat devait être assez court, car il mourut à Grasse le 10 ou le 11 octobre 1405. Benoît XIII pourvut alors de cet évêché Aymeric Nadal, son référendaire et déjà abbé de St-Sernin de Toulouse.

L'assemblée du clergé de France tenue à Paris le 20 octobre 1408, attaqua cette nomination et déposa Nadal en même temps qu'elle priva de leurs bénéfices quelques autres créatures de l'antipape. On lui substitua sans doute un Pierre second dont on trouve quelques traces, mais qui ne put se maintenir. Le roi de France vint en aide à Aymeric et le fit rétablir en 1409.

(*) Bernard d'Alleman fut un prélat aussi pieux que ferme. Il fonda dans sa cathédrale une messe qui devait être dite tous les jours à l'aurore et qu'on appela messe du Pardon parce qu'il y attacha quarante jours d'indulgences. Il y établit aussi plusieurs offices et assigna pour ses œuvres les dîmes d'Espiassens, de Fieux, de Mons et de Vilate qu'il avait rachetées de ses deniers (6 mars 1387).

On donnait au religieux semainier qui célébrait les messes du Pardon, douze deniers Tournois pour chacune, et deux deniers au clerc qui le servait.

L'humiliation qu'il avait subie le dégoûta de Condom, et il permuta son siége contre celui de Castres. Jean Corserius qui fut élu à sa place siégeait encore en 1452 et même 1454, sans que l'histoire ait rien enregistré de ce long pontificat. Le nécrologe de Condom qui le fait mourir le 13 août 1453, dit seulement qu'il légua tous ses biens à son chapitre. Nicolas appela aussitôt à Condom, Guillaume d'Estampes, fils de Robert, seigneur de La Ferté-Imbaut et frère de Jean, évêque de Carcassonne. Guillaume avait d'abord été chanoine et archidiacre dans cette dernière église, d'où il avait été tiré pour être placé sur le siége de Montauban; mais le pape le transféra bientôt à Condom. Il prit possession par procureur le 4 juin 1454; content d'avoir fait ainsi reconnaître son autorité, il ne parut jamais dans son diocèse. Il s'y fit représenter par Antoine de Grossoles, Pierre de Valette, religieux de St-Pierre et Raymond de Treuil, depuis évêque de Bazas, ses vicaires-généraux.

Le siége vaqua quelque temps. Amanieu de Lamaguère et Guy de Montbrun se présentaient pour l'occuper, soit que les voix du chapitre se fussent partagées, soit que Rome et le chapitre eussent chacun leur candidat; mais enfin il y eut un compromis. Amanieu se désista moyennant une pension de cinq cents livres, en attendant un bénéfice de pareil revenu, et Guy de Montbrun resta paisible possesseur de l'évêché. Il était né d'une ancienne famille du Limousin et possédait l'abbaye d'Exiles, lorsqu'il fut promu à l'épiscopat. Il fit son entrée à Condom en 1458 et prit pour ses vicaires-généraux Raymond de Treuil et Antoine de Grossoles, déjà nommés par son prédécesseur, mais il substitua au troisième, Jean Auriole, chanoine de Castelnaudary et curé de Cannes au diocèse de Lavaur, et de Montreils au diocèse d'Alby. Il fit quelques fondations pieuses en 1467; c'est tout ce que nous savons de lui, nous ignorons jusqu'à l'époque précise de sa mort. Antoine de Pompadour occupait le siége en 1486; car le 19 mars de cette année, il créa vicaires-généraux, Jacques de Pru, archidiacre de Périgueux et Théobald de Lavardac, prieur du couvent de St-Pierre, déclarant qu'il ne pouvait encore se rendre dans son église. Le nouvel évêque était fils de Godefroy, seigneur de Pompadour, et d'Elisabeth de Comborn, d'une des premières familles de l'Angoumois. Il fut d'abord chanoine de Paris, puis doyen de Limoges, ensuite grand archidiacre de Poitiers et enfin évêque de Condom. Il occupa ce siége dix ans et mourut le 11 octobre 1496 (\*).

(\*) Sa mitre resta longtemps dans les trésors de l'église de Condom. On y voyait ses armes qui étaient d'azur à trois tours d'argent, deux en chef et une en pointe.

## CHAPITRE III.

Violences et prodigalités du comte d'Armagnac. — Ses nouveaux malheurs. — Il est délivré de prison. — Comtes d'Astarac. — Ingratitude et révolte du comte de Comminges. — Alain d'Albret. — Ses efforts pour épouser l'héritière du duché de Bretagne. — Nouvelles hostilités entre la reine de Navarre et le vicomte de Narbonne. — Premier accommodement. — Mort de François de Savoie, archevêque d'Auch. — Jean de La Tremouille lui succède. — Jean Marre est nommé à l'évêché de Condom. — La guerre se renouvelle entre Catherine et le vicomte de Narbonne. — Couronnement de Catherine et de Jean d'Albret, son époux. — Expédition de Charles VIII, en Italie. — Seconde pacification entre les Membres de la maison de Foix. — Mort de Charles, comte d'Armagnac. — Sa succession est disputée. — Mort du roi Charles VIII.

Quand le comte d'Armagnac eût été rendu à ses peuples, leur joie fut vive. Ils espérèrent voir refleurir la souche antique à l'ombre de laquelle ils s'étaient abrités si longtemps; mais cette joie et cette espérance ne tardèrent pas à être cruellement trompées. La captivité et le malheur avaient aigri le comte d'Armagnac et presque altéré sa raison; il se laissa aller à des actes nombreux de violence. Bientôt les griefs augmentèrent. Six mois ne s'étaient pas encore écoulés, et les États assemblés (1) à Auch le 3 septembre 1484, crurent devoir lui présenter quelques observations. D'abord ils ne lui cachèrent pas qu'ils étaient surpris et affligés des excès qui se commettaient sous son nom; ensuite ils demandèrent qu'il tînt ce qu'il leur avait promis par serment à son entrée à Auch; qu'il s'entourât de gens de bien et de gentilshommes, et qu'il renvoyât

---

(1) Collection Doat, tome 80.

les étrangers dont il se faisait accompagner à son grand déshonneur et au détriment du pays ; enfin qu'il *eût égard* au grand Bâtard d'Armagnac que tout le monde aimait et qui paraissait né pour les grandes choses. Après toutes ces demandes, ils le conjurèrent de vouloir recevoir Madame et la traiter *ainsi qu'il appartient*. « Ce serait, ajoutaient-ils, un très-grand bien et honneur à tout le pays, si Dieu nous faisait la grâce d'avoir successeur de vous, ainsi que depuis neuf cents ans il y en a toujours eu de votre race ». Ces représentations indisposèrent Charles; il quitta l'Armagnac et se retira à Tournon.

Peu de jours après son arrivée, le 29 septembre, son valet de chambre se plaignit à lui d'avoir été frappé par un archer. Charles, sans autre information, fit aussitôt jeter l'archer au fond d'un cachot. Jean du Cernai, un de ses écuyers (1), ayant voulu prendre la défense du malheureux soldat, fut durement éconduit, et comme il insistait, Charles entra en fureur, et dans son emportement il s'arma d'une dague. Quelques serviteurs accoururent aussitôt: ils arrêtèrent son bras et éloignèrent du Cernai ; mais le comte s'échappant bientôt de leurs mains, poursuivit l'écuyer et de sa dague il le blessa au visage. Ah ! Ribaut, s'écria du Cernai, dès qu'il sentit son sang jaillir, tu m'as frappé. A ce reproche insultant, la fureur de Charles ne connut plus de bornes : il porta un second coup; cette fois il atteignit l'écuyer à la poitrine et l'étendit sans vie.

Charles à un caractère violent joignait une prodigalité sans mesure et sans discernement. En peu de jours il

(1) Collection Doat, tome 80.

aliéna tous ses domaines (1); Hugues de Châlons, un de ses neveux en obtint (8 novembre 1484) une partie. Le 19 décembre suivant, le duc d'Alençon, un autre de ses neveux, reçut le reste. Il est vrai que Charles se réservait l'usufruit de tout ce qu'il abandonnait. Ses dons étaient ainsi précaires, le roi ne lui ayant rendu que la jouissance des biens de la maison d'Armagnac. Néanmoins le sire d'Albret se montra très-mécontent de ces largesses, quoique les deux seigneurs avantagés fussent plus rapprochés que lui de la souche d'Armagnac, et quoique il eût été le premier à abuser de la facilité de son parent; car avant de quitter la ville de Tours, il lui avait arraché (2) la vente du comté d'Armagnac, moyennant quinze mille écus d'or qu'il avait comptés au sire de Beaujeu. Le prix était évidemment trop faible. Aussi Alain avait eu soin de tenir cet acte secret, et même par un reste de pudeur il y avait fait insérer une clause qui donnait deux ans à Charles pour racheter son comté; mais où un seigneur pauvre et imprévoyant eût-il trouvé dans un si court espace de temps une si forte somme. Après une conduite aussi peu loyale, le sire d'Albret accusa les deux neveux de déloyauté et présenta une requête au parlement de Toulouse pour faire constater la démence de son malheureux parent. La cour admit les faits, prononça l'incapacité (3), cassa toutes les aliénations déjà faites, défendit toute aliénation nouvelle et confia à Alain lui-même l'administration des biens. Fort de cet arrêt, Alain se mit en possession des domaines, et sans respect pour une infortune que tout devait lui rendre sacrée, il fit enfermer

---

(1) Grands Officiers, tome 3. Dom Vaissette, page 75. — (2) Idem. Extrait du chartier de Pau. — (3) Idem. Collection Doat, tome 80.

Charles dans le château de Tournon, d'où il le transféra bientôt dans celui de Casteljeloux (1).

On le remarque quelquefois dans les hauts rangs de la société, et il doit sans doute en être de même plus bas : le ciel paraît de temps à autre se choisir des victimes auxquelles il redemande les crimes et les fautes de leurs ancêtres; et ces victimes, sans doute pour mieux remplir les desseins de la providence, sont presque toujours les membres les plus innocents de leur famille. De la longue descendance de Sanche Mitarra qui avait gouverné l'Armagnac et le Fezensac, nul seigneur ne sembla destiné comme Charles à fournir une carrière tranquille et paisible. Né avec des goûts simples, il n'avait jamais paru sur un champ de bataille, et après une jeunesse exempte d'ambition, content de la part si inégale qui lui était faite dans l'héritage paternel, étranger à cette fièvre d'agitation et d'intrigues qui avait tourmenté toutes les grandes familles sous le dernier règne, il vivait heureux près d'une épouse adorée, lorsqu'il se vit entraîné au loin, jeté dans un noir cachot et livré à des supplices qu'on dirait empruntés aux nations payennes ou aux âges de barbarie. Enfin, après quinze ans d'une lente agonie, la fortune se lasse de le poursuivre, ses fers sont brisés, il rentre dans l'héritage de ses pères, il s'asseoit parmi les hauts et puissants seigneurs de la Gascogne, et décide avec eux du sort de la province; mais ce n'était là que de trompeuses faveurs.

Le comte d'Armagnac ne s'est replacé un instant au rang de ses ancêtres que pour tomber de plus haut, et n'a ressaisi sa liberté que pour la perdre plus brutale-

---

(1) Grands Officiers, tome 3. Dom Vaissette, page 76.

ment. La Gascogne après quelques fêtes ne lui garde que des cachots, et au sein de sa famille il retrouve la dureté de ses anciens bourreaux. On éloigna (1) sa femme et ses serviteurs, on ne lui laissa que les seigneurs de Lamothe et de Ste-Christie, on le soumit à la plus dure surveillance, on lui interdit même la messe et les cérémonies religieuses. Sa femme revenait pour partager sa captivité : on alla à sa rencontre et, à force d'insultes et de menaces, on la contraignit à retourner sur ses pas. Quelques serviteurs s'étant obstinés à poursuivre leur route, on les prit et on les jeta dans une noire prison.

Charles ne s'oublia pas lui-même malgré sa prétendue démence. Du fond de son cachot il écrivit au jeune duc de Nemours (2); il le conjurait de travailler à procurer sa délivrance et à lui faire restituer le comté de l'Isle-Jourdain que détenait le duc de Bourbon, offrant en échange à ce dernier les baronnies d'Ordan, de Biran et de Barousse; et pour intéresser à son sort son neveu, il s'engageait à l'établir son héritier. En même temps il se plaignit au roi des traitements qu'on lui faisait subir. Sa femme, le duc d'Alençon et Hugues de Châlons se joignirent au prisonnier. Les États d'Armagnac qui avaient bien pu faire des remontrances, mais qui n'en conservaient pas moins pour le sang de leurs anciens maîtres un profond dévoûment, en appelèrent de leur côté à la justice royale. Dans leur désir de servir sa cause, ils représentèrent (3) que leur seigneur n'était ni prodigue *ni troublé de ses sens*, comme l'avaient prétendu ses ennemis. Le roi ne pouvait rester sourd à

---

(1) Collection Doat, tome 80. — (2) Idem. — (3) Dom Vaissette, tome 5, page 76.

tant de supplications, il ordonna le 22 février 1486 (1) au sire d'Albret d'élargir son prisonnier et commit Guinot de Losière sénéchal du Quercy pour le retirer de ses mains; mais quand Guinot se présenta, les seigneurs de Fréchou, de Rignac et du Sendat, chargés de veiller sur Charles d'Armagnac, firent armer et fermer (2) le château, et déclarèrent qu'ils ne l'ouvriraient que sur le commandement formel et écrit du sire d'Albret. Il fallut une nouvelle jussion qui fut donnée par le roi le 31 mars; alors le roi ne se contenta pas d'enlever à Alain la garde de son parent; il lui enleva aussi l'administration de ses biens (3). Le sire d'Albret n'osa pas résister plus longtemps : il remit le 25 avril le comte au sénéchal qui le conduisit près du roi.

Le séjour que Charles fit à la cour ne tarda pas à montrer que ses facultés étaient réellement affaiblies. On fut obligé de lui donner un curateur, et on choisit (4) Jean d'Albret, sire d'Orval, neveu d'Alain, auquel on joignit Géraud de Marestang et Philippe de Voisins, baron de Montaut, deux cousins germains également renommés pour leur intégrité, leur prudence et leur habileté dans les affaires. Marestang était fils de Jean, baron de Marestang, et d'Agnès de Faudoas; il fut d'abord page de Jean de Faudoas-Barbazan, son oncle; car il était encore d'usage parmi la noblesse d'éloigner du toit paternel l'enfant destiné aux armes, dès qu'il y avait reçu les premières connaissances, et de le placer près de quelque seigneur distingué, où il faisait

(1) Extrait du château de Pau. — (2) Collection Doat. — (3) Col. Doat. Dom Vaissette. Grands Officiers. Généalogie des Faudoas. — (4) Idem.

son éducation guerrière. Il devint ensuite enseigne de la compagnie des gens d'armes de Jean de Dailhon, seigneur de Lude; il servit dans leurs rangs durant dix années et se distingua tellement par sa bravoure que Louis XI voulut l'armer chevalier de sa main.

Philippe de Voisins n'appartenait pas à la maison de Montaut. Cette maison, que nous avons rencontrée sous les premiers comtes de Fezensac, s'était partagée de bonne heure en trois branches principales. Odon VIII, le chef de la branche aînée, n'eut que deux filles, Jeanne et Sybille. Jeanne épousa (9 août 1396) Jean de Voisins, issu de Pierre de Voisins que nous avons remarqué parmi les compagnons d'armes de Simon de Monfort, et lui apporta la baronnie de Montaut avec tout ce que possédait son père dans le Corrensaguet. Philippe de Voisins était leur petit-fils. Lui-même maria en 1491 Guillaume, un de ses enfants, avec Françoise, fille unique et héritière de Géraut de Montaut, seigneur de Grammont dans la Lomagne, chef de la branche puînée. Les Voisins recueillirent ainsi les biens des deux premières branches des Montauts et en prirent le nom et les armes. La troisième branche, formée vers le commencement du quatorzième siècle par Arbieu de Montaut, qui eut pour son partage la co-seigneurie de Castelnau-d'Arbiéu, subsiste encore; mais elle a quitté la Gascogne pour se transplanter dans la Normandie.

Jean, comte d'Astarac, avait aspiré à la tutelle de son parent : irrité de la préférence donnée au sire d'Orval et surtout à Géraud de Marestang et à Philippe de Voisins, il se saisit du comte et s'empara de quelques terres qui étaient à sa convenance. Le sire d'Orval et ses collègues en appelèrent au Parlement, qui décréta (1) le comte d'Astarac de prise de corps et ordonna la saisie de tous ses domaines. Jean ne voulut pas se commettre avec la justice. Content d'avoir fait éclater son ressentiment, il relâcha son prisonnier, rentra en grâce avec la cour et obtint même peu après le titre de chambellan du roi.

Le comte d'Astarac était le troisième, ou selon d'autres, le quatrième de son nom. Cette famille jeta si peu d'éclat, que l'histoire varie dans l'ordre qu'elle doit assigner à ses membres, comme elle a varié pour la famille de Pardiac. Le père de ce comte nommé Jean comme lui, passa (2) la plus grande partie de sa vie à disputer à Bernard de Faudoas la succession du célèbre Barbazan, dont nous avons vu qu'il avait épousé la fille. La comtesse d'Astarac protesta contre les dispositions de son père, qui l'avait déshéritée en faveur de Bernard, son cousin-germain (\*), et demanda à Jean de Foix, comte de Bigorre, de vouloir accepter de son mari l'hommage du château et de la baronnie de Barbazan. Jean de Foix y mit des conditions que Jeanne accepta, et l'hommage fut prêté dans l'église de Brocbieil, le 1ᵉʳ octobre 1432, en présence de Jean, évêque de Tarbes, de Roger, évêque d'Aire, de Bernard Roger, vicomte de Couserans, de Jean d'Andouins, de Bernard de Coarrase, sénéchal de Bigorre, de Gaillard d'Abos, sénéchal de Béarn, d'Arnaud Guilhem de Béon-

---

(1) Grands Officiers et Généalogie des Faudoas. — (2) Idem.

(\*) Bernard de Faudoas était fils de Louis de Faudoas et d'Ondine de Barbazan, sœur du chevalier Sans-Reproche. Celui-ci fit son neveu héritier, à condition qu'il prendrait le nom et les armes de Barbazan et qu'il demeurerait constamment fidèle au comte d'Armagnac et à ses successeurs.

Séré et de quelques autres seigneurs. En même temps un arrêt du roi Charles VII maintenait la comtesse d'Astarac dans la possession de Gouts, de Bajonette, de Castelnavet, de Marseillan et de plusieurs autres terres. Bernard de Faudoas s'adressa, de son côté, aux tribunaux, et comme la justice procédait avec lenteur, il recourut aux armes, s'empara de presque tous les biens contestés et ne respecta pas même ceux que le roi avait adjugés à sa parente. En 1448, il alla attaquer le château de Marseillan, à la tête de six cents hommes d'armes et suivi de quelques pièces de canon. Il l'emporta d'assaut et le livra au pillage après avoir massacré un homme au pied de la tour. Ces excès ne furent point punis, et Bernard, soutenu par la maison d'Armagnac, demeura maître de ce qui lui avait été légué. Jeanne de Barbazan mourut durant cette querelle, ne laissant qu'une fille, qui fut mariée à Pierre de Foix, vicomte de Lautrec.

Le comte d'Astarac se remaria à Jeanne de Coarrase, sœur du sénéchal de Bigorre, et il en eut Jean, son successeur, et Marie qui épousa d'abord Charles d'Albret, seigneur de Ste-Bazeille, et ensuite Jean de Saunac, seigneur de Belcastel. Il mourut en 1458, peu après la naissance de sa dernière fille. Jeanne de Coarrase (1), demeurée veuve, s'abandonna à un de ses domestiques et en eut deux enfants. Dans les premiers temps de la monarchie, le supplice des serfs, la mort sous les fourches patibulaires, attendait la dame ou demoiselle qui se dégradait ainsi. Les mœurs avaient sans doute grandement perdu de leur austérité. Néanmoins, un pareil

(1) Grands Officiers, tome 2, page 619.

oubli du rang et des devoirs ne pouvait que soulever l'indignation publique. L'affreuse mère crut en arrêter l'explosion en faisant disparaître les traces de ses désordres, et dans sa férocité elle égorgea de ses propres mains ces innocentes créatures qu'un crime avait fait naître, et qu'un crime plus grand précipitait dans la tombe. Après ces atrocités elle cria merci au roi, et la clémence souveraine s'égara jusqu'à couvrir tant de turpitudes. Jean IV fit oublier la conduite de sa mère et servit avec distinction sous Louis XI. Nous le retrouverons à côté de Charles VIII, en Italie.

L'insulte que Charles d'Armagnac venait de recevoir acheva de lui rendre la Gascogne odieuse. Il la quitta presqu'aussitôt pour toujours et alla faire sa résidence à Montmirail (1), dans l'Albigeois. Le sire d'Albret, de son côté, ne pardonna pas au roi et à la régente de lui avoir enlevé le comté d'Armagnac. Il prêta l'oreille aux propositions de leurs ennemis et signa avec les ducs d'Orléans, de Bretagne et de Lorraine, et avec les comtes d'Angoulême, de Dunois et de Comminges une ligue où il fit entrer le roi et la reine de Navarre, et presque toute la maison de Foix. Au premier bruit de l'orage qui se formait, Anne de Beaujeu résolut de marcher sur l'Aquitaine et de punir (2) le comte de Comminges, le plus coupable des seigneurs mécontents. Charles VIII lui avait conservé les biens et les dignités dont l'avait comblé son père. La régente et son mari avaient augmenté son autorité en Guienne : ils l'avaient appelé à leurs conseils et s'étaient souvent conduits par ses avis. C'est à son instigation et pour lui

(1) Dom Vaissette et Grands Officiers. — (2) Jaligni, page 20 et suivantes.

plaire, qu'ils avaient pris à cœur les intérêts du fils d'Alain et lui avaient ménagé la main de l'héritière de la Navarre; mais il est des natures que rien ne dompte. Foulant aux pieds toute reconnaissance et oubliant son âge avancé, car il comptait déjà plus de 70 ans, Lescun arma contre ses bienfaiteurs l'ambition de presque tous les grands seigneurs du royaume.

Cependant le roi s'avançait rapidement vers la Guienne, précédé de St-André qui commandait une armée de quatre cents lances et de deux cents archers de la garde. Le sénéchal de Carcassonne, qui gouvernait la province au nom de ses frères, accourut à la rencontre de l'armée royale jusqu'à Saintes avec la compagnie d'ordonnance de Lescun et quelques gentilshommes attachés au parti des princes. Il essaya de disputer le passage de la Charente pour donner le temps au sire d'Albret et au comte d'Angoulême de venir le joindre, mais la trahison le força d'abandonner la ville. Réduit bientôt à implorer la clémence royale, il ne demanda que la conservation de son office, de ses gages et de ses pensions. A ce prix, il promit de livrer toutes les forteresses et tous les châteaux qu'il tenait de son frère. L'offre fut acceptée, et en peu de jours le roi fut mis en possession du château Trompette, de Fronsac, de La Réole, de St-Sever, de Dax et du château de Bayonne. Il donna le gouvernement de Guienne au sire de Beaujeu, supprima l'amirauté de Guienne et réunit à la couronne le comté de Comminges; enfin, les sénéchaussées et les places possédées par Lescun furent distribuées à divers seigneurs dont la fidélité était moins suspecte (1485).

Le sort du comte de Comminges avertissait le sire d'Albret de ce qu'il avait à craindre pour lui-même, s'il ne se hâtait de fléchir le courroux de Charles et de sa sœur. La plupart de ses domaines avaient été saisis en même temps que le Comminges. Le comté de Gaure (1) avait tenté d'opposer quelque résistance aux officiers du roi; mais le sénéchal de Toulouse avait paru à la tête de quelques troupes et tout s'était soumis. Quoiqu'affaibli par ces pertes, Alain pouvait tenter la lutte; il avait autour de lui des levées considérables faites dans le Béarn et la Gascogne; toutefois, quand il vint à comparer ses milices mal disciplinés à l'armée prête à l'assaillir, il perdit courage et prit le parti de la soumission. Il renonça solennellement à l'alliance des princes, et pour mieux convaincre la cour de la sincérité de ses sentiments, il consentit que le roi menât sa compagnie de cent lances contre ses anciens alliés. Charles avait d'autres armées à combattre. Il reçut le serment d'Alain, du roi et de la reine de Navarre, et porta ses armes contre la Bretagne.

Le vieux duc François, après une défense inégale tourna ses regards vers le sire d'Albret, et malgré l'engagement solennel que celui-ci venait de prendre avec le roi, il crut pouvoir réclamer son secours. Alain était veuf depuis quelques années de Françoise de Bretagne-Penthièvre, et on lui fit espérer la main d'Anne, fille aînée et future héritière du duc. Louis, duc d'Orléans et le prince d'Orange, déterminèrent le père à faire briller à ses yeux cet appât, quoiqu'ils eussent l'un et l'autre d'autres vues sur la jeune Anne, le premier pour lui-même et le second pour Maximilien, roi des Romains. Le sire d'Albret donna dans le piège et

---

(1) Dom Vaissette, tome 4, page 77.

promit le secours que l'on demandait. Il ramassa (1) à la
hâte trois ou quatre mille hommes, et usant de vitesse,
il tenta de traverser avec sa petite troupe la Guienne
et le Poitou; mais il ne put tromper la vigilance de
Gaston de Foix-Candale, lieutenant du sire de Beaujeu,
qui l'atteignit sur les confins de l'Angoumois et du
Limouzin, et l'obligea à se soumettre.

Peu de mois après, Alain, instruit que la cour de
Bretagne, inclinée par le maréchal de Rieux et le sire
de Lescun, penchait toujours davantage en sa faveur,
leva (2) promptement des troupes tant dans la Gascogne que dans la Navarre, passa dans l'Aragon où le roi
Ferdinand lui donna un renfort, et après avoir rassemblé quatre mille hommes d'élite, il s'embarqua à
Fontarabie. Il avait engagé sa vaisselle d'argent et
vendu le comté de Dreux pour payer les frais de cette
expédition. Pendant qu'il voguait vers les côtes de la
Bretagne, le roi fit de nouveau saisir tous ses domaines.
D'autres malheurs l'attendaient à la cour du duc François : à la place d'une future fiancée, charmée de le
recevoir, il ne trouva qu'une enfant volontaire, qui
se plut à l'abreuver de dédain et de mépris. Mais
comment un guerrier de quarante-cinq ans, à visage
couperosé, déjà père de sept enfants, seigneur d'un
petit État et vassal du roi de France, eût-il pu plaire
à une princesse de douze ans, surtout à côté du duc
d'Orléans, jeune, bien fait, adroit à tous les exercices,
et par-dessus tout, premier prince du sang et héritier
présomptif de la couronne? Néanmoins, après la perte
de la bataille de St-Aubin (28 juillet 1488), où il com-

(1) Jaligni, page 36 et suivantes. — (2) Voir pour tous ces détails,
Jaligni, les Histoires de Bretagne et les extraits du château de Pau.

battit avec sa valeur ordinaire et où le duc d'Orléans, son rival, fut fait prisonnier, et après la mort du duc de Bretagne que la vue des maux qui désolaient son duché, conduisit au tombeau, il crut un instant toucher au terme heureux qui devait couronner son ambition ; mais le roi des Romains l'emporta sur lui, et épousa par procureur la princesse au commencement de l'an 1490.

Ce mariage, que la politique rompit plus tard, déchira le voile qui cachait au sire d'Albret toute l'horreur de sa situation. Appelé en Bretagne comme un libérateur et avec l'assurance d'en être bientôt déclaré souverain, il n'avait pas balancé à sacrifier à cette flatteuse espérance le crédit dont il jouissait à la cour et une immense fortune. Proscrit en France, rebuté en Bretagne, dépouillé de son patrimoine, accablé de dettes, près de se voir chassé avec opprobre de son dernier asile, il avait encore l'affreuse douleur d'entraîner dans sa ruine ses enfants et presque tous ses amis. Une seule ressource lui restait, et elle pouvait relever sa fortune. Maître de la ville de Nantes où il s'était introduit, sous prétexte de la conserver à la jeune duchesse, il était presque sûr, en la livrant à la France, d'acheter sa grâce et celle de ses partisans. La nécessité et le ressentiment l'emportèrent sur la loyauté; la place fut remise (mai 1490). A ce prix, non seulement le roi lui accorda le pardon le plus complet, mais il lui rendit toutes ses terres, paya ses dettes et le gratifia d'une compagnie de cent lances qu'il se chargea d'entretenir aux frais du trésor royal.

La guerre s'était arrêtée quelque temps entre la reine de Navarre et le vicomte de Narbonne. Charles VIII, usant de son autorité souveraine, avait décrété (1) en conseil de régence que pour tout ce qui regardait les domaines dépendants de la couronne de France, les parties se présenteraient devant lui, et que s'il ne parvenait point à les accorder, l'affaire serait soumise prochainement au parlement de Paris; mais que pour ce qui concernait le Béarn, les États seraient assemblés de nouveau dans une ville bien sûre, et que là ils décideraient en pleine liberté des droits des deux prétendants; enfin, qu'en attendant leur jugement le pays resterait tel *qu'il avait coutume d'être en pleine paix*. En même temps il fit mettre sous sa main les places contestées, et fit partir pour la Gascogne le cardinal de Foix, oncle de Catherine et frère du vicomte de Narbonne, et Louis d'Amboise, évêque d'Alby, lieutenant du duc de Bourbon, gouverneur du Languedoc. Avec eux devait marcher le seigneur de Brézé à la tête de deux cents lances pour appuyer les paroles de pacification. La négociation réussit, et l'évêque d'Alby amena les deux parents à évacuer les places dont ils s'étaient emparés. Le roi prit ainsi possession des villes de Saverdun, de Mazères, de Montaut, de Sos, de Montbrun et de Caumont; mais il en confia presqu'aussitôt la garde au vicomte de Narbonne jusqu'après le jugement définitif de ce différend. Il assigna en même temps le château de Mazères pour demeure à Marie d'Orléans, femme du vicomte. La princesse y fixa sa résidence et y donna le jour (12 décembre 1490) à Gaston, le brillant héros de Ravennes.

Peu de mois avant cette naissance (octobre 1490), l'archevêque d'Auch mourut (2) à Turin sans avoir

(1) Olhagaray et Dom Vaissette, tome 5. — (2) *Gallia Christiana*. — M. d'Aignan. — Dom Brugelles.

visité son diocèse. Pendant tout son pontificat, il ne se montra qu'une fois en France où il accompagna le duc son neveu en 1489, et il repassa presqu'aussitôt les monts. La régente, qui l'affectionnait singulièrement, demanda pour lui un chapeau de cardinal qui lui fut promis; mais la mort prévint l'exécution de cette promesse. Les Italiens louent la science de ce prélat, sa prudence, son habileté dans les affaires, et ils vantent encore plus la protection qu'il accorda aux gens de lettres. En s'associant à ces éloges, les vieux cartulaires d'Auch lui reprochent d'avoir négligé l'église métropolitaine. Les travaux commencés à la fin du pontificat de Jean de Lescun, avaient été interrompus presqu'aussitôt, et totalement abandonnés depuis. Il eût fallu la présence d'un prélat zélé et actif. En son absence, le Chapitre présenta une requête au parlement de Toulouse, et demanda qu'une partie des revenus de l'archevêché fût appliqué à cette œuvre. Le premier président se transporta sur les lieux, et d'après son rapport, la cour, par un arrêt de l'an 1487, accueillit la demande des chanoines et fixa la part au tiers des revenus. Néanmoins les nouveaux fondements ne furent bénis que le 4 juillet 1489. Ce fut Pierre d'Armagnac, abbé de Faget et archidiacre d'Anglès qui en posa la première pierre (\*) en présence des consuls de la ville et d'une multitude d'habitants.

(\*) Voir l'Histoire de la Gascogne, tome 6, page 434. Dom Brugelles donne à cet archevêque le titre de cardinal, mais à tort. François portait de Savoie, c'est-à-dire de gueules à la croix pleine d'argent, ses armes ont été gravées sur plusieurs piliers de l'église. Le 1er octobre 1489, Pierre-Henri, évêque *in partibus* de Bérite, chargé de gouverner le diocèse en son absence, consacra l'église de Jegun en présence de Colombier, son collègue dans l'administration

Dès que Innocent VIII apprit la mort de François de Savoie, il s'empressa, à la prière du roi Charles VIII, de lui donner pour successeur (5 novembre 1490) Jean de La Tremouille (1); et comme le chapitre prétendait que l'élection lui appartenait, le pape lui ordonna sous peine d'excommunication et de privation de tous bénéfices, d'accepter le prélat qu'il venait de nommer, et lui défendit de travailler à aucun autre choix au préjudice de son candidat. Il déclarait pourtant qu'il ne dérogeait que pour cette fois aux priviléges de l'église d'Auch. Jean était fils de Louis Ier de La Tremouille, vicomte de Thouars et prince de Talmont, et de Marguerite d'Amboise, sœur de Françoise, duchesse de Bretagne.

Pendant que son frère aîné Louis II embrassait la carrière des armes qu'il devait parcourir avec tant d'éclat, lui se voua à l'état ecclésiastique et obtint d'abord un canonicat à Orléans et puis un second à Castres en 1488. Innocent VIII lui abandonna, en attendant qu'il fût pourvu d'un siége épiscopal, la moitié des revenus de l'évêché d'Agen dont il venait de gratifier Léonard de La Rovère, jeune enfant de 14 ans, neveu de Sixte IV et de Jules II. Deux ans après, la métropole d'Auch étant devenue vacante, le pape y appela La Tremouille.

---

du diocèse. Bertrand Guillard, un autre vicaire-général, eut à se plaindre de ce Pierre d'Armagnac, abbé de Faget, à qui il reprochait quelques excès. Il l'interpella hors du cloître et voulut le juger; mais Pierre en appela au Saint-Siége comme d'un excès d'autorité contraire aux priviléges du Chapitre, et le pape commit les abbés de La Caze-Dieu et de Simorre, et le prieur de Thouars. Nous ne savons plus rien de cette affaire.

(1) *Gallia Christiana*. — Manuscrit de M. d'Aignan. — Dom Brugelles. — Cartulaire d'Auch.

Le chapitre n'osa pas protester ; il se contenta de réserver ses droits pour l'avenir et approuva la nomination (10 janvier 1491). L'archevêque n'avait pas attendu cette approbation pour écrire au chapitre et lui notifier le choix qu'avait fait de lui le Saint-Père. Il lui annonçait en même temps que des obstacles le retiendraient encore quelque temps loin de son diocèse. Les chanoines reçurent ces communications avec déférence et lui (1) répondirent (13 ou 14 janvier) pour hâter de leurs vœux son arrivée, et lui recommander leur église qui s'élevait à peine au dessus du sol. L'archevêque s'empressa de faire prendre possession de son siége et commit, à cet effet, l'archidiacre d'Anglès, Pierre d'Armagnac, qu'il choisit pour un de ses vicaires-généraux ; mais il réserva la plus large part (\*) des affaires à Jean Marre, auquel il continua les pouvoirs et la confiance dont l'avaient honoré ses prédécesseurs. Mais Marre ne devait pas toujours rester dans les rangs secondaires du clergé. Sa haute piété, ses talents et son expérience ne pouvaient manquer de le conduire à l'épiscopat. Antoine de Pompadour étant mort (octobre 1496), le chapitre de Condom l'élut presqu'aussitôt (1). Alain d'Albret, dont il gérait les affaires, écrivit en sa faveur. Le car-

(1) Manuscrit de M. d'Aignan.

(\*) Marre toujours zélé ne put voir sans douleur quelques chanoines habiter hors du cloître, au mépris des constitutions et de la vie régulière dont ils faisaient profession. Il entreprit de les y rappeler, mais il échoua dans sa tentative. Les chanoines s'adressèrent à Rome, et firent valoir l'insuffisance de l'ancienne maison claustrale. Leur excuse fut agréée. Ils auraient pu ajouter que la vie commune pèse au relâchement, et les mœurs de presque tous les chapitres s'étaient relâchées. On commençait à soupirer après la sécularisation. — Manuscrit de M. d'Aignan. — Preuves.

(2) *Gallia Christiana.* — Manuscrit Lagutère.

dinal Briçonnet qui l'aimait et qui honnorait ses talents et ses vertus, s'employa aussi pour lui assurer les suffrages des chanoines. Sa nomination fut ratifiée par le métropolitain, et il prit possession en personne le 23 janvier 1497. Tout semblait consommé, lorsque l'évêque de Lombez, Jean de Billères, se déclara son concurrent. Ce prélat habitait Rome où le roi Charles VIII l'avait envoyé en ambassade et où il avait su si bien se concilier les esprits, que le pape Alexandre VI lui donna la pourpre (1) du consentement du sacré collége (1498). Il prétendit que Marre devait son élection aux brigues d'Alain, qui avait voulu conserver l'évêché à Amanieu son fils, déjà voué à l'Eglise, mais trop jeune pour occuper un évêché, et sous ce vain prétexte, il se fit nommer par le pape. Malgré l'autorité du souverain pontife, cette nomination ne fut point maintenue, et Marre garda son siége.

Une contestation plus grave remuait la Gascogne. L'arrangement entre Catherine de Foix et le vicomte de Narbonne, conclu sous les auspices du roi de France, subsista peu. L'ambition et la haine des deux familles se jouaient de toutes les transactions. Catherine rompit la trève la première. La princesse de Vianne, qui gouvernait en son nom, nomma Roger de Foix, seigneur de Montclar, pour son lieutenant dans le comté de Foix et pour gouverneur du pays. Le sire d'Albret (2), mécontent alors (1487) de la cour, envoya aussi dans le comté Foucaut de Pierre-Buffières avec un corps de gendarmes afin d'y soutenir les intérêts de son fils et de sa belle-fille. Ces deux officiers tentèrent de s'em-

---

(1) *Gallia Christiana.* — Généalogie de Faudoas, page 145. —
(2) Dom Vaissette, tome 5. — Olhagaray.

parer de Saverdun par surprise; mais ils échouèrent dans leur projet. Ils ne furent pas plus heureux dans une entreprise contre le château de Sos. Le duc de Narbonne, voyant que ses ennemis ne gardaient point l'appointement provisionnel, ne le garda pas lui-même. L'écuyer de Bolbonne, qui avait arboré ses bannières, surprit la ville de Pamiers; mais les gens de la princesse de Viane et du sire d'Albret la reprirent presqu'aussitôt. L'autorité royale vint bientôt réprimer cette levée de boucliers, et le pays put se reposer de ses agitations. Malheureusement, ce repos ne dura guère plus que les précédents, et cette fois encore ce fut Catherine qui recommença les hostilités. Il fallut que le roi convoquât le ban et l'arrière-ban de la province pour chasser les troupes de la reine, et qu'il mît de nouveau sous sa main le comté de Foix. La guerre n'en continua pas moins, guerre de partisans et d'escarmouches, qui désolait le pays sans amener de triomphe complet. Marie d'Orléans, qui en soutint longtemps seule le poids en l'absence de son mari, n'en vit pas la fin. Elle mourut à Mazères, l'an 1493, et fut enterrée dans l'église paroissiale de cette petite ville. Sa mort fut suivie de quelques revers. Le vicomte, se voyant trahi par les armes et soupçonnant la partialité du roi de France, que le traité de Nantes avait gagné à la cause de Catherine, en appela (1) au pape, au saint-siége et à l'Eglise universelle, et fit afficher (1493) son appel aux portes de Sarragosse. Le pape et l'Eglise étaient alors le tribunal suprême auquel recouraient les puissances indépendantes de la chrétienté, qui ne pouvaient faire respecter leurs droits.

(1) Dom Vaissette, tome 5, page 90.

Pendant que l'église de Sarragosse recevait la protestation de Jean de Foix, Catherine et Jean d'Albret, son époux, traversaient les Pyrénées et s'avançaient vers Pampelune, où tout se préparait pour leur couronnement. La cérémonie eut lieu (1) dans l'église cathédrale, le 10 janvier 1494. Le clergé y fut représenté par Jean de Labarrère, évêque de Bayonne, Bertrand de La Borie, évêque de Dax, Jean d'Egues, prieur de Roncevaux, Pierre d'Erasso, abbé d'Olivet, Salvator Calve, abbé de Leyre, Diego de Vaquedanno, abbé d'Irance et Michel de Peralte, abbé de Fittère. La noblesse y comptait dom Louis de Beaumont, comte de Lerins, connétable de Navarre, dom Pedro de Navarre, maréchal du Royaume, dom Alonzo de Perralte, comte de St-Étienne, dom Joan de Luxe, dom Philippe de Viamont, messire Joan Velès de Medrano, dom Joan Henriquès de Lacarre, Ricos Hombres, dom Louis de Beaumont, fils du connétable, dom Carlos et dom Joan de Viamont, un autre Jean Henriquès de Lacarre, seigneur d'Ablites, Joan de Garro, vicomte de Colina, Pierre de Perralte, messire de Tudelle, Martin Henriquès de Lacarre, Arnaud d'Orthe, Giles de Domesain, Merino de Stelle, vicomte de Marennes, Christian d'Espelette, Joan d'Artiade, Merino de Sanguèsse, les seigneurs de Mendinnette, de Belzunce, d'Ursua, d'Armendaris, d'Alsate, de Vert, d'Urète, de Lassaque, d'Arbicu, de Navié, Gillard de Haramburu et plusieurs autres écuyers et gentilshommes. Puis venait le tiers-état, composé de quelques cités et de quelques bonnes villes.

Quand toute l'assemblée se fut rangée autour du grand autel, le prieur de Roncevaux dit à haute voix,

---

(1) Olhagaray, page 425. Jaligni, page 693.

en l'absence de l'évêque de Pampelune à qui il appartenait de porter la parole : « Très excellents prince et princesse, puissants seigneur et dame, voulez-vous être nos rois et maîtres? » A quoi leurs Altesses répondirent: « Cela nous plaît ; nous le voulons. » Trois fois le premier réitéra sa demande, et trois fois il lui fut fait la même réponse. Le prieur poursuivit : « Puisqu'il en est ainsi, avant de procéder à votre couronnement, il faut que vos Altesses fassent à leurs peuples le serment que vos prédécesseurs les rois de Navarre ont fait en leurs temps : le peuple vous prêtera, à son tour, le serment accoutumé. » Le prince et la princesse répondirent qu'ils étaient prêts à accomplir ce qu'on requérait, et aussitôt mettant leurs mains royales sur la croix et les saints évangiles que le prieur tenait entre ses mains, ils jurèrent en la forme contenue dans un papier qui fut lu à haute et intelligible voix. L'écrit était conçu en ces termes :

Nous dom Joan, par la grâce de Dieu, roi de Navarre, et nous dona Cathelina par la même grâce, reine propriétaire du même royaume, autorisée dudit roi mon mari, sur cette croix et les saints évangiles, que nous touchons de nos mains et que nous adorons avec respect, nous jurons à vous prélats, nobles, barons, ricombres, chevaliers, hidalgos, infançons et hommes des cités et bonnes villes et à tout le peuple de Navarre, et promettons vous maintenir tous les fueros, usages, coutumes, franchises, libertés, priviléges, comme vous les avez eus jusqu'ici, les augmentant plutôt que les amoindrissant en aucune façon que ce soit. »

Ce serment prêté, les susdits prélats, nobles, barons, ricombres, chevaliers, hidalgos, infançons, hommes des cités et bonnes villes s'avancèrent chacun à son rang et à l'appel du prieur de Roncevaux, touchant la croix et les évangiles d'une main et plaçant l'autre dans les mains de Jean de Jasses, premier alcade de la cour majour en l'absence du chancelier à qui il appartenait de recevoir le serment, ils jurèrent : « Nous, les Etats, jurons à Dieu et à vous, notre seigneur dom Joan, par la grâce de Dieu roi de Navarre, en vertu du droit qui vous appartient du chef de dona Cathelina, votre femme et notre reine et dame naturelle, que nous garderons et défendrons bien et fidèlement vos personnes, votre couronne et votre terre, et que nous vous aiderons de tout notre pouvoir à garder, défendre et maintenir les fueros que vous venez de nous jurer. » Les évêques de Bayonne et de Dax réservèrent ce qu'ils devaient au roi de France, le serment qu'ils avaient prêté au pape et les droits de leur église. Les évêques de Calahorra et de Tarragonne et l'abbé de Montaragon, appelés parce qu'ils étaient tenus au même serment, ne se trouvèrent pas présents.

Cette première cérémonie terminée, le roi et la reine se retirèrent dans la sacristie ; ils y déposèrent les habits de brocart d'or qu'ils portaient. Ils rentrèrent vêtus de robes de damas blanc, fourrées d'hermine et allèrent, accompagnés des évêques et des autres prélats, se placer au pied de l'autel. Jean d'Avila, évêque de Couserans, les y attendait en habits pontificaux ; il suppléa l'évêque de Pampelune et fit les onctions sacrées qui venaient toujours après le serment du monarque à ses peuples et qui relevaient l'autorité en la marquant du sceau de la religion et en montrant Dieu dans l'homme. Après ces onctions, dom Joan et Catherine se retirèrent de nouveau à la sacristie où les prélats leur ôtèrent leurs robes et les revêtirent d'habits royaux plus somptueux que ceux qu'ils portaient journellement. Ils les ramenèrent ainsi près de l'autel sur lequel on voyait une épée, deux couronnes d'or garnies de pierreries, deux sceptres et deux pommes d'or.

L'évêque de Couserans prononça quelques oraisons; puis le roi prit l'épée de ses propres mains et la ceignit lui-même : la tirant aussitôt de son fourreau, il l'éleva dans les airs et la brandit. Ensuite Jean et Catherine prirent de leurs mains chacun sa couronne et la placèrent sur leurs têtes. Après une nouvelle bénédiction, ils prirent les sceptres royaux dans leur main droite et les pommes d'or dans leur gauche. Parés ainsi de tous les attributs de la royauté, ils se placèrent sur un écusson aux armes de Navarre. Cet écusson recouvrait une estrade soutenue par douze barreaux de fer, à l'aide desquels les nobles, les ricombres et les notables désignés à cet effet, soulevèrent trois fois le roi et la reine en criant chaque fois : *royal, royal, royal ;* tandis que les deux époux jetaient de l'argent monnoyé sur les personnes qui les entouraient, accomplissant en cela ce qu'ordonnait un ancien for.

Après cette proclamation, le consécrateur assisté de deux évêques et des autres prélats, conduisit le roi et la reine sur le trône qui leur avait été préparé. Il les y fit asseoir, prononça sur eux les oraisons indiquées par les rubriques et entonna le *Te Deum*, que les prélats et le reste du clergé achevèrent.

Le serment était prêté, le sacre, le couronnement, la proclamation et l'intronisation étaient terminées.

Chacun retourna à sa place et la messe commença, elle fut dite par l'évêque de Couserans. Durant le Saint-Sacrifice, les deux époux, toujours selon le for ancien, offrirent à l'Église des étoffes de pourpre et des pièces d'or et d'argent. Après l'office divin, le clergé suivi de toute l'assemblée, conduisit leurs Majestés jusque sous le porche de la cathédrale. Là, le roi monta sur un cheval blanc richement caparaçonné et la reine se plaça dans une riche litière : sa grossesse avancée et la fatigue d'une longue cérémonie ne lui permettaient pas de se servir d'une haquenée. Les prélats se retirèrent et le cortége royal parcourut tous les quartiers et toutes les rues que suivait la procession générale de la ville. Revenus à l'entrée de l'Église, le prince et la princesse mirent pied à terre et se rendirent au réfectoire du Chapitre où les attendait un banquet splendide auquel ils invitèrent tous les membres des trois États. Avant de se séparer, on dressa un acte du cérémonial qui avait été observé, et à cet acte assistèrent comme témoins dom Jayme, infant de Navarre, dom Jean du Ribera, capitaine des gardes du roi de Castille, dom Joan et dom Pedro de Sylva, messire Pierre de Autagnon, ambassadeur de Ferdinand et d'Isabelle, roi et reine de Castille et d'Aragon, Jean de Foix, vicomte de Lautrec, le baron de Béarn et les seigneurs de Pompadour et d'Estissac.

Tout souriait aux deux époux; le roi de France venait de ratifier le traité de Nantes et d'assurer de nouveau à Alain, père de Jean, la restitution de tous ses domaines. L'édit mentionnait non seulement le comté de Gaure, mais encore la ville de Fleurance.

Celle-ci refusa de reconnaître l'autorité d'Alain : elle invoquait des priviléges particuliers qui ne permettaient pas de la détacher de la couronne; mais la cour, dévouée à la maison d'Albret, voulut être obéie. Les habitants de Fleurance se soumirent et donnèrent leur acquiescement à l'édit (1). Charles ordonna même quelque temps après aux sénéchaux de Guienne, des Landes, d'Agenais, du Bazadois et du Condomois de rendre compte au sire d'Albret des revenus de ses terres perçus dans la saisie.

Des concessions bien autrement importantes furent faites à l'empereur Maximilien et au roi Ferdinand. Charles voulait faire taire autour de lui tous les ressentiments pour pouvoir porter plus tranquillement la guerre en Italie. Pour prix de tant de sacrifices, cette expédition, enfantée par le caprice et la folie chevaleresque d'un prince chétif et contrefait, ne devait qu'inscrire dans notre histoire un brillant fait d'armes de plus. Néanmoins elle eut un immense retentissement en France, et surtout elle y fut très populaire; il est vrai qu'on aima à y voir un souvenir de nos anciennes expéditions (*) d'Outre-Mer toujours chères à l'Occident, malgré les revers qui les avaient assaillies. Ajoutons que, si l'histoire ne saurait absoudre cette campagne

---

(1) Toutes ces circonstances sont extraites des pièces gardées jadis au château de Pau. — Chartier du Séminaire.

(*) En partant, Charles VIII demanda des prières à ses sujets comme dans une expédition contre les Infidèles. *Eodem anno Carolus octavus processiones ter in hebdomadâ, in ecclesiis collegiatis ac conventualibus et primâ dominicâ mensis vel die voluit esse generales, coluitque in ecclesiis campestribus fieri diebus dominicis, etiam Salve et Veni Creator cantari cum aliquibus collectis de sanctâ Virgine, pro rege, de angelis et pro defunctis.* Vie de Léon X, par Audin, tome 1er, page 165.

et celles qui la suivirent, elle est obligée de reconnaître qu'elles amenèrent la fin des guerres féodales, et donnèrent un essor lointain aux instincts belliqueux, trop longtemps condamnés à s'épuiser contre les enfants de la patrie commune. Le comte d'Astarac et le vicomte de Narbonne traversèrent les Alpes avec le roi et se distinguèrent l'un et l'autre, mais le dernier surtout à la bataille de Fournoue.

A son retour, le vicomte ne tarda pas à comprendre que sa lutte avec Catherine devenait tous les jours plus inégale. Il se rendit (1) à Tarbes, où la cour de Navarre se transporta de son côté, et là, sous les auspices du vicomte de Lautrec et de quelques autres amis communs, les deux maisons convinrent des articles suivants : le vicomte aurait quatre mille livres de rente en fonds de terre; de ces quatre mille livres, trois mille seraient assises sur les vicomtés de Marsan, de Tursan et de Gavardan, sur la baronnie de Capsius et sur Aire et Le Mas, dont le vicomte et ses descendants jouiraient désormais; mais que la reine ou les siens pourraient racheter pour quarante mille écus, si sa descendance masculine défaillait. Catherine cédait encore à Jean de Foix et à Gaston son fils, Mazères, Saverdun et Montaut; néanmoins après leur mort, la maison de Navarre devait retirer ces places et donner un équivalent aux héritiers du vicomte. Au prix de ces faibles concessions, Jean de Foix renonça pour lui et pour ses successeurs à toutes ses prétentions sur la succession de son neveu. Cette transaction fut signée le 7 septembre 1497 par la reine Catherine et par le vicomte, en présence de Jean de Foix, vicomte de Lautrec, de Charles de

---

(1) Dom Vaissette. — Grands Officiers. — Olhagaray.

Bourbon, sénéchal de Toulouse, des évêques Jean de Comminges, Monal de Tarbes et Boniface de Lescar, de Jean de Pardailhan, abbé de Lezat, d'Antoine de Morlhon, président au parlement de Toulouse, de Roger de Grammont et de quelques autres seigneurs.

Le sénéchal de Toulouse, que nous rencontrons ici, était fils naturel de Jean II, duc de Bourbon; il venait de succéder dans cette charge à Gaston du Lyon dont il avait épousé la fille unique. Celle-ci apporta à son mari les vallées d'Aure, de Barousse, de Nestes et de Magnoac, qu'Isabeau sœur de Jean V avait données à son père, la vicomté de Lavedan qu'elle tenait de Jeanne de Lavedan sa mère, le château de Barbazan et enfin la terre de Malauze en Quercy dont cette branche de Bourbon prit le nom. Le président de Morlhon était seigneur de la Roquette. Louis XI l'employa avec succès dans plusieurs ambassades importantes, et pour le récompenser de ses services, il lui donna entr'autres gratifications (novembre 1483), la haute justice de sa terre et quelque rente sur une seigneurie voisine.

Au moment où le différend, qui divisait la maison de Foix, s'apaisait, un autre allait s'ouvrir entre les héritiers de la famille d'Armagnac. L'infortuné Charles s'éteignait à Montmirail, usé par des infirmités précoces. Son esprit, toujours plus faible, se prêtait à toutes les sollicitations. Charles VIII n'eut aucune peine à lui arracher une transaction dont le titre original s'est perdu, mais qui portait la date du 20 décembre 1493. Par cette transaction (1), Charles ratifiait la donation faite à l'État par Jean V et la confiscation ordonnée par le parlement le 17 mai 1470, et il consentait à ce que

---

(1) Histoire du Languedoc, tome 5, page 76.

ses comtés, ses vicomtés et ses baronnies fussent réunis à la couronne après sa mort ; mais les dernières heures de sa raison vacillante lui laissèrent apercevoir ce qu'il y avait d'odieux à dépouiller ainsi ses parents. Le 21 juillet 1497, il revint sur ce qu'il avait signé et donna tous ses biens (1) au duc d'Alençon. Il mourut peu de jours après, heureux de n'avoir pas compris combien avaient été rabaissées dans lui la grandeur et la puissance des comtes d'Armagnac. Il fut enterré dans l'église du château, où son tombeau se voyait encore en 1789. Avant son mariage, il avait eu de Margueritte d'Esclaux, d'une ancienne famille de Lomagne, un fils naturel qu'il reconnut solennellement le 21 mars 1486 et auquel il donna, peu de mois après (20 septembre), quinze mille écus qu'il assigna sur la baronnie de Caussade, en Quercy. Il lui fit prendre, en même temps, le nom et les armes d'Armagnac.

Les diverses donations arrachées à la faiblesse de Charles eussent amené un procès, si l'état de ses facultés mentales ne les eût toutes infirmées, au point que personne n'osa les invoquer ; mais sa succession offrait d'autres points litigieux. Nous avons vu qu'à la mort de Jean III il avait été reconnu par les États d'Armagnac, de Fezensac, de Lomagne et de Rodez, que les femmes étaient exclues de l'héritage en présence des mâles : c'est en vertu de cette reconnaissance que Bernard, le connétable, avait hérité de son frère au préjudice de ses nièces. Jean IV, fils de Bernard, avait changé cette législation et établi que les filles succéderaient dans leur ordre à défaut de mâle au même degré. Il en était ainsi dans tout le reste de la Gascogne. Néan-

(1) Histoire du Languedoc. — Grands Officiers, tome 3, p. 430.

moins, l'opinion contraire avait été consacrée par un acte solennel, et la maison d'Armagnac tenait de cet acte ses vastes domaines. D'ailleurs, Jean IV avait-il pu invalider une disposition reconnue et sanctionnée par les États? Aussi Jean, fils aîné du duc de Nemours et arrière-petit fils du connétable, se porta (1) pour héritier universel et demanda à être reçu à prêter foi et hommage pour toute la succession. Le duc d'Alençon s'y opposa comme plus proche héritier. Il réclama pour lui ce que demandait le duc de Nemours.

Le roi Charles VIII ne s'arrêta pas devant ces prétentions. Au premier bruit de la mort de Charles, il fit saisir tous les domaines réclamés par les deux parents. Philippe de Voisins, baron de Montaut, un des curateurs du comte, ayant paru vouloir travailler pour le sang de ses anciens maîtres, fut arrêté par Jean de Châteaudun et par le comte d'Astarac, heureux de se venger ainsi de la préférence donnée jadis au baron. Jean de Châteaudun et le comte d'Astarac conduisirent (2) leur prisonnier dans le château de Castelnau-Barbarens, où ils l'enfermèrent. La noblesse du pays s'indigna de cette violence et fit une tentative pour le délivrer. Le baron de Marestang, le parent et le collègue de Philippe de Voisins, fut accusé de l'avoir provoquée. On le décréta de prise de corps; mais il se justifia plus tard. Cet acte de rigueur fit comprendre aux deux concurrents que la cour ne souffrirait pas de résistance. Ils en appelèrent à la justice. L'affaire fut portée au parlement de Paris, où elle fut plaidée les 28 novembre et 7 décembre 1497. Les plaidoiries furent reprises le 22 mars suivant et se

(1) Grands Officiers, tome 3. — (2) Généalogie de la Maison de Faudoas, page 90.

poursuivirent le 5 avril, le 7 et le 21 juin, et enfin le 21 août. Malgré tant de séances (1), le procès ne fut pas jugé.

Durant ces débats, Charles VIII mourut à Amboise d'une attaque d'apoplexie, déterminée par un accident assez léger, mais provoquée par des excès pour lesquels n'était point faite sa frêle organisation. Trois fois lui revint la parole, mais peu lui dura (2). A toutes les trois fois il disait : « Mon Dieu et la glorieuse Vierge Marie, monseigneur saint Claude et monseigneur saint Blaise me soient en aide ! Charles, dit ailleurs Commines, ne fut jamais que petit homme de corps et peu entendu ; mais il était si bon, qu'il n'est possible de voir davantage. La plus humaine et douce parole d'homme qui fût jamais estait la siéne ; car je crois que jamais à homme ne dit chose qui lui dût déplaire (3). Depuis qu'il y a un roi, ajoutent à leur tour les Mémoires du chevalier Bayard (4), ne s'en est point trouvé de meilleure nature, plus doux, plus gracieux, plus clément, plus pitoyable. » Il ne laissait point d'enfants. De trois fils qu'il avait eu d'Anne de Bretagne, un seul, Orland, l'aîné, avait vécu quatre ans : les autres étaient morts peu de jours après leur naissance.

(1) Dom Vaissette, tome 5. — (2) Commines, tome 8, livre 18. — (3) Chapitre 20. — (4) Chapitre 11, page 389.

## CHAPITRE IV.

*Louis XII, roi de France. — César Borgia épouse Charlotte d'Albret. — Mort de Jean d'Armagnac, fils aîné de Jacques, duc de Nemours. — Mort de Jean de Foix, vicomte de Narbonne. — Son fils le célèbre Gaston de Foix lui succède. — Mort d'Odet d'Aydie, comte de Comminges. — Expédition d'Italie. — Louis d'Armagnac, duc de Nemours, dernier fils de Jacques de Nemours, commande au-delà des Monts. — Bataille de Cerignoles. Mort de Louis et extinction de la maison d'Armagnac. — Mort de César Borgia. — Troubles dans la Navarre et le Béarn. — Mort du cardinal de La Trémouille. — Louis XII écrit au chapitre d'Auch et fait élire François de Clermont-Lodève. — Bataille d'Agnadel. — Le comte d'Alençon épouse Marguerite d'Angoulême, sœur du jeune François d'Angoulême. — Gaston de Foix passe en Italie. — Il s'y couvre de gloire. — Il meurt à Ravenne.*

Le duc d'Orléans lui succéda sous le nom de Louis XII (1498). On le range à juste titre parmi nos meilleurs rois; néanmoins un de ses premiers actes alarma vivement la morale. Il avait épousé, sous le poids de la terreur, Jeanne fille de Louis XI, princesse douce et bonne, mais laide et contrefaite, qu'il n'avait jamais aimée et dont il vivait depuis longtemps séparé. Il fit casser par l'Église cette union qui remontait à vingt-deux ans, et peu de jours après cédant aux inspirations d'un ancien amour, autant et peut-être plus encore qu'aux intérêts d'une saine et habile politique, il épousait la veuve du dernier roi et conservait la Bretagne à la France, tandis que Jeanne allait cacher sa vie dans la retraite, où ses aumônes et sa piété lui conquirent une couronne plus durable que celle qu'on lui avait brutalement enlevée. Alexandre VI, l'affreux Rodrigue Borgia, souillait alors la tiare. Ses vices ont fait craindre à l'histoire qu'on n'ait pas employé dans l'examen des motifs de nullité invoqués par le prince, ce soin vigilant et scrupuleux, cette austère impartialité que commandent les saintes et imprescriptibles lois du christianisme. Du moins le pontife parut recueillir le fruit de sa complaisante facilité. La bulle fut portée en France par le duc de Gandie, César Borgia, digne fils d'un tel père. Louis (1) le créa duc de Valentinois, lui permit de prendre le titre d'enfant de France, lui donna avec des terres considérables vingt mille livres de pension et une compagnie de cent lances, s'engagea à lui ménager la main de Charlotte d'Albret, fille d'Alain et sœur de Jean, roi de Navarre, et promit enfin de l'aider à soumettre quelques seigneurs d'Italie dont les dépouilles serviraient à lui former une souveraineté sous la mouvance du St-Siége.

Le sire d'Albret toujours ambitieux voulut faire acheter son consentement. Il feignit d'abord de goûter peu l'alliance offerte à sa fille; mais enfin il se laissa vaincre et le contrat fut signé à Blois le 10 mai 1499 (2), en présence du cardinal d'Amboise, de l'archevêque de Sens et des évêques de Bayeux, de Séez, de Meaux et de Viviers, du duc de Nemours et du sire d'Orval. Alain n'y parut point en personne : il s'y fit représenter par Gabriel d'Albret son troisième fils, Renaud de St-Chamond et Jean de Calvimont. Charlotte reçut en dot trente mille livres et son époux y en ajouta soixante dix mille dont le roi se rendit caution. Le pape de son côté promit à Amanieu d'Albret, frère de Charlotte un chapeau de cardinal, qui lui fut donné solennellement l'année suivante.

(1) Château de Pau. — Grands Officiers, tome 3, page 522. —
(2) Collection Doat, tome 63. — Château de Pau.

Alain était alors en querelle avec la maison d'Armagnac pour le comté de Castres (1), que Boffile lui avait légué au préjudice de sa propre fille. Charles VIII, qui vivait quand la querelle commença, avait lui-même réclamé le comté comme ayant fait retour à la couronne, à la mort de Jacques d'Armagnac pour crime de félonie, et au décès de Boffile pour défaut de descendance masculine, et sous ce prétexte, il s'était saisi des domaines contestés. Louis XII maintint la saisie et en fit de même de la succession de Charles, comte d'Armagnac.

L'aîné des neveux de Charles, Jean, duc de Nemours, méritait peu un accroissement de biens. Livré au caprice de ses serviteurs, il dissipait follement ce que lui avaient légué ses aïeux. Le comte de Guise son frère et ses sœurs dûrent provoquer son interdiction. La cour admit les griefs et fit défense à Jean de rien aliéner jusqu'à ce qu'il en eût été ordonné autrement. Le jeune seigneur parut comprendre ce qu'avait de flétrissant un pareil arrêt et mourut peu après, âgé d'environ trente-trois ans, sans qu'on puisse assigner ni le lieu, ni l'époque certaine de sa mort (2). Nous savons seulement qu'il fit son testament le 28 novembre 1500 ; il y élisait sa sépulture *là où les comtes d'Armagnac ses prédécesseurs sont enterrés*, et léguait son cœur et ses entrailles à l'église de Châtellerault. Yolande de La Haye, sa femme, peu affectionnée à un époux dissipateur et volage, passa presqu'aussitôt dans les bras de Pierre, ce bâtard d'Armagnac, légitimé par Charles, son père.

(1) Grands Officiers, tome 3, page 430.
(2) Quelques-uns le font mourir dans le Roussillon vers 1502 ou 1503, à la tête d'une expédition tentée par Louis XII, pour recouvrer cette province. — Grands Officiers, tome 3, page 430; mais la date est fausse et l'expédition vraisemblablement supposée.

Jean le reconnut pour son parent, et à ses derniers moments il lui légua, peut-être à l'instigation d'Yolande, le comté de l'Isle-Jourdain et la vicomté de Gimois. Louis d'Armagnac ne voulut point reconnaître cette donation; il prit le nom de duc de Nemours (*) et se porta pour unique héritier de son frère. Il rendit en conséquence le 2 février 1504 (1), hommage des comtés de l'Isle et de la vicomté de Gimois, aussi bien que du duché de Nemours, de la vicomté de Châtellerault et des autres terres possédées par Jean; mais le Gimois et la seigneurie de l'Isle étaient entre les mains du duc de Bourbon, et Louis mourut trop tôt pour pouvoir les en retirer.

Le vicomte de Narbonne suivit de près dans la tombe le duc de Nemours. En voyant monter son beau-frère sur le trône, il se repentit d'avoir signé le traité de Tarbes, et recommença la guerre contre sa nièce. Cette fois encore des amis communs s'interposèrent entre les deux parents et amenèrent une pacification dont le nœud principal fut le mariage de Gaston, fils du vicomte, avec *Madame* Anne, fille du roi et de la reine de Navarre, jeune enfant à peine sortie du berceau. Cet accord (2) fut signé à Étampes le 8 mars 1500,

(*) Dans une quittance du 8 du même mois, il se qualifie : **Louis, duc de Nemours, comte d'Armagnac, de Guise, de Pardiac et de l'Isle-en-Jourdain, vicomte de Châtellerault et de Martigues et pair de France.** Son sceau en cire rouge est parti en 4. Au 1er d'Armagnac, au 2me de Navarre, au 3me d'Anjou, au 4me de Bourbon-Lamarche, et sur le tout un lambel en chef, pour supports deux syrènes, l'une tenant un peigne et l'autre un miroir, et une gerbe pour cimier.

(1) Grands Officiers, tome 3, page 431.

(2) Dom Vaissette, tome 5, page 91.—Grands Officiers— Château de Pau. Le contrat de mariage fut passé à Pau le 24 avril. Les évêques de Lescar, de Tarbes, d'Oleron, d'Aire, de Comminges et du Puy, y assistèrent avec Gaspard de Villemur et le seigneur de Montespan. —Collection Doat, tome 63.

d'un côté par Jean de Narbonne et son fils, et de l'autre par Jean de Foix, comte de Comminges et vicomte de Lautrec, au nom de Catherine et de son époux. Louis XII confirma lui-même la transaction le 9 mai suivant : malgré cette confirmation le vicomte ne se crut pas lié. Étant tombé malade quelque temps après, il fit son testament le 28 octobre, il s'y qualifia de roi de Navarre, déclara avoir été trompé dans le traité de Tarbes, et sans parler de la transaction d'Étampes, il institua Gaston son fils unique son héritier, non seulement dans les vicomtés d'Étampes et de Narbonne, mais dans la Navarre et les autres domaines de la branche aînée de Foix. Il ne laissa à Germaine sa fille qu'une dot de soixante mille livres Tournois (1).

Gaston ne comptait alors que onze ans; sa sœur était encore plus jeune. Louis XII leur oncle appela les deux jeunes orphelins à sa cour et les fit élever sous ses yeux. Il aimait tendrement Gaston dont les brillantes qualités se révélèrent de bonne heure. Cet amour lui fit oublier ce qu'il avait appuyé de son autorité, et accorder sans peine à son neveu la rescision de toutes les transactions passées entre Jean de Foix et Catherine. Gaston ajourna aussitôt sa cousine devant le parlement (2) de Paris, et sans attendre la décision de la justice, il prit le titre de roi de Navarre et de comte de Foix et de Bigorre.

Jean de Foix-Lautrec, un de ses parents, avait paru au traité d'Étampes sous le nom de comte de Comminges. Odet d'Aydie dont nous avons raconté les malheurs trop mérités, était mort avant Charles VIII, ne laissant

(1) Ce testament est tout entier dans Dom Vaissette. — Preuves, page 74. — (2) Grands Officiers, tome 3, page 378. — Dom Vaissette, page 91.

que deux filles, Jeanne et Madeleine. Le vicomte de Lautrec épousa (1) l'aînée qui lui apporta avec les seigneuries de Lescun et de Lesparre ses prétentions sur le comté de Comminges. Ces prétentions étaient assez peu fondées, car le comté avait été légalement confisqué sur son père, et d'ailleurs à la mort de celui-ci, il eût fait retour à la couronne par défaut d'hoirie masculine; mais la maison de Foix était puissante en France et la branche de Lautrec était aimée à la cour. Louis XII, à cause de son *joyeux avénement* (2) *au trône*, donna à Jean main-levée de la saisie faite sur Odet d'Aydie. Il stipula seulement que les deux jeunes époux n'auraient que la jouissance du comté, qui ne passerait point à leurs enfants. Le parlement de Toulouse s'opposa à cette largesse; le roi évoqua l'affaire à son conseil privé et chargea le Bâtard de Bourbon de mettre le vicomte de Lautrec et sa femme en possession des vastes domaines qu'il leur abandonnait.

Pendant que ces différends s'agitaient dans la Gascogne, Louis XII avait repris les projets de son prédécesseur sur l'Italie. Il attaqua d'abord le Milanais dont il se croyait le légitime maître, comme petit-fils de la belle et malheureuse Valentine Visconti. Son armée composée de seize cents lances et de treize mille fantassins, dont cinq mille Suisses et le reste presque tous Gascons (*), triompha en courant. Vingt jours

(1) Grands Offic., tome 3 et tome 7, p. 860. — (2) Dom Vaissette, page 93. — Grands Officiers, tome 7.

(*) Il n'est presqu'aucune famille noble de la Gascogne qui n'ait fourni un ou plusieurs de ses membres aux diverses expéditions d'Italie, tentées sous les règnes de Charles VIII, Louis XII, François Ier et Henri II. Voir tome 6, Revues, page 148 et la plupart des suiv. jusqu'à 158. Nous donnerons à la fin de ce volume, note 2, le nom et les actions de quelques seigneurs Gascons qui se signalèrent dans les combats que nous n'avons point racontés.

suffirent à la conquête de tout le duché. Naples s'offrait à son ambition. Malheureusement, avant de tenter cette expédition nouvelle, le roi dut rentrer en France. En repassant les monts, il laissa en Italie Trivulse, d'Aubigny et d'Alègre, guerriers courageux et expérimentés, mais rivaux. Ludovic Sforce, duc de Milan, qu'il avait expulsé, profita de ces rivalités et des haines qu'avaient amassées les rigueurs de Trivulse, et le Milanais fut perdu aussi vite qu'il avait été conquis. Novarre seule resta au pouvoir des Français.

Au premier bruit de cette révolution, Louis fit partir en toute hâte le brave La Tremouille (1) et lui donna cinq cents lances, quatre mille Gascons qui formaient alors et qui formèrent longtemps encore la meilleure infanterie française, et dix mille Suisses nouvellement levés. La Tremouille menait (2) avec lui Lapalice, Carbon de Lupé, maître-d'hôtel du roi, le baron de Béarn, les seigneurs de Beaumont, de Grammont, de Mauléon, de Lafayette, de Malvin ou Mauvesin et quelques autres seigneurs glorieusement connus dans les fastes militaires. A leur approche, Ludovic courut se renfermer dans Novarre dont il s'était enfin emparé. Forcé bientôt de subir une capitulation, il essaya de se cacher sous un déguisement; mais il fut reconnu, arrêté et conduit en France, où il finit ses jours. Sa captivité fut suivie de la soumission de presque toutes les places. Carbon de Lupé et le seigneur de Beaumont, détachés au loin pour réduire quelques villes plus fières ou plus obstinées, remplirent leur mission avec succès. Les mémoires du temps citent en-

---

(1) Mémoire de La Tremouille, chapitre 10. — D'Auton, chap. 17. — (2) D'Auton, page 17.

core avec éloge le Bâtard de Montcassin, le capitaine Fontrailles, François d'Aux, Pierre de Poyanne et les archers Jeanot et Lafortune (1).

La conquête du royaume de Naples semblait désormais facile. Louis n'osa pas la tenter seul. Il appela secrètement Ferdinand à en partager les périls pour partager plus tard le fruit de la victoire : convention imprudente. Il introduisait à Naples le rival qui devait le chasser de l'Italie. Le roi de Naples fut détrôné, mais la division ne tarda pas à naître parmi les vainqueurs. Louis fit aussitôt partir (2) le duc de Nemours pour l'Italie avec la qualité de vice-roi. Bien différent de son oncle et de son frère, Nemours promettait de faire revivre les nobles qualités de ses plus illustres ancêtres. A la bravoure du soldat, il joignait la science et le coup-d'œil sûr et prompt du capitaine (3). Le roi voulant lui faire oublier la rigueur avec laquelle la couronne de France avait depuis plus de soixante ans traité tout ce qui portait le nom d'Armagnac, lui donna un plein pouvoir et ordonna qu'on lui obéît comme à sa propre personne (4).

Le vieux d'Aubigny qui avait conduit l'expédition, alla à sa rencontre jusqu'à Notre-Dame-des-Prés. *Là est la montagne que Virgile par art diabolique ou autrement perça tout à travers, laquelle dure un mille de pays où*

---

(1) Voir pour les détails de ce qui concerne ces noms, l'Histoire de Louis XII, de Jean d'Auton, page 1 à 60.
(2) Pour toute cette expédition, voir d'Auton, St-Gelais. — Mém. de Bayard, Guichardin et les historiens de France, en particulier, Garnier et le Père Daniel.
(3) Jeune prince bien grand en savoir, très-magnanime en vouloir, et plus excessif en vertus. Ce sont les expressions de Jean d'Auton, chapitre 57, page 215. — (4) St-Gelais, page 169.

environ. *Est le trou si grand, qu'un homme à cheval y peult aisemment passer. Par là passa le vice-roi avec toute sa suite et ainsi le conduisirent le seigneur d'Aubigny et les seigneurs de la ville jusques dedans, où feurent tendues les rues et partout garnies de tables rondes, couvertes de vin et viandes à qui en voulait* (1).

Après les fêtes, vinrent les combats. Les Espagnols étaient commandés par le célèbre Gonsalve de Cordoue. Les deux généraux se recommandaient également par le talent et le courage; mais Nemours était loyal et généreux autant que vaillant, tandis que Gonsalve était fourbe et cruel plus encore qu'habile. La victoire devait rester au dernier; néanmoins la fortune sourit d'abord aux Français.

Chassé de toutes ses positions, Gonsalve jeta des garnisons dans les villes maritimes de la Pouille et de la Calabre, où ses ennemis manquant de canons et de vaisseaux, ne pouvaient pénétrer, et avec le gros de ses troupes, il alla s'enfermer à Barlette. Nemours l'y suivit. D'Aubigny, Lapalisse et quelques autres officiers étaient d'avis qu'il donnât l'assaut sur-le-champ. Un hardi coup de main lui livrait presque toutes les forces espagnoles et lui soumettait le royaume; mais Nemours observa qu'on ne pouvait emporter ainsi une place défendue par une armée entière et par un général aussi consommé; qu'un échec compromettrait tous les triomphes passés; que la faim tirerait bientôt Gonsalve de son dernier asile, et qu'avant la fin de l'hiver, où l'on était entré, on serait délivré des Espagnols sans effusion de sang. Ce sentiment prévalut; le général français se contenta de bloquer Barlette, et dissémina son armée

---

(1) D'Auton, page 216.

dans les environs. Le succès fut loin de couronner sa prudence. Des combats partiels le privèrent de Lapalisse et de d'Aubigny.

Cependant la famine et la peste sévissaient à Barlette. Gonsalve prit le parti de l'abandonner et de se retirer à Cerignole, située à dix mille de Barlette; mais ayant trouvé cette place occupée par un détachement français, qui, instruit de sa marche, l'avait prévenu, il passa outre et alla placer son camp sur un côteau planté de vignes. Les propriétaires de ces vignes avaient commencé à creuser tout autour un long fossé. Gonsalve ordonna à ses soldats de l'achever, et d'y ajouter quelques fortifications. Le travail était à peine achevé, lorsque les Français arrivèrent. Les principaux capitaines tinrent conseil. Louis d'Ars remontra que le jour était déjà avancé; que des soldats épuisés par une longue marche avaient besoin de reprendre des forces, et qu'il y aurait témérité à entreprendre d'attaquer un poste qu'on ne connaissait point; il conclut à remettre cette attaque au lendemain. Ives d'Alègre combattit cet avis et opina pour qu'on marchât sur-le-champ à l'ennemi. Nemours quoique naturellement fougueux, se déclara pour le premier sentiment. D'Alègre se sentant appuyé du plus grand nombre des officiers, revint à la charge et s'oublia au point d'oser taxer le vice-roi *d'être par trop froid et peu entendu au devoir d'un général* (1).

Nemours, *qui était fort haut à la main, à la Gasconne, s'en estomaqua de telle façon, qu'il partit de la main et voulut lui porter l'épée à la gorge pour le tuer.* Louis d'Ars se jeta au devant et modéra le courroux du jeune général.

(1) Brantôme, Vie des grands Capitaines, discours 8, page 64.

« Oui vraiment, s'écria celui-ci, quand il fut un peu apaisé, vous aurez le combat puisque vous le voulez; vous m'y verrez, non froid, mais tel que je suis, brave, bon et fidèle serviteur de mon maître et nullement poltron; mais j'ai belle peur que ce brave, qui crie tant bataille, ne se fie plus à la vitesse de son cheval qu'au fer de sa lance (1).

On commença par des décharges d'artillerie. Celles des Français ne pouvaient endommager les ennemis, tandis que le canon espagnol, plongeant sur le camp, enlevait des rangs entiers. Les Suisses tâchèrent en vain de frayer un chemin à la gendarmerie. Nemours, qui conduisait l'avant-garde, essaya, à son tour, d'ouvrir une tranchée. Repoussé sur plusieurs points, il longeait les fossés, lorsqu'il fut atteint d'une balle de mousquet qui l'étendit mort sur le champ de bataille. La nouvelle s'en répandit bientôt et porta la consternation dans l'armée. Gonsalve, s'apercevant que l'ardeur des Français s'affaiblissait, fit sortir ses troupes et acheva la déroute; mais la nuit tombait. L'obscurité arrêta le carnage (*).

(1) Brantôme, Vie des grands Capitaines.

(*) Cette bataille est diversement racontée : outre la version que nous avons suivie et qui est la plus généralement adoptée, d'autres disent que les Français avaient d'abord enfoncé l'infanterie Espagnole, et qu'ayant pénétré jusqu'à l'artillerie, ils avaient mis le feu aux poudres et s'étaient emparés du camp; mais la nuit survint, et dans l'obscurité leurs gendarmes chargèrent leur propre infanterie qu'ils méconnaissaient, et donnèrent ainsi le temps aux Espagnols de se rallier. Suivant quelques autres, au contraire, les Français ne purent garder leurs rangs à l'approche du fossé qui était de difficile accès, et ce désordre ne contribua pas moins à leur déroute que la valeur de leurs ennemis et la mort du duc de Nemours. Enfin quelques autres ajoutent que Nemours désespérant de passer le fossé, fit un mou-

Ainsi périt, le 28 avril 1503, sur un champ de bataille, le dernier rejeton de cette famille d'Armagnac qui avait longtemps jeté tant d'éclat dans la Gascogne, et qui par sa puissance, par l'étendue de ses domaines et par ses alliances, s'était placée à côté des princes du sang. C'était finir comme aime à finir toute noble race, sur le champ d'honneur, en versant son sang pour la patrie. Le duc de Nemours avait été fiancé le 28 mars 1500 avec Françoise d'Alençon, son compétiteur à la succession des comtes d'Armagnac. Ce mariage devait éteindre les différends qui divisaient leurs familles ; mais le voyage d'Italie l'ajourna et la mort le rompit.

Des trois sœurs de Louis, Catherine, la seconde, avait été mariée avec le vieux duc de Bourbon et était morte (mars 1486) en mettant au monde un fils qui ne survécut que quelques jours à sa mère. Marguerite et Charlotte partagèrent (1), le 8 juin 1503, les biens de leur maison. L'une prit le duché de Nemours et le comté de Guise, et l'autre les comtés de Pardiac et de Lisle-Jourdain. Huit jours après, l'aînée épousait le maréchal de Gié, veuf de Françoise de Porrhoet, tandis que la dernière s'unissait à Charles de Rohan, fils aîné du maréchal. Cette double alliance fut également malheureuse. Françoise vécut à peine un an, et sa sœur la sui-

---

vement pour aller prendre le camp des Espagnols en flanc ; que pour cet effet il ordonna de faire reculer les troupes, et que l'exécution de cet ordre mal expliqué par ceux qui n'en savaient pas la raison, se joignant à la mort de ce général qui survint à l'instant, amena la fuite de l'armée. Quoiqu'il en soit de ces diverses circonstances, la position des Espagnols ressemblait assez à celle des Anglais devant Poitiers, sous le roi Jean, et le succès de la journée fut le même. (Voir Guichardin, tome 5, ch. 5, page 238).

(1) Château de Pau. — Grands Officiers, tome 3, page 431.

vit de près dans la tombe. Ne laissant d'enfants ni l'une ni l'autre, elles instituèrent pour héritiers leurs époux; mais leurs donations furent annulées et le comté de Pardiac fut réuni à la couronne. Moins de dix ans avaient suffi pour éteindre la belle et nombreuse postérité de l'infortuné Jacques de Nemours.

De toute la descendance de Sanche Mitarra, une seule branche subsistait encore. Elle offrait le spectacle, unique dans l'histoire, d'une grande famille traversant plusieurs siècles sans jamais ni s'agrandir, ni s'amoindrir. Contente du comté d'Astarac, elle ne demanda jamais à la faveur royale ou aux alliances qu'elle contracta une augmentation de domaines; et soit que les circonstances lui aient constamment manqué ou qu'elle ait manqué aux circonstances, jamais elle n'eut de commandement supérieur ; rarement même la trouve-t-on mêlée aux événements qui s'accomplirent autour d'elle. Cette vie calme et uniforme prolongea son existence. Elle la mettait à l'abri des soupçons de Louis XI dont le règne fut si fatal aux grandes maisons seigneuriales, et la sauvait des coups de la fortune, qui ne sont jamais si subits et si terribles que sur les champs de bataille. Néanmoins, le temps approchait où elle allait disparaître à son tour. Jean IV, comte d'Astarac, qui la représentait, n'avait que trois filles. Il unit (1) Mathe l'aînée à Gaston, fils aîné de Gaston II de Foix, comte de Candale et de Benauges, et captal de Buch, celui-là même que nous avons vu lieutenant de Pierre de Beaujeu dans le gouvernement de la Guienne. Le contrat fut signé en 1505; mais le mariage ne fut consommé qu'en 1508. Les deux sœurs de Mathe, Jacqueline et Made-

---

(1) Grands Officiers, tom 3, pages 385 et 620.

leine, épousèrent, l'une Antoine de Mailly et l'autre François d'Avaugour, comte de Vertus. Leur père ne vit pas l'établissement de sa fille et mourut en 1511.

Avec lui s'éteignit le dernier rejeton d'Eudes, duc d'Aquitaine, et assez vraisemblablement de Clovis, si toutefois quelques familles nobles de la Gascogne ne se rattachent pas à cette grande souche, ce que nous n'avons ni pu ni dû juger. C'était la souche la plus ancienne de l'Europe. Elle avait commandé à nos pères 881 ans à partir de Charibert, 804 ans à dater d'Eudes, 641 ans à compter de Sanche-Mitarra et 591 ans à compter de Sanche-le-Courbé, petit-fils de Mitarra, sous lequel le Fezensac et l'Astarac se détachèrent du duché de Gascogne. Mais, du moins, chaque branche eut la fin que semblait lui promettre ses antécédents. Les maisons de Fezensac et d'Armagnac, plus belliqueuses, devaient périr les armes à la main. La première Croisade et les côteaux de Cerignole leur creusèrent un tombeau. Les Astarac et les Pardiac, plus paisibles, devaient trouver une mort plus douce au foyer domestique. Jean IV, père de Mathe, et Jean I*, le fils unique d'Arnaud-Guilhem V, s'éteignirent au milieu de leurs filles, de leurs sœurs ou de leurs proches. La féodalité s'en allait; la guerre ou une mort naturelle moissonnaient ce qui avait échappé à Louis XI.

La défaite de Cerignole avait été suivie de la perte du royaume de Naples; mais bientôt un événement imprévu vint rendre à la France tous ses droits sur cet état. Le roi d'Espagne perdit Isabelle la Catholique, sa femme. Encore assez jeune et ayant à se plaindre de Philippe, son gendre et son futur héritier, il rechercha la main de Germaine de Foix, nièce de Louis XII et sœur du jeune Gaston. Il ne voulait pour dot (1) que les prétentions de la France à la couronne de Naples, et même au cas que le mariage fût stérile, il consentait à donner à Louis la part qui lui avait été assignée après la conquête : enfin, il s'engageait à aider le jeune Gaston, que le roi chérissait comme son fils, à placer sur sa tête la couronne de Navarre. Ces conditions furent acceptées, et Germaine (2) alla s'asseoir sur le trône d'Aragon.

Le pape Alexandre VI ne vit pas la réconciliation des deux monarques. Il mourut presque subitement le 18 août 1503, et avec lui périt le fruit de tant de crimes, commis à l'ombre de sa puissance, et s'écroula le monstrueux édifice de grandeur qu'il voulait élever pour une famille que la religion marquait du sceau d'une double infâmie. Pie III, qui lui succéda, ne s'arrêta que 25 jours sur le trône pontifical. Il fut remplacé par l'ennemi des Borgia, le célèbre Julien de la Rovère, plus connu sous le nom de Jules II, qu'il prit en ceignant la thiare. Jules fit d'abord taire sa haine et accueillit César; mais bientôt il le fit arrêter, le dépouilla de toutes ses dignités et le força à restituer au saint-siége les places dont il s'était emparé et les trésors pontificaux qu'il détenait. Il lui permit ensuite de s'éloigner. Contraint d'abandonner la Romagne qu'il avait si longtemps remplie de troubles et de sang, César alla demander un asile à Gonsalve. Le perfide espagnol, foulant aux pieds les droits sacrés de l'hospitalité, s'assura de sa personne et l'envoya en Espagne, où il fut détenu deux ans dans le château de Medina del Campo. Après ce terme, Bor-

---

(1) Garnier, Histoire de France, tome 2, page 272. — (2) Grands Officiers. — Olhagaray. — Favin.

gia s'échappa de sa prison; il se retira auprès du roi de Navarre, son beau-frère, réduit alors à tirer l'épée contre ses sujets.

Les sympathies publiques qui avaient accueilli ce prince et sa jeune épouse lorsqu'ils étaient venus recevoir la couronne à Pampelune les avaient vite abandonnés. Les deux factions de Grammont et de Beaumont, un instant comprimées devant la majesté royale, s'étaient relevées avec toute leur rivalité et leur haine. Jean et Catherine crurent les modérer en se mettant à leur tête. Le roi adopta les Beaumont, la reine se déclara pour leurs ennemis; c'était achever de diviser la nation en montrant la famille royale elle-même divisée; c'était surtout enhardir les deux factions rivales en couvrant leurs excès du manteau royal. Le comte de Lerins, chef des Beaumont, leva hautement le masque, et soutenu par le roi Ferdinand de Castille, de qui Jean et Catherine réclamaient quelques places, il arbora l'étendard de la révolte. Jean chargea son beau-frère de le réduire. César amena les rebelles à un combat où il les battit et les mit en fuite; mais emporté par sa valeur (1), il se mit à la poursuite des vaincus sans trop songer s'il était suivi des siens. Cette témérité lui coûta la vie. Atteint d'une flèche, il tomba de cheval, et trois jours après, on trouva son corps nu et défiguré étendu par terre. On lui fit de magnifiques funérailles et on lui érigea un tombeau dans l'église de Pampelune dont il avait été évêque, avant qu'il eût embrassé la carrière des armes.

(1) Garnier, page 225. — Favin, Histoire de Navarre, page 660. Borgia avait pris pour devise : *aut Cæsar aut nihil.*

D'autres (1) racontent qu'étant allé assiéger le château de Vianne, il y fut tué le 2 mai 1407, en poursuivant un détachement de soixante hommes que le comte de Beaumont voulait y introduire. Ils ajoutent que ses gens trouvèrent son corps couvert d'un manteau et le portèrent à Vianne où il fut enseveli. Sa femme Charlotte d'Albret, dont on vante les vertus et l'inébranlable attachement à un époux, si peu digne de sa tendresse, ne lui survécut que quelques années. Louise Borgia, leur fille unique, porta le duché de Valentinois et ce qui avait pu être sauvé d'une immense fortune au brave La Tremouille, et après lui à Philippe de Bourbon-Busset. Le comte de Lerins ne jouit pas longtemps du fruit de sa victoire. Forcé de plier devant les troupes royales, il fut contraint d'abandonner la Navarre et de se réfugier dans l'Aragon, où il mourut consumé de regrets au souvenir de ses dignités perdues et de ses biens confisqués, et peut-être aussi de dépit à la pensée des honneurs dont le roi avait comblé ses rivaux.

Jean et Catherine furent moins heureux avec le baron de Coarrase (2) que poursuivait leur ressentiment. Le baron soutenait le parti du jeune Gaston, et pour mieux braver ses maîtres, il avait fait fortifier son château. Déféré pour cause de félonie devant la cour majour de Béarn, il refusa de se présenter, en appela au parlement de Toulouse et se retira auprès de Louis XII et de Gaston. C'était la première fois qu'un seigneur béarnais déclinait la juridiction de son pays pour réclamer un tribunal étranger. La cour passa outre, condamna le baron à perdre la vie, et ordonna que le château serait détruit, ce qui fut exécuté sur-le-champ.

(1) Grands Officiers, tome 5, page 322. — (2) Olhagaray, p. 452.

Jean et Catherine dépêchèrent aussitôt les seigneurs de Sainte-Colombe et de Cap-Faget au roi de France pour demander qu'il renvoyât un sujet rebelle devant ses juges naturels. La députation n'eut aucun succès, et le parlement de Toulouse, accueillant l'affaire, condamna le roi et la reine de Navarre à cinq mille livres d'amende envers le roi, à mille livres d'amende envers le baron, et à rebâtir le château dans quatre ans.

L'huissier du parlement n'osa pas entrer dans le Béarn ; il se contenta de signifier l'arrêt à Tarbes devant Ramon de Casaré, juge-mage de Bigorre. La cour majour protesta, s'étayant de la pleine et entière indépendance du Béarn. Les débats s'aigrirent. Le parlement, toujours empressé à étendre sa juridiction en étendant l'autorité royale, s'en prit à Jean et à Catherine eux-mêmes ; il les déclara (1) déchus du Béarn, qu'il confisqua au profit de la couronne de France. Un président et un conseiller furent chargés de faire exécuter cet arrêt ; mais quoique soutenus par le sénéchal de Toulouse, ils ne s'avancèrent qu'à quatre ou cinq lieues de Pau, et reculèrent devant le ressentiment que soulevait leur mission.

Toute l'attention de Louis XII était alors portée sur l'Italie. La ville de Gênes venait de se révolter et de chasser le gouverneur français. Louis voulut l'aller punir en personne. Il traversa les Alpes suivi du jeune Gaston, qui faisait alors ses premières armes, du vicomte de Lautrec et du seigneur de Barbazan, dont le premier fut blessé dans cette expédition, et dont le second se montra le digne héritier de l'immortel Barbazan, son arrière-grand oncle maternel. Après un com-

---

(1) Dom Vaissette. — Oihagaray.

bat meurtrier, la ville fut obligée de se rendre. Louis pouvait la détruire, il aima mieux lui pardonner (1507). Il eut, quelques jours après, avec le roi Ferdinand une entrevue (\*) dans laquelle Germaine, plus altière encore que belle et devenue entièrement espagnole depuis son mariage, reçut avec hauteur les seigneurs français et même son frère qu'elle jalousait. Le roi de France dont la loyauté était au-dessus de toutes les petites passions (1), « Festoya fort bien le grand capitaine Gonsalve et le roi d'Aragon, porta gros honneur au capitaine Louys d'Ars et au bon chevalier sans peur et sans reproche (Bayard), et dit au roi de France ces mots : Monseigneur mon frère, bien est heureux le prince qui nourrit deux tels chevaliers. » Les deux rois, après avoir resté quelques jours ensemble, se séparèrent. Ferdinand alla en Espagne et Louis retourna en son duché de Milan, où Trivulse lui fit « un des triomphants banquets que jamais fut vu pour un simple particulier ; car il y avait plus de cinq cents personnes d'assiéte, et n'eust été possible d'être mieux servis qu'ils feurent de mets, entremets, momeries, comedies et toutes autres choses de passetemps (2). Il y avait, ajoute St-Gelais, « autant de dames avec leurs panaches pour leur éventer le visage, qu'on pourrait voir de plumeaux en une compagnie de mille hommes d'armes. » Après le souper, ra-

---

(\*) Quand Louis vit approcher la galère du roi d'Aragon, il descendit de sa mule et s'en alla sur le pont. Le roi d'Aragon mit le bonnet au poing et le genouil en terre et le roi après, et là ils s'embrassèrent assez longtemps. Germaine le genouil en terre fit la révérence au roi laquelle aussi il baisa et la print par la main (d'Auton). Après ce recueil, il prit la reine d'Aragon et la mit en croupe derrière lui et la voulut porter jusqu'au logis. — Fleuranges, page 42.

(1) Mémoires de Bayard, chapitre 17, page 263. — (2) Idem, chapitre 18, page 264.

conte à son tour Jean d'Auton (1), « les danses vinrent en place où le roi même voulut danser, qui très bien savait s'en aider, et puis fit danser les princes et seigneurs qui là étaient. »

Après ces fêtes, où le conduisit la politique bien plus que l'amour du plaisir, Louis reprit le chemin de la France, ramenant avec lui Gaston de Foix. Le jeune prince était entré dans sa dix-huitième année. Louis l'émancipa solennellement. Après cette cérémonie, il lui donna le duché de Nemours, revenu à la couronne par la mort de Louis d'Armagnac et de ses sœurs, et prit en échange le comté de Beaufort et la vicomté de Narbonne.

La ville d'Auch venait alors de perdre Jean de La Tremouille, son premier pasteur. Quoiqu'en aient écrit le P. Montgaillard et après lui dom Brugelles (2), son épiscopat ne fut agité par aucune tempête. Louis XII, qui avait accueilli le vainqueur de St-Aubin avec ces immortelles paroles, « ce n'est pas au roi de France à venger les injures du duc d'Orléans, » et qui employa constamment ses talents et sa bravoure, ne pouvait s'emporter contre le frère au point de le forcer à quitter le royaume. Aussi, loin d'avoir contre l'archevêque d'Auch le moindre ressentiment, il l'honora de sa confiance et de son amitié, et fit ajouter à tous ses bénéfices l'évêché de Poitiers dont le pape le nomma administrateur en 1505. Jules II le désigna cardinal le 11 janvier suivant; toutefois, sa promotion ne fut publiée que le 17 mai 1507. Il était alors en Italie, où il avait suivi le roi à la conquête de Gênes. Il accompagna le prince à Gaëte

(1) Histoire de Louis XII, page 204. — (2) Voir à la fin du vol., note 3.

et à Milan. Il se disposait à aller remercier le pape du chapeau de cardinal dont il venait de le décorer, lorsqu'il fut saisi d'une fièvre continue, qui en peu de jours le conduisit au tombeau, au grand regret du brave La Tremouille son frère et du prince de Talmont, disent les mémoires contemporains (*). On croit communé-

(*) Mémoires de Louis de La Tremouille, chapitre 13. Le même auteur ajoute : il tenait en l'église cinquante mille livres de revenu ; car il était évêque de Poitiers, archevêque d'Aulx, et si avait plusieurs gros bénéfices et combien que sa chasteté, bonté et science méritassent telles dignités, honneurs et biens; toutefois ne les avoit eux sans la faveur de son frère aisné, ledit seigneur de La Tremouille. Jean de La Tremouille portait au 1$^{er}$ et au 4$^{me}$ d'or au chevron de gueules accompagné de trois aigles d'azur membrées et becquées de gueules, deux en chef et une en pointe qui est La Tremouille, au 2$^{me}$ pallé d'or et de gueules de six pièces qui est d'Amboise, au 3$^{me}$ d'or semé de fleurs de lys d'azur au franc quartier de gueules qui est Thouars. Ses armes sont aux vitraux de la métropole et aux deux portes latérales. Vers le commencement de son pontificat, Amanieu de Montesquiou commit à l'égard des habitants de Montréal une foule d'excès, de violences et de forfaitures, ce qui le fit arrêter et renfermer dans les prisons de la ville. L'oncle du coupable, Amador de Montesquiou, seigneur de Lagraulet, apprenant cette nouvelle, accourut à la tête d'une troupe de gens armés, brisa les portes de la prison et enleva de force son neveu. Le bailli de Montréal proteste contre la nouvelle violence en présence des consuls, de N. du Tastet, de Jean du Pouy, de Pierre de Mahen, de Jean de Carrere et de Bernard de Lagardère, jurats de la ville, et de noble Jean de Mercier, seigneur de Balarin. La ville intenta un procès au seigneur de Lagraulet; mais nous en ignorons les suites. (Manuscrit de l'Hôtel-de-Ville de Montréal). Vers la même époque, l'autre extrémité du diocèse vit commettre un acte bien autrement violent. Le vicaire de Montégut-Arros ayant un dimanche commencé la messe sans attendre le seigneur du lieu, celui-ci s'indigna de ce qu'il regarda comme un outrage fait à sa qualité. Il rentra dans son château, s'arma d'un fusil et étendit le malheureux vicaire raide mort sur les marches de l'autel : mais ici du moins nous savons que la justice ne s'arrêta point devant les privilèges de la naissance. Le coupable fut pendu, son château rasé et sa seigneurie confisquée au profit de l'état. (Manuscrit de l'abbaye de St-Sever de Rustan).

ment que le poison hâta sa fin : d'autres (1) ont écrit que sa constitution ne put résister aux fêtes et aux festins donnés à Louis XII, et que le prélat fut obligé de subir. On déposa son cœur dans l'église des Cordeliers de Milan ; mais son corps fut porté dans l'église de Thouars, sépulture ordinaire des membres de sa famille.

A la première nouvelle de la mort de Jean de La Tremouille, Louis qui rentrait en France écrivit (2) d'Ast en Piémont (19 juin) à Ruffo, abbé de Faget, et au chapitre d'Auch, pour les engager à suspendre toute nomination jusqu'après l'arrivée de Louis de Narbonne, évêque de Vabres, de l'abbé de Lodève, et du sieur de Verduzan, l'un des cent gentilshommes de son hôtel. Le roi envoyait solennellement ces trois députés pour avertir les chanoines de ses intentions (*).

Le chapitre obéit à l'impulsion qui lui était donnée, et le 4 juillet il élut (3) François de Clermont-Lodève. François, ou plutôt François Guillaume, était fils de Guillaume Tristan de Castelnau, seigneur de Clermont-Lodève et de Catherine d'Amboise, sœur du cardinal d'Amboise. Il fut évêque de St-Papoul, d'où il passa en 1506 à l'archevêché de Narbonne. Jules II le décora de la pourpre. Ce pontife voulant faire restituer

(1) D'Auton, page 278. — (2) Manuscrit de M. d'Aignan.

(*) Depuis longtemps l'action royale tendait sans cesse davantage à se substituer aux Canons. Quand fut conclu le concordat de Léon X qui mettait les prélatures à la disposition de la couronne, on se récria contre cet accord. Les chapitres, les abbayes, les parlements eux-mêmes protestèrent; mais on ne voulait pas remarquer que l'élection capitulaire n'était le plus souvent que nominale. Le pontife confirmait et consacrait un fait à peu près général. On condamne moins la papauté quand on considère le milieu dans lequel elle agit.

(3) *Gallia Christiana*. — Montgaillard. D'Aignan et dom Brugelles.

au patrimoine de St-Pierre la ville de Bologne, qui avait été enlevée au saint-siége par les Bentivoglio, demanda des troupes auxiliaires au roi de France. Le cardinal de Clermont vint au nom de son maître lui promettre tous les secours qui seraient nécessaires. Il se conduisit dans cette ambassade avec tant de dextérité, que non seulement il satisfit le pape et le roi, mais encore qu'il sut se rendre agréable à Bentivoglio lui-même. Il fut surtout utile aux Bolonnais. Charles d'Amboise qui commandait les troupes françaises, indigné des fréquentes séditions de ce peuple turbulent, l'eût traité avec toute la sévérité des lois militaires, si son cousin n'eût apaisé son indignation. Le prélat habitait Rome lorsque le siége d'Auch devint vacant. Jules donna la bulle de translation le 15 septembre 1507; et comme son ambassade devait le retenir encore longtemps au delà des Alpes, le nouvel archevêque fit procuration à Antoine de Morillon, abbé de Lodève, et à Emeric Magnan. Il les établit ses vicaires-généraux et les chargea de prendre en son nom possession de l'archevêché, ce qu'ils firent le 15 décembre de cette année.

Jules et Louis XII agissaient alors de concert. Ils s'étaient unis avec l'empereur Maximilien et le roi Ferdinand contre les Vénitiens. Louis voulut prendre en personne le commandement de ses troupes. Il rencontra l'armée ennemie le 14 mai 1509, près du village d'Agnadel. Il était inférieur en nombre, mais il comptait près de lui La Trémouille, Bayard, Lapalisse, Gaston de Foix, Odet d'Aydie et cette foule de braves guerriers qu'avaient fait éclore les guerres d'Italie. Louis accepta le combat et s'avança assez avant dans la mêlée. Quelques chevaliers forcés de le suivre, ayant voulu l'arrêter : « Que ceux qui ont peur, répondit l'intrépide monarque, se mettent à couvert derrière moi » (1). Cette intrépidité fut une des principales causes du succès. Dans un moment où la fortune semblait le plus douteuse : enfants, le roi vous voit, cria La Tremouille (2). Il n'en fallut pas davantage pour ranimer les soldats. Près de quinze cents vénitiens restèrent sur le champ de bataille. Les bandes gasconnes commandées par le cadet de Duras les amoncelèrent (*) sous leurs piques. Elles firent, avec les Suisses, la principale force de la France, durant tout ce siècle et le siècle suivant. Leur courage et leur utilité chaque jour constatée réhabilitèrent l'infanterie. Jusque là la noblesse avait dédaigné de descendre de son coursier, symbole et privilége de la chevalerie. Elle croyait s'avilir en combattant à pied comme les vilains du moyen-âge. *Incontinent la journée gagnée* (3), *Louis descendit de cheval et à genouils et mains jointes, il remercia le Créateur, duquel tous biens et honneurs viennent, de la victoire qu'il lui avait plu donner* (1509).

Cette victoire amena la rupture de la ligue. Le pape, le roi d'Aragon et quelques autres princes qui avaient accédé au traité s'en détachèrent insensiblement, et bientôt la France n'eut pour elle que Maximilien et le duc de Ferrare, le premier, allié inutile, et le second,

(1) Tableau du règne de Louis XII. — Collection Petitot, tome 15. — (2) Idem, page 85.

(*) Et furent tués des Vénitiens en un monceau quinze mille hommes et estait ledit monceau de deux piques de haut. (Mémoires de Fleuranges, page 11). — L'Alviane, général des Vénitiens fut fait prisonnier par Odet du Botet, seigneur de Caussens, qui obtint du roi en échange de son prisonnier deux mille livres Tournois. (Généalogie de Preissac, page 80).

(3) St-Gelais, page 215.

prince faible qu'il fallait aider. Louis quitta l'Italie avant que l'orage se formât. Sa santé depuis si longtemps chancelante ne s'accommodait ni des fatigues de la guerre, ni des chaleurs du climat.

Le comte d'Alençon l'avait suivi dans son expédition. A son retour, le roi l'unit à sa nièce Marguerite d'Orléans-Angoulême, sœur de François, héritier présomptif de la couronne. La jeune princesse venait de terminer sa quinzième année et promettait déjà d'être une des plus belles et des plus spirituelles princesses de son siècle. Les fiançailles se célébrèrent au château de Blois, le 9 octobre 1509. Le comte d'Alençon réclamait toujours les domaines de la maison d'Armagnac. Quelques espérances lui furent données à l'occasion de cette alliance ; mais rien ne fut stipulé dans le contrat. Le mariage fut célébré peu de jours après. « Les maistres (1) et principaux des nopses, feurent le roy et la reyne qui les feirent à Blois en aussi grand triomphe et hault esclat que si c'eust esté leur propre fille. La pluspart des princes et des princesses de ce royaume y feurent et faisait le roi si bonne chére et de si très bon cœur à la mariée, qu'il estait aisé à cognoistre qu'il les aurait bien en sa grâce. Aussi a-t-il tousiours aimé le frère et la sœur comme ses enfans. Après la messe dicte où le roy feust tout du long, il mena et ramena l'espousée du moustier. Le dîner se feit et la reyne tint salle, et feust servie en estat royal. Et estaient à la table toutes les princesses et autres dames de ce royaume, et les ambassadeurs des princes étrangers, et toute la salle laquelle est des plus grandes que l'on face estait toute pleine d'autres tables et de seigneurs gentilshommes,

(1) St-Gelais, page 221.

dames et damoiselles, et pour conclusion, le diner fut bien servy, et de plusieurs mets de diverses sortes. A l'après dînée, commencèrent les joustes et les tournoys qui durerent trois ou quatre jours ensuivans et estaient les entrepreneurs monseigneur et monseigneur le duc de Nemours, comte de Foix, et quatre gentilshommes qu'ils avaient avec eulx, qui tenaient le pas à tous venans. Les dessus dicts seigneurs vinrent sur les rancs aussi braves qu'il appartient à gens de leur estat, et auge, et sans faillir, ils estaient mestables en tout et partout, et ceulx de leur compaignie avec (1). »

Pendant que le roi Louis XII s'abandonnait aux douceurs des affections domestiques, ses généraux combattaient en Italie avec des succès divers. Jules II se montrait partout comme le plus ardent de ses ennemis. Le pontife n'avait pour but que d'arracher la Péninsule aux dominations étrangères. Il y tendait par les armes, par les traités et malheureusement aussi par la trahison (2). Dans la vivacité de la lutte on cessa de voir le père commun des fidèles, le vicaire du Sauveur; on n'aperçut que le souverain turbulent de Rome, que le prêtre ambitieux, ami des batailles. Le roi venait de perdre le cardinal d'Amboise ; le vertueux ministre servait de tempérament aux hostilités. Sa mort laissa le champ libre à quelques esprits insensés qui méditaient d'attaquer le chef de l'Eglise. Un acte d'une imprudente rigueur servit leur dessein. Les cardinaux français, vus à la cour d'un assez mauvais œil, demandèrent à repasser les monts. Jules leur en refusa l'autorisation. Il

(1) Voir note 4. — (2) Cette appréciation juste est de M. Laurentie, Histoire de France, tome 5, page 53.

était surtout indisposé contre François de Clermont-Lodève, dont l'attachement à Louis XII gardait peu de mesure. Le jour de saint Pierre, quand tout le sacré-collége entourait le souverain pontife, ce cardinal affecta de sortir de Rome pour aller prendre le plaisir de la chasse (1). Jules se crut bravé, et dans son irritation il donna ordre de l'arrêter sous prétexte qu'il voulait s'enfuir, et le fit enfermer (2) dans le château St-Ange. Un des gens de sa suite, plus suspect que le reste de ses serviteurs, fut saisi et appliqué à la question; mais selon ce qui transpira, il n'avoua aucun méfait. Les autres cardinaux craignirent pour eux; ils échappèrent sous un faux prétexte et atteignirent le territoire de Milan, d'où ils murmurèrent le nom de Concile. Bientôt plus hardis, ils le convoquèrent à Pise, où il s'assembla sous la protection ou plutôt par les ordres de Louis. On n'y vit presque que des prélats français ou soumis aux lois de la France. La Gascogne n'y fut représentée que par le cardinal d'Albret. A cette étrange assemblée, Jules opposa un Concile régulier qu'il convoqua dans l'église de Latran et qu'il ouvrit en personne, entouré de la majeure partie du sacré-collége et d'un nombre considérable d'évêques. En même temps il appela aux armes tous les fidèles. A sa voix se forma une nouvelle confédération qu'on nomma la sainte ligue : le pape, Venise et Ferdinand la signèrent les premiers. Henri VIII, roi d'Angleterre, y accéda secrètement et conclut avec Ferdinand un traité particulier, qui devait rendre la Guienne à l'Angleterre, et donner la Navarre à l'Ara-

(1) Guichardin, tome 9, chapitre 2, page 267.
(2) Lettres du roi Louis XII et du cardinal d'Amboise, tome 1ᵉʳ, page 259.

gon. Enfin les Suisses eux-mêmes, les alliés constants de
la France, se préparaient à tomber sur la Lombardie.

Louis, sans s'épouvanter du nombre et de la force
de ses ennemis, fortifia les frontières du royaume et fit
passer le jeune Gaston son neveu en Italie, là où l'orage
grondait avec le plus de violence. Gaston ne comptait
encore que vingt-deux ans. Le roi, qui le chérissait
tous les jours davantage, le nomma son lieutenant
malgré sa jeunesse. Il voulait même qu'un trône devînt
le prix de ses exploits, et faisait briller à ses yeux la
couronne de Naples. Il n'en fallait pas autant pour
enflammer un jeune prince tel que Gaston : un génie
vif et perçant, un courage indomptable, une âme géné-
reuse et sensible, un fonds inépuisable d'enjouement
et de gaîté, une galanterie noble, une figure majes-
tueuse qui inspirait tout à la fois le respect et la confiance, rendaient Gaston les délices de la cour et l'idole
des guerriers (1). Il avait fait ses premières armes à
l'expédition de Gênes. Depuis ce temps, il ne s'était
point donné de combat où il ne se fût trouvé en personne, conduisant ordinairement l'avant-garde de l'armée. Les gens d'armes qui l'avaient vu croître au
milieu d'eux et se précipiter ensuite comme un lion
sur les bataillons ennemis, un bras nu ou couvert d'une
simple écharpe pour l'amour de sa dame, pleins d'ad-
miration et de tendresse, avaient par leurs vœux et
leurs éloges hâté son avancement. Louis, en lui confé-
rant dans un âge si tendre l'emploi le plus glorieux et
le plus difficile de l'état, avait moins écouté son inclination particulière que leurs suffrages. C'était la
première fois que Gaston se trouvait chargé du com-

(1) Garnier, Histoire de France, tome 11, page 437.

mandement général, et jamais début n'exigea plus de ressources et de talents.

Le jeune héros ne se montra pas inférieur à la situation (1). Avec le peu de troupes dont il pouvait disposer, il arrêta les Suisses et les força à reprendre le chemin de leurs montagnes. A peine les Suisses se furent-ils retirés que l'armée de la ligue, marchant sous les bannières du pape, se réunit à Imola. Pierre de Navarre, l'inventeur des mines, conduisait l'infanterie espagnole, alors si justement renommée dans toute l'Europe, et le commandement général était confié à Raymond de Cardonne, vice-roi de Naples. La rivalité des parties belligérantes était trop vive et les haines nationales trop profondes, pour songer à prendre des quartiers d'hiver. Dès le 26 janvier 1512, le vice-roi vint mettre le siège devant Bologne. Odet de Foix, vicomte de Lautrec, commandait dans la place; mais la garnison était si peu nombreuse, qu'elle ne pouvait opposer qu'une courte résistance. Gaston se trouvait à Ferrare : il savait que les Vénitiens devaient en même temps attaquer Brescia, place qu'il avait encore plus d'intérêt à conserver que Bologne. Il apprend que les Vénitiens ont été repoussés : dès-lors sa résolution est prise. Il part à la chute du jour, marche toute la nuit, malgré un vent glacial et une neige épaisse, et le lendemain, 5 février 1512, à neuf heures du matin, il entre dans Bologne sans avoir été aperçu par les ennemis. Il voulait en sortir aussitôt pour leur livrer bataille, mais on l'en détourna et on l'engagea à laisser prendre quelque repos à ses troupes. Gonsalve, ayant appris

(1) Voir pour toute cette campagne, Guichardin, Paul Jove, les Mémoires de Bayard, etc.

par un prisonnier cette marche hardie, n'osa point se mesurer avec un ennemi aussi actif, et quand la nuit fut tombée il se hâta de lever le siège.

Gaston n'eut pas le temps de goûter la joie de sa victoire. Le jour même où il entra à Bologne on lui annonça la prise de Brescia par les Vénitiens. La trahison leur avait livré ce que n'avait pu conquérir la force. Le château seul resta aux Français. Gaston se décide sur-le-champ. Il laisse à Bologne Lautrec avec quatre cents lances et quatre mille hommes d'infanterie, et part avec le reste de son armée. Il s'engage presque sans subsistances, au milieu d'un pays révolté, ne trouve que des chemins rompus, est obligé de traverser quatre rivières débordées, bat sur sa route Jean-Paul Baglioni, général des Vénitiens, et fait en neuf jours une route de cinquante lieues, luttant avec autant de persévérance que de sang-froid contre toutes les difficultés que peuvent opposer la nature et les hommes. Sa présence seule fait supporter toutes les fatigues. *Le gentil duc de Nemours*, disent les chroniques de Bayard (1), *avait tant gagné les cœurs des gentilshommes et des adventuriers qu'ils feussent tous morts pour luy*. Il entre enfin dans le château de Brescia dont la garnison, déjà prête à capituler, peut à peine croire à sa délivrance.

Dès le lendemain, le jeune général ordonne d'attaquer les Vénitiens. Ses forces ne s'élevaient pas à plus de douze mille combattants (2). *Toutefois au peu de nombre qui y estoit, n'y avoit que redire; car c'estoit toute fleur de chevalerie. « Quand tout feut conclud, encores, messeigneurs, dit le duc de Nemours : il fault que selon*

---

(1) Mémoires de Bayard, chapitre 50, page 240. Nous avons emprunté à ces Mémoires, qui rappellent si bien Froissart, presque tous les récits qui vont suivre. — (2) Idem.

Dieu nous regardions à une chose. Vous voyez bien que si ceste ville se prend d'assaut, elle sera ruinée et pillée et tous ceux de dedans morts, qui serait une grosse pitié : il faut leur envoyer un parlementaire ». Le parlementaire se présenta aux portes de la ville ; mais ses propositions furent rejetées. On en appela aux armes. Gaston donna le signal en disant : or, messeigneurs, il n'y a plus qu'à bien faire et nous montrer gentils compagnons. Marchons au nom de Dieu et de monseigneur St-Denis. Hyrigoyen, gouverneur du château, et le capitaine Molart, l'un Basque et l'autre Gascon, et l'un et l'autre d'une habileté et d'une bravoure éprouvées, s'avancèrent les premiers à la tête d'une troupe d'infanterie Gasconne. Bayard les soutenait avec ses gendarmes tous à pied. Ils soutinrent bravement le feu de l'artillerie et arrivèrent aux ennemis ; il fallait emporter un triple rempart. L'action fut chaude au premier : on y combattit avec l'épée, avec la pique, avec la hache, avec la hallebarde. A la fin, les Vénitiens reculèrent de quelques pas. *Dedans, dedans compaignons,* s'écria aussitôt Bayard, *ils sont nostres, marchez, tout est défaict;* et lui-même franchit le rempart suivi des siens ; mais dans ce tumulte, une flèche vint l'atteindre à la cuisse avec tant de violence, que le fer resta dans la plaie, le sang coulait à gros bouillons.

Le chevalier se crut blessé mortellement : *compaignons,* dit-il à Molart, *faites marcher vos gens : la ville est gaignée. De moi je ne saurais tirer oultre; car je suis mort* (\*). Le pauvre seigneur de Molart qui plorait amère-

---

(\*) *Si luy feut force, ou là mourir sans confession ou se retirer hors de la foule avec deux de ses archers lesquels lui estanchèrent au mieulx qu'ils peurent sa playe, avec leurs chemises qu'ils déchirèrent.*

ment la perte de son ami et voisin, car tous deux estaient de l'ecarlate des gentilshommes, comme un lion furieux délibéra de le venger. Nemours apprit bientôt la triste nouvelle. Si luy même eust eu le coup, n'eust pas eu plus de douleur. Hé ! messeigneurs mes amis, cria-t-il à ceux qui l'entouraient : ne vengerons-nous point sur ces villains la mort du plus accomply chevalier qui feut au monde, je vous prie que chascun pense bien de faire. Il saute aussitôt dans le retranchement et poursuit les fuyards l'épée dans les reins jusque dans l'intérieur de la ville. Là il divise son armée en plusieurs corps qui, traversant les différentes rues au milieu d'une grêle de tuiles, de pierres et d'arquebusades, arrivent presque en même temps sur la place publique où le combat se renouvelle avec fureur. La résistance rendit la victoire atroce. Les Vénitiens enfoncés de tous côtés furent passés au fil de l'épée ou se rendirent prisonniers. Quand plus n'y eut à combattre, chacun se mit au pillage parmy les maisons et y eut de grosses pitiés. La ville entière fut abandonnée aux soldats, et durant sept jours elle éprouva tout ce qu'on peut attendre d'une armée furieuse et avide.

La maison où fut transporté Bayard après la bataille fut seule préservée de ces horreurs. Gaston, dit Guichardin, mit pourtant à couvert l'honneur des religieuses et des femmes qui s'étaient réfugiées dans les monastères. « C'est ainsi, ajoute-t-il, qu'en moins de quinze jours, il obligea les troupes confédérées du pape et des Espagnols à lever le siège de Bologne, tailla en pièces Jean-Paul Baglioni avec une partie de l'armée Vénitienne, et rentrant à Brescia remporta sur le reste de l'armée une victoire complète. La gloire de ce jeune vainqueur se répandit dans toute l'Europe, et l'Italie ne balança pas à avouer qu'elle n'avait vu depuis longtemps aucun exploit militaire digne d'entrer en parallèle avec cette activité partout victorieuse (1). »

Ces succès couvraient le duc de Nemours de gloire, mais ne terminaient pas la lutte. Il fallait une bataille décisive; Louis la désirait. Gaston alla la chercher sous les murs de Ravenne. Raymond de Cardonne voulait l'éviter. Nemours essaya de l'attirer au combat. Il chargea Bayard de ce soin. « *Le bon chevalier, qui pas mieulx ne demandait, respondit : Monseigneur, je vous promets ma foy, que Dieu aydant, devant qu'il soit demain midy, je les verray de si près, que je vous en rapporteray des nouvelles. Là estait présent le baron de Béarn, lieutenant du duc de Nemours, lequel estait adventureux chevalier et toujours prest à l'escaramouche. Sy pensa en soy mesme que le bon chevalier serait bien matin levé, s'il la dressait plustost que luy. Et assembla aucuns de ses plus privez, auxquels il déclara son vouloir, à ce qu'ils se tinsent prets à la poincte du jour.* »

En effet, quand Bayard parut avec son enseigne, le baron de Béarn s'était déjà mis aux champs et avait donné une si vive alarme au camp ennemi, que l'armée presque tout entière avait couru aux armes. Pour l'éloigner, Cardonne fit tirer deux ou trois coups de canon « dont l'un emporta le bras droit d'un fort gaillard gentilhomme appelé Bazillac, et dont l'autre tua le cheval du seigneur de Brassac, galant homme d'armes et tous deux de la compagnie du duc de Nemours, lequel fut bien deplaisant de l'inconvenient de Bazillac ; car il l'aimait à merveille. »

(1) Guichardin, Histoire d'Italie, livre 10, chap. 4, page 433.

« Au retour de cette chaude escaramouche et après le dîner, feurent assemblés tous les capitaines, tant de cheval que de pied, au logis du vertueux duc de Nemours, le passe-preux de tous ceulx qui feurent deux mille ans à; car on ne lira point en chronique, ne histoire d'empereur, roy, prince, ne autre seigneur, que en si peu de temps ait fait de si belles choses que luy ; mais cruelle mort le preint en l'âge de vingt-quatre ans, qui feut abaissement et dommage irréparable à toute noblesse. » On arrêta le combat pour le lendemain ; c'était le jour de Pâques. Dans le moyen-âge on eût respecté la solennité de ce jour; mais la foi s'était affaiblie.

« Le gentil duc de Nemours partit (1) assez matin de son logis, armé de toutes pièces excepté de l'armet; il avait un fort gorgias, accoutrement de broderies aux armes de Navarre et de Foix, mais il était fort pesant. » Il parcourut les rangs. On le voyait cette fois encore fidèle à la coutume qu'il avait adoptée pour l'amour de sa mie, de ne point porter de harnais depuis le coude en bas, jusques au gantelet, « et priait à toute la compagnie de la gendarmerie en leur remontrant et donnant beaucoup de belles paroles qu'à ce jour voulûssent garder l'honneur de France, le sien et le leur, et qu'ils le voulûssent suivre. Et cela fait, dict qu'il verrait ce qu'ils feraient pour l'amour de sa mie, ce jour-là ». La bataille dura près de huit heures, et longtemps avec un succès presque égal ; mais enfin les ennemis plièrent sur tous les points. Gaston s'était jeté dans la mêlée ; Bayard l'apercevant souillé du sang et de la cervelle d'un de ses hommes d'armes qui avait été emporté d'une pièce d'artillerie : « Monseigneur, estes-vous blessé ? Non, dit-il,

(1) Voir note 5.

Dieu mercy; mais j'en ai bien blessé d'autres (1). Or, Dieu soit loué, dit le bon chevalier, vous avez gagné la bataille, et demeurez aujourd'hui le plus honoré prince du monde : mais ne tirez plus avant, et rassemblez votre gendarmerie en ce lieu : qu'on ne se mecte point au pillage encores ; car il n'est pas temps. »

A ces mots, Bayard s'élança à la poursuite des ennemis. Tous avaient fui; il ne restait qu'un gros d'Espagnols qui se retiraient en bon ordre. A cette vue, Gaston crie (2) autour de lui : « Qui m'aimera, si, me suive. Je ne saurais souffrir cela. » Et emporté par son coursier, il courut aux Espagnols sans regarder qui marchait avec lui. *Oncques Rolland ne fit à Ronceveaux tant d'armes qu'il en fit là ;* mais sa valeur ne put le sauver. Une flèche, lancée par une main inconnue, l'étendit à terre. Son corps fut presqu'aussitôt couvert de blessures. Il expira sur le champ, enseveli dans son triomphe. Lautrec, son cousin, essaya vainement de le défendre. Ne le tuez pas, criait-il, c'est le frère de votre reine ; mais lui-même tomba à ses côtés, criblé de coups. Pendant que Gaston périssait ainsi, victime d'une fatale ardeur, l'ivresse était dans les cœurs de tous les Français. La joie commune s'augmentait de la joie que devait éprouver le jeune général à la vue d'une victoire aussi complète. On le cherchait des yeux. On était étonné qu'il se dérobât à l'empressement général ; on le demandait à grands cris, lorsqu'une voix se fait entendre : Gaston est mort ! (3). La fatale nouvelle vole de rang en rang. Au bruit des instruments militaires, aux chants d'allégresse succède aussitôt un long et morne silence qu'interrompent de

(1) Brantôme, discours 24, page 209. — (2) Idem. — (3) Garnier. Nous lui avons emprunté plusieurs traits de ce récit.

tristes gémissements et tous les accents de la douleur. Les soldats courent en foule vers le lieu où on leur dit qu'il était tombé. Ils le trouvent sans vie, percé de quatorze coups de lances. Lautrec respirait encore; on le transporta dans la ville de Ferrare, où il fut rappelé à la vie par les soins du duc et de la duchesse.

« Il y a eu, disent, en terminant, les Mémoires de Bayard (1), plusieurs belles batailles depuis que Dieu créa ciel et terre; mais jamais n'en fut veu pour le nombre qu'il y avait, de si cruelle, si furieuse ne mieulx combattue de toutes les deux parties, que la bataille de Ravenne. » Ainsi finit Gaston, ce second duc de Nemours, moissonné plus vite encore que le premier, et tombé comme lui sur un champ de bataille. Toutefois, s'il n'est jamais plus beau de mourir que lorsqu'on est au comble de la gloire, on ne saurait qu'envier sa mort. Ce dernier triomphe le plaçait à la tête des héros de son siècle. Il s'était montré grand capitaine presqu'avant d'avoir été soldat. En lui comme en Louis d'Armagnac s'éteignait la seconde branche de sa maison. Avec leur général avaient péri Molart, le baron de Grammont, de Bordes et le capitaine Fabian que sa taille et sa force herculéenne faisaient appeler le Grand-Diable. Parmi les seigneurs qui échappèrent au fer ennemi et qui se signalèrent par leur valeur, les Mémoires du temps nomment Odet d'Aydie, Genouillac, Duras, Lavedan, Fimarcon, Pardaillan et surtout le baron de Béarn, lieutenant de Gaston, qui avait la réputation d'être grand entrepreneur et toujours à cheval. La journée de Ravenne se répandit bientôt dans l'Eu-

(1) Garnier, page 314.

rope. Toutes les cours s'en émurent : Rome et Venise tremblèrent : l'empereur et le roi se hâtèrent de lever de nouvelles recrues; mais Louis aimant trop son neveu pour se réjouir : « Je voudrais, disait-il tristement (*), n'avoir pas un pouce de terre en Italie et pouvoir, à ce prix, faire revivre Gaston et tous les braves qui sont tombés avec lui. Dieu nous garde de remporter jamais de pareilles victoires.

(*) D'autres prêtent à Louis XII ces mots : Souhaitons de pareilles victoires à nos ennemis. Brantôme ajoute, page 121. « Et puis en fit de si grandes doléances et regrets que de longtemps il ne se put remettre, desirant cent fois avoir perdu trois batailles comme celle-là et n'avoir perdu son nepveu. ».

# LIVRE XVIII.

## CHAPITRE Ier.

Troubles dans la Navarre. — Ferdinand enlève ce royaume à Jean d'Albret et à Catherine. — Vains efforts pour le reconquérir. — Entrée du cardinal de Clermont à Auch. — Jean Marre bâtit l'église d'Eauze et la cathédrale de Condom. — Mort de ce prélat. — Évêques de Comminges, d'Aire et de Lombez. — Mort de Louis XII. — François Ier lui succède. — Les Biens de la famille d'Armagnac sont délivrés au duc et à la duchesse d'Alençon. — Jean d'Albret tente de nouveau de recouvrer la Navarre. — Il meurt de regret. — Catherine le suit de près dans la tombe. — Henri, leur fils aîné, prend le titre de roi de Navarre et hérite de leurs domaines. — Germaine de Foix et le vicomte de Lautrec lui en disputent une partie. — André de Foix attaque la Navarre. — Il est défait. — L'amiral de Bonnivet s'empare de Fontarabie. — Querelle du sire d'Albret avec l'archevêque d'Auch. — Sa mort.

La mort de Gaston délivrait le roi et la reine de Navarre d'un concurrent redoutable ; mais au moment où ils devaient se croire maîtres paisibles d'un état si longtemps disputé, ils s'en virent dépouillés presque entièrement. Ferdinand avait toujours nourri le désir de concentrer dans sa famille toutes les couronnes d'Espagne. Nous avons déjà vu combien il était empressé de demander la main de Catherine pour son fils. Ne pouvant plus rien attendre d'un mariage, il noua des intrigues, et soutint le comte de Lerins dans sa révolte. Néanmoins la paix ne fut jamais ouvertement rompue. Quand la sainte ligue se forma, Ferdinand voulut y entraîner Jean et Catherine. Les deux époux n'avaient presque jamais eu qu'à se plaindre de Louis XII, chez qui le beau-frère du vicomte de Narbonne s'était plus montré que le roi de France. Peu content de soutenir contre eux le jeune Gaston, il avait pris en main la cause du parlement de Toulouse. Il venait encore d'ordonner à ceux de ses sujets qui vivaient à la cour de Navarre ou qui servaient sous les drapeaux de cette puissance de rentrer dans ses états. Enfin, comme pour insulter davantage à la faiblesse de ses voisins, il menaçait de faire exécuter à main armée la sentence qui condamnait le prince et la princesse à perdre le Béarn avec tout ce qu'ils possédaient dans le royaume.

Malgré tant de griefs, Jean et Catherine faisant taire leurs ressentiments pour n'écouter que la voix d'une sage politique, refusèrent de se joindre à Ferdinand et à ses alliés contre Louis. On leur proposa (1) alors de rester neutres; mais pour assurance de leur neutralité, on leur demandait qu'ils donnassent en ôtage Henri, leur fils, ou qu'ils livrassent six places qu'on désignait. De pareilles propositions n'étaient, au fond, qu'une déclaration de guerre. Pour la dénoncer ouvertement, Ferdinand attendait l'arrivée de six ou sept mille Anglais que lui avait promis Henri VIII. Ils débarquèrent en effet (juin 1512) sur les côtes de Biscaye, conduits par Thomas, marquis de Dorset, et Edouard Howard, fils du comte de Surrey. Le roi d'Espagne essaya de les pousser contre la Navarre; mais les insulaires ne voulurent combattre que dans la Guienne, dont Ferdinand devait tenter avec eux la conquête; et ne pouvant l'y attirer, ils remontèrent sur leurs vaisseaux et firent voile vers l'Angleterre.

(1) Voir pour cet envahissement de la Navarre, Olhagaray, page 455, Favin, livre 12, page 683, Mariana, Mémoires de Bayard.

Ce départ n'arrêta pas Ferdinand. Aidé du comte de Lerins et de ses partisans, il rassembla une armée qu'il plaça sous les ordres de Frédéric de Tolède, alors assez jeune, et depuis si célèbre sous le nom de duc d'Albe. Le nouveau général entra dans la Navarre le 20 juillet et marcha droit à Pampelune, où il espérait surprendre le roi Jean; mais le prince eut le temps de se sauver à Lombières et d'envoyer en Béarn sa femme et ses enfants sous la conduite de Manaut de Navailles, qui se signala dans cette guerre. Les Espagnols, en envahissant la Navarre, répandirent le bruit que Jean d'Albret était excommunié et privé de ses états pour avoir adhéré à Louis XII et à son Concile, et que tous ceux qui le soutiendraient encourraient les mêmes censures. Cet artifice, la nombreuse armée du duc d'Albe, la fuite du roi, les mouvements que se donna la faction de Beaumont ébranlèrent la constance des habitans de Pampelune, qui se rendirent après trois jours de siège. Le roi, abattu par cette perte, offrit alors de subir toutes les conditions qui lui seraient imposées. Le vainqueur exigea qu'il livrât sans condition toutes les places du royaume et avec elles l'héritier présomptif de la couronne. Jean ne pouvait céder à de telles exigences. Sur l'avis qu'il eut que le comte de Lerins cherchait à se saisir de sa personne, il quitta Lombières et se sauva en France, suivi de ses principaux partisans. Quelques auteurs prétendent que Jean s'enfuit le premier en France et que Catherine, indignée de voir son mari abandonner le royaume avant d'avoir aperçu l'ennemi, essaya d'opposer quelque résistance aux troupes espagnoles; mais que deux jours après elle fut obligée de repasser les monts avec son fils aîné et ses trois filles. Ils ajoutent qu'ayant rejoint le lâche fils d'Alain, elle lui dit avec aigreur: « Roi, vous demeurerez Jean d'Albret, et ne pensez plus au royaume de Navarre que vous avez perdu par votre faute (1). » Quoiqu'il en soit de cette circonstance, la retraite de la maison royale entraîna la soumission volontaire de toutes les villes et de toutes les forteresses de la Navarre, si l'on en excepte la citadelle de Tudelle et quelques châteaux du Val de Roncal et d'Amescum; encore la citadelle et les châteaux ne tardèrent pas à être emportés de force par le duc d'Albe. Ce général, poursuivant ces avantages, franchit les Pyrénées, prit St-Jean-Pied-de-Port, brûla St-Jean-de-Luz et rasa quelques forts qu'il ne pouvait garder et dont les ennemis se fussent saisis.

C'est ainsi que la Navarre fut envahie, et bientôt après unie sans retour à la monarchie d'Espagne. Les souverains espagnols ont vainement cherché à pallier l'injustice de cette conquête. Elle resta longtemps comme un remords sur la conscience de Charles V et de Philippe II qui, dit-on, à leur lit de mort, en ordonnèrent la restitution; mais la politique garda ce que la politique avait fait enlever. On a essayé d'invoquer une prétendue bulle de Jules II. Outre que ce n'est pas à la papauté à donner les couronnes, cette bulle ne fut jamais montrée; ses partisans lui assignent même des dates différentes, tant elle est peu réelle.

Le roi de France ne pouvait être insensible au malheur (2) d'un prince qui s'était sacrifié pour lui: il cassa l'arrêt du parlement de Toulouse, comme ayant été

---

(1) Olhagaray, page 455. — (2) Voir pour cette expédition, Favin, Olhagaray, Mémoires de Bayard, chapitre 56, et Mémoires de Fleuranges, page 112 et suivantes.

donné par des juges incompétents; en même temps il renforça les troupes qu'il avait déjà en Guienne et leur ordonna d'entrer en Navarre, tandis que le commandeur Prégent de Bidoux croiserait sur les côtes de l'Espagne. Il mit à la tête de ses troupes le duc de Longueville et le duc de Bourbon; mais comme les deux généraux réclamaient à la fois le commandement suprême, le premier en sa qualité de gouverneur de la Guienne, et le second comme prince du sang, Louis fit cesser cette rivalité en envoyant sur le théâtre de la guerre François d'Angoulême, son héritier présomptif, alors âgé de dix-sept à dix-huit ans. Le duc d'Albe était campé près de St-Jean-Pied-de-Port. François s'avança jusque sous les murs de cette ville, à la tête de l'armée française dans les rangs de laquelle on comptait Odet d'Aydie, Bayard, Lapalisse et quelques autres capitaines de renom, rappelés d'Italie, et dès le premier jour, il envoya défier au combat le général espagnol. A ce défi chevaleresque, celui-ci se contenta de répondre froidement que le prince lui faisait un grand honneur; mais que les ordres précis de son maître lui défendaient d'engager aucune bataille.

La saison ne permettait pas des délais : on était dans le mois d'octobre. François ouvrit aussitôt la campagne. Il partagea ses troupes en trois corps. Il donna au roi Jean deux mille allemands, quatre mille gascons commandés par les seigneurs de Gondrin, de Larboust et de Puylausic, et mille hommes d'armes sous les ordres de Lapalisse. Ce premier corps devait entrer en Navarre, où le roi avait semé des proclamations, qui rappelaient au devoir ses anciens sujets et promettaient l'oubli le plus complet du passé. Le duc de Bourbon, à la tête du second, attaqua le Guypuscoa. François ayant sous lui le duc de Longueville, demeura aux environs de St-Jean-Pied-de-Port avec le troisième.

Le roi Jean eut d'abord quelques succès. Miranda, Tafalla, les vallées du Roncal et de Sennazaz se soumirent de gré ou de force. De là, le prince marcha sur Pampelune. A cette nouvelle le duc d'Albe quitta St-Jean-Pied-de-Port et courut défendre la capitale menacée. Si Jean se fût porté à sa rencontre et se fût saisi des gorges des Pyrénées, il le plaçait entre lui et le comte d'Angoulême, et détruisait son armée; mais il se laissa prévenir. Ce retard lui coûta la couronne. Pampelune fut secourue et le duc de Najarra, envoyé par Ferdinand avec de puissants renforts, eut le temps de rejoindre le général espagnol. Les rigueurs de la saison, la marche, la rareté des vivres avaient grandement affaibli l'armée française. L'hiver approchait : il fallut abandonner l'entreprise et songer au retour. Ce ne fut qu'avec beaucoup de peine et de périls qu'on s'ouvrit un chemin à travers les Pyrénées. Les montagnards chargèrent l'arrière-garde. On dut laisser entre leurs mains la plus grande partie des bagages et de l'artillerie. En même temps les Anglais apparaissaient dans la Picardie. Louis rappela son armée, et Ferdinand resta paisible possesseur de la Navarre (novembre 1512).

Pendant que l'armée française franchissait les Pyrénées, le cardinal de Clermont-Lodève, délivré de sa prison, repassait les Alpes. Il venait demander à sa ville archiépiscopale la sécurité qu'il n'avait pu trouver dans la capitale du monde chrétien, et chercher parmi ses ouailles et dans les saintes fonctions du ministère pastoral cette paix et cette tranquillité que le prêtre poursuivrait vainement dans les cours et au sein des intrigues politiques. Il n'avait point encore paru dans son diocèse. Près d'arriver à Auch (1), il voulut donner à son Chapitre le temps de préparer la solennité de son installation, et s'arrêta quelques jours au château de Mazères, la vieille résidence de ses prédécesseurs depuis la fin du XIII° siècle, et très-vraisemblablement depuis la fin du XI°. Enfin, vers le soir du 15 octobre 1512, il quitta Mazères et alla coucher à Pavie. Le lendemain, un dimanche, St-André, premier président du parlement de Toulouse, les évêques de Condom, de Comminges, d'Aire, de Vabres et de Lombez, le vicaire-général de Lectoure et quelques autres personnes de distinction, sortirent d'Auch, dès six heures, et allèrent prendre le prélat dans la maison où il avait passé la nuit. Le cortége se mit aussitôt en marche.

Aux limites qui séparent Auch et Pavie, se trouvaient les huit consuls d'Auch à cheval, précédés de leurs trompettes et de leurs officiers, et escortés d'une foule d'habitants aussi à cheval. Le premier consul, Vital de Bordalies (*), se détachant des siens, prit la parole dans l'idiome du pays et dit au prélat avec la naïve et franche cordialité de nos pères. « Monseignor (**), Diou bos doné bon jorn; et besiats bengué ab tota la compagnia.

(1) Manuscrit de M. d'Aignan.

(*) Les sept autres consuls se nommaient Antoine Four, Raymond Garderes, Jean de Franc, Vital Desvignaux, Raymond de Romas et Pierre Baylac.

(**) Monseigneur, Dieu vous donne bon jour! Veuillez bien venir avec toute votre société. La cité d'Auch et ses habitants se recommandent très-humblement à votre bonne grâce, et sont tous à votre bon service et commandement: ils ont grand plaisir de votre venue, et ils prient Dieu que longuement vous demeuriez et soyez leur prélat et seigneur.

La cioutat d'Aouch et sos habitants se recoumandon très humbloment à la bosta gratia, et son tots à bostre servici et commandement, et ant grand plasé de bostra benguda, en prégant Diou que longuement demorets et siats nostre prélat et seignor. » Le cardinal ne voulut pas se laisser vaincre en courtoisie. Il répondit dans le même idiome qui, toutefois, paraît lui avoir été peu familier (*) : « Messiurs, bos mercii de la honor que bos me fatz. Vos offreim de vos far tots les plasés et servicis que yo poyri. » Les consuls le remercièrent très humblement et ajoutèrent (**) : « Monseignor, quand seraim à Aouch, sé bos plats, parlaram plus amplament deus affars de bostra cioutat et habitants d'Auch. » Ils saluèrent aussitôt et coururent avec ceux de leurs concitoyens, qui les accompagnaient, prendre la tête du cortége.

Bientôt on vit apparaître le baron de Montaut, suivi de nombreux gentilshommes, tous bien montés et bien *accoutrés*. Le baron fit sa révérence au cardinal, en lui disant (***) : Jo soy assi per far mon digut à bostro intrado, et per bos bota en possession, ainsi qu'és accoustumat. A ces mots, il tourna bride et se retira au galop avec les gentilshommes. Ils descendirent à une auberge située à côté du pont de St-Orens. Là, le baron et les autres seigneurs prirent chacun un bâton blanc et se dirigèrent vers la porte de Latreille pour y attendre

(*) Messieurs, je vous remercie de l'honneur que vous me faites : je vous offre de vous faire tous les plaisirs et services que je pourrai.

(**) Monseigneur, quand nous serons à Auch, si c'est votre plaisir, nous parlerons plus longuement des affaires de votre cité et des habitants d'Auch.

(***) Je suis ici pour faire mon devoir à votre entrée et pour vous mettre en possession, ainsi que c'est la coutume.

l'archevêque : celui-ci avait suivi la même route. Arrivé à l'auberge, il quitta les insignes ordinaires du cardinalat qu'il portait et revêtit le costume des grandes solennités. Il monta ensuite sur une haquenée et parvint ainsi à la porte de Latreille. Sur le seuil opposé se tenaient le baron de Montaut, et après lui, des deux côtés, les gentilshommes, accourus à cette fête. Près d'eux on apercevait les deux processions de St-Orens et de Ste-Marie avec les reliques des saints prélats, qui avaient jadis gouverné le diocèse.

Après que le cardinal eut vénéré les restes sacrés de ses glorieux prédécesseurs, les deux processions se repliant sur elles-mêmes, allèrent se placer en avant des consuls et ouvrirent aussitôt la marche. Retardé par le chant, les croix et les bannières, le cortège avançait lentement. A peine la haquenée eut-elle franchi le seuil de la porte, que le baron de Montaut la saisit par la bride et la mena au milieu des gentilshommes, tous à pied comme lui, et comme lui tenant à la main le bâton, symbole du voyageur. On arriva de la sorte jusqu'au parvis de la métropole. L'archevêque descendit alors de sa mule et dépouilla le manteau et le chapeau de cardinal pour prendre la crosse et la mitre, marques distinctives du premier pasteur. Le chapitre, conduit par l'abbé de Fourcés, son syndic, l'attendait sous le porche. S'il fallait en croire dom Brugelles, auteur un peu suspect il est vrai, tous les membres portaient la mitre dans cette occasion (*). Quoiqu'il en soit de cette circonstance, qui ne s'est jamais reproduite

---

(*) *Canonici infulati*, avait dit le Père Montgaillard, prenant peut-être ce terme dans un sens plus étendu que celui qu'on lui donne ordinairement.

dans nos fastes capitulaires, le syndic harangua le prélat et lui demanda le serment imposé par les statuts et consacré par l'usage. L'archevêque répondit avec affabilité, et finit sa réponse par ces mots : Dieu me donne la puissance de vous pouvoir rendre tant de biens et honneurs que vous me faites. Une table avait été disposée à l'entrée de l'église. On y voyait un missel, et sur ce missel reposaient une croix et des reliques. L'archevêque vénéra les reliques et jura à genoux, une main étendue sur le missel, de garder fidèlement les constitutions et les priviléges du chapitre.

Il entra aussitôt dans l'église au chant du *Te Deum*, monta au maître-autel qu'il baisa et commença la messe jusqu'au *Confiteor*, après lequel il alla s'asseoir sur son trône. L'évêque de Vabres acheva le saint-Sacrifice, qui fut suivi de la bénédiction pontificale donnée par le cardinal. Les cérémonies religieuses terminées, on se rendit en grand cortége au palais. L'archevêque avait à peine déposé sa crosse et sa mître, que les consuls se présentèrent de nouveau ; ils venaient lui offrir, au nom de la ville, un présent, gage symbolique du don que les habitants lui faisaient de leurs cœurs et de leurs personnes. L'archevêque accueillit le présent avec bonté, et remercia vivement les consuls et la ville dont ils étaient les mandataires ; mais comme midi approchait, les consuls se retirèrent.

Un splendide banquet avait été préparé. L'archevêque s'assit à la première table, ayant à sa droite l'évêque d'Aire et à sa gauche le président St-André, et invita les autres évêques à s'asseoir à l'autre côté de la table. Le baron de Montaut *trancha* devant lui jusqu'à ce que le prélat, par respect pour son âge avancé, lui commanda de prendre place près de l'évêque d'Aire. A une seconde table étaient les chanoines de Ste-Marie avec plusieurs autres gens d'église. Les consuls d'Auch avaient aussi leur table où s'assirent avec eux les consuls de Vic-Fezensac et de Barran.

Après le dîner, on alla chanter vêpres. L'évêque de Condom, Jean Marre, vieillard octogénaire, y prononça un discours qui ne se ressentit en rien des glaces de l'âge, et qu'il termina en exhortant cette auguste assemblée à prier Dieu pour la paix entre le pape Jules II et le roi Louis XII, dont les contestations réciproques étaient si funestes à la religion et pouvaient devenir fatales à l'église de France.

L'évêque Marre, qui fit entendre sa voix éloquente à l'installation du cardinal de Clermont-Lodève, est un des prélats les plus éminents qu'ait enfantés la Gascogne. La reine Anne de Bretagne, dont il avait consolé la douleur à la mort de Charles VIII, l'honora de sa confiance. Louis XII partagea les sentiments de la princesse; il le choisit pour confesseur et le retint à la cour. Mais après deux ans le bon pasteur sentit le besoin de revoir ses ouailles et se démit de sa charge. A peine fut-il rentré à Condom qu'il reçut la nouvelle que le roi était dangereusement malade. Il commanda aussitôt un jeûne dans tout son diocèse et ordonna dans sa ville épiscopale une procession générale qu'il conduisit lui-même pieds nus, malgré son âge avancé et les rigueurs de l'hiver. Dieu accueillit ses prières et celles de la France entière, et Louis fut conservé cette fois à l'amour de ses peuples.

Ses aumônes étaient si abondantes qu'elles l'avaient fait surnommer le père des pauvres. Toutefois, elles n'épuisèrent pas sa libéralité. Zélé pour la restauration des lieux saints, il bâtit les églises d'Eauze, de Francescas, de Laplume, de St-Sigismond, près de Mézin, dans laquelle il établit quatre prébendes et les deux chapelles des Carmes et des Cordeliers de Nérac; mais sa cathédrale surtout se ressentit de sa munificence. Elle tombait en ruines: Marre la fit démolir pour la rebâtir sur un nouveau plan (*). Pendant qu'on en jetait les fondements, le frère Thomas, célèbre Cordelier, que le peuple appelait le saint homme, vint prêcher à Condom. La foule, qui se pressait autour de lui était si nombreuse, qu'il fallut placer la chaire sur la grande place. Au milieu du discours où il annonça les malheurs publics qui vinrent cinquante ou soixante ans après désoler la province, il s'interrompit, et s'inclinant devant le pieux prélat qui présidait à la cérémonie, il l'exhorta à poursuivre son œuvre et lui prédit que Dieu, par une protection spéciale, conserverait et sa cathédrale et toutes les églises qu'il aurait bâties. Nous verrons la prédiction s'accomplir.

Sous l'épiscopat de Marre, un long procès s'éleva entre le chapitre et les consuls de Condom au sujet

(*) Par un premier acte, la cathédrale devait être bâtie dans sept ans, moyennant cinq mille cinq cents livres, six cents cartals de blé et sept vingts pipes de vin. Un second contrat du 10 décembre 1504 stipulait l'érection d'un clocher pour le prix de trois mille trois cents livres. Marre ne conduisit les travaux que jusqu'à la cinquième travée. Les piliers cannelés lui appartiennent. Le reste fut bâti par Hérard de Grossoles, son successeur. Marre ne se borna pas à la construction des murs : divers actes retenus par son secrétaire nous apprennent qu'il donna soixante marcs d'argent et cent cinq livres pour le tableau et le retable du maître-autel, et mille livres avec le bois nécessaire pour les stalles du chœur. Il orna encore les diverses chapelles de bas-reliefs sur bois ou sur pierre, dont la plupart disparurent au passage de Montgommery.

des droits de pêche dans la Baïse, des fours de la ville et du péage. Le prélat, choisi pour arbitre, donna sa sentence le lendemain de Pâques (1506), et fut assez heureux pour la faire agréer des deux parties. Lui-même eut bientôt à lutter contre les consuls. Le différend nâquit de ce qu'il voulait placer ses armes à côté de celles du roi à l'hôtel-de-ville et sur les portes de la cité. Quelques autres prétentions aigrirent les esprits, qui bientôt se portèrent aux dernières violences. Des furieux se saisirent du prélat, quoique tout dût leur rendre sa personne sacrée, et le traînèrent jusqu'au puits de Barlet, dans lequel ils voulurent le précipiter; mais il s'échappa de leurs mains, abandonna Condom et se retira à Montréal, où il érigea, le 4 décembre 1520 un chapitre collégial. Sa patrie essaya de lui faire oublier cet outrage. L'abbé de Simorre, Roger de Labarthe, étant mort le 13 août 1519, à Cadeillan, près de Lombez, où il fut enterré, les religieux élurent Marre d'une voix unanime; mais le pieux vieillard refusa cet honneur. Il se préparait à sa dernière heure qui arriva le 13 octobre 1521. Il comptait quatre-vingt-cinq ans, et sur ce nombre il en avait passé plus de soixantedix en religion ou dans les fonctions ecclésiastiques. Il fut enterré dans la chapelle de St-Jean-Baptiste, maintenant du Purgatoire, dont la clef de voûte porte ses armes. Son tombeau ayant été ouvert trente ans après sa mort, on trouva son corps frais et entier comme le jour de son trépas. On le déplaça durant les guerres de religion pour le soustraire aux profanations des sectaires. Le mystère dont on environna ce déplacement a fait perdre la trace de sa sépulture, et l'on ignore aujourd'hui dans quelle partie de l'église il repose (\*). Le prélat relevait sa piété par la science. Il composa un manuel à l'usage des prêtres, une explication de l'oraison dominicale, un traité de la pénitence et une exposition du symbole de St-Athanase.

Les évêques de Comminges, d'Aire et de Lombez ont laissé moins de souvenirs dans l'histoire que l'évêque de Condom. Gaillard de l'Hôpital, ainsi se nommait le premier de ces prélats, naquit à Oleron. Ayant été pourvu d'un canonicat dans l'église de St-Bertrand, il sut si bien s'y concilier les esprits, qu'il fut élu d'une voix unanime à la mort de Baptiste de Foix (14 janvier 1501). Le cardinal Amanieu d'Albret lui disputa ce siége. Il s'appuya d'une bulle du pape, mais la bulle ne fut point reçue, et Gaillard se maintint jusqu'à sa mort arrivée en 1513 ou 1514 : c'était un prélat pieux et charitable. Il fit des statuts pour son clergé et laissa quelques biens au chapitre, qui l'avait honoré de ses suffrages. Le cardinal d'Albret essaya encore, mais avec aussi peu de succès, de disputer le siége d'Aire à Bernard d'Amboise qui parut avec Gaillard à l'entrée du cardinal de Clermont son parent. Après le cardinal de Foix, cet évêché avait été occupé rapidement en 1493 par Antoine dont on ne connait que le nom, et en 1497 par Bernard d'Abadie, d'une noble et ancienne famille de St-Sever. Ce dernier mourut vers l'an 1500,

---

(\*) Son testament nous a été conservé, il est empreint de sa charité habituelle. Il léguait un calice d'argent à douze paroisses de son diocèse, fondait plusieurs chapelles dans les églises d'Eauze, du Mas-d'Agenais et de Larroumieu. La métropole d'Auch et l'abbaye de Simorre ne furent pas oubliées : la première eut de lui plusieurs riches présents, et entr'autres les deux bourdons d'argent dont se servaient les chantres; la seconde fut plus largement dotée; Marre y fit faire les stalles du chœur et la chapelle de Ste-Dode; il l'enrichit d'ornements et de vases sacrés, et à sa mort il y fonda plusieurs cultes.

et Bernard d'Amboise lui succéda. On lui attribue généralement l'institution de la psallette (*); mais le manuscrit d'Aire donne cette institution à Bernard d'Abadie, et passe Bernard d'Amboise entièrement sous silence.

L'évêque de Lombez, Denis de Billères, était le neveu du cardinal de Billères. Celui-ci mourut à Rome le 6 août 1499, et fut enterré au Vatican dans la chapelle des rois de France. A l'habileté dans les affaires, qui lui avait valu la faveur de Louis XI, il joignait la science et la piété. Il composa divers ouvrages sur le livre des sentences si souvent commenté dans ce siècle. Il a laissé encore des sermons, des conférences ecclésiastiques et deux oraisons (on nommait ainsi les discours d'apparat alors en vogue); l'une était adressée au saint-Père et l'autre au sacré-Collége. Son siége fut donné à Denis de Billères, l'héritier de son nom et l'enfant de sa tendresse. Denis, moins heureux que son oncle, n'a laissé que son nom dans l'église de Lombez; nous ignorons jusqu'à la date certaine de sa mort. Ce qui est constant, c'est que le siége était occupé dès 1514 par Savaric d'Ornézan, d'une des plus anciennes familles du pays.

L'année suivante s'ouvrit par la mort de Louis XII (1ᵉʳ janvier 1515). Malgré ses guerres presque continuelles et presque toujours malheureuses, ce prince fut vivement regretté. Il aimait le peuple, et, chose aussi

---

(*) Dans le réglement qui intervint à cette occasion, il fut convenu que le maître de la psallette serait habillé comme les chanoines, et qu'il réglerait le chant. Il devait être assis dans les basses stalles du chœur, mais à la tête des préhendiers, et porter une baguette à la main pour marque distinctive de ses fonctions. Les revenus de la cure d'Aire furent annexés à son office. Ce réglement fut modifié depuis.

digne de remarque, car elle est rare, le peuple lui rendit son amour (1.)

Louis ne laissait que deux filles (2). Le duc d'Angoulême, son neveu, épousa Claude l'aînée, et succéda à son beau-père sous le nom de François I<sup>er</sup>. Ce prince n'avait que vingt ans : jeune, beau, spirituel, brave, magnifique, adroit à tous les exercices du corps, plein des idées romanesques de la chevalerie, c'était le vrai preux de cette époque ; aussi « *jamais n'avait été vu roi en France dont la noblesse s'éjouit tant* (3). » Son règne promettait

---

(1) Laurentie. Lavallée, tome 2, page 304. — Nous ne pouvons résister au plaisir de citer ici la peinture que nous trace de ces sentiments un auteur contemporain. « C'est la vérité, dit St-Gelais (page 225), que par tous les lieux où le roi passait, les gens et hommes et femmes s'assemblaient de toutes parts et couraient après lui trois ou quatre lieues; et quand ils pouvaient atteindre à toucher à sa mule ou à sa robe, ou à quelque chose du sien, ils baisaient leurs mains et s'en frottaient le visage, d'aussy grande dévotion qu'ils eussent faict d'aulcun reliquaire. Il y a trois cents ans,'disait-on, qu'il ne courait en France si bon temps qu'il faict à présent. Un gentilhomme attaché au roy, continue St-Gelais, trouva un vieulx laboureur qui courait tant qu'il pouvait. Le gentilhomme lui demanda où il allait, luy disant qu'il se gastait de s'échauffer si fort ; et le bon homme luy respondit qu'il s'avançait pour veoir le roy, lequel il ayait pourtant vu en passant, mais qu'il voyait si volontiers pour les biens qui estaient en luy, qu'il s'en pouvait saouler. Il est si saige, ajouta le paysan; il maintient la justice et nous fait vivre en paix, et a osté la pillerie des gens d'armes et gouverne mieux que jamais roy ne fit. Je prie Dieu qu'il lui doint bonne vie et longue ».

(2) Le roi Louis mort et enterré, Monsieur d'Angoulême comme roy faisait fort son devoir de reconforter la royne Marie, et est la coutume telle des roynes de France, que quand le roy est mort, elles sont six semaines au lit sans voir fors chandelles. François lui ayant demandé s'il pouvait se nommer roy, la dite répondit qu'ouy ; car elle ne pouvait pas avoir fruit au ventre qui l'en pust empêcher. (Fleuranges, page 190).

(3) Mémoires de Bayard, chapitre 58, page 363.

du faste, de l'éclat et de la gloire ; mais la gloire, le faste et l'éclat s'achètent presque toujours avec les sueurs et le sang du peuple. François Ier aimait tendrement Marguerite, sa sœur. A peine fut-il sur le trône, qu'il réalisa les espérances que Louis XII avait données à la jeune princesse en l'unissant au duc d'Alençon. Il renonça (1) en sa faveur (1er février et 10 octobre 1515), aux comtés d'Armagnac, de Fezensac, de l'Isle-Jourdain et de Rhodez, ainsi qu'à tous les biens qui avaient été confisqués sur Jean V ; et pour éteindre les prétentions diverses que la couronne de France et le duc d'Alençon élevaient sur ces vastes domaines, il fut stipulé qu'à défaut de postérité, ils resteraient à celui des époux qui survivrait à l'autre. Le sire d'Albret en réclamait une part. Le duc d'Alençon l'apaisa en lui assurant (2) huit cents livres de rente. A ce prix, il le fit renoncer au comté de l'Isle-Jourdain, à la vicomté de Fezensaguet et aux quatre baronnies. Il paraît que la rente fut assignée sur l'Armagnac ; car Alain ayant rendu, le 27 février 1515, hommage pour ses terres à François Ier, désigna spécialement ce comté et le joignit aux comtés de Périgord et de Gaure, et à la ville de Fleurance (3). Néanmoins l'Armagnac ne fut point aliéné complètement, et le duc d'Alençon en garda la propriété.

Les largesses de François Ier trouvèrent quelque opposition dans le parlement. Il fallut que le prince donnât de nouvelles lettres (1516). La riche succession de la maison d'Armagnac fut alors délivrée au duc d'Alençon, qui fit prendre (4) possession des comtés d'Armagnac, de Fezensac, de l'Isle et de Pardiac, des

---

(1) Chartier de Pau. Collection Doat, tome 65. — (2) Collection Doat, tome 65. — (3) Idem. — (4) Idem.

vicomtés de Bruilhois, de Lomagne, d'Auvillars, de
Fezensaguet, du pays et terre de Rivière, de Lectoure
et des baronnies d'Ordan, de Mauléon, de Casaubon,
d'Aure, de Magnoac, de Barousse et de Neste. Il
réunissait dans ses mains tout ce que les deux branches
éteintes avaient possédé dans la Gascogne (*).

Le roi avait depuis longtemps franchi les Alpes, entraînant avec lui tous les princes du sang avec l'élite
des guerriers français. Il allait revendiquer les droits
de Claude d'Orléans sa femme sur le Milanais, et venger les humiliations du dernier règne. La première
campagne fut brillante et heureuse, comme l'avaient été
celles de ses prédécesseurs. La journée de Marignan
(14 septembre 1515), se place glorieusement dans nos
fastes militaires, à côté des journées de Fornoue et
d'Agnadel; mais cette victoire retentissante fut à peu
près stérile; toutefois elle força Léon X à faire sa paix
avec la France. Le monarque et le pape eurent une
entrevue à Bologne et y signèrent le fameux traité connu
sous le nom de *concordat* (18 août 1516). Cette convention abandonnait à la couronne la nomination aux dignités de l'église. Elle exceptait, il est vrai, les évêchés et
les abbayes qui auraient obtenu du saint-siége des priviléges particuliers; mais l'exception ne fut pas maintenue,
et le patronage royal s'étendit à tous les bénéfices. C'était
modifier profondément la vieille constitution ecclésiastique du moyen-âge, et y introduire l'élément laïque.
La mesure avait ses dangers. Le clergé, les universités,
les parlements protestèrent hautement. La résistance

(*) Il fallut quelques jours pour faire reconnaître le nouveau maître
dans ces vastes domaines. Nous savons que ses commissaires, partis de
Beaumont, allèrent dîner à St-Clar et coucher à Lectoure le 5 février
1517. — Collection Doat, tome 65.

fut ardente et opiniâtre; nous la retrouverons pendant près d'un demi-siècle à la vacance de presque tous les siéges, mais le bruit des guerres en affaiblit le retentissement.

Le roi Ferdinand d'Espagne venait de mourir le 23 janvier 1546. Jean d'Albret essaya de profiter de cette mort pour recouvrer la Navarre (1). Malheureusement au lieu de s'avancer rapidement vers Pampelune, il s'amusa à attaquer St-Jean-Pied-de-Port, et donna ainsi le temps au duc de Najara d'accourir. Une disposition imprudente lui fut encore plus funeste: il partagea sa petite troupe, et tandis qu'il s'obstinait à rester aux pieds des murs de St-Jean, il détacha le maréchal de Navarre avec une partie de ses forces. Le maréchal franchit les Pyrénées malgré les neiges et pénétra jusqu'à Isana. Ayant alors négligé les précautions que la prudence commandait, il se vit subitement enveloppé au passage de Roncevaux, fut complétement défait et tomba au pouvoir des ennemis avec la plupart de ses officiers. Cet échec acheva de décourager Jean d'Albret; il leva le siège et renonça désormais à tout projet de conquête. Sa femme Catherine essaya de combattre cette résolution, et ne pouvant la vaincre, elle lui dit (2) tristement : *dom Juan, dom Juan, si nous fussions nés, moi Juan et vous Catherine, nous n'aurions jamais perdu la Navarre.* Ce reproche amer tombait sur un cœur depuis longtemps rongé par le chagrin. Le prince n'y survécut qu'un mois, et mourut à Moneins le 15 mai 1516 (*). Jean fut un prince pieux, chaste,

(1) Voir, pour cette expédition, Favin, p. 686 et Olhagaray, p. 469.
— (2) L'Art de vérifier les Dates, tome 6, page 512.

(*) L'abrégé chronologique des rois d'Espagne, tome 2, page 91, le fait mourir à Pau dans le mois d'avril.

débonnaire, plein de candeur et de loyauté. La plus grande partie de ses malheurs ne prirent leur source que dans l'excessive bonté de son âme. Il parut d'abord aimer le faste, mais ses revers le corrigèrent de bonne heure. Il modéra ses dépenses pour ne pas opprimer ses peuples. Durant sa longue lutte contre Ferdinand d'Espagne et le vicomte de Narbonne, il ne demanda jamais de subsides extraordinaires. Il refusa même ceux que ses états lui offraient volontairement.

Des conférences étaient ouvertes à Noyon entre François 1er et le jeune Charles-Quint, héritier de Ferdinand. Catherine y envoya des ambassadeurs qui obtinrent que la Navarre serait restituée à leur maîtresse. Charles le promit; mais il ajourna l'exécution de sa promesse jusqu'à ce qu'il fût rendu en Espagne. A cette nouvelle, Catherine espéra gagner le jeune prince. Elle fit partir pour la Flandre, que Charles habitait alors, une députation plus solennelle que la première. Elle se composait du cardinal d'Albret, du sire d'Orval, du vicomte de Lautrec, de Jean d'Andouins, sénéchal de Béarn, du seigneur de Montfaucon et de Pierre de Biaix, chancelier de Navarre. L'ambassade fut reçue à Bruxelles. Le chancelier harangua le monarque, exposa les droits de sa maîtresse sur la Navarre, et pour mieux les faire reconnaître il demanda la main d'une des sœurs de Charles pour le prince Henri, héritier présomptif de la couronne. Charles, déjà habile à dissimuler sa pensée, accueillit cette demande avec courtoisie ; mais il ne donna qu'une réponse vague et évasive; et Biaix étant revenu à la charge, il ajouta qu'il ne pouvait rien statuer sans l'approbation du conseil de Castille. C'était revenir sur sa parole. Catherine le comprit, et après avoir langui quelque temps, épuisée de larmes et de regrets, elle mourut à Mont-de-Marsan le 12 février 1517, neuf mois après son mari, à peine âgée de quarante-sept ans. A ses derniers moments elle tournait encore ses regards vers la Navarre, et demandait à être enterrée avec Jean d'Albret dans les caveaux de Pampelune, sépulture ordinaire des rois ses ancêtres. Les vœux, que murmurait sa voix mourante, ne furent point exaucés; on déposa les deux époux dans la cathédrale de Lescar où reposaient les anciens vicomtes de Béarn, et où avait été enseveli François Phœbus, son frère et son prédécesseur. Les seigneurs du pays accoururent en foule à leurs obsèques; on eût dit que par cet empressement ils voulaient dédommager leurs anciens maîtres des injustices de la fortune, qui refusait à leurs désirs même une tombe royale.

Du mariage de Jean avec Catherine étaient nés dix enfants (1) : cinq princes et cinq princesses. Les trois princes aînés moururent jeunes : les trois dernières princesses prirent le voile : les deux autres épousèrent, l'une Jean de Foix, comte d'Astarac, son cousin, dont elle n'eut point d'enfants, et l'autre, René, vicomte de Rohan, aïeul des ducs de Rohan actuels. Charles, le fils puîné, mourut sans être marié, et Henri, le chef de la maison n'eut lui-même qu'une fille. Depuis plus d'un demi-siècle les souches les plus fécondes s'épuisaient vite. La société se renouvelait. A une société transformée il fallait des familles nouvelles. On est forcé de remonter aux lois providentielles pour expliquer le phéno-

(1) Favin ne lui donne que neuf enfants et retranche un fils.

mène qui emporte si rapidement, et contre toutes les données ordinaires, les grandes familles seigneuriales de la Gascogne.

Henri n'avait que quatorze ans lorsqu'il monta sur le trône de Navarre. Il était né à Siguenza, au-delà des Pyrénées, dans le mois d'avril 1503, trois jours après la mort d'André Phœbus, l'aîné des fils de Jean et de Catherine. Cette mort et celle de ses deux autres frères firent craindre pour ses jours. Afin de mieux obtenir du ciel sa conservation, le prince et la princesse, suivant une dévotion encore pratiquée dans la Gascogne, lui donnèrent pour parrain deux pèlerins allemands qui traversaient la Navarre pour aller visiter le tombeau de St-Jacques. L'un de ces pèlerins se nommait Henri. Il laissa son nom à l'enfant royal. Alain d'Albret (\*) fut chargé de ses premières années; on le plaça ensuite auprès du jeune François d'Angoulême. A cette école non seulement il se rendit habile dans tous les exercices du corps qui avaient formé jusque là la principale éducation de la jeune noblesse, mais il apprit ce qu'on avait trop longtemps négligé, et qui devenait désormais sinon

---

(\*) Un événement passé sous l'administration d'Alain nous peint les mœurs de la chevalerie, ravivées un instant par les guerres étrangères. Antoine de Gaulte s'était emporté jusqu'à insulter en présence de la cour majour de Navarre, Dyonis, seigneur d'Essa. Celui-ci releva l'insulte, en appela à son épée, et demanda à Alain, à Henri et à son conseil champ et jour pour combattre; mais Gaulte refusa d'entrer en lice. L'affaire fut alors portée devant la cour. Alain chargea Etienne, bâtard d'Albret, de prononcer la sentence. Le bâtard déchargea Dyonis des paroles injurieuses proférées contre lui et condamna Gaulte à être privé du droit de porter les armes de gentilhomme ou même de se trouver à aucune assemblée de chevaliers et de nobles. Il autorisa en même temps son ennemi à traîner et à faire traîner en signe de sa victoire par toutes les villes où il passerait les armes et l'effigie du chevalier lâche et couard. (Extrait du château de Pau).

la base, du moins le complément nécessaire de toute éducation, les lettres, les sciences et les arts. A la mort de ses parents, Alain son premier maître fut établi son tuteur et chargé de l'administration de ses États.

Malgré le peu d'espoir que laissaient les paroles de Charles-Quint, un des premiers soins du sire d'Albret fut de renouer les négociations entamées par Catherine. Il envoya en Castille (1) où le prince venait d'arriver, Jean d'Andouins, sénéchal de Béarn, Bernard de Lordat, abbé de Luc, Gaillardon de Montesquiou, seigneur de Gelas et le chancelier Biaix. Ces ambassadeurs obtinrent qu'une nouvelle conférence s'ouvrirait à Montpellier, et que là on discuterait avec soin les droits qu'invoquaient le jeune Henri et son conseil. La conférence se tint en effet et dura plus de deux mois. Le seigneur d'Andouins, sénéchal de Béarn, y représenta le roi de Navarre. Tout faisait espérer que la conclusion en serait favorable à son maître, lorsque la mort d'Arthus (2) Gouffier, chef de l'ambassade française, vint ajourner la décision définitive. Les ambassadeurs espagnols se retirèrent sans avoir rien signé, et Charles V garda ce qu'avait enlevé son aïeul. Il s'étaya d'une donation faite en sa faveur par Germaine de Foix, lorsqu'elle épousa le roi Ferdinand. Germaine, après la bataille de Ravenne, s'était portée héritière de tous les droits de Jean, vicomte de Narbonne son père, et à ce titre elle avait prétendu à la Navarre et aux domaines possédés par Gaston de Foix;

(1) Chartier du Séminaire.
(2) Et en la fleur des médecins, qui est à Montpellier, il mourut et n'y sceut-on jamais mettre remède, dont feust grand domaige de sa mort. (Fleuranges, page 258).

mais un arrêt du parlement de Paris, rendu le 5 octobre 1517 la débouta de toutes ses prétentions (*).

Un prétendant plus sérieux que Germaine s'était aussi mis sur les rangs. Odet, fils de ce vicomte de Lautrec, le conseiller, le parent dévoué de Catherine contre le vicomte de Narbonne et son fils, ne vit pas plutôt ceux-ci dans la tombe, qu'il se substitua à leur place et réclama la Navarre et les biens de Gaston et d'Eléonore de Navarre, ses aïeux, comme l'aîné des mâles de la famille de Foix ; mais il se sentait trop faible pour en appeler à la force. Il cita sa cousine devant le parlement (**) de Paris, qui le repoussa comme il avait repoussé Germaine, et Henri resta sans concurrent. Il n'avait jamais perdu de vue la Navarre.

(*) Elle ne quitta point l'Espagne à la mort de Ferdinand le Catholique, et fixa son séjour dans la ville de Valence, où elle épousa successivement le marquis de Brandebourg-Anspach et Ferdinand d'Aragon, duc de Calabre, et où elle mourut le 18 octobre 1538, sans laisser d'enfants. Elle avait fait son testament le 28 septembre précédent. Dans cet acte conservé au trésor de Pau, Germaine fit des legs nombreux, mais n'institua point d'héritier.

(**) Chaque héritage un peu contestable faisait naître un procès. Ces temps chevaleresques, que des imaginations trompées se représentent comme indifférents à tout ce qui n'était point honneur ou distinction, ou du moins comme empreints d'une loyauté à toute épreuve, n'étaient pas moins avides ou même moins rapaces que notre siècle bourgeois et positif. La froide et impartiale histoire ne l'atteste que trop. Dans les âges anciens, comme dans le nôtre, la noblesse de cœur et la générosité ne furent que de glorieuses exceptions. Tous les âges se ressemblent; parce que l'humanité est toujours la même. Nos lecteurs ont aussi sans doute vu que, dans les débats entre seigneurs, les légistes ont remplacé les soldats et que les tribunaux ont succédé aux champs de bataille. C'était épargner le sang, mais prolonger la lutte. Enfin, lorsqu'on voit germer de toutes parts les prétentions, on se prend à mieux priser la sagesse de la loi salique, qui, en excluant les femmes et en annulant les substitutions, ne laissait presqu'aucune place aux prétentions détournées, et montrait toujours clairement l'héritier.

L'occasion semblait favorable pour la reconquérir. Les troupes espagnoles, qui la gardaient, en avaient été rappelées. La Castille était en proie aux agitations des partis, et Charles V devenu empereur habitait l'Allemagne. Henri sollicita le secours de François I$^{er}$, garant du traité de Noyon. Le roi de France accorda volontiers ce qu'on lui demandait; mais pour ne pas prendre une part trop ostensible à cette guerre, il chargea (1) de l'entreprise André de Foix, frère d'Odet, et ainsi proche parent du jeune prince. Les troupes qu'il mit sous ses ordres furent levées dans la Gascogne ou le Béarn, et au nom de Henri. Parmi les capitaines qui les conduisaient, on comptait Thermes et d'Ossun, destinés l'un et l'autre à porter le bâton de maréchal de France; Ste-Colombe, Tournon, d'Andouins, Benac, Navailles, Esguarrebaque, Fontenilles. Le roi y ajouta trois cents hommes d'armes commandés par Jacques de Ludes, sénéchal du Poitou.

L'armée s'avança rapidement et emporta d'assaut (15 mai 1521), St-Jean-Pied-de-Port, la clef du pays. Elle soumit en passant la vallée de Roncevaux et poussa sans obstacle jusque sous les murs de Pampelune. A son approche, le duc de Najara, ne se croyant pas en sûreté dans cette capitale, se sauva en Castille. Les habitans, abandonnés de leur gouverneur, ouvrirent leurs portes aux Français. La citadelle eût suivi cet exemple, si un jeune seigneur qui était venu s'y renfermer, n'eût soutenu le courage de la garnison : c'était le pieux et saint fondateur des Jésuites, dom Inigo ou Ignace de Loyola.

(1) Voir pour cette expédition, Favin, page 705; Olhagaray, page 481; Mémoires de Du Bellay, livre 1$^{er}$, p. 90; Grands Officiers, tome 3; l'Art de vérifier les Dates, tome 6, page 543.

Ne respirant alors que gloire, guerre et galanterie, il voulait signaler ses premières armes par quelque exploit. Mais pendant qu'il se portait partout où le danger était le plus grand, Dieu, qui avait d'autres desseins sur lui, permit qu'il eût la jambe droite cassée par un boulet de canon et la jambe gauche entamée par un éclat de pierre. Cet accident entraîna la perte de la citadelle. La garnison, contente d'avoir obtenu une capitulation honorable, l'évacua presqu'aussitôt. Les Français, qui avaient admiré la valeur du jeune Inigo, voulurent lui payer un tribut public d'estime; ils le firent transporter en litière dans le château de ses aïeux où la grâce l'attendait pour le dévouer à d'autres combats.

La soumission de Pampelune amena celle de tout le royaume. Quinze jours avaient suffi pour un triomphe aussi complet. Si André de Foix se fût borné à bien assurer sa conquête en mettant les places en état de défense et en les munissant de bonnes garnisons, la Navarre était rendue à ses véritables maîtres; mais il se laissa entraîner par l'appât de la victoire. Il passa l'Èbre et alla attaquer Logrono, ancien démembrement de la Navarre. Quelques auteurs ajoutent, il est vrai, que cette résolution lui fut imposée par le manque absolu de vivres qui désolait son armée. Une affreuse disette pesait sur la Navarre; il lui fallait ou rentrer honteusement en France, ou pousser ses troupes plus loin, et pour un chef jeune et brave le choix n'était pas douteux. Malheureusement la ville opposa une résistance plus vive et plus longue qu'on ne l'avait cru. Les Espagnols, abjurant leurs divisions devant l'ennemi commun, eurent le temps d'accourir. Quand ils parurent, les marches, la disette et les maladies avaient affaibli l'armée. Lesparre l'avait affaiblie lui-même davantage en congédiant une partie de l'infanterie Gasconne, qu'il voulait remplacer par des soldats Navarrais, moins fougueux, plus sobres et surtout plus accoutumés aux privations. Olhagaray veut que cette mesure ait été inspirée à Lesparre par le seigneur de Ste-Colombe son lieutenant, dont l'avarice spéculait sur ce licenciement. Si le fait est réel, Ste-Colombe jouit peu d'un or conquis au prix de la sûreté générale.

Les Français, se voyant bien inférieurs en nombre, se retirèrent promptement vers Pampelune, où les Espagnols arrivèrent aussitôt. Les deux armées se trouvèrent en présence dans la plaine de Gairoux. Lesparre ne pouvait se sauver qu'en sacrifiant son infanterie et ses canons; il aima mieux hasarder un combat inégal, et s'il le fallait, vendre chèrement sa vie. La gendarmerie française, fondant sur les premiers escadrons avec son impétuosité ordinaire, les culbuta du premier choc; tandis que l'artillerie beaucoup mieux postée que celle des Espagnols portait la mort dans les rangs ennemis; mais les chances de la victoire ne tardèrent pas à changer. Les bataillons renversés se rallièrent et l'infanterie française ne put soutenir l'effort de l'infanterie espagnole. Le duc de Najara acheva la déroute; il tomb sur les Gascons, qui gardaient l'artillerie, les enfonça, les dissipa et se rendit maître des pièces qu'ils couvraient. Dès-lors le combat ne fut plus qu'une boucherie. Lesparre combattit avec une valeur digne d'un meilleur sort. Il reçut tant de coups sur son casque qu'il eut le crâne fracassé et qu'il perdit la vue. Avec lui restèrent prisonniers Ste-Colombe, Tournon et

Grammont d'Asté. Parmi les morts on regretta particulièrement Mauléon, Navailles, St-Martin, Durfort, Rignac et quelques autres gentilshommes Gascons.

Cette défaite, arrivée le 10 juin, fut suivie de la prise de Pampelune dont la garnison prit la fuite et de toute la Navarre espagnole qui fut reconquise en aussi peu de temps qu'elle avait été subjuguée. Le seigneur d'Esguarrebaque, colonel de l'infanterie, put à peine ramener en France quelque faible débris des nombreuses bandes, qui avaient franchi avec lui les Pyrénées. L'évêque de Couserans partagea les périls de cette retraite et ne s'arrêta qu'à Bayonne où *l'attendaient ses coffres*. Henri se tenait à Navarreins prêt à voler sur le théâtre de la guerre, dès qu'il verrait la tournure qu'aurait prise l'expédition. Le retour de l'évêque et celui d'Esguarrebaque lui en apprirent l'issue. Il se hâta de couvrir St-Jean-Pied-de-Port. Cette ville et une petite forteresse furent les seuls fruits d'une campagne, ouverte sous de si brillants auspices.

François Ier voulut réparer cet échec. Il donna le gouvernement de la Guienne à l'amiral de Bonnivet et le chargea d'attaquer (1) la Navarre. L'amiral arriva à St-Jean-de-Luz sur la fin de septembre. Après quelques marches et quelques contremarches destinées à cacher ses véritables desseins, il se porta rapidement sur Fontarabie. La situation de cette ville qui s'élève sur un roc escarpé, baigné par la mer et par la Bidassoa, la faisait passer pour imprenable, et les Espagnols avaient eu soin de la bien munir de vivres; parce qu'ils la regardaient comme une des clefs de leur royaume. L'habileté de l'amiral et la bravoure de ses troupes

(1) Favin, page 707. — Olhagaray, page 484. — Du Bellay, liv. 1.

devaient triompher de la nature des lieux et des
précautions de la prudence. Il fit attaquer la place avec
tant de vigueur, qu'en peu de jours il y eut une brèche aux murailles. A cette vue les Gascons, les Basques,
les Navarrois demandèrent à monter sur-le-champ à
l'assaut, et en ayant arraché la permission à leur général, ils s'y précipitèrent avec leur ardeur accoutumée;
mais ils furent repoussés avec perte. Néanmoins dès le
lendemain la garnison, désespérant de pouvoir soutenir
un second assaut, offrit de capituler pourvu qu'on
lui accordât les honneurs de la guerre. Bonnivet accepta
la proposition et entra ainsi à Fontarabie où il laissa
ensuite pour gouverneur le seigneur de Ludes dont la
valeur, déjà éprouvée en Italie, devait acquérir un
nouveau lustre dans le poste qu'on lui confiait.

Alain d'Albret, le tuteur d'Henri de Navarre, n'a-
vait point paru dans cette campagne ni dans la précédente, soit qu'il ne voulût pas se commettre ouvertement avec un souverain dont il relevait pour quelques
terres qu'il possédait dans les Pays-Bas, ou plutôt qu'il
fût retenu par les infirmités de l'âge; d'ailleurs il luttait
lui-même contre l'archevêque d'Auch (1). Leur différend avait pris naissance dans les immunités ecclésiastiques, champ de bataille toujours ouvert entre les
seigneurs et le clergé. Sansonet de Camicas exerçait à
Nogaro les fonctions de lieutenant du juge-mage d'Armagnac au nom du sire d'Albret. Un jour qu'il passait
paisiblement dans la rue, Manaud de Lestremau se
précipita (2) sur lui en le menaçant de sa rapière, et
quand on lui eut enlevé son arme, il tira un tranche-
plume et lui porta dans les flancs un coup qui faillit

(1) Chartier du Séminaire. Collection Doat, tome 68. — (2) Idem.

lui ôter la vie. On jeta au ̴ ce furieux en prison et on lui fit son procès; mai. ̴ ̴dant qu'on instruisait l'affaire, il se prétendit clerc et se réclama de l'autorité archiépiscopale. François de Clermont admit sa réclamation et évoqua la cause à son tribunal. La justice de Nogaro passa outre et condamna le coupable.

Cet exemple enhardit les consuls d'Aignan, qui firent arrêter sous un léger prétexte un clerc nommé Pierre de Lectoure et le confinèrent dans la prison de la ville. L'official de l'archevêque vint au secours du clerc et frappa les consuls d'excommunication s'ils ne le rendaient sur-le-champ à la liberté. Il lança ensuite une excommunication contre les clercs qui recouraient aux tribunaux séculiers et contre les laïques qui oseraient les juger. Alain protesta contre ces excommunications, et en appela comme d'abus par devant les parlements de Toulouse et de Paris. La cour de Toulouse admit la requête d'Alain et ajourna (1) l'archevêque et son official (7 mai 1519). Deux ans après (20 novembre 1521), sur de nouvelles plaintes du sire d'Albret, la même cour fit informer (2) sur les entreprises auxquelles les officiers du prélat continuaient à se livrer. La querelle s'envenimait tous les jours, lorsque la mort d'Alain y mit un terme (octobre 1522). Ses quatre fils étaient morts avant lui. L'aîné seul, Jean, roi de Navarre, avait laissé des descendants. Amanieu le second s'était consacré à Dieu et avait été revêtu de la pourpre peu après le mariage de Charlotte sa sœur. Les deux autres n'avaient pas été mariés.

Le cardinal ne se ressentit que trop du relâchement profond où étaient tombées les mœurs générales et des

(1) Chartier du Séminaire. — (2) Idem.

exemples qu'il avait trouvés au foyer paternel; mais sur la fin de ses jours il parut revenir à une vie plus digne du caractère sacré dont il était revêtu. Il quitta la scène du monde et se retira à Casteljaloux où il mourut (1) le 2 septembre 1520 et où il fut enseveli. Son père avait joué un rôle brillant dans la Gascogne pendant plus de cinquante ans. Ses talents militaires, sa bravoure, son habileté dans les affaires étaient incontestables. Heureux, s'il n'eût pas terni ces belles qualités par une ambition plus grande peut-être encore que ses talents et par une licence qui se fit remarquer dans un siècle licencieux (*). On dirait qu'à l'exemple du cardinal, il chercha à se reconnaître quand il sentit la mort approcher. Du moins, comme lui, il se retira à Casteljaloux. C'est là qu'il mourut et qu'il fut enterré près de son fils. La maison d'Orval, branche cadette de la maison d'Albret, touchait aussi à sa fin. Jean, qui la représentait seul, n'avait que trois filles. Il mourut le 10 mai 1524, et tous les biens de cette branche passèrent à des familles étrangères. La vieille société se mourait : nous n'enregistrons que des extinctions.

Cependant les Français, maîtres du château de Maya, près de Bayonne, faisaient de fréquentes excursions sur les pays voisins. Les Espagnols s'assemblèrent pour les

(1) *Gallia Christiana. Gallia Purpurata*, p. 549. Grands Offic., tome 6.

(*) Dans son testament daté du 1er octobre 1522, il reconnut publiquement six enfants naturels. Il s'intitulait seigneur de Lebret, comte de Dreux, de Gaure, de Penthièvre et de Périgord, vicomte de Limoges et de Tartas, captal de Buch et seigneur d'Avennes. Néanmoins, en mariant sa fille Isabelle (1494), à Gaston II de Foix-Candale, il renonça au titre de captal de Buch que la maison d'Albret prenait depuis le mariage de Jean de Grailly, captal de Buch, avec Rose d'Albret, en 1380. (Extrait du Château de Pau et Grands Officiers. page 218).

en déloger. Dom Velès de Medrano, d'une ancienne maison de Navarre dévouée à Catherine et à son fils, commandait dans le château. Il se défendit longtemps avec cet acharnement et ce courage qu'inspirent les guerres civiles; mais à la fin il dut céder au nombre et ouvrir ses portes aux ennemis. C'était la dernière place restée fidèle à la maison de Foix, au-delà des Pyrénées. Par cette prise, fut consommée la perte de tout ce que nous appelons la Haute-Navarre. Les Français occupaient encore le château de Béhobie; mais comme son entretien leur était onéreux, ils se disposaient à le miner et à le faire sauter. Dom Bernard de la Cuéva, fils aîné du célèbre et brave Albuquerque, informé de ce projet, se présenta subitement sous ses murs, força la garnison à mettre bas les armes, éventa les mines et mit le château en état de défense. Les Français, comprenant trop tard l'importance de ce poste, essayèrent de le reprendre; mais ayant été surpris de nuit, ils furent complétement battus, malgré la supériorité du nombre.

Ces légers avantages ne compensaient pas pour les Espagnols la perte de Fontarabie. Ayant tenté, mais en vain, de la reprendre de force, ils cherchèrent à l'affamer en interceptant tous les convois. L'intrépide de Ludes bravait la faim comme il avait bravé le fer des ennemis. La garnison avait péri presque tout entière. La disette était extrême. Toutefois, commandant et soldats, tous se montraient inébranlables. François, quoique attaqué alors de toutes parts, fit un effort pour les sauver. Il confia ce soin au maréchal de Châtillon; mais le maréchal mourut à Dax (1). Chabannes qui le

(1) Mais estant arrivé le maréchal à Dax, le print une maladie qui tant le persécuta qu'il en mourut. Du Bellay, tome 2, page 237.

remplaça fut plus heureux. Il entra dans Fontarabie, la pourvut de munitions et de vivres, changea et augmenta la garnison et y laissa pour commander, Franget; de Ludes ayant voulu retourner à la cour. Après cet habile coup de main, Chabannes se retira de nuit pour éviter le combat que les Espagnols cherchaient à lui livrer.

Charles-Quint était arrivé en Espagne depuis quelques mois. Au premier bruit de ce qui venait de se passer, il ordonna un armement considérable. Lautrec, devenu gouverneur du Languedoc et chargé de veiller sur la nouvelle conquête, voulut le prévenir. Il se hâta d'envoyer à Fontarabie tout ce qu'il avait auprès de lui de meilleurs soldats. Il y fit passer en même temps des munitions nécessaires pour soutenir un siège réglé, au moins pendant une année. Cet excès de précautions faillit le perdre lui-même. Les Espagnols, laissant derrière eux Fontarabie, s'avancèrent brusquement jusque sous les murs de Bayonne où il s'était renfermé. Au même moment la ville se trouva envahie du côté de la terre par des corps nombreux de cavalerie et d'infanterie, et du côté de la 'mer par une flotte formidable chargée de troupes de débarquement.

Lautrec, quoique pris au dépourvu, fit face aux premières attaques; mais ses ressources étaient si faibles que sa résistance ne paraissait pas devoir se prolonger longtemps. Bayonne n'avait pour se défendre que ses propres citoyens (1). Lautrec sut les transformer en

(1) Manuscrit de Bayonne. La présence de Lautrec donna telle assurance aux habitants, que tous, hommes, femmes et enfants mirent la main à l'œuvre, tellement que qui était couard se faisait hardy. Du Bellay, tome 2, pages 2, 6 et 7. C'est alors que fut inventée l'arme meurtrière appelée Bayonnette, du nom de la ville où on s'en servit pour la première fois.

héros ; ses discours et plus encore ses actions les animèrent tellement, que tous, jusqu'aux femmes et aux enfants, se transportèrent sur les murailles. Le général les y avait précédés, et durant trois jours et trois nuits il n'en descendit ni pour manger, ni pour dormir. Les Espagnols après quelques assauts infructueux perdirent tout espoir d'emporter la place, et comme ils n'avaient aucune des munitions nécessaires pour former un siège régulier, ils s'éloignèrent en laissant les fossés jonchés de leurs morts. L'empereur les attendait sur les frontières de la Navarre. Quoique la saison fût déjà avancée, il annonça qu'il était résolu à s'emparer cette année de Toulouse et de Bordeaux, et déclara qu'il regarderait comme des envieux de sa gloire ceux qui entreprendraient de combattre sa résolution.

Après s'être ainsi prononcé, il partagea son armée en trois corps qu'il plaça sous la conduite du connétable de Castille, de Philibert de Châlons, prince d'Orange et du comte de Roquendorf, et il ordonna à ses trois généraux de pénétrer dans le Béarn. Le connétable, chef de toute l'expédition, voulut couvrir d'un prétexte les hostilités. Il envoya demander (1) à Henri d'Albret un passage sur ses terres, des vivres en payant et quelques-unes de ses places fortes qu'on lui rendrait après la guerre : c'étaient les mêmes demandes que Ferdinand avait faites onze ans auparavant à Jean d'Albret, lorsqu'il avait voulu envahir la Navarre. Henri répondit que, n'ayant pris aucune part dans la grande lutte qui divisait l'Europe, il demandait qu'on observât à son égard la neutralité dans laquelle il s'était renfermé. Il ajoutait qu'il était prêt à accorder le passage et les vivres,

(1) Histoire de France, par Garnier, tome 12, page 287.

mais qu'il ne se croyait pas obligé de livrer les places, dont la plupart étaient d'ailleurs occupées par des garnisons françaises. Le connétable, qui s'attendait à un refus, fit avancer l'armée. Nous ignorons la direction que prit Roquendorf et les événements qui signalèrent sa marche. Nous sommes mieux renseignés sur les deux autres chefs. Le prince d'Orange déboucha par le col de Béhobie, et passant aussitôt le Gave, il tomba (1) sur le bourg de Sordes qu'il brûla avec son abbaye. Les habitans de Hastingues, apercevant du haut de leurs murailles les lueurs de l'incendie, s'effrayèrent, et sans attendre l'approche des ennemis, ils s'enfuirent sur les montagnes voisines, abandonnant leurs maisons, qui devinrent à leur tour la proie des flammes. La ville de Bidache opposa plus de résistance. Le seigneur de Grammont, qui la possédait en toute souveraineté, y commandait en personne. Vingt jours entiers il brava les efforts des Espagnols; mais enfin dans un dernier assaut, la fortune trahit son courage; les ennemis escaladèrent les murs et se vengèrent sur les malheureux citoyens de tous les maux qu'ils avaient soufferts. Mauléon acheta sa conservation en ouvrant volontairement ses portes. Sauveterre fut bientôt assiégée. Le roi Henri, qui venait de la fortifier, l'avait confiée au baron de Miossens. Ce seigneur se montra digne de cette confiance; il repoussa les ennemis, leur fit subir des pertes cruelles, et quand il dut céder au nombre et aux canons, il obtint des conditions honorables pour lui et pour ses soldats. Les habitans seuls furent oubliés; aussi payèrent-ils pour la garnison. Leur ville ne s'est jamais relevée de l'échec qu'elle subit en cette circonstance.

(1) Favin, page 721. — Olhagaray, page 485.

Enfin Navarrens se rendit à la première sommation; il est vrai qu'elle n'était pas alors aussi forte qu'elle le fut quelques années plus tard.

Pendant que le prince d'Orange marchait ainsi sans presque trouver de résistance, le connétable à la tête du second corps de troupes, composé de trois mille hommes de guerre, avait attaqué le Béarn du côté d'Oleron. Il délogea sans peine le bâtard de Gerderest, qui gardait les gorges des montagnes et qui se replia sur la ville; le sieur de Loubie la gouvernait au nom de Henri. A l'approche des Espagnols, il tenta une sortie imprudente, qui lui coûta une partie de ses soldats et qui faillit entraîner la perte de la place. Averti plutôt qu'abattu par cet échec, il se défendit avec plus de précaution et ne s'attacha qu'à faire durer le siège. La rigueur de la saison, car on était au mois de décembre, et la chute des neiges, si fréquentes aux pieds des Pyrénées, désolaient les assiégeans. La disette acheva de les décourager. L'armée tirait ses vivres d'Espagne. Les Basques, embusqués dans les gorges des montagnes, interceptèrent tous les convois. La famine s'accrut au point que pendant quatre jours les soldats manquèrent absolument de pain. Il fallut s'éloigner et aller rejoindre le prince d'Orange qui reprit le chemin d'Espagne, pillant sur sa route le Labour, Guarrits et St-Jean-de-Luz.

Lautrec qui avait auprès de lui sa compagnie, celle du maréchal de Foix, son frère, et deux mille aventuriers Gascons, ordonna au capitaine Carbon de harceler l'armée espagnole dans sa retraite; lui-même suivit de près. Carbon atteignit les ennemis près de St-Jean-de-Luz. Il les attaqua aussitôt, et emporté par son ardeur il se précipita à leur poursuite. Il allait être enveloppé, si le brave Montluc, alors simple enseigne et à peine âgé de vingt ans, ne fût venu le délivrer par une manœuvre aussi habile que hardie. Lautrec, quoique avare de louanges, félicita publiquement (*) le jeune vainqueur et lui donna la compagnie dans laquelle il servait. Après quelques autres affaires d'avant-garde, les Espagnols repassèrent la rivière d'Andaye sans avoir rien conquis dans ces provinces dont ils s'étaient promis les deux capitales. Ils furent plus heureux aux pieds de Fontarabie qu'ils allèrent (1) assiéger malgré l'hiver. La trahison leur vint en aide, et Franget, cédant malgré lui, leur remit la place avec une capitulation honorable, qui ne le sauva pas du ressentiment du monarque français.

Le roi de Navarre, attaqué à l'improviste et forcé de couvrir à la fois toutes les frontières de l'Espagne, avait levé de sa seule autorité quelques subsides sous forme d'emprunt. C'était une infraction aux priviléges du pays, et quoiqu'elle parût justifiée par la loi impérieuse de la nécessité, les États, gardiens fidèles et vigilants des droits acquis, osèrent s'en plaindre au roi lui-même (2). Henri fut assez équitable pour accueillir

---

(*) Je ne fus pas plutôt arrivé à mon logis, qu'un gentilhomme me vint chercher de la part de Monsieur de Lautrec, lequel me fit aussi grand chère qu'il eût sçu faire à gentilhomme de France, me disant ces mots en Gascon : *Monluc, mon amic, iou n'oubliderai iamay lou serbici qu'abez faict au rey et m'en soubsiray tant que iou vivrai.* Montluc, mon ami, je n'oublierai jamais le service que vous avez rendu au roi ; je m'en souviendrai tant que je vivrai. — Montluc, livre 1, page 8.

(1) Du Bellay, tome 2, p. 287. Franget fut dégradé. Voir note 6. — (2) Faget de Baure, page 387.

leurs plaintes; mais le temps approchait où le Béarn allait être condamné à de nouveaux sacrifices.

François I$^{er}$ venait de passer de nouveau les Alpes, entraîné vers cette Italie, si souvent conquise et si souvent perdue, mais toujours fatale à la France. Autour de lui se pressaient le roi de Navarre, le duc d'Alençon, La Tremouille, Chabannes, Lescun, Montmorency, Chabot, St-Paul, Bonnivet, presque tout ce que notre patrie comptait de noms brillants ou de capitaines renommés. Rien ne résista d'abord aux armes françaises. Malheureusement le roi s'obstina à former le siège de Pavie. Pescaire accourut au secours de la place et l'on en vint à une bataille rangée (24 février 1525). François, après avoir fait des prodiges de valeur et avoir tué sept hommes de sa main, tomba au pouvoir des ennemis. Lescun, plus connu sous le nom de maréchal de Foix, un des plus braves seigneurs de son temps, lui fit longtemps un rempart de son corps, jusqu'à ce que couvert de blessures et épuisé de sang, il s'affaissa aux pieds de son maître. La bataille n'avait duré qu'une heure, mais le carnage continua tout le jour. La Tremouille, Chavannes, Bonnivet, le baron de Lavedan, Andouins, une foule d'autres restèrent sur le champ de bataille : un plus grand nombre furent faits prisonniers, et parmi eux le roi de Navarre et le capitaine Montluc (*).

---

(*) Je fus prins prisonnier par deux gentilhommes d'Antoine de Lève, lesquels le samedi matin me laisserent aller ensemble deux de mes compaignons; car ils voyaient bien qu'ils n'auraient pas grands finances de moi. Je me retirai en la maison de la marquise où Monsieur le marechal de Foix estait blessé, le trouvai avec Monsieur de St-Pol, tous les deux couchés en un lit. Le lundi après, Monsieur de Bourbon commanda que tous ceux qui estaient prisonniers et qui n'avaient pas moyen de payer rançon, eussent à vider le camp et à se retirer en France. Je fus de ce nombre. Il nous donna une compagnie de gens

Le maréchal de Foix respirait encore. Il fut porté à Pavie (1) chez une dame qu'il avait aimée, lorsqu'il étudiait à l'université de cette ville. On essaya vainement de le rappeler à la vie ; les blessures étaient trop nombreuses et trop profondes : il mourut neuf jours après. Seul de presque tous les grands seigneurs, le duc d'Alençon ne parut point dans la mêlée. Placé dans le poste le plus éloigné, il s'approcha du champ de bataille, et jugeant par la grandeur du carnage que tout était perdu, il s'enfuit à la tête de trois ou quatre cents lances. Annebaut, Montmejan, Laroche du Maine, qui servaient sous lui et plusieurs autres, ne voulurent pas l'accompagner dans sa fuite ; ils auraient pu se sauver, mais ils aimèrent mieux partager le sort du roi et vinrent se livrer aux fers des ennemis.

La France n'apprit qu'avec une profonde stupeur la nouvelle des désastres de cette fatale journée ; son sort semblait compromis. L'Europe était conjurée contre elle, l'élite de ses défenseurs avait été moissonnée par le glaive, ou gémissait dans les fers ; mais il est dans les destinées de notre patrie de ne jamais se montrer plus sage et plus grande que dans les conjonctures diffi-

---

de pied pour notre sureté , mais sans vivres, ni moyens quelconques; de sorte que nous ne mangeames jusqu'à Embrun que raves et tronçons de choux , que nous mettions sur les charbons. Avant partir, Monsieur le maréchal me commanda de porter ses recommandations au capitaine Carbon et à tous ses compaignons, lesquels il priait ne s'estoner pour cette perte ; ainsi s'evertuer pour faire mieux que jamais , sur quoi il me fit une très belle remonstrance, laquelle ne se passa pas sans beaucoup de larmes et qu'il prononça avec une parole ferme et assurée, combien qu'il fut fort blessé. Aussi mourut-il le vendredi après. (*Mémoires de Montluc*, tome 1, p. 10). Le capitaine St-Julien avait été tué durant le siège de Pavie.

(1) Brantôme, Vie des grands Capitaines, page 149.

ciles ou même presque désespérées. La reine-mère, Louise de Savoie, déclarée régente par son fils, déploya une fermeté, une activité et un courage qu'on n'attendait point de sa vie légère, et si tout ne fut pas sauvé, du moins des précautions promptes et habiles mirent le royaume à l'abri de l'invasion. Cependant les généraux ennemis paraissaient accablés sous le poids de leur triomphe. Les rivalités et les jalousies semèrent bientôt la discorde parmi eux, et à la faveur de leur mésintelligence, quelques prisonniers de marque parvinrent à s'évader. De ce nombre fut le roi de Navarre. Vainement il avait demandé à être mis à rançon, plus vainement encore avait-il cherché à séduire ses gardes. Toutes ses démarches n'avaient servi qu'à river davantage ses chaînes. On l'enferma au château de Pavie dans une tour élevée, où on le gardait avec d'autant plus de soin, que sa captivité assurait la possession de la Navarre et pouvait même un jour couvrir une usurpation criante. Deux de ses fidèles serviteurs entreprirent de déjouer les calculs de la politique et de rendre leur maître à la liberté.

François de Roquefort, surnommé Vivès, vraisemblablement du nom d'une de ses terres, jadis son page et maintenant son écuyer, à peu près du même âge et de la même taille que lui, avait la permission d'entrer dans sa prison et d'en sortir sans que les gardes, avec lesquels il s'était rendu familier, s'en missent en peine. Le prince change d'habits avec lui, sort du château à la faveur de ce déguisement, traverse Pavie sans être reconnu, et près d'une des portes de la ville il trouve Gassion, l'autre serviteur qui l'attendait avec des chevaux. Ainsi le racontent Hélie (1) et Garnier (2). Favin et Olhagaray veulent que l'évasion ait été tentée de nuit et à la faveur d'une échelle de cordes. Ils ajoutent que le baron d'Arros, compagnon de la captivité d'Henri, le suivit dans cette périlleuse tentative ; mais tous s'accordent à dire qu'après le départ de son maître, le jeune Roquefort s'était mis dans son lit dont il ferma avec soin les rideaux. Le lendemain, dès que le jour parut, le gouverneur entra dans la salle qu'occupait le prince, et comme il s'approchait du lit pour s'assurer de sa présence selon sa coutume, un domestique le supplia à voix basse de respecter le sommeil du roi qui n'avait pu reposer de la nuit. Le gouverneur ne soupçonnant nullement la fraude, acquiesça à cette prière. Sans avancer davantage, il découvrit sa tête, fléchit le genou en face du lit par respect pour la majesté royale, et sortit. Quand il rentra à midi, il reconnut le piège qu'on avait tendu à sa bonne foi ; mais alors le roi avait déjà gagné du terrain. Les soldats, qu'on mit à ses trousses, ne purent pas l'atteindre. Il parvint heureusement sur les terres de France et alla rejoindre la régente à Lyon.

Le duc d'Alençon y était déjà arrivé avec les gendarmes qui s'étaient attachés à sa fortune. Quoiqu'en quittant le champ de bataille il n'eût fait que céder à la nécessité, ou tout au plus à un entraînement irréfléchi, on cria à la lâcheté. Les temps chevaleresques s'accommodent peu des actes dictés par la prudence : moins encore transigent-ils avec les circonstances. Bonnivet avait quitté le duc d'Alençon pour aller chercher

(1) Cité par Olhagaray, page 488. — (2) Hist. de France, tome 12, page 330.

la mort sur les cadavres des ennemis ; d'autres s'étaient volontairement constitués prisonniers. D'Alençon avait mieux aimé conserver à la France et son sang et son épée. On combla les premiers d'éloges, et on n'eut pour lui que des reproches. Sa femme elle-même l'accabla de dédains et de mépris. La régente ne lui pardonna point de n'avoir pas tenté de dégager son fils. L'infortuné ne put survivre à ce déchaînement général; il tomba dangereusement malade et mourut à Lyon (1), le Mardi-Saint, 11 avril. Il comptait à peine trente-six ans. Sa femme, dont la conduite fut toujours d'ailleurs irréprochable, mais qui ne l'aima jamais, ne lui avait point donné d'enfants. En lui s'éteignit la branche d'Alençon, formée par Charles, frère de Philippe-le-Bel.

La convention passée en 1517, entre François Ier et le duc d'Alençon, assignait à celui des deux époux qui survivrait à l'autre les biens de la maison d'Armagnac. Ainsi à la mort de son mari, Marguerite resta maîtresse de cette riche succession. Les deux sœurs du duc d'Alençon protestèrent contre une transaction qui les dépouillait. Après de longs débats, il fallut que Marguerite les désintéressât. Le Fezensaguet fut donné à Françoise, l'aînée des sœurs, alors mariée à Charles de Bourbon, duc de Vendôme. Celui-ci chargea Antoine de Gouth, déjà gouverneur de la vicomté, de recevoir le serment de ses vassaux. Le gouverneur les convoqua à Mauvezin pour le 2 août 1529. L'assemblée fut nombreuse; on y compta entr'autres, Jean de Pins, seigneur de Montbrun, Antoine de Polastron, seigneur de Montagnac, Jean de Cos, co-seigneur de Betpouy, Raymond de Roquelaure, seigneur de St-Aubin, et les seigneurs

---

(1) Favin, page 738. — Grands Officiers, tome 1.

de Lamothe, de Puyminet et de Crastres. Mais avant qu'on procédât à la cérémonie, Jean de Pins prit la parole et déclara que d'après leurs priviléges, le vicomte devait jurer le premier et s'engager à observer religieusement leurs anciennes franchises. Il requit en conséquence le serment du duc de Vendôme ou de son délégué. Sur cet incident la prestation d'hommage fut renvoyée au 17 pour que de Pins exhibât le titre dont il s'étayait. Au jour convenu, l'assemblée fut encore plus nombreuse. On y vit paraître, outre les seigneurs déjà désignés, Jean d'Ornesan, seigneur de Vignaux, Mathurin de Cabirac, seigneur de St-Brés et le seigneur de Serempuy. De Pins ne put produire l'original des coutumes qui avait disparu, mais il présenta un exemplaire gardé depuis longtemps dans la ville de Mauvezin et qui y avait force de loi. Antoine de Gouth ne voulut pas le reconnaître, et l'affaire fut ajournée au 2 septembre. Nous croyons qu'alors le gouverneur se prêta, quoique d'assez mauvaise grâce, à ce qu'on exigeait de lui ou de son maître, et la noblesse fit son serment.

Marguerite avait atteint sa trentième année lorsqu'elle perdit son mari; néanmoins elle était encore dans tout l'éclat de sa beauté. La régente espéra que les charmes de sa fille adouciraient les rigueurs de Charles à l'égard de son prisonnier. Elle fit partir Marguerite pour l'Espagne, où François I$^{er}$ avait été transporté. Le noble captif s'était d'abord flatté d'obtenir sa délivrance à des conditions raisonnables; mais il n'avait pas tardé à s'apercevoir qu'il prêtait à son vainqueur une générosité qui était loin de son caractère. Honteux de sa confiance, plus sensible au délaissement qu'au malheur, en proie durant les longues heures de sa solitude, tour à tour au repentir, à la haine, au désespoir, il était tombé dans un abattement profond, et bientôt il crut lui-même toucher à ses derniers moments. Marguerite sembla n'arriver que pour fermer ses yeux; mais la présence d'une sœur chérie, ses soins, sa tendresse empressée, les accents de sa voix relevèrent son âme dégoûtée de la vie et lui rendirent les forces et la santé. La princesse fut moins heureuse avec Charles-Quint. Elle en obtint à peine quelques vagues promesses, et quand le terme du sauf-conduit qui la protégeait fut près d'expirer, elle dut regagner en toute hâte les terres de France, menacée qu'elle était d'être arrêtée en chemin (1). Néanmoins François I$^{er}$ fut rendu à la liberté, mais à des conditions tellement onéreuses, que les états du royaume se refusèrent plus tard à les sanctionner. En attendant cette sanction, qui ne devait point arriver, le roi donna en ôtage le Dauphin, mort quelques années après, et le duc d'Orléans que nous verrons monter sur le trône sous le nom d'Henri II.

L'échange se fit au milieu (2) de la Bidassoa qui sépare la France de l'Espagne; on y avait ancré un grand bateau vide. Sur les deux bords de la rivière stationnaient deux barques pareilles : dans l'une entrèrent les deux fils de France conduits par Lautrec à la tête de huit gentilshommes armés seulement de leur épée; tandis que le roi montait dans l'autre avec Lannoi, vice-roi de Naples et huit gentilshommes Espagnols armés de la même manière que les Français. Elles

(1) Du Bellay, tome 3, page 17. Vingt-deux mulets chargés d'or et d'argent passèrent la Bidassoa, portant une partie du prix de la rançon. — (2) Idem, page 18. Garnier, tome 12, page 383.

abordèrent chacune au côté du bateau vide et s'y accrochèrent au même instant. En recevant des mains de Lautrec les deux jeunes princes, Lannoi lui remit le roi sans qu'on laissât à ce malheureux père la consolation d'embrasser ses enfants. Dès qu'il eut touché (16 mars 1526) le rivage où l'attendait une partie de sa maison, il s'élança sur un cheval turc et courut à toute bride jusqu'à St-Jean-de-Luz. Il ne s'y arrêta qu'un instant et arriva bientôt à Bayonne. Il y trouva sa mère et sa sœur, accourues à sa rencontre avec toute la cour. Il fallut accorder quelques jours à la joie générale qui voulut fêter sa délivrance ; ces fêtes le suivirent à Mont-de-Marsan, où il alla visiter Marie d'Albret, abbesse du couvent de Ste-Claire (1), à Bazas, dont il confirma les priviléges (2), et surtout à Bordeaux où il séjourna plus longtemps.

(1) Marguerite sa sœur et les cardinaux de Bourbon et de Lorraine l'accompagnèrent dans cette visite. Les religieuses firent en sa présence leur réforme entre les mains du P. Verdusan, commissaire apostolique. (Arch. du Mont-de-Marsan).

(2) Oreilly. Essai sur le Bazadois, page 125.

## CHAPITRE II.

Henri, roi de Navarre, épouse Marguerite, veuve du duc d'Alençon qui lui apporte en dot tous les biens de la maison d'Armagnac. — Le cardinal Georges d'Armagnac. — Expédition d'Italie commandée par Lautrec. — Mort de ce brave capitaine. — Mathe, comtesse d'Astarac, fait massacrer quatre habitants de Mirande. — Long procès à ce sujet. — La reine Éléonore traverse la Gascogne. — Naissance du protestantisme. — Marguerite le protège. — Fondation de la collégiale de Barran. — Évêques de Comminges, de Couserans, d'Aire, de Tarbes et de Lectoure.

Henri, roi de Navarre, ancien frère d'armes de François I<sup>er</sup> et le compagnon de sa captivité vint le joindre à Bordeaux, d'où il l'accompagna à Cognac et ensuite à Paris. Henri était jeune, bien fait, adroit à tous les exercices du corps, brave dans les combats. La prison qu'il avait partagée avec le roi, et la hardiesse et le sang-froid avec lesquels il avait trompé la vigilance de ses gardes, donnaient un nouveau relief à ses qualités. Il plut à la princesse Marguerite. François se prêta d'autant plus facilement à les unir que, le roi de Navarre ayant des prétentions aux biens de la maison d'Armagnac, ce mariage allait éteindre tous les différends. Outre ces riches domaines, Marguerite apportait à son époux les duchés de Berry et d'Alençon, le premier en propriété et le second en jouissance. François s'engageait (2) en outre à sommer Charles V de rendre à son beau-frère le royaume de Navarre avec ses anciennes limites, et, si l'empereur s'y refusait, il promettait de donner à Henri une armée suffisante pour reconquérir

(1) Favin, page 745.

ce qu'on lui avait enlevé. Les noces furent célébrées à St-Germain en Laye, le 26 janvier 1527. François y déploya cette pompe élégante et délicate qu'il avait introduite en France, et qui faisait de sa cour le modèle de toutes les cours de l'Europe. Les réjouissances durèrent plusieurs jours. L'argent que réclamaient les nécessités de l'État se dissipa follement en fêtes et en plaisirs. François, content de s'être vengé par de vaines bravades, oubliait au sein de la mollesse sa captivité et le soin de sa gloire. Henri céda quelques jours à cet entraînement; mais enfin il reprit le chemin de ses États, amenant avec lui sa nouvelle et brillante épouse. Il la conduisit à Auch (1), où Marguerite ne s'était point encore montrée et où on lui avait préparé une entrée solennelle. Le prince et la princesse assistèrent aux offices du chœur. Henri se fit recevoir chanoine laïque; il fut le premier qui occupa la magnifique stalle royale que l'on achevait alors et sur laquelle Louis XIV s'est assis le dernier. Les deux époux ne se présentèrent à Condom que le 31 janvier 1529. Henri avait obtenu le gouvernement de la Guienne. L'évêque Hérard de Grossoles (2) lui demanda à ce titre le serment voulu par le paréage passé entre le prince Edouard d'Angleterre, alors maître du Condomois, et l'évêque de cette époque, Pierre de Galard; le prince le prêta devant la porte de l'église à genoux et la main sur le *Te igitur*. L'archevêque de Bordeaux et Georges d'Armagnac, qui accompagnaient le prince, furent témoins de cet acte, ainsi que les consuls et une foule de peuple.

Georges d'Armagnac était né au commencement de ce siècle, probablement en 1501, du Bâtard Pierre

(1) Manuscrit d'Aignan. Dom Brugelles.—(2) Manuscrit de M. de Lagutère.

d'Armagnac, baron de Caussade. On varie sur le nom de celle qui lui donna le jour. Suivant le Père Anselme (1), qu'ont aveuglément suivi presque tous les historiens, c'était Yolande de Passavant; mais alors Georges eût été enfant légitime et ainsi héritier universel et incontestable des biens de sa maison. Le manuscrit de M. d'Aignan, nous ne savons sur quelle autorité, désigne Jeanne de Loigni que nous ne connaissons pas autrement. Enfin Borial, dans son histoire du Rouergue (2), et nous nous rangeons complètement à son avis, lui donne pour mère Fleurette de Luppé, à qui Pierre avait promis mariage. Il ajoute que Fleurette voyant que Pierre différait l'exécution de sa promesse, le fit citer devant l'archevêque d'Auch, et en l'absence de l'archevêque devant son official. Celui-ci jugea en faveur de Fleurette; mais l'infortunée fut enlevée par la mort, comme Pierre allait solennellement la nommer son épouse. Cette mort n'empêcha pas le baron de Caussade de reconnaître plus tard Georges pour son fils légitime. Néanmoins, par son testament du 10 septembre 1514, il léguait tous ses biens à Yolande, sa femme. Déjà, en 1510, il avait, dans le cas où il n'aurait point d'enfants, donné le comté de l'Isle-Jourdain au duc de Longueville, son parent. Plus tard, en 1515, il se démit de la baronnie de Caussade en faveur du duc d'Alençon et n'en retint que l'usufruit. Ces actes prouvent évidemment que Georges n'était point issu d'un légitime mariage.

Yolande survécut à Pierre d'Armagnac; et oubliant ce qu'elle devait à ses deux premiers maris, elle épousa

(1) Grands Officiers, tome 3, page 426. — (2) Manuscrit de la Bibliothèque royale.

en troisièmes noces (1) Toussaint Meslier, son procureur. Elle fut loin de trouver le bonheur dans une union si disproportionnée. Toussaint, fils d'un pauvre tisserand, n'avait obéi qu'à l'ambition et à la cupidité. Il avait espéré la riche succession de sa femme : ne pouvant l'obtenir de gré, il eut recours à la violence et s'emporta plusieurs fois, non seulement jusqu'à insulter Yolande, mais encore jusqu'à la maltraiter et même à la battre. Ces mauvais traitements hâtèrent sa fin; elle mourut à Paris dans son hôtel de Tancarville, et comme elle avait dissipé une partie de sa fortune, la duchesse de Longueville, sa belle-sœur, n'accepta son héritage que sous certaines conditions. Le nom de Georges ne fut jamais prononcé, ni dans cette querelle, ni dans l'inventaire : preuve manifeste qu'il n'était point fils d'Yolande.

Quoiqu'il en soit du nom de sa mère, Georges d'Armagnac fut voué à l'église et placé sous la discipline du cardinal d'Aubusson, et non pas, comme le disent Ciaconius et presque tous les biographes, sous celle du cardinal d'Amboise, mort en 1512. Il obtint d'abord le doyenné (2) de Meaux et l'abbaye de St-Ambroise de Bourges. Le duc d'Alençon, à qui Pierre l'avait recommandé en mourant, lui portait une affection particulière. Marguerite, sa femme, partagea plus tard ses sentiments et le produisit à la cour de François I$^{er}$, qui le nomma, en 1529, à l'évêché de Rhodez, en vertu du concordat; c'était la première nomination faite de la sorte dans cette église. Le chapitre ne voulut pas

---

(1) Grands Officiers, tome 3, page 426. — (2) Dutemps, tome 2, page 14.

le reconnaître et élut de son côté Jean d'Estain (1) ; mais l'autorité royale prévalut, et Georges monta sur le siége.

Pendant que le roi et la reine de Navarre parcouraient les terres de leur domination et recueillaient au milieu de la joie et des applaudissements publics les hommages de leurs sujets et de leurs vassaux, la guerre s'était réveillée en Italie (2). Lautrec, qui y avait déjà fait une campagne dont les éclatants revers n'altérèrent en rien sa haute réputation de brave et habile capitaine, commandait les troupes françaises pour la seconde fois. Montluc, Grammont, Luppé, d'Ossun, Montpesat, Labastide-Sabaillan, le baron de Béarn, une partie de la noblesse Gasconne, toujours prête aux armes, y servaient sous ses drapeaux. Nos guerriers avaient à laver les désastres de la dernière expédition. Rien ne résista d'abord à leurs armes: Gênes et Alexandrie n'opposèrent qu'une courte résistance; Pavie fut emportée d'assaut et paya chèrement la gloire d'avoir repoussé François Ier et amené ainsi sa captivité.

Lautrec pouvait attaquer Milan ; il aima mieux marcher sur Naples, sous les murs de laquelle il arriva après avoir soumis par la force ou gagné par son habileté presque toute l'Italie; mais ses triomphes avaient affaibli son armée. Un premier secours, qu'on lui envoya par terre, ne parvint pas jusqu'à lui; on en prépara un second plus faible que le premier et on l'embarqua sur une flotte formée à la hâte; Charles d'Albret, frère

---

(1) Dutemps, tome 2, page 14. Bosc. Histoire du Rouergue.

(2) Voyez, pour cette expédition, Du Bellay, tome 3; Montluc, livre 1er; Guichardin, livres 18 et 19, page 800 et suivantes, et toutes les Histoires de France.

du roi de Navarre, le conduisait; mais il n'avait guère avec lui que quelques jeunes seigneurs de son âge, presque tous attachés à sa personne ou venus des terres soumises à sa maison. Ce renfort était si faible, que lorsqu'il eut débarqué à Nole, il n'osa pas s'aventurer seul jusqu'au camp français, et qu'il fit demander une escorte à Lautrec. Celui-ci lui envoya (1) Charles de Foix-Candale, fils aîné du comte d'Astarac, avec six enseignes dont trois étaient Gascons. Une imprudence du jeune chef faillit à entraîner la perte de tout le renfort. Le frère du roi de Navarre ne dut son salut qu'à la vitesse de son cheval. Charles de Foix, moins heureux, eut le bras fracassé d'un coup d'arquebuse et tomba au pouvoir des impériaux. L'échec eût été plus grand sans la valeur et le sang-froid de Montluc qui commandait une partie du détachement. Candale ne survécut que huit jours à sa blessure. Les ennemis voyant qu'il allait mourir, le renvoyèrent à Lautrec dont il était proche parent: *comme de fait*, ajoute Montluc (2), *il trépassa le lendemain et fut enseveli à Bresse. C'était*, raconte ensuite l'annaliste Gascon, *un brave et honnête seigneur, s'il en sortit jamais de la maison de Foix. Je ne connus jamais homme si soigneux et désireux d'apprendre le fait de la guerre des vieux capitaines. Aussi Lautrec disait toujours qu'il se nourrissait là un grand capitaine, et en vérité quand on le porta, ledit comte le baisa la larme à l'œil.*

Charles d'Albret, la cause innocente de cette mort, ne fit pour ainsi dire que voir Naples. Trois semaines après son arrivée, il succomba à une épidémie qui

(1) Montluc, tome 1er, page 12. Du Bellay, tome 3, page 101. —
(2) Montluc, page 13.

désolait le camp français. Au bruit de son approche on avait auguré qu'il amenait avec lui de puissants renforts, ou du moins qu'il apportait l'argent nécessaire pour payer les troupes. La déception augmenta le découragement déjà trop général : la faim et les maladies multipliaient les funérailles. Atteint à son tour, Lautrec ignora d'abord l'étendue des ravages que la mort faisait autour de lui; mais quand il en eut arraché l'aveu à deux pages qu'il menaça de faire fouetter devant lui jusqu'au sang, *il le prit à si grand dépit et contrecœur, que le fiel et le cœur lui en crevèrent et mourut* (1). Guerrier intrépide, citoyen vertueux, capitaine sage et expérimenté, il ternit ces qualités par un entêtement et un orgueil qui ne lui permirent jamais d'écouter le plus léger avis et moins encore la plus légère remontrance. Placé souvent à la tête des armées, il réussit rarement dans ses entreprises, mais il fut toujours assez grand pour que la fortune obstinée à le poursuivre ne pût l'avilir. Clément VIII lui décerna de magnifiques obsèques et fonda pour lui un service solennel dans l'église de St-Jean-de-Latran. Le roi de France, renchérissant sur le pape, lui fit faire à St-Denis un service aussi solennel qu'il eût pu l'ordonner pour un de ses fils ou pour un prince du sang. Les ennemis eux-mêmes lui rendirent une éclatante justice. Son corps avait été déposé furtivement dans une cave et transporté ensuite presque sans honneurs dans une chapelle de Naples. Quelques années après, le duc de Sessa, petit-fils du grand Gonsalve, lui fit ériger un tombeau de marbre dans l'église de Ste-Marie-la-Neuve.

(1) Brantôme, Vie des grands Capitaines, page 132.

Lautrec ne laissait qu'un fils encore en bas âge et qui mourut le 20 septembre 1540. Avec lui s'éteignit la branche de Foix-Lautrec. Charles d'Albret n'avait point été marié, ainsi la maison d'Albret ne reposait plus que sur la tête d'Henri, roi de Navarre. Anne, leur sœur, avait été fiancée au brave et infortuné Charles de Foix-Candale. Après les désastres de Naples, elle épousa Jean, frère de Charles qui portait le nom de vicomte d'Astarac. Mathe leur mère était née (1) avec un caractère fier et violent. Dans une occasion que l'histoire ne désigne pas, ses enfants furent insultés dans la ville de Mirande. Atteinte dans ses affections les plus chères, Mathe résolut d'en tirer une horrible vengeance. Elle fit d'abord massacrer Jean de Codères, Guillaume Senac, Jean Pessoulier et Jean Rollant, les auteurs ou du moins les principaux complices de l'insulte. Puis soutenue de Jean, son second fils, dans le cœur duquel elle avait soufflé sa haine, elle courut assiéger la ville à la tête de quelques soldats armés; n'ayant pu s'en emparer après quelques assauts, elle se retira dans le couvent des Cordeliers, situé hors des murs. Elle y pratiqua quelques fortifications pour se mettre à l'abri d'un coup de main et le transforma en une place de guerre d'où elle rançonnait ses ennemis; en même temps elle faisait ravager les champs, couper les bois, brûler les moissons et détruire les moulins. L'église paroissiale de St-Jean elle-même ne trouva pas grâce devant son ressentiment; ses murs furent percés et son clocher abattu.

(1) Voir, pour ce qui suit, Grands Officiers, tome 2, page 620, et surtout Manuscrit de M. d'Aignan, dom Brugelles et dom Vaissette, tome 5, page 126.

Les habitans opposèrent la force à la force et se défendirent avec courage; mais trop faibles pour résister longtemps, ils en appelèrent au parlement de Toulouse. Celui-ci fit citer à sa barre Mathe et son fils avec leurs principaux fauteurs. C'étaient Castelper, écuyer de la comtesse, le bailli de Lasséjan., Seraux de St-Maur, Antoine Domenge, de Bonnassies, capitaine de Montcassin et Jean Burgan. Ils n'avaient que trois jours pour comparaître, et comme ils ne se présentèrent point, la Cour rendit, le 14 août 1526, un arrêt par lequel elle les déclarait atteints et convaincus des crimes qui leur étaient imputés. En conséquence, elle enlevait à jamais à Mathe et à ses héritiers toute juridiction sur la ville de Mirande et ses dépendances. Elle adjugeait aux habitans, outre la restitution de leurs biens, quatre mille livres à titre d'indemnités, condamnait Mathe et son fils à faire reconstruire à leurs frais les moulins et le clocher de St-Jean, et tous les édifices abattus durant cette lutte, et à réparer tous les dégâts faits par leurs ordres. Elle ordonnait encore que le clocher des Cordeliers où Mathe avait établi une batterie, serait abaissé et mis hors d'état de nuire désormais à la ville. Enfin elle bannissait à perpétuité du royaume la comtesse, son fils et leurs partisans, et confisquait leurs biens, sauf deux mille cinq cents livres, dont mille seraient employées en messes pour les quatre Mirandais massacrés dans la première fureur, mille seraient données à leurs veuves et à leurs parents, et enfin cinq cents seraient consacrées à bâtir un Oratoire près de la porte dite des Savetiers.

Le second président du parlement, Guillaume de Tornoer, et le conseiller Raymond de Morlane furent nommés commissaires par la cour. Ils se transportèrent à Mirande et commencèrent à mettre l'arrêt à exécution (25 novembre). Mathe avait espéré que le haut rang et la puissance de sa famille la soustrairaient aux poursuites. Outrée de la hardiesse des gens de loi, elle refusa de se soumettre, et fut aidée dans sa résistance par son mari, qui jusque là était resté étranger à la querelle. Il fallut employer contr'eux le canon. Mathe et Gaston cédèrent alors et se contentèrent d'en appeler au roi et en obtinrent des lettres, qui transportaient la connaissance de cette affaire au parlement de Bordeaux, auprès duquel les Foix-Candale, la maison la plus considérable de toute la Guyenne, étaient très-puissants. Les habitans suspectèrent la partialité de cette cour et obtinrent à leur tour de François I$^{er}$, en 1529, des lettres qui évoquaient ces débats au grand conseil. Celui-ci confirma par provision le jugement rendu par la cour de Toulouse, ordonna à Mathe, à Gaston son mari et aux principaux accusés de se présenter dans un mois, sous peine de dix mille francs d'amende et de confiscation de leurs biens; et comme l'abbaye de Berdoues s'était déclarée pour les Mirandais et s'était ainsi attiré la haine et le ressentiment de la maison d'Astarac, le grand Conseil plaça l'abbé, les moines et les officiers du monastère sous la sauvegarde royale (4 octobre 1532).

Jean, le principal instrument des vengeances de Mathe, venait alors de mourir sans laisser de postérité. Son père le suivit de près dans la tombe (1536), après avoir institué pour son héritier Frédéric, l'aîné des fils qui lui restaient. Mathe demeurée seule ne céda point. Elle espéra voir naître des circonstances qui lui permettraient de se relever de tous ces arrêts. Ces circonstances se firent attendre; mais enfin le parlement de Paris intervint et ordonna que le comté d'Astarac serait rendu au jeune Frédéric. Les habitans de Mirande protestèrent contre cette sentence. Leur opposition dura longtemps; toutefois rien ne nous laisse croire qu'elle ait triomphé. Mathe, qui avait provoqué le dernier arrêt, ne tarda pas à se brouiller avec son fils. Elle prétendait disposer à son gré de tous les revenus du comté. Frédéric repoussa ses prétentions. Leur contestation s'envenimait, lorsque des parents s'interposèrent. Grâces à leur intervention, une transaction vint réconcilier le fils avec la mère : c'était en 1569. Mathe, mariée en 1509, ne pouvait être que dans un âge très-avancé: elle dut mourir peu après. Elle laissait, outre Frédéric et trois filles, Pierre, mort sans alliance, Charles, seigneur de Villefranche et de Montcassin, dont le fils Gaston épousa Marguerite de Grossoles-Flamarens, et enfin François et Christophe qui s'assirent successivement sur le siége d'Aire.

La mort de Lautrec et la destruction de l'expédition entière, que cette mort entraîna, amenèrent une réconciliation momentanée entre François I<sup>er</sup> et Charles V. Le premier se lassa d'une guerre qui ne lui apportait que des humiliations et des désastres. Le second craignit de fatiguer la fortune et d'expier par quelque revers éclatant tant de succès inespérés. Les deux monarques signèrent ainsi le traité de Cambrai, une des plus honteuses transactions qu'ait jamais scellées la France. François abandonnait tous ceux qui s'étaient armés pour lui, et cet acte de vil et lâche égoïsme, devant lequel eût reculé un homme d'une probité vulgaire, fut accepté sans résistance par un roi chevalier que ses courtisans prônaient comme le modèle de la loyauté et de l'honneur; mais cet âge n'avait conservé de l'ancienne chevalerie que l'éclat, l'amour des armes, la valeur bouillante et tout au plus les exagérations, et non les mâles et austères vertus. Éléonore, sœur de Charles V, princesse belle et encore assez jeune, fut le gage de cette pacification. Le roi, veuf depuis trois ans de la douce et pieuse fille de Louis XII, vint la recevoir jusqu'au fond de la Guienne. Le mariage fut béni sans pompe par le cardinal de Tournon, dans le couvent de Bayries (1), situé alors aux portes de Mont-de-Marsan. La reine-mère, Marguerite de Navarre, et le cardinal de Bourbon y assistèrent avec une suite peu nombreuse; on espérait qu'Éléonore ramènerait le roi à une vie plus réglée; mais François se contenta d'entourer sa nouvelle épouse d'égards et de respects, et continua à pousser par ses exemples au relâchement des mœurs, source principale et trop souvent triste précurseur des commotions sociales.

Luther, un moine apostat, soulevait alors l'Allemagne. Sa voix éloquente, dit (2) le savant compatriote dont nous aimons à emprunter les appréciations, entraînait d'autant mieux les masses qu'un besoin mystérieux de doctrines indépendantes tourmentait les hommes. Le lien antique de la société s'était sinon rompu, du moins relâché. Tout avait concouru à l'amollissement de la foi : les mœurs plus libres, l'autorité moins grave, la guerre et la paix, l'église mêlée aux débats de la politique, l'intérêt de la religion confondu parmi les

(1) Archives de Mont-de-Marsan. — (2) M. Laurentie, Histoire de France, tome 4, page 183.

intérêts mondains qu'on s'accoutumait à combattre plus librement, les lettres humaines qui s'exerçaient à se passer de la foi, le luxe, les arts, les plaisirs, toute une vie nouvelle d'élégance et de débauche : c'était là autant de causes de révolutions morales. Il se trouva des sectaires pour donner aux nouveautés une forme quelconque de croyance et de culte; mais cela même était une partie secondaire du grand changement social. Cependant, comme il arrive toujours, c'est à cette forme religieuse que s'attachèrent les passions des hommes, par la raison qu'il faut aux hommes des formules quelconques et souvent insensées ou frivoles pour en faire l'objet de leur enthousiasme ou le prétexte de leurs colères.

La question religieuse, dit ailleurs le même historien, était un prétexte. Le but était la rupture de l'antique obéissance qui avait constitué non seulement l'église; mais la chrétienté. Les princes poursuivaient une révolution politique, pendant que le moine défroqué poursuivait la liberté de ses passions et de ses débauches. Les premiers n'étaient pas indifférents à l'idée de s'affranchir de ce contrôle redoutable de la papauté qui, sans extirper les vices, chose impossible, gardait la règle des mœurs. Quant aux peuples, ce n'était pas la première fois qu'ils se laissaient remuer au bruit d'une doctrine nouvelle dans le christianisme, ou plutôt d'un cri de révolte contre la puissance de l'église. Tel fut le protestantisme. L'histoire osait le dire à peine jusqu'à nos jours; mais la vérité ne saurait avoir désormais de scrupule à se produire. Les faits sont d'ailleurs maintenant étalés à la lumière du soleil, et l'histoire a acquis le droit de les caractériser sans timidité. On a voulu faire du protestantisme une religion; on pourrait douter si ce fut même une hérésie ; car sa doctrine à peine formulée se transformait aussitôt en opinions contraires. Pour l'histoire, le protestantisme reste une révolution politique, mais une révolution sans exemple antérieur, puisque au lieu d'un fait anarchique, il promulguait le droit indéfini de l'anarchie dans tous les États.

François I$^{er}$ comprit de bonne heure (1) tout ce que ces doctrines recélaient de dangers pour la monarchie, et s'arma contr'elles de rigueur. La reine de Navarre ne partagea point ses craintes : son cœur égara sa prudence; elle s'empressa d'offrir un asile à tous les novateurs. Clément Marot, Lefrèvre, Vatable, Roussel, Calvin lui-même, l'émule de Luther, se réfugièrent à sa cour (2). La princesse trouvant dans leur entretien ces connaissances variées dont elle était avide, ne concevait aucune défiance sur des hommes, qui cachant pour la plupart leurs sentiments religieux, partageaient ses ingénieux divertissements, l'aidaient dans ses études et semblaient lui ouvrir toutes les sources de la science; peut-être encore mettait-elle un secret orgueil à protéger des opprimés.

Le roi, instruit de cette conduite, la manda à sa cour et lui reprocha son imprudence; mais elle se justifia facilement (3) auprès d'un frère dont elle était tendrement chérie; et joignant aux charmes de la conversation

(1) Le roi haïssait fort la doctrine de Luther, disant qu'elle et toute autre secte nouvelle tendaient plus à la destruction du royaume, des monarchies et des dominations nouvelles, qu'à l'édification des âmes. (Brantôme. Vie de Marguerite, page 220.)

(2) Florimond de Rémond, page 846. On montre encore à Nérac la maison qu'habitait Calvin et où le novateur réunissait les sectaires.

(3) Introduction aux Mémoires de Du Bellay, page 100.

l'ascendant qu'elle avait pris sur lui, elle n'eut pas de peine à dissiper son mécontentement. Néanmoins les événements ne tardèrent pas à condamner l'aveugle confiance de la princesse. Les semences, jetées autour d'elle, avaient germé dans l'ombre. Les doctrines nouvelles comptaient dans ses États et surtout dans le Béarn de nombreux sectateurs. Leur existence se révéla par les plus révoltants excès. Égarés par le fanatisme, ils s'assemblèrent en foule; et sans qu'aucune pression eût provoqué cette levée de boucliers, on les vit parcourir le pays, pillant et brûlant les églises, invectivant et maltraitant les prêtres et les religieux, semant la dévastation sous leurs pas. Henri était alors à Fontainebleau où il avait accompagné sa femme. Au premier bruit de ce soulèvement, il rendit un arrêt sévère qui arrêta ces scènes affligeantes et en prévint pour quelque temps le retour.

Cette expérience ne suffit pas pour dessiller les yeux de Marguerite; elle continua à s'entourer de novateurs et à immoler à ses railleries le clergé catholique dont elle accusait surtout l'ignorance. Ce reproche, répandu dans l'Europe entière, est celui que la passion trouve le plus facilement sur ses lèvres. Le clergé de cette époque ne nous paraît l'avoir mérité, que parce qu'il ne voulut pas sacrifier à l'engoûment subit du siècle pour des opinions téméraires et hardies. Les lettres se firent généralement complices de l'hérésie; le sacerdoce ne les suivit pas sur ce nouveau champ. De là l'accusation qu'on fit peser sur lui. On eût été plus juste en accusant le relâchement des mœurs que l'état général de la société avait introduit jusque dans le sanctuaire. Le séjour trop fréquent que les hauts dignitaires de l'église faisaient à la cour ou dans les palais des princes, la part trop active qu'ils prenaient aux événements politiques, et enfin la multiplicité des bénéfices qu'ils possédaient trop souvent, voilà les véritables plaies du sacerdoce et non sa prétendue ignorance. La province ecclésiastique d'Auch n'a jamais compté à la fois autant de prélats d'un incontestable talent que dans ce siècle.

L'archevêque d'Auch, François de Clermont, depuis longtemps réconcilié avec le souverain-pontife, s'occupait alors des travaux de sa métropole (1). On lui doit les stalles du chœur, œuvre d'art qui n'a point eu en ce genre le rivale en France, et les vitraux qui peuvent le disputer aux plus belles verrières du royaume. Les vitraux furent achevés en 1513, comme on le lit dans une inscription où Arnaud de Mole a gravé son nom. La construction des stalles coûta plus de temps; elles ne furent terminées qu'en 1518 (2). Cette année l'archevêque transigea avec Marre, évêque de Condom, auquel il abandonna en échange de Vaupillon la paroisse de Cassaigne, devenue la résidence de ses successeurs. Il fut moins heureux avec quelques seigneurs, qui avaient usurpé une partie des biens de son église. Tous ses efforts échouèrent contre leur obstination; il fallut qu'il recourût à Rome. Clément VII donna une bulle qui frappait d'excommunication les usurpateurs, et chargea Pierre-Raymond de Polastron, abbé de Pessan, de la fulminer. L'abbé se déchargea de cette mission également difficile et délicate sur le prieur de St-Orens, qui fit exécuter la bulle.

(1) Voir, pour ce prélat et pour les autres qui suivent, les autorités que nous avons invoquées pour leurs prédécesseurs. Nous donnerons dans la note 7 tout ce qui concerne la construction de l'église de Ste-Marie. — (2) Ou plutôt 1529, c'est la date qu'on lit sur une banderole à l'entrée du chœur.

François aimait la pompe et l'éclat dans les cérémonies religieuses. A sa prière, Léon X, en 1520, unit au chapitre l'archidiaconé et la cure du St-Puy pour doter un organiste, un maître de musique et six enfants de chœur (*). Cette union avait été prononcée cent ans auparavant par l'archevêque Béranger; mais elle était restée sans exécution. Plus tard, toujours guidé par le même sentiment, François de Clermont unit encore au chapitre l'archidiaconé de Pardiac pour que les revenus servissent à fonder quatre prébendes cantorales. Le prélat, voulant laisser une fondation plus digne de lui, érigea la collégiale (1) de Barran; l'église bâtie récemment et peut-être par lui, était vaste et belle. La paroisse le reconnaissait pour son seigneur en paréage avec le roi. Durant la peste qui venait de ravager la ville d'Auch, il y avait transféré sa justice. Enfin Pierre de Clermont son frère donnait deux mille livres Tournois pour en former une rente. Tous ces motifs déterminèrent l'archevêque. Il composa le chapitre de douze chanoines, parmi lesquels on comptait un doyen et un curé, ayant une rétribution double, et les dota de tous les droits et de tous les revenus qu'il possédait en qualité d'archevêque dans les villes de Barran et de Riguepeu *in villâ de Rigapello*, à La Castagnère et dans quelques autres petites localités. Les chanoines de la métropole voulurent s'associer à la fondation; ils abandonnèrent à leurs nouveaux confrères tout ce qu'ils prélevaient à Barran pour droit de fournage. Ils stipulèrent seule-

(*) Trois ans auparavant (1517) Léon X avait accordé à un chanoine aveugle, Antoine d'Armagnac, une dispense pour être promu aux ordres sacrés et même au sacerdoce. Nous citons ce fait comme le seul de cette espèce qui nous soit connu.

(1) Manuscrit de l'auteur et idem de M. d'Aignan.

ment que lorsqu'un de leurs membres irait à Barran, il y aurait la première place au chœur, et que si la ville d'Auch était de nouveau ravagée par la peste, le chapitre métropolitain pourrait se transporter dans la nouvelle collégiale et y célébrer ses offices.

François de Clermont habitait le comtat, lorsqu'il mit la dernière main à son œuvre. Clément VII, loin de partager les préventions de Jules II, lui accorda la légation d'Avignon presqu'au commencement de son pontificat, et depuis ce moment ce prélat fit sa résidence ordinaire dans le château de Pont-de-Forgues. C'est là qu'il signa l'acte de fondation le 23 mars 1520.

L'évêque de Comminges (1), Jean de Mauléon, à l'exemple de son métropolitain, s'occupa d'embellir sa cathédrale. Il y fit construire l'orgue et les stalles du chœur faites à l'instar de celles d'Auch, mais bien inférieures sous le rapport de l'art. Ce prélat appartenait à la famille des vicomtes de Mauléon. Jean avait dans son enfance pris l'habit religieux chez les Cordeliers de Valcabraire, et il était déjà depuis longtemps abbé de Bonnefont, lorsqu'en 1519 il fut appelé par le chapitre de St-Bertrand à succéder à Gaillard de l'Hôpital, mort deux ans auparavant. Le roi avait prévenu les chanoines, et en vertu du concordat, il avait nommé à ce siége Louis Douville. Les deux compétiteurs luttèrent quatre ans; mais enfin Douville se désista au prix d'une pension annuelle assise sur la mense épiscopale, et Mauléon obtint enfin, en 1523, ses bulle du pape Adrien VI. Avec l'évêché, il garda son abbaye qu'il se plaisait à habiter et dont il répara le cloître. Il bâtit

(1) Voir, pour tous les prélats qui suivent, la *Gallia Christiana* et l'abbé Dutemps.

encore le palais épiscopal de St-Gaudens. Ces travaux et les soins de l'administration remplirent son épiscopat, qui se prolongea jusqu'en 1551. Il voulut que son corps reposât dans l'église où il avait prononcé ses premiers vœux de religion, et fut enterré à Valcabraire.

Pendant la longue administration de Jean de Mauléon, l'église de Couserans vit passer rapidement sur sa chaire épiscopale deux frères qu'attendaient les plus hautes dignités ecclésiastiques ; ils étaient fils de Joseph de Grammont, que nous avons vu défendre avec courage la ville de Bidache contre les Espagnols. Charles l'aîné succéda au bon évêque, Jean de Cours ou de Lacour, qui, se sentant affaissé sous le poids des ans, prévint la mort et se démit en 1515. Charles lui-même suivit à son tour l'exemple de son prédécesseur, et se démit vers l'an 1520 en faveur de Gabriel son frère ; mais il fut aussitôt promu par le roi à l'évêché d'Aire. Antoine d'Apiniac, successeur de Bernard d'Amboise, s'était à peine assis un an sur ce dernier siége. Il était mort en 1516. Arnaud-Guilhem d'Aydie, des vicomtes de Riberac en Périgord, abbé commandataire de St-Sever, de St-Girons et de Pontaut l'avait remplacé vers la fin de cette année. Arnaud-Guilhem ne siégea que six ans. Après lui le chapitre élut Pierre de Biais, chancelier de Foix et de Béarn. Cette élection ne fut point maintenue ; la cour désigna Charles de Grammont, qui abandonna le siége de Couserans à Gabriel son frère. Charles éprouva une opposition assez vive et ne put prendre possession de son nouvel évêché qu'en 1528. On vit à la cérémonie les deux archidiacres de Marsan et de Chalosse, et les chanoines Odet de Baradat, Jean-Antoine de Castelnau, Pierre de Betous, Pierre d'Amou et Simon de Basaudun. C'était à peu près tout ce que Charles de Grammont comptait de partisans dans le chapitre. Le serment prêté par les chanoines dans cette occasion nous a été conservé. Nous le publierons, parce qu'il a servi de matière ou de prétexte à de longs démêlés (1).

Charles voulut connaître le clergé de son diocèse. Il assembla un synode dans lequel il se montra plus exigeant que ses prédécesseurs. Il y décréta que tous les biens des prêtres morts sans testament appartiendraient à l'évêque. Martin-des-Fossés ou de La Fosse, dans le synode tenu en 1299, avait décrété que les biens seraient divisés en trois parts, dont une reviendrait à l'évêque, l'autre passerait à l'église et la troisième resterait aux parents; et encore dans le décret de Martin il ne s'agissait que des biens meubles, tous les immeubles appartenaient de plein droit à la famille. L'ordonnance de Charles de Grammont ne dura guère plus que son épiscopat, et son épiscopat finit deux ans après. Le siége de Bordeaux était devenu vacant par la mort de Jean de Foix. Le chapitre se hâta de procéder à l'élection de son successeur; mais les voix se partagèrent. Gabriel de Grammont en obtint quinze, et neuf furent données à Bertrand de Galard-Brassac. Le pape cassa l'élection sous prétexte que le concordat était violé. Néanmoins il consacra lui-même ce qui avait été fait et conféra de sa pleine autorité l'archevêché à Gabriel. Celui-ci, soit qu'il eût vu avec peine sa nomination contestée ou qu'il ne voulût pas précéder son frère aîné, se démit en faveur de Charles, qui eut à Aire pour successeur, Gabriel de Saluces, le dernier des fils de Louis, marquis de Saluces et de Marguerite de

(1) Voir note 8.

Foix-Candale. Saluces était très-jeune encore : non seulement il ne se fit point sacrer, mais il n'entra point dans les Ordres, et la mort de ses trois frères aînés l'ayant rendu le chef de sa maison, il renonça à son siége et épousa Madeleine, fille du maréchal d'Annebaut (1). Les auteurs de la Gaule Chrétienne veulent que Pierre de Biais ait fait reconnaître enfin ses droits après la translation de Charles de Grammont; mais leur sentiment n'est appuyé sur aucun document certain; toujours il n'est rien moins que constant que Pierre ait jamais reçu l'onction épiscopale. Il est même très-vraisemblable qu'il échangea ses prétentions (*) contre l'abbaye de Luc.

Gabriel de Grammont (2) n'était plus évêque de Couserans, lorsqu'il fut élu par le chapitre de Bordeaux. Dès 1522 ou plutôt 1524, il avait permuté son siége contre celui de Tarbes ; mais la cour de France qui avait reconnu sa dextérité dans les affaires, ne lui permit pas de résider dans ce diocèse. Après la bataille de Pavie, elle se hâta de l'envoyer en Espagne pour traiter de la délivrance de François Ier, et quand les fers de son maître eurent été brisés, il dut rester près de Charles-Quint. Ce séjour était plein de périls. Le monarque espagnol, voyant son ancien prisonnier se

(1) St-Julien, gentilhomme Gascon, nourri en la maison de Saluces, d'abord guidon, puis lieutenant dans la compagnie de cette maison, essaya vainement de prévenir les rivalités élevées entre les deux frères aînés de Gabriel. (Du Bellay, tome 5, page 81.)

(*) Dans les priviléges du Béarn, on lit un acte du 30 mars où l'on trouve ces mots : Mossin Péés de Biaix elegit d'Ayro, chancelier de Foix et de Béarn. Et dans ces mêmes priviléges sous la date de février 1533, on lit : reverend pay en Dieu Mossin Péés de Biaix abat de Luc chancelier de Foux et de Béarn. (Manuscrit d'Aire.)

(2) Voir aussi Du Bellay et la Biographie de Michaud.

liguer avec Henri VIII, roi d'Angleterre, fit arrêter Grammont, qui ne recouvra sa liberté que parce qu'on usa de représailles sur les ambassadeurs d'Espagne. De retour en France, l'évêque de Tarbes reçut ordre de partir pour l'Angleterre. Les instructions secrètes le chargeaient de profiter de l'éloignement d'Henri VIII pour son épouse Catherine d'Aragon, afin de l'engager à jeter les yeux, non comme le disent la plupart des historiens, sur Marguerite d'Alençon, alors remariée à Henri de Navarre, mais sur Rénée de France, seconde fille de Louis XII et belle-sœur de François I*er*. Grammont, oubliant ce qu'il devait avant tout à la religion dont il était le ministre, conseilla le divorce dans une harangue solennelle qu'il prononça devant le monarque anglais entouré de sa cour et de tout le parlement. Il présenta même cet acte immoral comme une chose honnête et conforme aux règles de la conscience. Le divorce eut lieu en effet ; mais Henri épousa Anne de Boulen dont il était vivement épris, et le prélat français eut la douleur d'avoir conseillé une mesure, dont les suites devaient être si fatales à l'Église, sans en avoir retiré le seul avantage qu'il pouvait s'en promettre. Néanmoins cette conduite, si digne de blâme, ne le brouilla pas avec la cour de Rome et ne lui fit point perdre l'estime de l'épiscopat. C'est peu après que le pape Clément VII le promut à l'archevêché de Bordeaux, et quand il eut cédé ce siége à son frère, il le décora de la pourpre (1530).

L'année suivante, le roi le députa à Rome pour prier le souverain-pontife de déroger à la clause du concordat qui exceptait de la nomination royale les bénéfices déjà en possession des priviléges particuliers.

L'habileté du négociateur triompha de tous les obstacles, et le Saint-Père accorda au prince l'indult qu'il sollicitait; seulement il le limitait à la vie de François I$^{er}$; mais la concession étant faite, il fut facile d'en obtenir la prorogation. Les rois de France en ont toujours joui depuis cette époque. Le cardinal de Grammont prit part aux négociations tenues à Bologne entre Clément VII et Charles-Quint, et y fit admirer sa haute prudence autant que sa finesse et son habileté. Il négocia le mariage du duc d'Orléans depuis Henri II avec Catherine de Médicis, nièce du pape. Il détermina même le Saint-Père que cette alliance avait singulièrement flatté à se rendre à Marseille où il eut une entrevue (1$^{er}$ août 1533) avec le roi de France. François I$^{er}$, pour récompenser Grammont de ses services, lui donna, en 1532, l'évêché de Poitiers et en 1534, l'archevêché de Toulouse qu'il garda avec son premier siége (*). Mais ses travaux avaient épuisé sa santé. Une fièvre lente acheva de miner ses forces; il s'éteignit le 26 mars 1534 dans le château de Balma, maison de plaisance des archevêques de Toulouse. La cour perdait en lui un ministre fidèle et un politique adroit, le Sacré-Collége un de ses principaux ornements, et la France le défenseur de ses intérêts et de sa gloire; mais enlevé par les soins de la politique aux Églises, qui

(*) Après la mort du cardinal de Grammont, le chapitre de Tarbes composé de Gaillard de Gère, arch. de Rivière-Adour, de Jean d'Aure, arch. de Bazaillagues, de Jean d'Etienne, de Patrice de Vincent, d'Arnaud de Peró, de Hamelot de Jussan, précenteur, de Jean de Poussin, de Pierre Dufaur, de Pierre d'Antin, arch. de Sylves et d'Auger Lasserre, nommèrent Jean d'Aure et Antoine d'Antin, vicaires généraux, et Jean d'Etienne, official. (29 mars 1534). Manuscrit de l'hôtel-de-ville de Tarbes.

lui furent confiées, il ne fit rien pour mériter leurs regrets. Son corps fut transporté à Bidache et inhumé dans le tombeau de sa famille. On conserve à la bibliothèque royale le recueil des lettres relatives à ses diverses ambassades.

Menaud de Martory, de Martres, ou peut-être de Lamartonie, avec lequel Gabriel de Grammont avait permuté le siége de Couserans contre celui de Tarbes, passa lui-même la plus grande partie de sa vie dans le tumulte des affaires. Né dans le Béarn, il s'attacha à la maison de Foix et lui dut son élévation. Il suivit le jeune André dans sa courte et malheureuse expédition de Navarre, et après avoir été quelques jours gouverneur de Pampelune, il se sauva en toute hâte devant les troupes victorieuses de Charles-Quint, et regagna avec peine les frontières de la France. Cet échec ne le dégoûta pas des excursions lointaines. L'année suivante, il accompagna en Italie les deux frères d'André, Odet et Thomas, plus connus, le premier sous le nom de Lautrec, et le second sous celui de Lescun. Celui-ci d'abord voué à l'état ecclésiastique, avait été pourvu de l'évêché de Tarbes à la mort de Menaud d'Aure, vers l'an 1505. Il posséda cet évêché près de dix ans sans être entré dans les Ordres sacrés. Après ce terme, entraîné par le goût des armes (*), il dépouilla l'habit sacerdotal, revêtit la cuirasse et se distingua par un courage

---

(*) Brantôme. Vie des Grands Capitaines, page 144. Mgr de Lescun qui avait laissé le bonnet rond, estait évêque de Tarbes au commencement, mais il se sentit trop gentil compagnon pour se mettre d'église : aussi je vous assure qu'il était tel et fist tant honnêtement en toutes choses là où il eut affaire qu'il fut, avec l'aide de ses bons amis et amies, maréchal de France. (Fleuranges, page 318).

bouillant et une impétueuse intrépidité. En renonçant à son siége, il y fit placer Menaud de Martory ; mais cette nomination fut attaquée. Roger de Montaut, qu'une partie du chapitre avait opposé à Thomas et qui n'avait pu faire valoir ses droits, espéra être plus heureux contre son successeur, et arbora hautement ses prétentions. Les deux concurrents s'efforcèrent de gagner le chapitre en favorisant sa sécularisation. Menaud donna son assentiment à cette mesure, le 7 décembre 1514, et Roger, le 29. Dans cet acte, Montaut se signait évêque élu et confirmé ; néanmoins la nomination de Menaut prévalut (*), et son autorité fut enfin reconnue par toutes ses ouailles.

Pendant ces débats, Menaud resta en Italie avec ses protecteurs ; et quand Lautrec et après lui Thomas, devenu maréchal de France, gouvernèrent le Milanais, il fut chargé de présider pour le roi aux affaires ecclésiastiques du duché. La hauteur qu'il déploya dans ses fonctions aliéna la cour romaine ou du moins elle servit de prétexte à Léon X pour se détacher de la France. Forcé de repasser les monts après la perte du Milanais, en 1522, Menaud renonça désormais aux préoccupations de la politique et se consacra tout entier aux fonctions de son ministère. Peu attaché à des ouailles qu'il n'avait presque pas connues, il passa de Tarbes à Couserans et administra vingt-quatre ans cette Église. Il mourut en 1548 dans un âge avancé. Le poète Nicolas Bourbon, qui lui a dédié une de ses pièces, loue son mérite et sa piété.

Bien différents de la plupart des prélats dont nous venons de rappeler le souvenir, les évêques de Lectoure

---

(*) Le chapitre de Tarbes fut sécularisé le 23 février 1524 par une bulle de Léon X. Menaud était alors paisible possesseur de l'évêché.

vécurent renfermés dans les soins de l'administration ecclésiastique. A la mort de Hugues d'Espagne, en 1487, les chanoines élurent Bertrand de Roquelaure, un de leurs confrères, abbé commandataire de Bouillas; mais le pape les avait prévenus et avait nommé à ce siége Pierre d'Absac (*) de Ladouze, évêque de Rieux, et l'élu du chapitre dut céder à l'autorité du chef de l'Église. D'Absac était né d'une ancienne famille du Périgord. D'abord moine et chambrier de St-Jean-d'Angely, il devint abbé de Lagrasse dans le diocèse de Cahors et des Alleux dans celui de Poitiers où il s'était fait connaître en professant avec éclat dans l'université de cette ville. Ses talents et sa naissance l'élevèrent à l'épiscopat. Il occupa le siége de Rieux, d'où il passa à Lectoure en 1487. Il fit son entrée solennelle dans cette dernière ville, le dimanche 5 août. Le récit de cette cérémonie nous a été conservé (1). Il était à peine six heures du matin, lorsque le prélat se présenta à la Porte-Peinte, appelée autrefois de La Bacouère, escorté

(*) Une note ajoutée aux Man. du P. Montgaillard prétend que la maison où Jean V fut tué avait été bâtie par un évêque de Lectoure, du nom de d'Absac et appartenant à la famille de Flamarens. Il y a une terre de d'Absac dans l'Agenais. Le fait suivant est plus constant. Dans sa lutte contre Charles VII, Jean V ayant fait démolir le couvent des Carmes de Lectoure, parce qu'il était *comme attaché* aux murailles de la ville, s'engagea à le rebâtir à ses frais; et pour cet effet il abandonna pendant six ans les revenus de la icomté de Bruillois (22 novembre 1419). Jean mourut sans avoir rempli son engagement, et Charles, son frère et son successeur, fut condamné à l'exécuter. Géraud de Marestang et Philippe de Voisins, curateurs de Charles, transigèrent avec les religieux le 22 janvier 1492, et à la place du revenu du Bruillois ils s'obligèrent à payer trois mille livres par annuités de deux cents livres, qui devaient être prises sur les tailles que le comte percevait à Eause et dans l'Eusan.

(1) Voir tome 6, page 398.

d'environ deux cents cinquante notables, parmi lesquels on comptait Jean de Boisrond, baron de Laroque, et d'Arman, chambellan du roi et sénéchal d'Armagnac, Bernard de Bassabat, seigneur de Pordéac, Jean du Tastet, juge-mage, et les six consuls de Lectoure, Guillaume de Vitrac, licencié en droit, Jacques Honéde, Etienne de Lammet, Aspin de Fogerac, Bertrand Abède et Géraud de St-Lane. Il montait une mule, et toute sa suite était à cheval.

Pierre de Galard, co-seigneur de Castelnau-d'Arbieu, à pied, sans casaque militaire, et n'ayant pour chaussure que la sandale espagnole, l'attendait au milieu d'environ soixante pages, dont chacun tenait à sa main un grand bâton blanc. Il s'avança vers d'Absac et lui remontra que depuis quarante, cinquante, soixante, cent ans et plus, ses ancêtres et lui étaient en possession de conduire l'évêque élu et confirmé quand il entrait dans la ville en sa qualité d'évêque et de seigneur de Lectoure pour la quatrième partie. Il demanda, en conséquence, à jouir du privilége qu'une coutume immémoriale lui assurait. Le prélat accueillit la demande comme conforme au droit et raisonnable. Le service agréé, Pierre de Galard se conformant strictement à ce qui avait été pratiqué avant lui, saisit la bride de la mule, et précédé de ses pages il conduisit l'évêque par la rue droite jusqu'à l'église du St-Esprit. Changeant alors de rue, il le mena jusque sous le porche de la cathédrale. Là il prit l'évêque dans ses bras et le descendit de sa mule. Mais dès que d'Absac eut touché la terre, Pierre de Galard s'élança sur la monture et retourna à la Porte-Peinte, précédé de ses pages. Il refit avec eux le trajet que venait de parcourir le cortège, et quand il fut devant la cathédrale, il salua l'évêque, et sous ses yeux il sortit de la ville, amenant la mule qui désormais lui appartenait.

En acceptant l'épiscopat, d'Absac se démit de l'abbaye des Alleux en faveur de son neveu, Hugues d'Absac; mais il conserva celle de Lagrasse. Il en consacra le grand autel en 1491, le 5 octobre, qui, disent les auteurs de la nouvelle Gaule Chrétienne, tombait au dimanche dans l'octave de la Fête-Dieu. L'année suivante, il renouvella les statuts de son chapitre. Charles VIII ne tarda pas de l'appeler à la Cour; il le chargea d'aller négocier la paix avec Ferdinand, roi de Castille. La paix se fit en effet, et quoique les conditions n'en fussent pas favorables à la France, puisqu'on rendait le Roussillon et la Cerdagne, le roi voulut récompenser le négociateur et lui procura l'archevêché de Narbonne, vacant par la translation du cardinal d'Amboise à l'archevêché de Rouen. En s'éloignant, il laissa pour souvenir à son chapitre des livres de chant à quatre cordes dont la méthode commençait alors à s'introduire (*), et une salle qu'on appela depuis la salle de *Monsieur de Narbonne*, et qu'il avait acquise durant son épiscopat. Dom Martenne parle d'un cardinal Antoine, évêque de Lectoure, qu'il fait mourir en 1498. C'est tout ce que nous savons de ce prélat. Ni Frison, ni Duchène ne désignent aucun cardinal comme ayant occupé le siége de Lectoure. Ce qui est constant, c'est que Louis Pot, abbé de St-Lomer, puis de Marmoutier et enfin évêque de Tournay, fut transféré à Lectoure, où il siégea depuis

---

(*) C'est le plain-chant actuel. Le plain-chant primitif avait cinq et même six cordes.

le 21 décembre 1500 jusqu'en 1505 (*). Les Frères de Ste-Marthe lui donnent pour successeur Antoine de Corbonne, Corbon ou Carbonneau, élu le 27 décembre 1505; mais cette élection fut cassée. Le chapitre s'assembla de nouveau et donna ses voix à Pierre Dufaur, fils naturel de Gratien Dufaur, seigneur de St-Jorry.

Il était docteur en droit canon, chanoine de Lectoure, protonotaire apostolique, conseiller du roi et président au parlement de Toulouse, lorsqu'en 1480, il fut fait prieur commandataire de St-Orens. Vingt-cinq ans après, ses confrères le placèrent à leur tête; mais épuisé par l'âge et par ses travaux, il ne survécut que trois ans à son élévation et fut remplacé par Bertrand de Lustrac, abbé de St-Maurin dans le diocèse d'Agen. Bertrand avait signalé son administration en reconstruisant les murs de son abbaye. Les moines ne lui permirent pas de se démettre; il garda l'abbaye en acceptant l'épiscopat. Il y mourut le 17 avril 1511, et y fut enterré le lendemain au côté droit du maître-autel. Paul lui succéda et assista, en 1512, à la troisième session du Concile de Trente. Les actes de ce Concile nous révèlent seuls son existence; son nom ne se trouve point dans les diptiques de son ancienne église. Les Frères de Ste-Marthe placent ici Réné de Prie, qu'ils disent avoir été transféré à Limoges et ensuite à Bayeux. Cependant Réné était évêque de Bayeux dès l'an 1502. Peut-être ne prit-il point possession de l'évêché de Lectoure quoiqu'il en eût été pourvu. Une histoire manuscrite de St-Augustin de Limoges nous apprend que Guillaume de Barton céda ses droits sur l'évêché de Limoges

(*) Ce prélat abandonna à son chapitre la moitié des dîmes de Ceran pour l'entretien de deux enfants de chœur et d'un tenor.

à Réné de Pric, et en reçut en échange les prétentions de celui-ci à l'évêché de Lectoure.

Quoiqu'il en soit de la vérité de ce récit, Guillaume de Barton s'assit sur le siége de Lectoure vers l'an 1512. Il était frère de Bernard, vicomte de Montbas, de Jean, évêque de Limoges et de Pierre, abbé du monastère de St-Augustin dont nous venons de parler. Dégoûté de l'épiscopat presqu'aussitôt après y être parvenu, il se démit en faveur de son neveu. Jean de Barton, ainsi se nommait celui-ci, était déjà abbé commandataire de St-Augustin et évêque d'Athênes, lorsqu'en 1513 il succéda à son oncle. Il s'appliqua d'abord à faire restaurer le chœur de sa cathédrale, et après ce travail il en entreprit un plus important. Ne trouvant pas la nef assez vaste, il la renversa (*) et jeta à grands frais les fondements d'une nouvelle construction, qu'il n'eut pas la joie de voir terminer, quoique son épiscopat se

(*) Dans les décombres on trouva des marbres précieux et des inscriptions antiques. On découvrit aussi alors le tombeau de Jean V. Les Barton portaient pour armes d'azur au cerf d'or au chef échiqueté d'or et geules. Suivant une note du manuscrit déjà cité, Jean de Barton, se trouvant malade dans le Limouzin, résigna son évêché entre les mains du roi, mais à condition que Guillaume de Barton son neveu en serait pourvu. Le chapitre ne voulant pas reconnaître cette clause, et considérant le siége comme vacant, élut Georges d'Armagnac. Le roi paralysa cette élection; il gagna Georges en lui promettant le premier évêché vacant, et obtint qu'il se désistât en faveur de son compétiteur. Au moment où toutes les difficultés paraissaient aplanies, la division éclata plus vive que jamais, et du côté où elle devait le moins venir. Jean de Barton était guéri, et voulut reprendre son évêché ou du moins en percevoir tous les fruits. Guillaume refusa d'y acquiescer. Bientôt ils s'opiniâtrèrent l'un et l'autre au point d'en appeler à la force et de lever des troupes. Mais des amis communs s'interposèrent entre l'oncle et le neveu, et parvinrent à faire cesser ce scandale. Si le fait est vrai, Jean dut rester vainqueur dans cette lutte, car il siégea encore plus de quinze ans.

soit prolongé très-longtemps. En 1529, quelques chanoines voulurent lui substituer Georges d'Armagnac. Ils prirent pour prétexte de cette levée de boucliers que Jean de Barton s'était démis dans les mains de Clément VII en faveur de son neveu ; mais le prélat démentit sa prétendue démission. Il fut soutenu par le reste du chapitre, qui protesta contre une élection de tout point irrégulière, et Georges fut obligé de renoncer à ses prétentions. Jean de Barton mourut sur son siége, le 21 décembre 1544.

## CHAPITRE III.

Évêques de Dax, de Lescar, d'Oleron, de Bayonne, de Bazas, de Lombez et de Condom. — Marguerite de Navarre penche vers le protestantisme. — Henri d'Albret la maltraite à ce sujet. — Jeanne, leur fille unique, est recherchée par le prince royal d'Espagne. — Elle est fiancée au duc de Clèves. — Progrès du protestantisme dans la Gascogne. — Mort du cardinal de Clermont-Lodève. — Le cardinal de Tournon lui succède à Auch. — Gérard Roussel, évêque d'Oleron. — Marguerite et Henri reviennent sincèrement au catholicisme. — Troubles que les nouvelles doctrines excitent dans leurs États. — Mort de François I$^{er}$.

L'évêque de Dax, Jean de Laborie, survécut quelques années au sacre du roi et de la reine de Navarre, où nous l'avons vu assister ; mais on ne saurait assigner l'époque certaine de sa mort (*). Son épiscopat ne fut jamais paisible ; on en avait troublé le commencement en l'accusant d'un meurtre ; on en troubla la fin en lui imputant de dilapider les biens de son église. Il décora sa cathédrale de magnifiques verrières qu'il fit fondre à grands frais. Cette dépense servit vraisemblablement de prétexte aux calomnies dont on abreuva ses derniers moments. Malgré ces injustices, Arnaud de Laborie, son neveu, monta sur son siége. Arnaud était fils d'Etienne de Laborie, seigneur de Poy et de Puntous. Il siégea au moins de 1506 à 1514 et montra beaucoup de zèle pour le culte de la Ste-Vierge. Différent de son oncle, qui avait toujours repoussé les chanoines, Arnaud aima à s'entourer de son chapitre et à suivre

(*) Sous son épiscopat et la mairie de Guillaume de Galard, Charles VIII, en 1490, et Louis XII, en 1498, confirmèrent les priviléges de la ville de Dax. (Manuscrit de Dax).

ses conseils. Le chapitre, il est vrai, comptait alors plusieurs prêtres éminents. On vante surtout Jean de Pouylehaut, qui défendit par un écrit plein de force et de raison les droits de Jean d'Albret, roi de Navarre, contre l'usurpation du roi d'Espagne Ferdinand. Cette apologie soutenue du crédit de la maison d'Albret lui valut quelques voix pour l'évêché de Condom. Des historiens prétendent qu'il y fut nommé, mais qu'il ne put obtenir ses bulles. Ce qui est certain, c'est que Marre lui fut préféré et qu'il resta paisible possesseur du siége.

Jean de Lamarthonie succéda à Arnaud de Laborie (*). Il nâquit à Bordeaux d'Etienne de Lamarthonie, conseiller au parlement et d'Isabelle de Pompadour, et eut pour frère Mondot de Lamarthonie, appelé de la première présidence du parlement de Bordeaux à la première présidence du parlement de Paris. Lui-même fut d'abord chanoine de St-André, archidiacre de Médoc et abbé de Guistres. Il ne siégea à Dax que six ans. Affligé de la corruption des mœurs qui envahissait toutes les classes de la société, il chercha à opposer une digue au mal, en publiant des statuts pleins de sagesse; mais ses efforts furent inutiles : il est des temps où la religion et la vertu n'élèvent qu'une voix impuissante. Des infirmités précoces l'avertirent bientôt que sa fin était proche. Il demanda et obtint pour coadjuteur son frère Gaston.

Nourri dans de bonnes et fortes études, celui-ci professa le droit à Poitiers et continua avec un succès nouveau ses leçons à Toulouse et à Cahors. Il s'appliqua

---

(*) Le manuscrit de Dax le nomme Garsie-Arnaud. C'est sous lui, en 1513, que furent arrêtées dans la cité de Dax les coutumes de la sénéchaussée des Lannes. (Manuscrit de Dax).

ensuite à la théologie; il se prépara ainsi à devenir conseiller au parlement de Bordeaux, comme l'avaient été son père et son frère. François Ier lui en donna le titre pour le récompenser plus encore de sa vaste érudition littéraire que de sa connaissance approfondie des diverses branches de la jurisprudence. L'épiscopat de Jean de Lamarthonie fut plus long que celui de ses prédécesseurs. Il siégea trente-sept ans; il est vrai qu'il vécut souvent éloigné de son diocèse. Durant une de ses absences, le gouverneur de l'Aquitaine eut ordre de la Cour de fortifier la ville de Dax et de la fournir de munitions de guerre parce qu'on craignait un siège. Il fallut abattre les maisons trop voisines des remparts; la chanoinie fut comprise dans cette mesure (*). Le roi répara plus tard les dommages portés au chapitre et lui fit compter mille deux cents livres par le trésorier de Bordeaux. Gaston mourut dans les premiers jours d'octobre 1555. Avec son évêché, il possédait les abbayes de Guistres et de Madion. Toute sa famille était comblée de dignités. Outre Mondot, il eut encore deux frères, dont l'un fut intendant de la maison du roi et ambassadeur, et l'autre secrétaire d'état.

Robert d'Espinay que nous avons laissé sur le siége de Lescar, en 1480, passa à celui de Nantes, et fut remplacé, en 1495, par Boniface Perruzi, d'une famille noble d'Avignon, originaire de Florence. Perruzi dut mourir vers 1512; car le 14 mai 1513, le cardinal Amanieu d'Albret administrait le diocèse. Jean de

(*) On abattit aussi alors les églises de St-Eutrope, des Carmes et de Ste-Claire. La première joignait la porte de l'évêché, la seconde la porte de St-Vincent et la troisième la porte de Notre-Dame. Au commencement de l'épiscopat de Gaston, Jean de Bats, prêtre, fonda quatre prébendes dans l'église de Capbreton.

Lassale fut promu quand Amanieu se retira. Nous savons qu'en 1519, il faisait partie du conseil de régence, établi en Béarn par Alain d'Albret, tuteur d'Henri II; mais nous ignorons l'année où commença et celle où finit son épiscopat. Paul de Foix ou de Béarn lui succéda; il fut d'abord abbé de St-Savin et puis de Bolbone. Jean et Catherine le chargèrent, à la fin de 1514, d'aller présenter à Léon X leur obédience pour le royaume de Navarre. Ils l'envoyèrent deux ans après à la cour de François I<sup>er</sup> pour y renouveler les traités de paix qui unissaient la Navarre et la France. Il vivait encore en 1533, comme l'atteste un document de l'abbaye de St-Savin. Un de ses parents, Jacques de Foix, abbé de St-Volusien de Foix et de La Réole, le remplaça. A ses dignités ecclésiastiques, Jacques joignit les titres de gouverneur de Béarn et de chancelier de Navarre. Il se prêta sans peine aux désirs de son chapitre et obtint du pape Paul III sa sécularisation, qui fut prononcée en 1537. On raconte que ce prélat étant allé un Vendredi-Saint demander à Henri, roi de Navarre, la grâce d'un seigneur coupable, en représentant que ce jour là J.-C. était mort pour expier tous les crimes : eh bien, répondit le prince, j'imiterai le Père éternel qui, dans sa justice, n'épargna pas son propre Fi'.

A Oleron (1), Sanche de Cazenave était mort vers la fin de février 1491, et avait été remplacé presqu'aussitôt par Jean de Pardailhan, chanoine d'Auch et archidiacre d'Anglès, qui se fit sacrer dans l'église métropolitaine, le 1<sup>er</sup> mai 1491. Antoine de Corneillan, s'appuyant d'une bulle du pape Innocent VIII dont il

---

(1) Voir, outre les autorités ordinaires, le Manuscrit d'Oleron.

était chapelain, lui disputa le siége; mais le chapitre qui avait élu Jean, soutint son œuvre. La famille de Pardailhan, très-puissante dans la province, lui vint aussi en aide, et le candidat de Rome fut écarté. Les annales du Vatican nous parlent encore d'un Cosme Paci, italien, sous Alexandre VI, et vraisemblablement nommé par lui; mais quand siégea-t-il? Fut-il même reconnu? Nous ne saurions trop l'assurer. Nous croirions plus volontiers que ce fut un autre prétendant opposé vainement à Jean de Pardailhan, dont l'épiscopat se prolongea jusqu'en 1498. Une charte de l'abbaye de St-Jean-de-Luz, écrite le 1er avril de cette année, mentionne un prélat qui, selon le langage habituel de ces pièces, n'est désigné que par son initiale R., et elle dit ce prélat élu et confirmé; c'était Raymond ou Raymond-Arnaud de Béon, fils d'Arnaud-Guillaume de Béon, vicomte de Sère et seigneur de Devèze. Déjà archidiacre sous Pardailhan, il lui fut donné pour successeur par le chapitre. Le pape ne reconnut pas d'abord cette élection, et par une bulle du mois d'octobre 1502, il nomma le cardinal d'Albret administrateur perpétuel du diocèse; mais encore ici la nomination papale resta sans effet. Raymond-Guillaume, d'autres disent Arnaud-Guillaume, demeura paisible possesseur de l'église d'Oleron. En 1504, Catherine, reine de Navarre, à ses derniers moments, l'établit son exécuteur testamentaire. Le prélat survécut quatorze ans à la reine, et ne mourut qu'en 1518. La médiation de François Ier procura alors l'évêché d'Oleron au cardinal Jacques Salviati, neveu par sa mère du pape Léon X. Salviati chargea Casaubiel, un de ses vicaires généraux, de gouverner le diocèse en son nom, et après trois ans il y renonça entièrement, et se démit en faveur de Jacques ou Jean de Foix, que Gaston de Foix, un de ses parents, remplaça en 1528.

Jean de Labarrière, évêque de Bayonne, survécut dix ans au sacre du roi de Navarre et mourut en 1504. Il eut pour successeur Bertrand de Lahet, d'une noble et ancienne famille du Labour (*). Bertrand était chanoine de la cathédrale et vicaire général capitulaire, lorsque les suffrages universels de ses collègues l'élevèrent à l'épiscopat. Cette élection fut la dernière : le procès-verbal nous en a été conservé. Le chapitre s'assembla, le 8 juillet, dans la salle ordinaire. Tous les membres, avant d'aller déposer leurs votes, firent leur communion, et quand le résultat en eut été proclamé, ils se retirèrent processionnellement dans le chœur au chant du *Te Deum* et au son de toutes les cloches. Le 9 août suivant, ils envoyèrent au métropolitain l'acte dressé à cette occasion et le soumirent à sa confirmation.

Sous l'épiscopat de La Barrière, Mondot de Lamarthonie, alors premier président du parlement de Bordeaux, se transporta à Bayonne pour y réduire en un corps les coutumes particulières de cette ville et de tout le Labour. Il convoqua, le 29 octobre 1513, une assemblée générale à la maison-commune. On y vit l'évêque, les chanoines, le seigneur de Fontanès, lieutenant du gouverneur du duché de Guienne, le prévôt, le maire et le capitaine de la ville, Roger de Grammont, Guiraut Dupuy, Augerot de Lagarde, Menauton de Belzunce, Jean de Larue, Pierre d'Ayena, Échevins, Pierre de

---

(*) Molas de Lahet, un de ses ancêtres, était, en 1233, gouverneur de Dax et de Bayonne, et maire de cette dernière ville. (Voir le Man. de Bayonne pour les prélats de cette église).

Letor, Pierre de Garris, Augerot d'Aire, Jean Paris d'Aguilh, Martinon de Sarcade, Sauvat de Talongue, jurés, et vingt-quatre conseillers. Le pays de Labour y était représenté par Louis d'Urtubie, Jean de Muneral, seigneur de Sault, Etcheverry, Jean de Hyrigoyen, Gaston de Garro, Pierre de Lahet, Jean de Sorhatel, Jean de Haïtse, Martin d'Uhalde, Jean d'Espelette, Nenaut d'Arraing. On y comptait encore quelques avocats et quelques notables. La ville s'était déjà préparée à cette œuvre; elle avait chargé dix habiles personnages de rechercher et de rédiger par écrit tout ce qu'ils trouveraient de plus constant et de mieux avéré dans les divers actes qui établissaient la législation qui l'avait régie jusqu'alors. L'assemblée élut ces dix commissaires, qui travaillèrent cinq ou six jours avec le premier président, et arrêtèrent sous ses yeux le droit coutumier de Bayonne. On l'écrivit sur douze peaux de parchemin qu'on déposa à la mairie. Le 9 juin suivant, le parlement de Bordeaux l'enregistra et le reconnut comme ayant force de loi.

Bertrand de Lahet vécut jusqu'en 1519. La peste désolait alors Bayonne; le prélat crut se soustraire au fléau en se retirant à Bassurrary dans sa maison de Mongay, mais la mort qu'il fuyait vint l'y frapper, le 5 août. On l'enterra d'abord sans pompe à Bassurrary. Quatre mois après, on releva son corps et on le transporta à Bayonne dans le caveau réservé aux évêques. Le roi usant du pouvoir que lui conférait le concordat, nomma Hector d'Aylli de Rochefort, chanoine de Paris. Hector ne garda son siége que quatre ans; il se démit alors et fut nommé presqu'aussitôt à l'évêché de Toul. Comme plusieurs évêques de la province, on l'employa dans la diplomatie. Jean de Bellay (1), son successeur, devait donner un nouvel éclat à l'église de Bayonne.

Né en 1472 au château de Glatigny, dans le Perche, d'une famille qui s'était distinguée dès les premiers siècles de la monarchie, Jean fut élevé avec Guillaume et Martin de Bellay, ses frères. Leur éducation fut très-soignée; on leur donna une connaissance approfondie des écrivains de l'antiquité, presque étrangers jusque là à la jeune noblesse. Ils acquirent ainsi une supériorité, qui leur procura dans la suite l'avancement le plus rapide. L'aîné prit le nom de Langey et fut destiné aux armes ainsi que Martin. Jean, dont les inclinations étaient plus sérieuses, embrassa l'état ecclésiastique. Ils étaient encore fort jeunes, lorsqu'en 1515, ils parurent à la cour de François I$^{er}$. Ce prince, qui dès-lors trouvait dans les lettres ses plus agréables délassements, les admit à ses divertissements et à ses études. Il donna, en 1526, l'évêché de Bayonne à Jean et l'envoya l'année suivante en Angleterre pour déterminer Henri VIII à se liguer avec la France contre Charles V. Jean réussit dans sa négociation, et dès ce moment il fut employé dans les affaires les plus importantes de l'état et de l'église; mais il ne resta pas longtemps sur le siége de Bayonne. Ses talents, son habileté et la faveur de son maître devaient le conduire aux plus hautes dignités. On le vit évêque de Paris en 1522, cardinal en 1525, évêque de Limoges en 1541, archevêque de Bordeaux en 1544, et évêque du Mans

---

(1) Voir, pour ce prélat, outre les autorités citées, la Biographie de Michaud, les Mémoires de Du Bellay et des auteurs contemporains.

en 1546. Enfin il était doyen du Sacré-Collége et évêque d'Ostie lorsqu'il mourut en 1560 (*).

En transférant Jean de Bellay, de Bayonne à Paris, le roi lui donna pour successeur Etienne Poncher, originaire de Tours; Jean Poncher, père d'Etienne, était trésorier de l'épargne. Son oncle, nommé Etienne comme lui, d'abord évêque de Paris et puis archevêque de Sens, avait été longtemps garde des sceaux, lui-même fut transféré en 1551 à l'archevêché de Tours, sa patrie. Différent des évêques de Dax et d'Oleron qu'on accusa de prêter les mains à l'hérésie, l'évêque de Bayonne veillait avec soin pour empêcher qu'elle ne s'introduisît dans son diocèse. Un menuisier, qui s'y était marié, en ayant été soupçonné, on fit des informations qui établirent sa culpabilité. L'affaire fut aussitôt déférée au parlement de Bordeaux. Celui-ci condamna le coupable à faire amende honorable à Dieu, au roi

---

(*) On raconte généralement qu'il fut envoyé une seconde fois en ambassade auprès d'Henri VIII, alors dans le délire de sa passion pour Anne de Boulen. Il parvint à déterminer ce caractère altier, non seulement à oublier son ressentiment contre le Saint-Siége, mais encore à lui soumettre le jugement de cette affaire. Enchanté de ce triomphe, qui semblait devoir prévenir le schisme qu'il redoutait, Jean de Bellay partit aussitôt pour Rome, au milieu d'un hiver rigoureux, et il y arriva dans le moment où l'on allait prononcer la condamnation d'Henri VIII. Il obtint avec peine le délai indispensable pour envoyer en Angleterre un homme de confiance; mais le mauvais état des chemins ayant retardé la réponse qu'il attendait, les partisans de Charles V firent rendre la sentence, précipitation d'autant plus funeste, que le courrier porteur des pourvois nécessaires arriva deux jours après. Ainsi, la grande révolution qui entraîna l'Angleterre dans le schisme, aurait peut-être été arrêtée par le zèle d'un seul homme, si des accidents hors de la prévoyance humaine n'eussent dérangé toutes ses combinaisons. Cette anecdote, quoique très-répandue, est très-suspecte; nous croyons même que la plupart des historiens de nos jours la rangent parmi les fables.

et à la justice, pieds et tête nus, en chemise, une torche ardente à la main et un fagot de bois sur les épaules. On le conduisit ainsi à la cathédrale, où il entendit à genoux, sur un échafaud, un discours prêché à son occasion. L'arrêt ajoutait qu'il serait fouetté par le bourreau aux carrefours de la ville, qu'il aurait la langue percée et qu'il serait banni; ce qui fut exécuté vers l'an 1545 *avec une grande édification du public*, ajoute le manuscrit qui nous a transmis ce récit (1).

Après la mort de Jean Bonneau, arrivée vers l'an 1503, le siége de Bazas vaqua jusqu'en 1509. Le cardinal d'Albret monta alors sur ce siége; néanmoins il ne prêta serment au chapitre que le 13 janvier 1512. Il ne paraît pas même qu'il ait jamais pris d'autre titre que celui d'administrateur de Bazas (\*). Il obtint de François Ier la confirmation du paréage passé entre un de ses prédécesseurs et le roi d'Angleterre, alors duc souverain d'Aquitaine. A sa mort, on lui donna pour successeur Symphorien de Bulioud, tour-à-tour chanoine de St-Just, de Lyon, sa patrie, conseiller clerc au parlement de Paris, aumônier du roi et enfin évêque de Glandève. Le roi Louis XII l'envoya à Milan pour y traiter diverses affaires près du parlement que le Gouvernement français avait créé dans cette ville. Il fut député ensuite vers le pape Jules II. Enfin, sous Léon X, il assista au Concile de Latran, au nom du roi son maître.

(1) Manuscrit de Bayonne.

(\*) C'est de lui que Louis XII disait à Aléandre, un des savants de la Renaissance, qui racontait que chez les Romains, le prêtre ne devait avoir ni chien, ni chèvre, ni même en prononcer le nom : le mauvais temps que c'eût été pour le cardinal d'Albret. Ce prélat aimait les chevreuils et avait toujours une nombreuse meute de chiens. (Grands Officiers).

François Ier, voulant le récompenser, le transféra à Bazas. Les travaux de la cathédrale n'étaient point achevés, Bulioud s'attacha à l'autel et l'orna des magnifiques colonnes d'airain que surmontent des anges adorateurs. Il fut moins généreux pour la toiture de son église; il fallut que le parlement de Bordeaux le condamnât à la réparer. Le différend, que cette affaire avait amené entre son chapitre et lui, fit qu'il accepta avec joie une nouvelle translation. Il permuta en 1528 avec Foucaut de Bonneval, évêque de Soissons. Celui-ci ne tarda pas à se dégoûter de son nouveau siége, et quatre ans après, il permuta à son tour avec Jean de Plas, évêque de Périgueux. Jean était né dans le Limousin, d'Antoine de Plas et de Marie de Miramont. Il parcourut avec distinction la carrière des lettres et devint doyen de l'académie de Poitiers. Ses succès le désignèrent à la cour, qui employa plusieurs fois ses talents. On le chargea d'abord d'une mission délicate dans l'Aquitaine. Il s'agissait d'une mesure qui devait grossir le fisc. Jean la mena à bonne fin sans exciter le mécontentement public, ce qui le fit nommer à l'ambassade d'Angleterre. Il ne voulut pas garder le titre de pasteur quand il s'éloigna de son troupeau, et avant son départ il se démit, vers 1543, en faveur de son frère Annet de Plas, abbé du monastère de la Couronne.

Les documents sur l'église de Lombez sont toujours plus stériles. Nous savons qu'à Savaric d'Ornesan succéda, en 1528, Bernard d'Ornesan, son neveu. Bernard accompagna le roi François Ier, lorsqu'en 1533 il fit son entrée solennelle à Toulouse. Le lendemain, il prit place dans le lit de justice qui fut tenu par le roi. Nous empruntons cette circonstance à l'histoire du

Languedoc. La Gaule Chrétienne se borne à constater qu'il mourut (*) en 1547, et qu'il fut remplacé par Antoine Olivier, frère de François Olivier, chancelier de France, et fils du premier président du parlement de Paris.

Le successeur de Marre sur le siége de Condom (1) nous est plus connu. Il se nommait Hérard et appartenait à la noble et antique famille de Grossoles-Flamarens. Entré jeune dans l'abbaye de Condom, il y avait pris l'habit religieux et s'y était distingué par sa science et sa piété. Marre se l'associa dans l'administration du diocèse et l'établit, en 1515, son vicaire-général. A la mort du prélat, toutes les voix l'appelèrent à monter sur son siége; mais le roi avait prévenu l'élection et nommé Jean Dumoulin. Celui-ci chercha à faire valoir ses droits; il lutta deux ans. Après ce terme, il transigea moyennant une pension. Resté paisible possesseur de l'évêché, Hérard reprit l'œuvre chérie de son prédécesseur, et poussa avec tant d'ardeur la construction de la cathédrale, qu'il la termina en moins de dix années. Il bâtit encore la chapelle de St-Nicolas pour les offices curiaux. Enfin, il construisit les stalles du chœur, mais toutefois avec les sommes léguées par Marre (**). Quand il eut ainsi mis la dernière main à

(*) Ce fut cet évêque qui bâtit le château de St-Blancat; ses armes y étaient gravées en plusieurs endroits. On croit qu'il donna des constitutions à son chapitre.

(1) Voir, outre les autorités ordinaires, le Manuscrit de M. de Lagutère.

(**) Hérard ne borna pas son zèle à la cathédrale; il éleva aussi la magnifique chapelle de l'évêché. Enfin sa famille lui devait le beau château de Buzet avec la chapelle qui l'avoisine. Le vitrail de cette chapelle le représente en habits pontificaux, prosterné aux pieds d'un

l'un des édifices religieux les plus remarquables de la Gascogne, Hérard voulut le consacrer solennellement. La cérémonie fut fixée au 15 octobre 1531. On y vit, avec les consuls, quinze cents personnes de tout rang; on y remarqua surtout Jean de Gallard, Louis d'Arsac et Jean de Godald, abbés de Simorre, de Vaupillon et de Bouillas, Marc-Antoine de Grossoles, seigneur de Buzet, Bertrand de Grossoles, seigneur de Flamarens, et François de Pombriant, seigneur de Pombriant, tous, ses neveux. Le pieux prélat survécut environ treize ans à cette consécration; mais on ne saurait assigner le jour précis de sa mort. On sait qu'il fut enterré dans la chapelle des Quarante-Martyrs, et qu'il eut pour successeur Jean de Pisseleu (1). Sa réputation de science s'étendait au-delà de la France. Erasme lui dédia sa célèbre *exégèse* ou confession de foi.

Tel était le clergé dont la cour de Navarre accusait la profonde ignorance, et que Marguerite se plaisait à livrer au ridicule. Elle composa contre lui *les Contes de la reine de Navarre*, ouvrage licencieux, que notre époque blâmerait chez la femme même la plus légère, et que son siècle pardonna à une princesse dont la conduite se montra toujours régulière et dont *le cœur*, nous dit Brantôme, *fut fort adonné à Dieu*. Pour contrepoids à cette production plus que futile, elle écrivit en vers *le Miroir d'une âme pécheresse*, œuvre pleine de ce mysticisme vague qu'affectait la Réforme à sa naissance. La

---

crucifix. Il portait écartelé au 1er et au 4me de gueules au lion d'or, naissant d'une rivière d'argent, au chef cousu d'azur, chargé de trois molettes d'éperon d'or, au second et au troisième tranché de gueules et d'or. Ses armes se voient encore dans la grande vitre de l'église de Cassagne.

(1) Voir note 9.

singularité de la matière et le nom de l'auteur donnèrent une grande vogue à ce livre. Ce succès (1) appela sur lui l'attention de la Sorbonne, qui sans se laisser intimider par la puissance de la princesse, le condamna comme dangereux. Mais Marguerite s'étant plainte à son frère de ce jugement, François manda près de lui le recteur de l'université; c'était Nicolas Scop. Ame timide, il eut la lâcheté de désavouer ce qui avait été fait, et livra ainsi au ressentiment royal Noël Beda qui avait signé la condamnation. Peu contente d'avoir composé ses contes, la reine de Navarre faisait jouer sur la scène des comédies de sa façon, puisées dans l'Écriture-Sainte, et presque toujours entremêlées de traits satyriques contre les moines, les évêques et le pape. Les excès de ce genre furent poussés si loin, que le cardinal de Grammont étant venu visiter cette cour, ne crut pas pouvoir y séjourner avec décence, et se hâta de la quitter. Henri, toujours bon et facile pour la reine sa femme, se prêtait à ces jeux : souvent on le vit passer du spectacle dans son appartement où se faisaient les prêches; quelquefois même il se déroba à ses domestiques pour aller, dans les ténèbres de la nuit, participer aux assemblées mystérieuses du nouveau culte; mais comme il n'obéissait qu'à la curiosité, il revint bientôt à une conduite plus digne d'un roi et demeura constamment fidèle à la foi de ses pères (*).

(1) Bèze, Hist. ecclésiastique, page 13. Du Bellay, Introduction, page 114.

(*) Matthieu rapporte qu'un jour ayant appris qu'on faisait dans sa chambre quelque pratique du nouveau culte, il y entra résolu de châtier le ministre, et trouvant qu'on l'avait fait évader, il déchargea sa colère sur la reine et lui donna un soufflet, disant qu'elle en voulait trop savoir.

Son mariage avait été fécond; mais de quatre enfants qui en étaient nés, Jeanne avait seule survécu et devait hériter de tous les biens des maisons d'Albret, de Foix et d'Armagnac, et de quelques autres seigneuries données en dot à sa mère : c'était ainsi un des plus riches partis de l'Europe. Charles-Quint rechercha sa main pour son fils Philippe (1), et tâcha de faire goûter ce projet à François Ier. Quand il eut perdu l'espoir de vaincre la répugnance que le monarque français éprouvait pour un mariage, qui livrait à l'Espagne le passage des Pyrénées et presque toute la Gascogne, il se retourna secrètement vers le père et la mère de la princesse et fit briller à leurs yeux le double avantage de voir leur fille assise sur un des plus beaux trônes de l'univers, et de terminer honorablement la longue querelle, née de la conquête de la Navarre. Henri et Marguerite parurent accueillir cette ouverture, mais la négociation fut éventée par Charles de Grammont, archevêque de Bordeaux, qui remplissait les fonctions de lieutenant-général du roi de Navarre dans son gouvernement du duché de Guienne. François, à cette nouvelle, voulut garder lui-même la jeune princesse et exigea qu'elle fût conduite à sa cour, où elle serait élevée avec les princesses ses filles. Bientôt, guidé par la politique, il lui choisit pour époux Guillaume de Lamark, duc de Clèves et de Juillers. Henri et Marguerite se montrèrent peu flattés d'une alliance qui exilait leur fille de la France et la jetait au fond de l'Allemagne, loin de ses sujets et de ses vassaux. Il fallait d'ailleurs consulter les États de Béarn. D'après les anciens fors, le seigneur ne pouvait marier aucun de ses enfants sans leur

(1) Garnier, tome 13, page 129.

consentement, et moins encore pouvait-il disposer sans eux de son héritier. Les États furent unanimes (1) pour repousser le duc de Clèves; mais François Ier n'écouta ni leur réclamation, ni la répugnance de son beau-frère et de sa sœur, et sans attendre le consentement d'Henri il fit célébrer le mariage (2) dans le château de Châtellerault (16 juillet 1540). Jeanne ne s'abandonna pas elle-même. Par les conseils des gens de sa suite, elle protesta contre la violence du roi en présence de Jean, seigneur d'Abères, de François Navarre, son médecin, de Guisain, secrétaire de Henri, et de Nicolas Bourbon, son précepteur. François chercha à lui faire oublier son mécontentement en l'entourant de pompe et de magnificence : il la para d'une robe de brocart d'or et d'argent, il la couvrit de pierreries, et comme sous le poids de si riches atours, la jeune enfant n'eût pu facilement s'avancer vers l'autel, il commanda au connétable de Montmorency, ennemi de la maison de Navarre, *de prendre sa nièce au col et de la porter à l'église*. Cet ordre étonna la cour, qui trouva la fonction peu convenable pour un connétable. Marguerite, forcée d'assister à une cérémonie qui désolait son cœur maternel, ne put s'empêcher de sourire à cette vue : voilà, dit-elle, celui qui nous voulait ruiner autour du roi mon frère, qui maintenant sert à porter ma fille à l'église (3). Du reste, Jeanne n'étant point nubile, le mariage ne fut point consommé.

(1) Faget de Baure, page 398. — (2) Château de Pau.

(3) Brantôme, à qui nous empruntons ce récit, ajoute : le connétable fut fort déplaisant de cette charge et en eut grand dépit pour servir de spectacle à tous et commença à dire : c'est fait désormais de ma faveur, adieu, lui dit, comme il arriva; car après le festin et dîner de nôces, il eut son congé et partit aussitôt. (Brantôme, vie de Marguerite, reine de Navarre, page 221).

Les fêtes ne laissèrent pas de se prolonger plusieurs jours : on y remarqua surtout de magnifiques tournois où furent observées toutes les cérémonies empruntées des chevaliers de la table ronde. La garenne du château servit de théâtre à ces jeux. « On y avait dressé, dit Paradis, de naturelle verdure, salles, perrons, arcs triomphants et palais à l'antique, èsquels étaient chevaliers armés qui tenaient le pas chacun pour l'honneur de sa dame... joignant étaient chapelles de verdure avec hermites vêtus de velours vert, gris et autres couleurs gaies, lesquels donnaient advertissement aux chevaliers étrangers, désirant pourachever leurs aventures. D'autre part étaient plusieurs dames en mode de Nymphes et Dryades, accompagnées de leurs nains, le tout fait à la mode et façon des chevaliers du temps passé, et fut ledit ébattement pour la nouvelleté et magnificence d'icelui la chose la plus mémorable qui ait été faite ni ouïe de notre temps. Se faisaient lesdites rencontres en plein jour et afin qu'ils n'eussent faute de passetemps la nuit, avaient été bâties lices èsquelles se faisaient joutes la nuit aux torches, chose non accoutumée en France » (1). Après cette brillante et vaine cérémonie, le duc de Clèves retourna en Allemagne, où sa nouvelle épouse devait lui être conduite plus tard, et où l'empereur se préparait à le punir de s'être livré à la France. La lutte était trop inégale. Trahi par la fortune et dépouillé de presque tous ses États, l'infortuné dut acheter une paix humiliante en se liguant contre François I$^{er}$. Henri de Navarre profita de cette occasion pour faire casser un mariage imposé par la force à une enfant, et

---

(1) Paradis. Histoire de Lyon, page 406. Mémoires de l'Histoire de France, tome 20, page 297.

reprenant sur sa fille les droits que la nature lui assurait, il lui fit quitter la cour et la ramena avec lui dans la Gascogne.

Pendant que Charles-Quint abattait le duc de Clèves, François mettait sur pied trois armées : l'une commandée par le Dauphin devait conquérir le Roussillon. Elle comptait dans ses rangs la plus grande partie de la noblesse française attirée par le désir de combattre sous les yeux de l'héritier du trône. Le roi de Navarre l'avait grossie de cinq mille Gascons presque tous levés dans ses États. Rien de plus brillant ne s'était vu depuis le commencement de ce règne. François voulut encourager de sa présence sa brave noblesse ; il visita le camp. Henri et Marguerite d'Albret à qui l'on faisait espérer qu'après la conquête du Roussillon et de la Cerdagne on soumettrait la Navarre, les cardinaux de Lorraine, de Ferrare et du Bellay, le prince de Melphi et une partie de la cour accompagnaient (1) le monarque. Cette suite peu guerrière ne pouvait qu'arrêter l'élan des soldats. Le roi se flattait, dit-on, de rencontrer l'empereur sur le champ de bataille et de se mesurer corps à corps avec lui ; mais cet espoir et celui que faisait naître l'armée furent complètement déçus. Il fallut dissoudre les troupes sans avoir pu même entamer l'ennemi. François se retira par le Languedoc, et après s'être reposé à Toulouse, il alla avec ses deux fils passer la fête de Toussaint à Nérac (2). Le roi et la reine de Navarre les reçurent avec splendeur et magnificence. Marguerite surtout n'oublia rien pour témoigner à un frère, qu'elle aimait, toute la joie que lui causait sa visite.

(1) Favin, livre 13, page 765, et Histoire du Languedoc, tome 5, page 152. — (2) Idem.

Ces fêtes et la préoccupation d'une expédition militaire n'empêchèrent pas le roi de donner son attention aux souffrances de la justice. Ayant appris que les procès s'entassaient près du parlement de Toulouse, il choisit, le 22 juillet 1542, Durand de Senta, second président du parlement et douze conseillers, et les commit pour aller à la mi-septembre tenir les grands jours dans la ville de Fleurance (1). Ils devaient corriger les fautes des officiers royaux, juger toute espèce de cause criminelle, travailler surtout *à extirper la malheureuse secte luthérienne*, et enfin expédier les affaires des sénéchaussées d'Armagnac et de Bigorre, des judicatures de Gaure, de Comminges, de Verdun et de Rivière, du comté de Foix, de la vicomté de Couserans et de la seigneurie d'Aspect, c'est-à-dire de toute la partie de la Gascogne qui était du ressort du parlement de Toulouse.

Les mesures ordonnées par François Ier furent inutiles. Le protestantisme, comme il arrive presque toujours, grandit sous les persécutions ; il se répandit surtout dans le Béarn où Marguerite le couvrait de sa protection. Néanmoins, nous ne pouvons le taire, la plupart des novateurs justifiaient peu l'engoûment de la princesse. C'étaient des moines défroqués, des ecclésiastiques vicieux, des prêtres sans pudeur, invités au libertinage par le privilége d'une réforme qui les dégageait de leurs vœux. Solon, un carme apostat, échappé du couvent de Tarbes, poussa le cynisme jusqu'à épouser cinq femmes (2), et n'en devint pas moins dans la

(1) **Histoire du Languedoc**, page 181.

(2) Florimond de Rémond, livre 7, chapitre 2. Nous avons emprunté à cet auteur et à Sponde une partie des traits sur le calvinisme en Béarn.

suite, ministre d'Orthez. Roussel, presque seul, faisait contraste avec cette tourbe éhontée. Bon, charitable, généreux, régulier, il gagna l'entière confiance de la reine, qui le choisit d'abord pour son directeur et le nomma ensuite abbé de Clairac. Doux et modéré autant que Calvin était amer et dur, il disait, en parlant des cérémonies du culte catholique, qu'il fallait nettoyer la maison du seigneur et non la brûler. C'est lui qui le premier (1) porta à la cour de Navarre, alors à Pau, les doctrines nouvelles. La reine voulut toutefois que la prédication se fît à huis clos et dans les caves du château. Bientôt le moine s'enhardit jusqu'à dire publiquement, dans l'église de St-Martin, ce qu'il appelait la messe à sept points. Après le sermon, il donnait à tous les assistants la communion sous les deux espèces. Jacques de Foix, évêque de Lescar, sous les yeux duquel se passaient ces scènes sacrilèges, n'essaya point de les arrêter. Vil esclave de la cour et livré tout entier aux préoccupations de la politique, il s'inquiétait trop peu de la saine doctrine pour s'alarmer de tentatives patronnées par l'autorité royale. Roussel ne tarda pas à lui être donné pour collègue. Le loup, devenu pasteur, allait pouvoir mieux dévaster le troupeau.

L'évêque d'Oleron venait de mourir; le choix de son successeur appartenait au chapitre. Le Béarn était un pays d'obédience. Les souverains du pays n'avaient jamais songé à nommer aux bénéfices; Henri d'Albret s'arrogea ce privilége, et à l'instigation de sa femme il désigna Roussel. Il est probable que la cour de Navarre trompa le Saint-Siége et plus encore le métropolitain François de Tournon, dont l'attachement à l'orthodoxie

---

(1) Sponde, *ad annum* 1549, page 523.

et aux règles canoniques ne furent jamais équivoques. Le cardinal de Clermont-Lodève, son prédécesseur, avait été créé en 1528, doyen du Sacré-Collége, par Paul III. En acceptant la plus haute des dignités ecclésiastiques après la papauté, il ne crut pas devoir garder son archevêché et s'en démit en faveur du cardinal de Tournon. Néanmoins par un abus trop fréquent à cette époque, il se réserva l'administration du diocèse avec tous les revenus qui y étaient attachés; c'était ainsi ne donner que la survivance : elle ne se fit pas longtemps attendre. Le prélat mourut à Avignon dans le mois de février 1540, et y fut enterré dans la belle église des Célestins qu'il avait fait bâtir. Son testament témoignait de sa charité; il léguait aux pauvres d'Auch la moitié de tout ce qui lui était dû dans le diocèse.

Sa charité n'empêcha pas qu'il ne reçût, en 1528, une grave insulte dans sa ville métropolitaine. N. d'Enpaly, Barbier, Jean-Paul d'Enbaqués, Jean de St-Germier, dit le Bigourdan, Bernard de St-Germier, notaire, Jean Caillot, Jacques de Sobras, dit le Limousin, Pierre de Vieusos et Berdot de Cahusac, assaillirent son palais de nuit et se répandirent en injures contre le prélat en présence de sa mère, de ses deux frères et de sa belle-sœur, qui étaient venus le visiter. Tant d'audace ne pouvait rester impunie; mais le châtiment qu'on leur infligea rappelle la sévérité des premiers temps de la monarchie. Les coupables furent arrêtés et déférés au parlement de Toulouse, qui condamna d'Enpaly, d'Enbaqués, les deux St-Germier, Caillot et le Limousin, à être conduits devant les portes de l'archevêché et de la métropole : là, à genoux, tête nue, en chemise, une torche de deux livres à la main, le Bigourdan et Caillot ayant en outre la hart au col, ils demanderaient pardon à Dieu, au roi et à l'archevêque. Après cette amende honorable, ils devaient être fustigés jusqu'au sang, par les mains du bourreau, à toutes les rues et à tous les carrefours de la ville; enfin ils étaient bannis à perpétuité et leurs biens étaient confisqués au profit de leurs seigneurs naturels. Néanmoins comme si la confiscation entière n'eût été qu'une vaine formule, on retenait deux mille livres pour l'archevêque, cinq cents pour le roi et la moitié des propriétés restantes pour les femmes et les enfants des coupables. Vieusos et Cahusac ne furent pas traités aussi durement que leurs complices, sans doute parce qu'ils s'étaient moins emportés; toutefois, ils devaient faire la même amende honorable, puis être promenés trois fois autour de la place publique et fustigés par le bourreau, subir ensuite un bannissement de trois ans, et enfin payer au roi cinquante francs d'amende. L'arrêt fut exécuté le 19 août; et pour qu'il restât dans les souvenirs publics, on le grava sur le théâtre même du délit; on le lit encore à un des piliers du tribunal actuel d'Auch (1).

François (2) de Tournon qu'il avait choisi pour son successeur était né en 1489 dans le château qui porte son nom, sur les bords du Rhône. Il fut le cinquième fils de Jacques de Tournon et de Jeanne de Polignac. Élevé sous les yeux d'une mère qui, avec tous les avantages de l'esprit et du cœur, avait reçu du ciel un goût sensible pour la piété, il se voua de bonne heure à l'état

(1) François de Clermont-Lodève portait pour armes fascé d'or et de gueules au chef d'argent, chargé de cinq hermines de sable.

(2) Voir, pour ce qui regarde le cardinal de Tournon, les cartulaires d'Auch, M. d'Aignan, dom Brugelles, la Biographie de Michaud, les Mémoires du Temps et Bertoul.

ecclésiastique, et prit à l'âge de douze ans l'habit de chanoine de St-Augustin dans l'abbaye de St-Antoine en Dauphiné. Ses talents et sa naissance le portèrent rapidement aux honneurs. Une entrevue qu'il eut avec François Ier à Lyon, lui gagna le cœur de ce prince, qui fut frappé de son air et charmé de ses discours. Dès-lors il fut résolu qu'on l'arracherait à l'obscurité du cloître; l'occasion se présenta bientôt. L'abbaye de la Chaise-Dieu étant devenue vacante, les suffrages des religieux se réunirent en faveur de François de Tournon, et le roi confirma volontiers leur choix; mais le nouvel élu ne fit que se montrer dans son abbaye. A peine en eut-il pris possession qu'il se vit appelé au siége d'Embrun. La France penchait alors vers sa ruine, le roi gémissait dans les fers de Charles-Quint; Tournon fut chargé de travailler à sa délivrance avec Jean de Pins, évêque de Rieux et quelques autres négociateurs. Il signa comme chef de l'ambassade le fatal traité de Madrid: plus tard il conduisit en France la princesse Éléonore et la remit à François Ier. L'archevêché de Bourges et les abbayes de Tournus, de Candeil, de St-Florent, de Ferrières, de St-Julien de Tours, furent la récompense de ses services. Là ne s'arrêta pas la munificence du roi, qui dès ce moment lui abandonna toute sa confiance. Il le décora du collier de St-Michel, et lui donna enfin la charge de maître de sa chapelle. Il ne manquait au prélat que les honneurs de la pourpre romaine; Clément VII les lui déféra (19 mars 1530). Tournon avait partagé jusque là, avec le connétable de Montmorency, l'administration de l'État; il en devint bientôt seul arbitre et dut faire face à l'Europe entière, conjurée contre son maître; mais les guerres s'apaisèrent et des jours plus calmes succédèrent à de longs orages.

La poursuite de l'hérésie devint, pendant la paix, le principal but des efforts du ministre. De toutes parts la Réforme pénétrait en France et son esprit s'était glissé jusque dans la famille royale. Tournon, prévoyant tous les maux qu'elle allait verser sur la France, résolut de l'extirper, tandis qu'elle était encore mal enracinée. Pour y parvenir, il combattit avec autant de force que de raison la tendance que François Ier, dominé par sa sœur la reine de Navarre, paraissait avoir pour les nouveautés. Il changea si bien ses sentiments, que le prince commanda à ses officiers d'exécuter dans toute la rigueur les ordonnances portées contre les hérétiques, en ajoutant ces paroles que l'histoire a enregistrées : « L'hérésie me paraît si funeste, que si mon bras était infecté déjà de ce venin, je le couperais sur l'heure et je n'épargnerais pas mes propres enfants s'ils avaient le malheur de se laisser pervertir. » Tournon, profitant des dispositions de son maître, fit publier des édits rigoureux contre les novateurs. Il établit une chambre ardente à Paris, et ordonna à tous les tribunaux du royaume de poursuivre les nouvelles erreurs comme autant de crimes d'État. En toute occasion, il se montra le fléau de l'hérésie. Ne poussa-t-il pas la rigidité trop loin ? ne fut-il pas quelquefois servi par des ministres plus zélés que prudents ? Nous n'oserions prononcer. La question religieuse, telle qu'elle fut posée au commencement du seizième siècle, avait évidemment deux faces : la politique se cachait sous le christianisme. Celui-ci n'était que le prétexte. Ajoutons que nos esprits sceptiques et nos mœurs douces et faciles ne peuvent peut-être pas apprécier complètement ces temps rudes et fermes où la lutte était partout et la réaction continuelle.

Ce fut au milieu de ces soins pour l'Église que le cardinal de Clermont-Lodève remit entre les mains de François de Tournon l'archevêché d'Auch. François s'empressa de prendre possession de son siége par procureur (24 avril 1539); mais le chapitre y mit opposition. Il s'opposa encore davantage à une nouvelle installation que le cardinal essaya après le décès de son prédécesseur. Le roi François I<sup>er</sup> crut briser toute résistance en nommant lui-même le cardinal en vertu du concordat. Cet expédient ne réussit pas mieux; les chanoines méconnurent l'autorité du roi comme ils avaient méconnu l'autorité du pape (*). Ils ne se bornèrent pas à protester contre ce qui avait été fait; mais ils s'assemblèrent et nommèrent d'une voix à peu près unanime, Jean de Lacroix, archidiacre de Pardailhan, qui fut aussitôt reconnu dans tout le diocèse. Néanmoins, le nouvel élu ne tenta point de se faire sacrer; il attendit les événements et soutint un procès que le cardinal lui intenta devant le parlement de Toulouse. Ce procès traîna en longueur.

Cependant, dès 1542, François de Tournon sut attacher à sa cause une partie des chanoines. La vie régulière qui, dans les cathédrales, avait succédé de-

---

(*) Il fondait son droit non seulement sur ce que le concordat n'avait pas encore été reçu dans tout le royaume, mais encore sur ce que ce pacte célèbre porte expressément que les élections ne seront point abolies dans les églises qui se trouveraient munies d'un privilége spécial du Saint-Siége. Ce privilége spécial, il le puisait dans la bulle accordée à l'église d'Auch par Célestin III en 1195. On y lit formellement que les chanoines éliront seuls leur archevêque.

puis plusieurs siècles à la vie conventuelle, pesait au relâchement public; presque tous les chapitres la rejetaient. Déjà, dans la Gascogne, les chanoines de plusieurs églises étaient passés à la vie séculière; ceux d'Auch soupiraient après le moment où il leur serait donné de jouir d'un privilége semblable. Le cardinal, qui résidait souvent à Rome et qui possédait à la fois l'estime et l'amitié du souverain-pontife et la confiance du roi de France, pouvait mieux que personne le leur obtenir. Cette considération, que ses partisans firent habilement valoir, lui gagna des voix. Son concurrent ne souhaitait pas moins que ses confrères la sécularisation; il se laissa vaincre aux sollicitations qui l'entouraient, renonça à l'élection faite en sa faveur et se démit de tous ses droits. Dès-lors toute opposition fut anéantie: François de Tournon fut unanimement reconnu, mais son titre de premier ministre ne lui permit pas de s'éloigner de la cour; il nomma pour son vicaire-général François de Caupenne, qui administra le diocèse en son nom (*).

(*) Peu de temps après, Lacroix qui était fort pieux, fit présent à l'église métropolitaine de la grande statue de Notre-Dame d'argent massif. Cette statue émaillée et guillochée d'or représentait la Ste-Vierge assise sur un fauteuil gothique. Ce travail avait tout le fini de ce temps si fécond en œuvres de ce genre. Néanmoins vers le milieu du siècle dernier, à une époque où les œuvres d'art chrétien étaient si faussement jugées, M. l'abbé d'Aignan du Sendat, celui-là même qui rassembla les matériaux sur l'histoire de ce pays dont nous avons souvent entretenu nos lecteurs, et qui a ainsi rendu à notre département un service apprécié trop tard, M. d'Aignan du Sendat lui substitua une autre statue d'argent représentant la Vierge debout et tenant l'enfant Jésus dans ses bras. Le don de M. de Lacroix passa dans le trésor de Ste-Marie où il fut gardé précieusement jusqu'en 1793; mais alors la Vierge gothique et celle, qui lui avait été substituée, allèrent également avec tous les objets de même métal qui

Un prélat de cette trempe ne se fût pas prêté à placer sur un des siéges de sa suffragance un moine d'une foi plus que suspecte et lui eût refusé sa sanction; mais Roussel profita des facilités que lui offrait une époque où les lois de l'ancienne discipline venaient d'être modifiées par le concordat, et où cependant le concordat n'avait pas entièrement prévalu sur l'ancienne discipline. Il parvint ainsi à se passer à la fois et de Rome et du métropolitain. Il trouva quelques évêques courtisans et se fit sacrer. Dès ce moment, il s'étudia à mieux cacher ses véritables sentiments, et feignit même d'attaquer Luther, Zuingle et Calvin, les trois principaux chefs des nouvelles doctrines. Cette dissimulation souleva la colère de Calvin qui composa contre lui le traité sur les Nicolaïtes (1). Pour rendre sa pensée plus claire, l'irascible apôtre de Genève joignit au traité une lettre dans laquelle il attaquait les faux dévots, qui sous prétexte de spiritualité, s'étaient insinués dans l'esprit de la reine de Navarre et l'avaient infatuée de leurs visions. La lettre était écrite d'un style digne du sujet et allait quelquefois jusqu'à l'injure. Marguerite, au lieu de repousser ou du moins de mépriser les traits

---

se trouvèrent à l'Église, s'ensevelir à l'hôtel des monnaies de Toulouse. Lacroix fonda aussi dans l'église métropolitaine quelques prébendes en chapellenies qui portent son nom ; mais entraîné par la voix du sang, il voulut que ces chapellenies fussent rendues aux descendants de sa famille qui porteraient le nom, et à défaut de ceux-ci aux descendants maternels. Il réserva encore le droit de patronage pour le chef de sa maison, qui occupa longtemps un rang distingué dans la ville d'Auch. Plusieurs de ses membres ont rempli la charge de premier ou de second consul. On ignore quand mourut Jean de Lacroix. Son décès est marqué au 9 décembre dans le nécrologe de la métropole.

(1) Sponde, Florimond.

lancés contr'elle, s'oublia jusqu'à baiser la main qui les avait décochés. Elle répondit à Calvin d'un ton presque soumis, et s'efforça de justifier sa conduite.

Cette attaque si peu méritée ne détacha pas Roussel du parti de l'erreur. En dépit des sarcasmes de Calvin, il continua à saper le catholicisme. Ce qui rendait ses coups plus dangereux, c'est que sa vie était irréprochable(1), et qu'à des mœurs austères il joignait une application infatigable au travail. Il prêchait très-souvent, assistait à toutes les heures canoniales, faisait de grandes aumônes, et tandis qu'un grand nombre de ses confrères aimaient à nourrir des meutes de chiens et à s'entourer de nombreux domestiques, lui, consacrait une partie de ses revenus à élever des jeunes gens auxquels il insinuait sans peine ses principes. La semence ne tarda pas à porter ses fruits.

Le bruit de ce qui se passait en Béarn parvint jusqu'à François I<sup>er</sup>. Appréciant chaque jour mieux les conséquences de ce qui se faisait, il écrivit à sa sœur pour se plaindre de sa conduite. Marguerite se hâta de rassurer son frère et lui protesta qu'elle n'avait jamais songé à déserter la religion catholique dans laquelle elle était disposée à persévérer jusqu'à ses derniers moments. Elle tint parole, et depuis cette époque elle n'eut plus aucun commerce avec les novateurs. Henri d'Albret, son mari, partagea ses sentiments et se montra désormais plus sévère contre l'hérésie. Il était temps que les deux époux se ravisassent. Le mal gagnait sans cesse et infestait toutes les parties de leur domination, mais surtout le Béarn (2). Des prêtres, des religieux infectés du venin, le distillaient du haut de la chaire,

---

(1) Florimond. — (2) Archives du Béarn, 4<sup>me</sup> volume.

et leur souffle répandait l'insubordination et l'orgueil. Les peuples, remués, agités par des prédications téméraires et hardies, commentaient à leur manière et jugeaient sans étude et sans connaissance une religion dont les dogmes ardus échappent à l'examen de la multitude. La dispute s'agitait partout, sur la place, dans les champs, dans les lieux publics, au foyer domestique. La voix des pasteurs était impuissante.

Le roi interposa son autorité; il défendit sous des peines rigoureuses, à ces prédicateurs nomades, d'annoncer la parole divine sans l'approbation des évêques, et à tous ses sujets de disputer ou de dogmatiser dans les tavernes, les cabarets, les lieux publics et même les maisons particulières. Enfin, il enjoignit à chacun de respecter l'Église et les pieuses pratiques consacrées par un usage immémorial. Cet édit, daté de St-Savin (1) en Lavedan (30 août 1546), suspendit un instant les discussions, mais ne guérit pas les esprits. L'autorité royale elle-même fut bientôt moins ferme. François I$^{er}$ s'éteignait lentement, usé par les voluptés qu'il avait épuisées avec une sorte de pudeur qui en voilait le scandale. Vainement il chercha dans le délassement de la chasse ou dans de courts et fréquents voyages un adoucissement au mal qui le dévorait; ces remèdes eux-mêmes hâtèrent sa fin.

Marguerite, qui lui avait prodigué des soins si salutaires dans sa prison de Madrid, était en Béarn. Vivement alarmée de l'état de son frère, quoiqu'elle fût loin d'en soupçonner toute la gravité, elle disait (2) aux personnes de sa suite : « Quiconque viendra à ma porte m'annoncer

(1) Archives du Béarn, 4$^{me}$ volume. — (2) Brantôme, Vie de Marguerite, page 223.

la guérison du roi mon frère, tout courrier, fût-il las, harassé, fangeux et mal-propre, je l'irai baiser et accoler comme le plus propre prince et gentilhomme de France, et qu'il aurait faute de lit, et n'en pourrait trouver pour se délasser, je lui donnerais le mien et coucherais plutôt sur la dure pour telles nouvelles. » Mais pendant qu'elle achevait ses préparatifs de départ, son frère mourait à St-Germain-en-Laye au milieu du deuil général (31 mars 1547). Il avait donné au royaume un aspect inconnu : ce n'était pas peut-être de la prospérité, c'était de l'éclat, ce que les hommes aiment mieux encore (1). Trois actes honorables, disent les Mémoires de Tavannes (2), lui donnèrent le nom de Grand : la bataille de Marignan, la restauration des lettres et la résistance qu'il fit à toute l'Europe.

(1) Laurentie. — (2) Chapitre 8, page 84.

## CHAPITRE IV.

Marguerite, reine de Navarre, visite Auch. — Entrée du cardinal de Tournon dans cette ville. — Fondation des Colléges d'Auch, de Gimont, de Mont-de-Marsan et de Lectoure. — Mariage de Jeanne de Navarre avec Antoine de Bourbon. — Mort de la reine Marguerite. — Idem de Roussel, évêque d'Oleron. — François de Tournon est remplacé sur le siége d'Auch par le cardinal de Ferrare. — Naissance d'Henri IV. — Mort de Henri, roi de Navarre, son grand-père. — Jeanne et Antoine se font reconnaître dans leurs nouveaux domaines. — Leur engoûment pour le protestantisme. — Les États de Béarn protègent l'ancien culte. — Nouvelle expédition tentée pour recouvrer la Navarre. — Mort de Henri II, roi de France.

Marguerite ne se consola point de la perte d'un frère dont sa tendresse n'avait pu recueillir les derniers soupirs. Elle en fit, dit Brantôme (1), des lamentations si grandes, des regrets si cuisants, *qu'onques puis ne se remit et ne fit jamais plus son profit.* Elle essaya de distraire sa douleur en visitant ses vastes domaines. Elle arriva à Auch, le 30 septembre 1547, accompagnée de l'évêque Roussel, son aumônier, et d'une suite assez peu nombreuse. Elle alla loger à l'archevêché. Le soir même (2) elle parut au chœur de l'église métropolitaine; elle s'y montra encore le lendemain et réclama ensuite sa part canoniale. Arnaud de Monlezun, syndic du chapitre, lui remit, en présence de l'évêque d'Oleron et de Dominique de Gabre, vicaire-général du diocèse, quinze pains, deux socs de vin et trois sols : c'était ce qui revenait à chaque chanoine pour le droit de présence à ce double office.

(1) Vie de Marguerite, page 223. — (2) Voir, tome 6, page 417.

La ville d'Auch se préparait alors à recevoir le cardinal de Tournon, son premier pasteur. Forcé de quitter les affaires à l'avénement d'Henri II, successeur de François I<sup>er</sup>, il alla d'abord se retremper dans l'esprit sacerdotal à l'abbaye de Tournus, un de ses nombreux bénéfices; et après avoir passé quelques mois au sein de sa famille, il s'achemina vers son diocèse qu'il n'avait point encore visité. Les glaces d'un hiver précoce ne purent l'arrêter; il fit son entrée solennelle le 21 décembre (1).

Il montait une mule de prix, couverte d'une housse d'écarlate. Autour de lui se pressaient des évêques, des abbés et un nombre considérable de personnages de distinction, accourus de diverses provinces pour lui faire honneur. Guillaume de Voisins, baron de Montaut, fils de Philippe de Voisins dont nous avons plusieurs fois parlé, le reçut à la porte de Latreille. Il était à pied, tenait à sa main le bâton, symbole du voyage, et portait pour vêtement, pourpoint et manteau de velours noir, et pour chaussure la sandale espagnole, attachée à la jambe par des lacets de taffetas, *ainsi qu'il était accoutumé de faire de toute ancienneté.* La noblesse du pays n'avait pas fait défaut : comme le premier de ses pairs qu'elle accompagnait, elle avait le bâton blanc et la casaque de velours ; mais sous la casaque noire elle *portait livrées de taffetas blanc et rouge.* Le baron remontra au prélat, à haute et intelligible voix, que lui et ses prédécesseurs étaient, par ci-devant et de si longtemps qu'il n'y avait mémoire du contraire, en possession de mener l'archevêque, faisant sa nouvelle et joyeuse entrée, par les rues droites de Latreille en l'église mé-

(1) Voir, tome 6, page 418.

tropolitaine, en tenant la bride de la mule sur laquelle ledit seigneur archevêque était monté; qu'en conséquence il était venu pour en ce et en tout autre endroit faire le service voulu par la coutume. Le cardinal agréa le service qui lui était offert, remercia le baron et déclara qu'il lui baillerait tout ce qui lui appartenait, en réservant toutefois ses droits d'archevêque.

Guillaume de Voisins n'en attendit pas davantage; *honorablement et avec grande révérence,* la tête découverte, à pied et sans autre chaussure que ses sandales, il prit la bride de la mule de l'archevêque et y attacha un lacet de taffetas, ce que le prélat *souffrit bénignement et sans contradiction.* Il conduisit ainsi la monture; mais l'âge et les infirmités rendaient la marche pénible au vieux seigneur, surtout dans un pareil accoutrement et par une saison aussi rigoureuse. Aussi, après quelques pas, il supplia l'archevêque de lui permettre de se faire remplacer par Emeric, son fils aîné. Le prélat y ayant consenti, Emeric, à pied et *en semblable équipage* que son père, prit la mule par la bride et la mena jusque sur le parvis de la métropole. Là, acte fut donné au père et au fils pour la conservation de leurs droits, en présence de noble Manaut de Larroque, seigneur de St-Arailles, de Pierre Desparbès, seigneur de Beaulieu et de Laboubée, de Bertrand Desparbès, seigneur de Lussan, de Jean de Magnaut, seigneur de Montégut, d'Arnaud-Guilhem, son fils aîné, de Bernard de Beaumont, seigneur du Malartic, de Bernard de Villères, seigneur de Mons, de Meric de Verduzan, seigneur de St-Cric, de Jacques Ducoré, seigneur de Lahitte, d'Hector de Pins, seigneur du Bourg, de Jacques d'Aignan, seigneur de Sendat, de Jean de Noaillan, seigneur du

Payrol en Condomois, de Bernard d'Endupuy, écuyer tranchant du roi de Navarre, capitaine de Lavardens, de Louis de Monlezun, seigneur d'Aux, de Bernard de Monlezun, capitaine d'Aux et d'honorables hommes, Dominique Cabinier, Pierre d'Aignan, Jean Limozin, Pierre de Baylac, Prix de Puybusque, Guilhem Cauder, Dominique Gras, Guiraud de Lille, consuls d'Auch. Arrivé sous le porche, l'archevêque descendit avec l'aide d'Emeric qui remit la mule à Pierre Desparbès, seigneur de Beaulieu, pour qu'il la fît conduire à l'écurie du baron son père, pendant que lui-même, tenant l'archevêque par un de ses bras, le menait jusqu'à la porte principale du chœur.

Après cette formalité, l'archevêque, toujours conduit par Emeric, s'avança jusqu'au grand autel qu'il baisa, et après une courte adoration, il commença les premières prières de la messe. Le *Confiteor* terminé, Emeric alla prendre le cardinal par le bras et le conduisit, accompagné des seigneurs du pays et des consuls de la ville, à la stalle archiépiscopale, parée pour cette fête, dit le procès-verbal qui nous sert de guide, mais plus belle de ses magnifiques sculptures alors si récentes que de toutes les draperies dont on l'avait affublée. Emeric l'aida d'abord à s'asseoir, et incontinent il le fit lever, puis il le baisa à la joue gauche; enfin il le remit sur son siége *en signe de prise de possession, suivant la louable et ancienne coutume à jamais observée en tel et semblable cas.*

Le banquet avait été préparé dans la grande salle du palais archiépiscopal. Le chapitre voulut contribuer aux frais du festin; il donna, pour traiter la suite du prélat, un bœuf à haute graisse, une douzaine de moutons, demi-douzaine de barriques de vin blanc et clair, demi-douzaine de tourterelles et demi-douzaine de palommes; mais il eut soin de déclarer que le don était gratuit et qu'il ne formerait pas de précédent pour l'avenir. Quand le cardinal se fut assis à la table à laquelle il admit les évêques, les abbés et les personnes les plus marquantes de son cortége, le baron, toujours accompagné du reste de la noblesse, se présenta devant lui et se mit en mesure de faire l'office de maître-d'hôtel, démontrant qu'à ses ancêtres il avait toujours appartenu de servir les archevêques à leur premier dîner, et le priant de vouloir accepter ce service. Le cardinal l'agréa; toutefois par égard pour l'impotence du vieillard, il l'invita à prendre place à table vis-à-vis de lui, déclarant qu'il tenait le service pour fait et accompli. Le baron se rendit à l'invitation; mais après le dîner il alla droit au dressoir et y fit prendre toute la *vaisselle d'argent* qui avait servi au repas, et qu'il fit emporter par Pierre Desparbès et Frix de Poussin, son écuyer. Elle lui appartenait, disait-il, comme récompense de son service, et le cardinal, sous les yeux duquel on exécutait ses ordres, n'opposa aucune résistance. Suivant le Père (\*)

(\*) Voici le texte du Père Mongaillard. *Tum hic fastu nescio quo pulsus ac barbarum quid infrendens, totam baculo quo utebatur abacum conspicientibus cunctis destruit, indignabundus addens : splendidissimè, inquit, ô baro, magnâque expensâ præsuli affuisti; ducentos enim, ut ferunt, e primâ Armeniaci nobilitate sibi socios pedites asciverat comites. Ipse verò tenui isto ac per fragili munere cùm te donet, adeòque inutili, injuriam haud dubiè infert. Satiùs igitur fuerit, si coràm ipso quod potes, cùm tuum illud sit, comminuas, ipseque videat te nec ejus muneribus beatiorem, nec ejus munerum intuitu præclarum te illi obsequium istud præstitisse. Quæ verba contusioque abaci stomacum ferè movent omnibus ipsique forte cardinali. Non enim diù substitit,* page 525.

Montgaillard qu'a suivi pas à pas dom Brugelles, le festin ne se termina pas aussi paisiblement. D'après lui, le cardinal de Tournon, accoutumé à se servir de vaisselle d'un verre artistement travaillé, l'employa aussi dans cette occasion ; ce qui choqua tellement le baron de Montaut, qu'après le repas il s'arma d'un bâton et brisa violemment tous les plats en présence du prélat et de sa suite, et porta l'oubli de toute convenance jusqu'à se répandre en invectives contre tant de parcimonie et d'avarice. Cette insulte, ajoutent-ils, indisposa tellement le nouvel archevêque contre ses diocésains, que peu de jours après il dit un éternel adieu à Auch, et reprit le chemin de Rome. Ici encore nous sommes contraints de suspecter la véracité des deux Religieux. Leur témoignage ne saurait prévaloir contre les paroles formelles d'un procès-verbal, et le prompt retour à Rome de l'ancien ministre de François Ier n'a pas besoin d'un outrage pour être motivé (1).

Le cardinal s'était fait précéder dans son diocèse par des statuts publiés, en 1542, les mêmes sans doute qu'il avait fait adopter à Embrun. Cependant ses ennemis qui dominaient à la Cour, le trouvaient encore trop rapproché d'eux, quoiqu'au fond de la Gascogne. Pour l'éloigner, il fallut un prétexte : l'intérêt et la passion n'en manquent jamais. Les ministres firent entendre au roi qu'il était expédient de se concilier l'affection du pape, et surtout de se préparer à l'élection de son successeur, qui ne pouvait être éloignée ; car Paul III avait alors quatre-vingts ans et était accablé d'infirmités. Le cardinal de Tournon reçut ordre de repasser les Alpes ; mais, avant de quitter une ville qu'il ne devait

(1) Voir note 10.

plus revoir, il mit la dernière main à la fondation du collége.

Dès 1542, il s'en était occupé sérieusement. Les legs du cardinal de Clermont, son prédécesseur, étaient considérables. Ils devaient, d'après leur première institution, être employés à la réparation des églises et surtout au soulagement des pauvres; mais le prélat (1), aussi éminent par son savoir que par son habileté dans les affaires, jugea avec assez de fondement que l'ignorance est aussi une pauvreté, et même souvent d'autant plus triste et plus déplorable qu'elle est moins sentie. La province ecclésiastique d'ailleurs n'avait aucun établissement où les sciences et les lettres fussent cultivées avec quelque éclat; du pied des Pyrénées il fallait courir à Toulouse. Enfin la lutte avait commencé et grandissait tous les jours; il fallait opposer des lumières vraies et solides aux lueurs trompeuses, dont l'hérésie s'efforçait d'obscurcir la vérité. Dès-lors l'érection du collége fut résolue; on répara ce qui menaçait ruine dans les édifices religieux du diocèse, et le reste fut employé, avec le consentement des héritiers, à élever et à doter le collége. Des lettres patentes de François Ier, du 7 octobre 1543, autorisèrent ce changement dans les dispositions testamentaires du cardinal de Clermont. Toutefois, elles soulevèrent des réclamations : on cria au sacrilège et au scandale; on violait, disait-on, les intentions du pieux et vénérable testateur. Pour briser toute résistance, François Ier, à la sollicitation de son ministre, donna, le 11 mars 1545, de nouvelles lettres patentes, qui ordonnèrent la prompte et entière exécution des premières. Le collége fut fondé, le chapitre fournit la maison où

---

(1) Manuscrit de M. d'Aignan.

il fut établi, et le cardinal de Tournon s'empressa d'y appeler l'élite des professeurs qui brillaient alors en France. On y vit presqu'à la fois Muret, Macrobe, Turnèbe et Passerat, qui tous ont laissé un si grand nom dans la république des lettres. Arnaud d'Ossat, le célèbre cardinal, y donna des leçons. Nostradamus lui-même y fit, dit-on, entendre sa voix.

Le collége de Gimont fut fondé (1) cette même année, 1545, en vertu d'une ordonnance de François I$^{er}$, qui enjoignait à l'abbé de Gimont, à l'évêque de Lombez et aux grands bénéficiers du diocèse d'en faire les frais. Cette ordonnance ayant rencontré des oppositions, Henri II en rendit, en 1552, une seconde, mais avec aussi peu de succès. Charles IX fut plus heureux en 1567. L'évêque fut taxé à deux cents livres; l'abbé de Gimont dut en donner autant. La cotisation des autres bénéficiers porta la somme à mille quatorze livres. On bâtit la maison et on la confia à des prêtres séculiers. En 1620, on y appela les Pères de la doctrine chrétienne, et on éleva en leur faveur la rétribution jusqu'à mille cinq cents livres que les consuls de Gimont versaient tous les ans entre leurs mains. On essaya quelque temps après d'ajouter un séminaire au collége; mais l'essai ne réussit pas, et le séminaire diocésain fut fixé à Lombez. La fondation du collége de Mont-de-Marsan (2) suivit de près celle du collége de Gimont; mais les derniers travaux ne se firent pas aussi longtemps attendre. On le confia aux Barnabites presqu'à sa naissance (1556): la ville s'obligea à payer aux Religieux une pension annuelle de deux mille quatre

---

(1) Manuscrit de Gimont. — (2) Archives de l'Hôtel-de-Ville de Mont-de-Marsan.

cents livres, en stipulant toutefois que cette pension pourrait être réduite à six cents livres, si les revenus de la maison devenaient abondants. Enfin, le collége de Lectoure naquit un peu plus tard; on essaya aussi pour lui des professeurs séculiers, mais on sentit bientôt la nécessité d'y appeler une corporation religieuse : on choisit les doctrinaires, qui en prirent possession la même année qu'ils acceptèrent Gimont. A l'exemple d'Auch, de Gimont, de Lectoure et de Mont-de-Marsan, Nogaro, Vic, Mirande, presque toutes les villes de la Gascogne un peu importantes entretinrent un ou plusieurs maîtres qui enseignaient au moins les éléments de la langue latine. Malheureusement les guerres civiles vinrent arrêter presqu'aussitôt ce premier essor.

En même temps que la Cour de France envoyait le cardinal de Tournon au-delà des Alpes, elle appelait à Moulins, Henri et Marguerite de Navarre pour les déterminer à conclure (1) le mariage de Jeanne, leur fille, avec Antoine de Bourbon, duc de Vendôme et premier prince du sang. Ce mariage, proposé par les états de Béarn, avait été arrêté dans les derniers jours du règne précédent et sanctionné par François I$^{er}$. Jeanne et Antoine en désiraient ardemment la conclusion ; mais Henri et Marguerite y répugnaient tous les jours davantage. On eût dit que la destinée qui se plaît si souvent aux contrastes, voulait unir la plus ardente huguenote de son siècle avec le catholique le plus fanatique et le plus intolérant. Philippe, l'héritier de l'Espagne, venait de perdre sa femme, et Charles-Quint s'était empressé de redemander pour lui la main de la princesse de Navarre. Si elle lui était accordée, il s'obligeait à resti-

---

(1) Favin, page 790. — Garnier, tome 13.

tuer à ses parents le royaume, objet de tant de regrets. La France eût sans doute traversé ce dessein; mais pour ménager une puissance qui, après avoir causé la ruine de leur maison, n'avait tenté aucun effort sérieux en leur faveur, Henri et Marguerite devaient-ils priver leur fille de ceindre une des plus brillantes couronnes du monde? Néanmoins, cette fois encore, la négociation échoua. Le gouvernement français gagna Henri en lui accordant une pension de quinze mille livres qu'on assit sur les recettes de la Gascogne, et dont le prince devait se payer de ses mains. Dès ce moment, il céda; mais comme il aimait à gronder, il fit venir son gendre, le reprit aigrement de ses dépenses, et lui signifia qu'il eût à réformer ces tas de valets et de bouches inutiles qui le rongeaient.

Marguerite se montra plus ferme: soit qu'elle eût conçu une aversion insurmontable pour le gendre qu'on lui offrait, ou qu'elle obéît à quelqu'autre sentiment que l'histoire nous a laissé ignorer, elle refusa son consentement. Abandonnée par son mari et pressée par sa fille, repoussée par le roi Henri II qu'elle chercha vainement à intéresser à sa cause, dédaignée dans une cour dont elle avait fait si longtemps les délices, elle signa enfin, en pleurant, le contrat qui devait donner la couronne de France à son petit-fils. Le mariage fut célébré aussitôt en *toute pompe et magnificence* (1). Le roi y avait invité tous les princes du sang et l'élite des grands seigneurs du royaume. Cette brillante assistance n'empêcha pas Henri d'Albret d'exécuter ses menaces. Dès le lendemain des noces il alla chez son gendre, chassa de sa maison la plupart des officiers, et réduisit

(1) Château de Pau. Brantôme, page 226.

de moitié les gages de ceux qu'il conservait. Antoine se prêta d'autant plus facilement aux exigences de son beau-père que, destiné à vivre loin de lui, à la cour ou dans le gouvernement de la Picardie dont il était pourvu, il pourrait rappeler les serviteurs qu'on lui enlevait. Après cet acte de sévérité, Henri reprit avec sa femme le chemin de la Gascogne où Marguerite éprouvait le besoin d'aller cacher sa douleur.

Cette violence, faite au cœur maternel de la princesse, acheva de briser une santé déjà profondément altérée. Elle se traîna encore quelques mois et mourut au château d'Odos en Bigorre. L'infortunée hâta elle-même sa fin (1) en considérant trop longtemps, durant les froides nuits de décembre, une comète, qui paraissait sur l'horizon, et qui, selon l'opinion alors généralement admise, ne pouvait que menacer quelque tête couronnée. Sa bouche se tourna tout-à-coup. Son médecin la fit aussitôt emporter et coucher dans son lit; mais l'art fut impuissant, et il fallut avertir la princesse du danger qu'elle courait. Elle se récria à cette amère et fatale nouvelle, et répéta plusieurs fois qu'elle n'était pas si âgée qu'elle ne pût se promettre encore quelques années de vie. En effet, elle comptait à peine de cinquante-deux à cinquante-trois ans. On essaya alors de la calmer en lui montrant le ciel et sa béatitude : *tout cela est vrai*, répartit-elle, *mais nous demeurerons si longtemps morts avant que venir là* (2)! Néanmoins, ce premier saisissement ne tarda pas à faire place à la résignation ; et à mesure que la mort s'avançait, ses sentiments devinrent plus calmes et plus édifiants. Elle reçut dévotement le

---

(1) Château de Pau. Brantôme, page 226. — (2) Brantôme, p. 225.

Saint-Viatique et l'Extrême-Onction, et durant les prières de son agonie elle baisa plusieurs fois avec amour le crucifix (1).

Un historien (2) raconte qu'après la mort de son frère, elle s'était retirée dans un monastère de femmes, en Angoumois, et qu'*on lui avait vu faire l'office d'abbesse et mêler sa voix à celle des religieuses.* D'autres monuments nous la montrent durant ses dernières années, assistant fréquemment aux Saints-Sacrifices de la messe et aux prédications, participant aux sacrements de Pénitence et d'Eucharistie, donnant dans toute sa conduite des preuves d'une piété sincère. Ainsi, il paraît hors de doute qu'*elle mourut bonne chrétienne et catholique*, pour nous servir des expressions de Brantôme; mais avancer, comme font un grand nombre d'écrivains, que Marguerite ne fut jamais qu'imprudente et légère, et qu'elle n'erra point dans ses croyances, c'est admettre que sa vie offre un double phénomène: celui d'une conduite pure avec un langage licencieux et souvent presque cynique, et d'une foi vierge avec une longue fréquentation des hérétiques et un profond engoûment pour leurs doctrines. Quoiqu'il en soit, ainsi finit (21 décembre 1549), une princesse justement renommée par ses grâces, son intelligence et ses belles qualités. Heureuse de n'avoir pas été témoin des désordres qui succédèrent à son règne, mais malheureuse d'en avoir préparé les causes et facilité les progrès.

(1) Florimond, page 856, voici ses paroles. Elle reçut le corps de son Créateur et rendit l'âme, embrassant la croix qu'elle avait sur son lit, comme j'ai ouï raconter à un bon religieux cordelier, nommé frère Gilles Caillau, qui lui donna l'Extrême-Onction et l'assista jusqu'au dernier soupir.

(2) Brantôme, page 226.

Son corps fut porté à Pau et enterré avec pompe. Charles de Ste-Marthe composa son oraison funèbre qu'il publia en français et en latin. Les muses, qui avaient chanté sa vie, pleurèrent sa mort. On grava sur sa tombe l'épitaphe suivante qui est restée dans le souvenir des savants et que nous traduisons (\*) : la dixième des muses, la quatrième des grâces, la sœur et l'épouse des rois, la célèbre Marguerite repose sous cette tombe. Les duchés d'Alençon et de Berry ne lui avaient été donnés qu'en apanage ; ils firent retour à la couronne, mais les biens de la maison d'Armagnac passèrent à sa fille.

Gérard Roussel suivit de près Marguerite dans le tombeau, et comme son illustre protectrice il accéléra lui-même sa mort. Propagateur infatigable des doctrines nouvelles, il voulut les semer dans La Soule qu'il devait visiter. Mais comme ces populations rudes et incultes s'étaient toujours distinguées par leur attachement au catholicisme, il crut plus prudent de se faire précéder de son aumônier, qui lui préparerait les voies. L'aumônier, moine apostat comme l'évêque, arriva à Mauléon, invectiva contre les indulgences et attaqua plusieurs dogmes. L'assemblée n'accueillit ses premières paroles qu'avec un sourd frémissement et d'unanimes murmures. Bientôt Pierre Maytie, un des bourgeois les plus notables, ne pouvant se contenir, fit signe de la main, et élevant la voix il imposa silence au prédicateur. Celui-ci ayant continué son discours, Maytie

---

(\*) *Musarum decima et charitum quarta, inclita regum et soror et conjux, Margaris illa jacet.* Les plus savants, ajoute Brantôme, page 225, à l'envi firent d'elle une infinité d'épitaphes, qui grec, qui latin, qui français, qui italien, si bien qu'il y en a un livre encore en lumière tout complet et qui est très-beau.

s'élança à la chaire, en arracha le moine tremblant, le chassa de l'église et le força d'abandonner la ville au milieu des huées publiques.

Roussel espéra être plus heureux et réparer par des conquêtes l'outrage fait à l'hérésie. Il partit aussitôt pour La Soule, sous prétexte d'y tenir le synode diocésain. Ayant mandé les ecclésiastiques de la contrée, il leur fit part des réformes qu'il méditait; mais au lieu d'un assentiment dont il s'était flatté, il n'obtint que d'unanimes réclamations; il résolut alors de s'adresser à la multitude. Il monta en chaire, et comptant sur son éloquence il s'éleva avec force contre l'invocation des Saints. Debout au fond de l'église et caché sous un long manteau, Maytie l'écoutait en frémissant. Tout-à-coup il traverse la nef, fend la presse, et tirant une hache de dessous son manteau, il s'approche de la chaire, la frappe à coups redoublés et la fait rouler à terre avec le prédicateur qui, plus effrayé encore que meurtri, s'évanouit entre les mains de ses serviteurs accourus pour le relever. Dès qu'il eut recouvré ses sens, il s'enfuit en Béarn, tremblant, agité, presqu'éperdu. On espéra que l'usage des Eaux-Bonnes, un des établissements thermaux les plus renommés alors de toutes les Pyrénées, rétablirait sa santé; mais la route aggrava son mal: il mourut avant de parvenir au terme de son voyage. Ses amis attribuèrent, non sans quelque raison, cette mort à Maytie et le firent assigner devant le parlement de Bordeaux d'où dépendait La Soule. L'affaire fut longuement plaidée; mais après de violents débats, le rude et fervent catholique fut absous. Il semble même, observe Sponde (1), qui nous a conservé ce

(1) Pages 523 et 524.

récit, que le ciel voulût récompenser son zèle et sa foi, car trois de ses descendants s'assirent presque successivement sur la chaire d'Oleron.

Paul III, que menaçait, disait-on, la comète, survécut peu à Marguerite et à Roussel. Il succomba à une courte maladie, le 10 novembre de cette année. Neuf jours après s'ouvrit le conclave le plus long, le plus nombreux et le plus agité qu'on eût vu depuis plus d'un siècle. La France, l'empereur et les arrière-petits-fils du pape défunt, car Paul avait été marié avant d'embrasser l'état ecclésiastique, y formaient trois factions opposées. Le parti espagnol allait prévaloir, et le cardinal de La Poolle, prince du sang royal d'Angleterre, plus illustre encore par ses vertus et ses lumières que par sa haute naisssance, ceignait la tiare; mais le cardinal de Tournon, suivant l'instruction qu'il avait reçue de son maître, sut par sa prudence et son habileté attirer à lui les Farnèse et faire proclamer le cardinal Du Mont, candidat de la France, qui prit le nom de Jules III. Après cette élection, le cardinal de Tournon demeura à Rome et se vengea de ses ennemis en servant utilement les intérêts de sa patrie.

Pendant ce séjour, il obtint la sécularisation du chapitre d'Auch si vivement sollicitée depuis longtemps et plus vivement désirée. Le chapitre avait député (1) auprès du Saint-Siége trois de ses membres, Bertrand d'Escriban, Jacques Dubarry et Pierre de Laffargue. Il leur substitua ensuite deux autres chanoines, Villars et Jean de Burin. Leur demande était appuyée par le roi Henri II. Le pape qui avait d'abord promis de se montrer favorable, retira ensuite sa parole; mais peu

---

(1) Cartulaire d'Auch. Manuscrit de M. d'Aignan. Dom Brugelles.

de jours après ayant voulu revêtir de la pourpre un de ses neveux, jeune enfant de quatorze ans, et trouvant de l'opposition dans le Sacré-Collége, il chercha à gagner le cardinal de Tournon en accédant à sa demande. Il commanda aussitôt au dataire d'expédier les bulles qui sont du 11 avril 1550. Le cardinal de Tournon, en sa qualité d'archevêque, acquiesça à cette mesure le 14 juin suivant, et en ordonna la publication dans le diocèse (*).

L'année suivante fut une année de famine. A ce fléau succéda une mortalité qui ne dura pas moins de quinze ans, et qui sévit avec tant de fureur, qu'en plusieurs endroits les récoltes ne furent pas ramassées faute de bras, et que les animaux domestiques privés de maîtres erraient dans la campagne. Pendant que son troupeau était ainsi désolé, le cardinal s'était retiré à Venise. Des différends élevés entre la cour de France et le souverain-pontife, l'avaient forcé à s'éloigner momentanément de Rome. Son habileté sut bientôt dissiper ce

(*) Le premier chanoine séculier qui fut reçu, fut François Catel, neveu de l'historien de Toulouse. François fit présent au nouveau collége d'Auch de plusieurs manuscrits hébreux ou grecs également rares et précieux. Peu de mois après, le cardinal apprit dans la ville de Suse où il s'était momentanément retiré, le procès qui s'était élevé au sujet des sépultures entre le syndic des habitants d'Auch, d'une part, et les syndics des chapitres de Ste-Marie et de St-Orens, de l'autre. Son esprit doux et conciliant le fit choisir pour arbitre, et le 24 août de cette année 1549, il rendit son jugement par lequel il défendait d'enterrer dans le chœur de la métropole, et statuait que toutes les inhumations se feraient dans le cimetière; mais attendu qu'il n'y en avait encore aucun de marqué, il permettait par provision d'inhumer dans la nef ou dans les chapelles, il ordonnait aussi que les convois funèbres seraient conduits par les chanoines ou les moines de St-Orens, lorsqu'ils en seraient priés, et qu'à leur défaut, le recteur de St-Orens ou le sacristain de Ste-Marie, assistés de leur clergé, feraient cet office chacun dans sa paroisse.

nuage et non seulement ramener à la France le cœur de Jules III, mais encore en obtenir un traité plus avantageux qu'Henri II ne pouvait l'espérer. Le pape en fut néanmoins si satisfait, qu'il nomma, en 1552, l'habile négociateur à l'évêché d'Albano, et l'année suivante à celui de Sabine. Le roi, de son côté, lui rendit ses bonnes grâces et lui permit de permuter l'archevêché d'Auch contre le siége primatial de Lyon, possédé alors par le cardinal d'Est. Les deux prélats écrivirent au chapitre de Ste-Marie (1) pour lui notifier cette permutation. Le cardinal de Tournon rejetait sa translation sur son grand âge et sur le voisinage de la métropole qu'il avait acceptée avec le lieu de sa naissance, le château de Tournon étant aux portes de Lyon. Nous ne le suivrons point sur son nouveau siége; nous dirons seulement qu'au conclave tenu après la mort de Paul IV, il balança le choix des cardinaux, et que Pie IV, qui l'emporta sur lui, l'honora de toute sa confiance et lui témoigna son estime en le nommant évêque d'Ostie et doyen du Sacré-Collége. Ce fut le dernier événement un peu important de sa vie.

Il mourut le 21 avril 1562 à St-Germain-en-Laye, après avoir pris pendant trente-neuf ans et sous quatre rois la part la plus active aux affaires d'une époque féconde en grands événements. Il fournit un exemple unique de faveur et de crédit dans des temps si difficiles : on le vit successivement archevêque d'Embrun, de Bourges, d'Auch et de Lyon, évêque d'Albano, de Sabine et d'Ostie, primat des Gaules et doyen du Sacré-Collége, et tout à la fois abbé de St-Antoine, de St-Germain-des-Prés, de Tournus, d'Embrune, d'Ainès, de

(1) Manuscrit de M. d'Aignan.

la Chaise-Dieu, de St-Florent, de Candeil, de Ferrières, de St-Julien-de-Tours, de Porte-Dieu, de St-Lomer-de-Blois et de Moutier-St-Jean, prévôt de la cathédrale de Toulouse, prieur d'Annonay et de St-Portien, maître de la chapelle du roi, chancelier de l'Ordre de St-Michel, lieutenant-général du Lyonnais, Beaujolais et Dauphiné, gouverneur de Lyon, ministre de France sous François I$^{er}$, Henri II, François II et Charles IX, ambassadeur en Espagne, en Angleterre, à Venise et plusieurs fois à Rome. Aussi prudent qu'habile dans les affaires, il fut constamment, dit l'historien Duthoul, estimé, considéré et respecté de tous, même de ses envieux. On ne sache pas, observe Daniel, qu'il ait jamais pris le mauvais parti dans une affaire. Issu d'une des plus nobles et des plus anciennes maisons du royaume, ajoute Fleury, chargé d'estime et d'honneurs, il était simple et modeste comme un particulier. Toujours égal et facile, les pauvres l'approchaient aussi aisément que les grands. Bon maître, il fut les délices des officiers de sa maison, et ceux qui étaient une fois entrés à son service n'en sortaient plus. Sa mort, aussi chrétienne que sa vie avait été glorieuse, fut généralement pleurée des bons français et surtout des bons catholiques (*).

Hippolyte-Charles d'Est, qui succédait au cardinal de Tournon sur le siège d'Auch, était fils d'Alphonse I$^{er}$, duc de Ferrare, et neveu d'Hercule II, gendre de Louis XII. Né en 1509 et créé cardinal en 1538, à la prière du roi François I$^{er}$, il obtint successivement l'admi-

(*) Le cardinal de Tournon portait parti au 1$^{er}$ d'azur semé de fleurs de lys, au 2$^{me}$ de gueules au lion d'or. Ses armes sont aux vitraux et aux stalles du chœur.

nistration des évêchés d'Orléans et d'Autun, et des archevêchés de Milan, de Lyon, d'Auch, de Narbonne et de Maurienne. Il porta la pourpre sous Paul III, Paul IV, Jules III, Marcel II, Pie IV, Pie V et Grégoire XIII, et se fit aimer et estimer de ces sept pontifes, qui l'employèrent dans les affaires les plus importantes de l'Église. Ses occupations le retinrent à Rome ou l'appelèrent auprès des princes; mais elles ne lui firent pas oublier le troupeau qui lui avait été confié. Il se fit remplacer à Auch par Jean Dumas, évêque *in partibus*, le même qui avait gouverné le diocèse sous le cardinal de Tournon (*).

Pendant que les cardinaux de Ferrare et de Tournon échangeaient leurs siéges, la Gascogne fêtait la naissance d'un prince dont le souvenir devait être populaire, non seulement près des Pyrénées, mais dans toute la France. Jeanne d'Albret (1) avait déjà donné deux princes à Antoine de Bourbon, mais ils avaient péri tristement l'un et l'autre. L'aîné, mis en nourrice à

(*) Le cardinal d'Est substitua bientôt à Jean Dumas, Jean de Vigore, évêque d'Albe, qui accepta ce soin moyennant une pension de neuf cents livres, et fut remplacé, à son tour, d'abord par l'évêque de Cavaillon, auquel le cardinal conféra un canonicat de Ste-Marie, et puis par Dominique Massabio, chevalier profès de l'Ordre de St-Jean-de-Jérusalem, qui tout laïque qu'il était, faisait les fonctions de vicaire-général. Par ces nominations successives, le prélat voulait écarter Jean Dumas, qu'il poursuivit de son ressentiment, jusqu'à lui interdire toutes les fonctions pontificales dans le diocèse. Dumas s'adressa à la justice et prétendit célébrer pontificalement et même exercer les fonctions de vicaire-général malgré l'archevêque lui-même, sous prétexte qu'il avait fait l'un et l'autre pendant plus de trente ans : on pense bien que les tribunaux n'accueillirent pas de pareilles prétentions.

(1) Voir, pour tout ce qui suit et surtout pour la naissance d'Henri IV, Favin, livre 73, pages 805 et suivantes; Palma Cayet, tome 56, p. 99, et Péréfixe, pages 2 et suivantes.

Orléans et confié aux soins de la vieille et frileuse baillive de cette ville, s'était étouffé de chaleur dans ses langes. Le second, appelé le comte de Marle, bel et magnifique enfant, eut une fin plus tragique encore. Un jour que la cour se livrait au plaisir de la chasse, sa nourrice, jouant avec un officier, le laissa choir par la fenêtre, et le jeune prince ne survécut que quelques jours à sa chûte. Henri d'Albret, ayant appris, mais trop tard, la cause de cette mort, s'emporta contre sa fille qu'il accusait de méconnaître les devoirs d'une mère et la menaça de se remarier, étant bien décidé à ne pas mourir sans assurer à sa descendance ses vastes et nombreuses possessions. Il ne comptait alors que cinquante ans. Le bruit courut même en Béarn que Charles-Quint, outré de voir Jeanne devenue l'épouse d'un prince de la maison de France, lui avait fait offrir Catherine de Castille, sa sœur, en lui promettant de lui restituer la Navarre ; mais enfin Jeanne devint enceinte une troisième fois.

A cette nouvelle, Henri la rappela de la Picardie où la princesse se trouvait avec son mari. Il s'avança à sa rencontre jusqu'à Mont-de-Marsan (1) et la conduisit à Pau où elle accoucha heureusement d'un fils, le 13 décembre 1553. Henri avait promis à sa fille de lui remettre son testament, mais à condition que dans l'enfantement, elle lui chanterait une chanson, *afin,* disait le vieillard, *que tu ne me fasses pas un enfant pleureur et rechigné :* aussi, dès que Jeanne l'entendit entrer dans sa chambre, elle commença au milieu des douleurs qui la tourmentaient, non pas une chanson, mais le cantique

---

(1) La ville de Mont-de-Marsan lui fit à cette occasion présent d'une barrique de vin. (Arch. de la ville).

béarnais des femmes en couches : *Nostre Dame, dou cap deou Poun, adjuda me en aquesto houre* (\*). Henri continua les paroles du cantique (\*\*) et ne les eut pas plutôt achevées que Jeanne était délivrée (13 décembre 1553). On remarqua que l'enfant, contre l'ordre commun de la nature, vint au monde sans pleurer et sans crier : aussi certes, ajoute Hardouin de Péréfixe, son historien, ou plutôt son panégyriste, ne fallait-il pas qu'un prince qui devait être la joie de toute la France, nâquit parmi des cris et des gémissements.

Sitôt qu'il fut né, son grand-père le plaça dans le pan de sa robe et remit à sa fille son testament enfermé dans une boîte d'or, en lui disant : ma fille, voilà qui est à vous et ceci est à moi. Quand il tint l'enfant, il lui frotta les lèvres d'une gousse d'ail (1) et lui fit sucer une goutte de vin dans sa coupe d'or. En voyant le jeune prince l'avaler, il s'écria en présence des gentilshommes et des dames accourus en foule dans l'appartement : tu seras un vrai Béarnais; et en même temps il le couvrait de baisers.

(\*) Jadis dans toute la Gascogne, sur presque tous les ponts, on pratiquait une niche où l'on plaçait une statue de la Vierge ou de quelque Saint. Assez souvent, au lieu de la niche on construisait à l'extrémité du pont un petit oratoire ou chapelle. Au bout du pont du Gave sur le chemin de Jurançon, était alors une chapelle de Notre-Dame, illustre par des miracles, et à laquelle se vouaient les femmes enceintes.

(\*\*) Pregats au Diou déou ceou,
Qu'en bouillé bien dellioura leou
Du maynat qu'en bassi lou doun,
Tout denqu'au haut deous mounts
T'implore, nostro Dame dou cap déou Poun.

(1) Et la première viande qu'il reçut fut de la main de son grand-père qui lui bailla une pillule de la theriaque des gens du village qui est un cap d'ail, dont il lui frotta ses petites lèvres, lesquelles il se frippa l'une contre l'autre comme pour sucer. (Cayet, page 106 et Favin, page 308). L'un n'est que la reproduction de l'autre.

Jadis les Espa*** , faisant allusion aux armes de Béarn, avaient dit *** une froide raillerie, à la naissance de Jeanne: miracle! la vache a fait une brebis. Henri, pressentant le courage et la grandeur de son petit-fils, répétait à sa cour : voyez, maintenant ma brebis a enfanté un lion. Le jeune prince fut baptisé le jour des Rois dans la chapelle du château de Pau par les mains de l'évêque de Rhodez, Georges d'Armagnac, fait cardinal en 1544 et devenu plus tard vice-légat d'Avignon. Il eut pour parrains les rois de France et de Navarre, qui se firent représenter par Jacques de Foix, évêque de Lescar, et qui lui donnèrent leur nom, et pour marraine la princesse Claude de France, mariée dans la suite au duc de Lorraine, représentée par Madame d'Andouins. On avait construit pour cette cérémonie des fonts sacrés d'argent dont on a perdu toute trace; mais en revanche on montre une carapace de tortue que la tradition lui donne pour berceau.

Henri fut difficile à élever. On essaya pour lui de huit nourrices. La dernière, saine et robuste villageoise de Bilhère, eut l'honneur de triompher de toutes les difficultés. Jeanne devenue plus tendre resta auprès de son fils. Elle bâtit au bas de ce parc de Pau si frais et si délicieux le *castel besiat* (1), château chéri, pour se donner le plaisir de voir de ce pavillon la maison qui abritait l'espérance de sa famille et la fortune de la France. Au sortir de la mamelle, son aïeul lui donna pour gouvernante Susanne de Bourbon, épouse de Jean d'Albret, baron de Miossens, qui l'amena dans son château

(1) Mazure, Histoire du Béarn, page 229. D'autres prétendent que ce château fut bâti par Catherine, sœur d'Henri IV.

de Coarrase, près de Nay. Il voulut qu'on l'habillât et qu'on le nourrît comme les autres enfants du pays, qu'on le laissât courir à travers les montagnes, pieds et tête nus, qu'on l'exposât au froid, au chaud, à la pluie, à toutes les injures du temps, enfin qu'on éloignât de lui tout ce qui sentait la mollesse et surtout la flatterie. Une pareille éducation ne pouvait être conçue que par un prince d'une âme élevée. Malheureusement Henri d'Albret ne put la surveiller; il mourut dans son château de Hagetmau, le 25 mai 1555, dix-sept mois après avoir reçu dans ses royales mains celui qui devait le venger de l'Espagne.

Ses ennemis eux-mêmes proclamaient sa supériorité. Charles-Quint, après avoir traversé le royaume, dit hautement (1) je n'ai vu qu'un homme en France, et cet homme, c'est le roi de Navarre. Il s'occupa surtout de législation; il réforma ou plutôt compléta (\*) les

---

(1) Palma Cayet, page 97.

(\*) Cet ouvrage parut sous le titre de *Fors et Coutumes de Béarn*. Ces Fors sont divisés en six parties; 1° devoirs du roi et des officiers publics; 2° procédures; 3° coutumes et droit civil; 4° code pénal; 5° droit féodal; 6° tarif de divers actes relatifs à la vie civile, contenant le règlement des poids et mesures, le prix des denrées, les frais de justice. Voici le tarif des gages des magistrats tel qu'il fut arrêté le 1er janvier 1556. Le président civil et l'avocat général avaient trois cents livres, les maîtres de requêtes et le président criminel recevaient quatre cents livres. On donnait deux cents livres à chaque conseiller dont le nombre était fixé à douze; le conseil entier touchait trois mille huit cents livres. Il y eut une augmentation de gages en 1577. Les conseillers furent portés à trois cents livres et les procureurs généraux à deux cents. Les conseillers restaient tard aux audiences; il leur fut distribué chaque année, porte une ordonnance de cette époque, trente-huit flambeaux de cire jaune, chacun du poids de trois livres, afin qu'il leur fût plus facile de se faire éclairer l'hiver étant nuit lors de leur retour du palais. Henri d'Albret, ajoute M. Faget de Baure, établit aussi un grand voyer sous le nom de maître des chemins. L'admi-

anciens fors dont il publia une édition faite sous ses yeux par deux libraires Jean Vengu et Henri Poivre qu'il attira à Pau. Il régla en même temps les diverses branches de l'administration, créa un chancelier de Béarn comme il y en avait un pour la Navarre, établit une cour des comptes et un conseil privé, sépara la justice criminelle de la justice civile, régla que le sénéchal dont il aggrandit les attributions aurait ses juges dans trois villes principales, ce qui donna naissance aux trois sénéchaussées de Pau, d'Orthez et d'Oleron; mais une quatrième ayant été ajoutée plus tard, et celle de Pau ayant été scindée, on en compta enfin cinq, savoir: Morlas et Sauveterre outre les trois premières. Il fortifia Navarrens et rebâtit Nay, que deux météores enflammés tombés sur elle par un temps serein avaient réduit en cendres, en 1543. S'il faut en croire Sponde (1), de cinq ou six cents maisons dont se composait la ville, une seule échappa aux fureurs de l'incendie. Pour rédimer les habitans, Henri établit parmi eux des fabriques de laines qui se sont maintenues avec honneur jusqu'à nos jours.

Toutes ces qualités le rendirent cher à son peuple; aussi se pressa-t-il en foule à ses funérailles (2).

---

nistration des chemins appartenait aux jurats; eux seuls répondaient des chemins, et seuls ils devaient y veiller. Trois chemins seulement étaient confiés à la vigilance du souverain; ils communiquaient de royaume à royaume, c'était le canal du commerce; il importait de les tenir dans le meilleur état. Le maître des chemins fut chargé de veiller sur leur entretien et de prévenir la vigilance des jurats; et comme le souverain n'avait aucun droit sur les chemins particuliers, la juridiction de cet officier fut limitée aux routes royales. (Essai sur le Béarn, page 417).

(1) Essai sur le Béarn, page 479.

(2) Favin, page 815. Olhagaray, page 508.

L'honneur du premier pas fut disputé par les États de Béarn et les trois Ordres du comté de Foix ; il resta à ceux-ci. Le prince avait demandé, comme jadis son père et sa mère, d'être enterré dans les caveaux de Pampelune. En attendant que la victoire ouvrît à sa postérité le chemin de la Navarre, on le déposa dans la cathédrale de Lescar. C'est le dernier dépôt que la maison de Navarre confia aux basiliques de la Gascogne. Les tombes de Vendôme et de St-Denis reçurent depuis les membres de cette famille. Henri fut un prince sage, vigilant, éclairé, discret, ami des lettres, réglé dans ses mœurs, libéral et magnifique dans sa cour. L'histoire lui assigne un rang distingué parmi les rois, qui gouvernèrent la Navarre, et les seigneurs, qui régirent la Gascogne.

Cette mort faisait passer sur la tête de Jeanne les immenses possessions des maisons de Foix, de Navarre et d'Albret. Jeanne avait reçu l'éducation la plus brillante; elle parlait facilement les langues latine et espagnole, n'était pas étrangère au grec et cultivait la poésie. A l'esprit, aux connaissances et au goût, elle unissait un caractère ferme et résolu ; on reconnaissait dans elle la fille d'Henri et de Marguerite. Elle venait de quitter le Béarn et de rejoindre son mari occupé à défendre la Picardie, lorsqu'elle fut appelée à succéder à son père. L'occasion parut favorable à Henri II, roi de France, pour réunir à la couronne de vastes domaines placés sur les frontières. Il proposa à Antoine de les échanger (1) contre des terres situées dans l'intérieur du royaume. Antoine ne voulut point mécontenter le prince; il renvoya l'échange à Jeanne, sa femme, à qui

---

(1) Favin, Cayet, Olhagaray.

appartenaient les domaines. Jeanne crut prudent de dissimuler; elle demanda à consulter les États de Béarn et de la Navarre, et les trois Ordres des autres pays, et promit de donner à Henri II *tout le contentement qu'il pouvait désirer*. Sur cette promesse, le duc de Vendôme remit entre les mains du roi le gouvernement de la Picardie et reçut à la place le gouvernement de Guienne, qu'avait possédé Henri d'Albret, son beau-père, et qui devint désormais l'apanage du premier prince du sang.

Peu de jours après, les deux époux prirent congé de la cour et s'acheminèrent vers la Gascogne. On y connaissait déjà les desseins du roi de France. L'évêque de Mende, chancelier de Navarre, gagné par Henri II, avait essayé de séduire le baron d'Arros, homme de résolution, très-influent dans le pays; mais celui-ci, fidèle à ses maîtres, courut instruire (1) le parlement, et aidé de son autorité il augmenta la garnison de Navarrens, fortifia Pau et fit des dispositions pour repousser les commissaires du roi de France s'ils se présentaient les armes à la main. L'arrivée d'Antoine et de Jeanne acheva de dissiper toutes les craintes; on les reçut partout avec magnificence, et les États, assemblés dans la grande salle du château de Pau pour recevoir leur serment et leur jurer fidélité, repoussèrent tout projet d'échange et déclarèrent vouloir demeurer sous les lois de la famille qui les régissait. Henri, piqué de ce refus, se vengea sur Antoine. Il amoindrit son gouvernement de Guienne et lui refusa pour le duc d'Enghien le gouvernement de Picardie, qu'il donna à l'amiral de Coligny.

(1) Favin, Cayet, Olhagaray.

Les deux époux laissèrent au temps le soin de dissiper ce mauvais vouloir. Ils se fixèrent à Pau et y passèrent deux ans. Ce séjour fut fatal à la religion catholique. Libres de toute contrainte dans leurs États, le roi et la reine favorisèrent les erreurs nouvelles. Antoine s'en montrait le plus engoué ; souvent il pressa sa femme de prêter une oreille plus favorable aux prédications des sectaires. La princesse, *jeune et belle, aimait une danse aussitôt qu'un sermon, et ne se plaisait nullement à cette nouveauté du culte.* Aussi remontra-t-elle un jour à son mari que s'il voulait faire confisquer ses propres domaines, elle n'entendait pas exposer ceux qu'elle tenait de ses ancêtres, lesquels, disait-elle, *pour le fait d'hérésie avaient été dépouillés de la Navarre.* Antoine se montra sourd à cet avertissement, et quoiqu'il ne fît pas profession publique de la Réforme, il la laissa prêcher ouvertement autour de lui.

François Gay, dit Boisnormand, venu de Genève, et Henri Barran, moine défroqué, furent les premiers qui arborèrent publiquement le calvinisme. Ils s'enveloppèrent de si peu de mystère, que le bruit de leurs prédications parvint aux oreilles du pape et du roi de France. Le pape (1) s'en plaignit avec amertume au cardinal d'Armagnac, qui alors résidait à Rome. Le cardinal s'empressa de mander à Antoine et à Jeanne combien leur coupable tolérance affligeait et irritait le père commun des Fidèles. Le roi de France, de son côté, les menaça de porter la guerre dans leurs États. Il fallut songer à conjurer l'orage. Boisnormand fut renvoyé et se réfugia à Mazères, village situé aux portes

---

(1) Olhagaray, page 517.

de Pau, d'où il continua à répandre sa doctrine, mais avec plus de précaution. Il ne paraît pas que Barran ait même été inquiété.

Leurs protecteurs quittèrent bientôt le Béarn. La trêve, conclue avec l'empereur, venait d'être rompue; la guerre allait renaître. Quelqu'une de ses chances pouvait rendre à Jeanne et à Antoine la Navarre, objet constant de leurs regrets, comme elle avait été l'objet des regrets de leur père et de leur aïeul. Ils allèrent rejoindre la cour, amenant avec eux leur fils, jeune enfant de cinq ans, dont la santé et la vigueur annonçaient l'heureuse éducation qu'il avait reçue. Le roi de France (1), le voyant *si gentil et si dispos*, le couvrit de baisers et lui demanda s'il voulait être son fils. L'enfant lui répondit aussitôt dans son langage béarnais, en montrant son père, *quest es lo seigné pay* (\*). Le roi prenant plaisir à ce langage, lui dit alors : puisque vous ne voulez pas être mon fils, voulez-vous être mon gendre ? Le jeune prince répondit sur-le-champ, comme s'il eût compris la demande : *obé* (oui), et s'il fallait en croire Favin et Palma Cayet, auxquels nous empruntons cette anecdote, son mariage avec Marguerite de Valois, plus âgée que lui d'un an, fut dès-lors accordé.

Henri II songea à retenir près de lui son futur gendre et à le faire élever avec le Dauphin; mais ses parents s'y opposèrent et le renvoyèrent en Béarn. Suivant Olhagaray, qu'ont suivi la plupart des historiens (2),

(1) Favin, page 819. Palma Cayet, page 112.

(\*) Celui-ci est le seigneur mon père. Favin ajoute : c'est la coutume de Gascogne que les enfants ne parlent jamais de leurs pères et mères qu'avec ces termes d'honneur : *seigné pay* et *doné may*. Monsieur mon père, madame ma mère.

(2) Faget de Baure, Poydavant, etc.

le jeune prince ne quitta point ce pays et fut laissé sous la conduite de Suzanne de Bourbon, sa gouvernante, et de Jacques d'Albret, évêque de Lescar, beau-frère de Suzanne, chargés provisoirement de gouverner le Béarn et la Basse-Navarre au nom du roi et de la reine. Ils professaient l'un et l'autre le catholicisme; néanmoins, soit faiblesse, soit aveuglement, soit peut-être penchant secret pour l'hérésie, ils ne firent rien afin d'en arrêter les progrès. Les États montrèrent plus de sollicitude. Ils s'assemblèrent (1) et forcèrent l'évêque, qui les présidait, à arrêter quelques mesures pleines de sagesse. Le cardinal d'Armagnac venait d'arriver en Béarn pour en prendre en main l'administration. Différent de ceux qu'il remplaçait, il déploya autant de zèle que de prudence; et secondé des États, il travailla à réprimer les sectaires, à ramener les esprits qui s'étaient laissé surprendre et à prévenir de nouvelles défections; mais tous ses efforts furent paralysés par les exemples du roi et de la reine de Navarre, trop ouvertement dévoués à la secte et plus encore par l'entraînement, qui emportait les esprits vers des opinions nouvelles.

Le cardinal ne fut pas plus heureux dans une expédition qu'il organisa par ordre d'Antoine contre la Navarre. La paix venait d'être signée à Catau-Cambresis, entre la France et l'Espagne. Ce traité, presqu'aussi honteux et certainement aussi impolitique que celui de Cambrai, sacrifiait, comme lui, les intérêts du roi et de la reine de Navarre. Les deux époux comprirent, mais un peu tard, qu'ils devaient peu compter sur les monarques français. Ils essayèrent d'engager seuls la

(1) Archives des États du Béarn.

lutte (1) et firent faire des levées sur tous leurs domaines. Le cardinal d'Armagnac, qui présida à cet armement, en donna le commandement au sieur de Burie et au seigneur d'Arné. Les deux généraux rencontrèrent des obstacles avant d'avoir touché le sol ennemi. S'étayant de leurs anciens priviléges qui les exemptaient de servir hors de leur pays, les soldats levés dans les vallées d'Ossau, d'Aspe, d'Asson et de Baretous, refusèrent de franchir le pont de Sarrans. D'Arros et Esguarebaque essayèrent en vain de vaincre leur obstination. Il fallut avancer sans eux et au milieu des pluies torrentielles, qui jetaient les rivières hors de leur lit et rendaient les chemins impraticables. On alla néanmoins assez près de Fontarabie dont un traître avait promis d'ouvrir les portes; mais la famine s'étant jointe aux intempéries de la saison, Burie et d'Arné furent contraints de revenir sur leurs pas.

Antoine, averti de ce désastre, partit en poste de la cour, amenant avec lui Monluc (2) et Duras. Il rassembla sur sa route les légionnaires de la Guienne dont il était gouverneur, appela aux armes toute la noblesse de Gascogne, et lui assigna pour rendez-vous la ville de Bayonne, où il établit son quartier-général. Il espérait que les murs de Fontarabie tomberaient devant lui et que la Navarre entière se soumettrait d'elle-même à la vue de ses braves; mais ses espérances ne tardèrent pas à être cruellement trompées. Avant d'entrer en campagne, il apprit que le traître, qui l'attendait à Fontarabie, ne l'appelait que pour le livrer aux Espagnols, et qu'un de ses propres confidents leur vendait les délibérations de son conseil. Il n'en fallut pas davantage

---

(1) Favin, page 830. Olhagaray, page 519. — (2) Mémoires de Monluc, livre 4, page 162.

pour le faire renoncer à l'expédition qu'on appela *la guerre mouillée*. Le confident éhonté porta la peine de sa forfaiture ; abandonné à toute la rigueur de la justice, il fut pendu, d'autres disent écartelé, à Pau.

Antoine alla cacher son désespoir à Nérac, où il apprit bientôt la fin tragique du roi de France. Par un article du fatal traité de Cateau-Cambrésis, Elisabeth, fille aînée d'Henri, et Marguerite, sa sœur, devaient épouser, la première, le roi d'Espagne, et la seconde, le comte de Savoie. Leur mariage fut l'occasion de fêtes brillantes et surtout de tournois dont la cour de France était avide. Henri jouta avec éclat durant deux jours ; le troisième, près de clore ces jeux chevaleresques, pâle imitation des combats des anciens preux, il voulut rompre une lance avec le jeune comte de Montgomerry. Les deux assaillants fondirent l'un sur l'autre avec tant d'ardeur, que l'arme de Montgomerry se brisa, pénétra la visière du prince et alla droit à son œil, où elle s'enfonça. Henri s'affaissa sur son coursier : on courut à lui, mais la blessure était mortelle ; et malgré tous les soins de l'art, onze jours après il rendit le dernier soupir, laissant la France ouverte à toutes les calamités au moment où elle renaissait à l'espérance. C'était, disent les mémoires contemporains (1), un beau prince, généreux, d'esprit doux, aimant ses serviteurs et les hommes vaillants, mais adonné à ses plaisirs et enclin à croire ceux qui savaient le prendre selon son naturel. Après dix ans de stérilité, Catherine de Médicis, sa femme, lui avait donné dix enfants : quatre fils et trois filles vivaient encore. Nous verrons les trois premiers monter successivement sur le trône.

(1) Histoire des Cinq Rois, page 64.

# LIVRE XIX.

## CHAPITRE I<sup>er</sup>.

François II, roi de France. — Antoine de Bourbon conduit la princesse Élisabeth au roi d'Espagne. — Établissement du protestantisme en Gascogne. — Conjuration d'Amboise. — Mort de François II. — Charles IX lui succède. — Le roi de Navarre retourne au catholicisme. — Obstination de la reine Jeanne. — Troubles religieux. Prédication des Ministres. — Monluc. — Exécution à St-Mézart. — La Gascogne prend les armes. — Diverses expéditions de Monluc. — Siége de Lectoure. — Massacre de Terraube. — Prise de Lectoure. — Bataille de Vert en Périgord. — Mort d'Antoine de Bourbon.

François, l'aîné de tous, déjà marié à la belle et infortunée Marie Stuart, reine d'Écosse, succéda à son père. Mais, aussi faible d'esprit que de corps, il était incapable de tenir les rênes de l'État. Deux factions s'agitaient autour de lui : les maisons de Guise et de Montmorency, qui avaient divisé la cour sous le règne précédent, se disputèrent les lambeaux de sa royauté. Les Guises l'emportèrent par le crédit de Marie Stuart, leur nièce. Ils surent, d'ailleurs, attirer à eux la reine douairière, qui jusque là soumise, paisible, ignorée, avait supporté tout, même les éclatantes infidélités de son mari, et attendu froidement et sans humeur le moment de prendre le pouvoir.

Le connétable de Montmorency avait pressenti sa défaite. En voyant Henri II mortellement frappé, il avait dépêché en toute hâte vers le roi de Navarre pour l'engager à venir, en sa qualité de premier prince du sang, se saisir du gouvernement (1), avant que personne l'eût prévenu. Antoine, naturellement indolent et se fiant peu au connétable, résista à cette sollicitation, et quand, sur de nouvelles instances, il parut à la cour, les Guises et leur faction semblèrent se plaire à l'abreuver de dégoûts. Antoine se montra insensible à leurs procédés dont quelques-uns allaient jusqu'à l'insulte; mais les seigneurs de sa suite s'en offensèrent pour lui. Honteux de s'unir à un prince, si oublieux de ce qu'il devait à sa naissance, la plupart l'abandonnèrent: les uns pour retourner à leurs foyers, les autres pour s'attacher à ses ennemis.

Ceux-ci avaient espéré que ces humiliations le détermineraient à une prompte retraite. Quand ils se virent trompés dans leur attente, ils cherchèrent à l'intimider. Ils semèrent à dessein le bruit que le vicomte d'Orthe, gouverneur de Bayonne, avait ordre de remettre cette place à Philippe II. Le prince craignit pour le Béarn, où d'ailleurs il apprenait que sa présence devenait chaque jour plus nécessaire. Aussi, il accepta avec joie la mission qu'on lui donna de conduire la jeune Elisabeth (2) à son vieil époux; et sous prétexte d'aller lui préparer une brillante réception dans ses États, il partit précipitamment pour la Gascogne. Elisabeth le suivit de près, conduite par le cardinal de Bourbon et le prince de La Roche-sur-Yon. Antoine vint la recevoir à Bordeaux dont il était gouverneur, et où sa femme et son fils ne tardèrent pas à le joindre. Après quelques jours donnés au repos et aux réjouissances

(1) Histoire des Cinq Rois, page 70 et suivantes. — (2) Favin, page 837. Palma Cayet.

publiques, le cortège traversa le reste de la Guienne. Le maréchal marquait le premier logis pour Elisabeth, et le second pour Antoine; mais en Béarn, principauté indépendante de la France, les rôles furent intervertis, et l'appartement du prince fut désigné par ces mots : *le roi*, sans autre addition. Cette étiquette fut maintenue dans la Navarre. On parvint ainsi jusqu'à l'abbaye de Roncevaux. Là encore Antoine sut faire respecter son autorité. Le traité portait qu'Elisabeth serait remise à son royal époux sur les confins de la France et de l'Espagne. Malgré toutes les tergiversations des ambassadeurs espagnols, il fallut qu'ils lui donnassent un acte qui constatait que les frontières de la Haute et de la Basse-Navarre n'étaient pas les limites des deux royaumes, et qu'ils reconnussent ainsi complétement les droits d'Antoine.

L'échec, que ce prince venait de recevoir à la cour de France, servit les intérêts du protestantisme; les édits sévères d'Henri II n'avaient pu en arrêter les progrès, surtout dans la Gascogne et la Guienne, où il se sentait appuyé par la maison de Navarre. On le prêchait hautement de toutes parts. Boisnormand et Barran le répandirent dans le Béarn et l'Armagnac, et Caffer dans le pays de Foix. Le moine David, leur émule, l'enseigna avec succès à Nérac, où Jeanne mit à sa disposition la grande salle du château. Après ces quatre principaux coryphées, on cite André Melancton, neveu du célèbre ami de Luther, qui le sema à Tonneins, et quelques autres noms moins connus. Par eux le nombre des adeptes s'accrut rapidement, mais le culte public n'était point encore organisé. Ce fut en 1558 que Boisnormand, et Vignaux, nouveau ministre formé à

Genève, érigèrent les églises réformées de la contrée (1). Le roi et la reine de Navarre, devenus plus libres par la mort d'Henri, et justement irrités contre les Guises, chefs du parti catholique, firent éclater ouvertement leur prédilection pour les novateurs. Le roi assista même, quelques mois après son retour de Roncevaux, à la cène que Guilhem Barbaste, moine défroqué, célébra publiquement à Pau, le jour de Pâques. La noblesse de sa suite s'autorisa de cet exemple, et deux jours après elle accourut en foule à une cérémonie semblable, présidée par Boisnormand. Ces deux actes eurent du retentissement, et indisposèrent contre Antoine, non seulement la cour de France, mais encore les habitants de ses vastes domaines. La majorité y était catholique, et ne voyait qu'avec peine le souverain se déclarer publiquement pour la foi nouvelle. La conjuration d'Amboise vint rendre la position du prince plus difficile.

Jean Du Barry, seigneur de La Renaudie, chef du complot, avait pour principaux auxiliaires le capitaine Mazères, officier attaché au service du roi de Navarre, et le baron de Castelnau-Chalosse, venus à la tête, l'un d'un corps de Béarnais, et l'autre d'un corps de Gascons. La Renaudie périt les armes à la main. Comme il cherchait à rallier ses partisans, il fut rencontré dans la forêt de Château-Regnaut par Blaise de Pardailhan, son cousin, qui, voyant un inconnu se mettre en arrêt, courut contre lui le pistolet à la main ; mais l'arme ne prit pas feu. La Renaudie profite de cet avantage ; il s'élance de son cheval, joint son adversaire et lui plonge deux fois l'épée

---

(1) Poydavant, tome 1, p. 90 et suiv. Les anciennes dénominations du culte catholique furent changées. L'église s'appela temple ; la paroisse, consistoire ; le prêtre, ministre ; la messe, cène ; le sermon, prêche.

dans le flanc droit. Un page de Pardailhan suivait de près; en voyant tomber son maître, il lâche son arquebuse sur La Renaudie et l'étend raide sur le corps de son cousin (1). Mazères fut surpris et arrêté aux environs du château de Nosai, tandis qu'il se promenait sans défiance, armé seulement de sa dague et de son épée (2). Castelnau s'enferma dans le château, et ne se rendit qu'après que le duc de Nemours, envoyé contre lui, se fût obligé *par foi de prince qu'il ne lui en reviendrait ny à ses compagnons aucun mal, mais qu'ils seraient mis en toute liberté.*

Au mépris de cette promesse solennelle, on le jeta dans une prison avec ses complices et on instruisit sur-le-champ son procès. Dès le commencement, parce qu'il ne répondit pas assez soudainement au gré du duc de Guise, celui-ci lui dit : « Parlez, parlez; il semble que vous ayez peur ! Peur, répartit le baron, eh ! qui est l'homme tant assuré qui n'eût peur, s'il se voyait comme moi environné de ses ennemis mortels, sans avoir dents ni ongles pour se pouvoir défendre. Quelque brave que vous soyez, vous trembleriez, j'en suis sûr, si vous étiez en ma puissance, comme je suis maintenant en la vôtre, et que j'eusse aussi mauvaise volonté envers vous, que je sais que vous avez envers moi. » Après avoir réduit au silence le plus acharné de ses ennemis, Castelnau se défendit avec autant de présence d'esprit que de courage, et réfuta sans peine la plupart des accusations

---

(1) Pierre de La Place, page 35. Histoire des Cinq Rois, page 85. Matthieu, page 24. Davila, page 54. Castelnau était mal informé lorsqu'il a écrit que La Renaudie fut tué d'un coup d'arquebuse par le baron de Pardailhan, après que ledit de La Renaudie eut tué son serviteur. Mémoires de Castelnau, page 16.

(2 Pierre de La Place, page 35. Mémoires de Veilleville, page 422.

qu'on faisait peser sur lui. Il n'en fut pas moins déclaré coupable de lèse-majesté. J'en atteste mes juges, s'écria-t-il, en entendant ces mots ; ils savent qu'il n'en est point ainsi, à moins que ce ne soit un crime de lèse-majesté de m'être opposé de toutes mes forces, avec une grande partie de la noblesse de France, à la tyrannie des Guises ; mais alors il fallait, auparavant, les déclarer rois.

Il avait beaucoup d'amis et de protecteurs à la cour. Le duc de Longueville, Coligny, Dandelot, le duc d'Aumale, frères des Guises, la reine-mère elle-même, voulurent le sauver ; mais le roi, ce jeune enfant sans volonté dans les affaires ordinaires, se montra inflexible. Les Guises l'avaient condamné : « Par le sang de Dieu, dit le cardinal, il en mourra ; il n'y a homme qui l'en puisse empêcher. » Castelnau conserva toute son intrépidité en face de la mort : il s'avança tranquillement vers le lieu de l'exécution, et monta d'un pas ferme les marches de l'échafaud. Là, il appela cinq ou six fois le duc de Nemours, *trahistre, très-méchant et indigne du nom de prince;* puis trempant ses mains dans le sang encore chaud de ses compagnons, qu'on venait d'immoler, et les élevant toutes sanglantes vers le ciel, « il prononça de fort belles et très-saintes paroles en la prière qu'il fit à Dieu, en sorte qu'il fit pleurer même ses ennemis et en particulier le chancelier Olivier, qui l'avait condamné, et les autres juges » (1).

Les paroles que l'auteur des Mémoires de Veille-ville n'a pas connues ou plus vraisemblablement qu'il n'a pas osé rapporter, le président Laplace nous les a conservées en les attribuant à un des compagnons de

---

(1) Veilleville, déjà cité.

Castelnau : *Seigneur,* s'écria-t-il, *vois le sang de tes enfants injustement répandu ; tu en feras vengeance.* Jamais fatale prédiction ne fut plus cruellement vérifiée. L'ère des vengeances célestes s'ouvre pour notre malheureuse patrie.

Le prince de Condé se trouvait gravement compromis par les dépositions des conjurés; mais il nia hardiment toute complicité, et se retira en Gascogne avec les deux frères Ferrières-Maligni, entièrement dévoués à la maison de Bourbon et à la cause protestante. Les Guises voulurent envelopper le roi de Navarre dans cette conspiration ; le prince répondit à ces soupçons en dispersant un corps de deux mille religionnaires qui s'étaient assemblés à la voix de La Renaudie, et qui voulaient s'emparer d'Agen, et en traitant avec sévérité ou même en chassant de son gouvernement de Guienne toutes les personnes suspectes à la cour. Il chercha ensuite (1) à dissiper une accusation plus grave et mieux fondée, qui pesait sur sa femme et sur lui. Les deux époux paraissaient depuis longtemps se détacher chaque jour davantage de la religion catholique. Ils en reprirent tout à coup publiquement l'exercice, et firent célébrer en leur présence, dans l'église des Cordeliers de Nérac, une messe où ils voulurent que leur fils assistât avec eux En même temps ils firent partir pour Rome Pierre d'Albret, évêque de Comminges, qu'ils chargèrent d'aller complimenter le pape Pie IV, nouvellement élu, et de déposer à ses pieds l'hommage de leur obédience.

Ce retour subit au catholicisme était trop démenti par leur conduite pour tromper, ni le Saint-Siége, ni

(1) Sponde, Poydavant, tome 1, page 218. D'Ossat, lettre 92.

la cour de France. Le Saint-Père refusa de s'interposer pour leur faire restituer la Navarre, comme ils l'en firent solliciter par une seconde ambassade, qui suivit de près la première. Le gouvernement français accueillit encore plus mal cette dissimulation. Irrité de la protection qu'ils prêtaient, non seulement aux sectaires, mais encore à tous les mécontents, il tâcha d'attirer à Orléans où s'assemblèrent les États du royaume, Antoine et le prince de Condé, moins réservé dans son opposition que son frère. A leur arrivée, le prince fut arrêté et condamné à mort après une rapide procédure. On songea même un instant à se défaire de la famille entière des Bourbons. Antoine craignit pour ses jours; et retrouvant, en face du péril, des sentiments dignes de sa race, il fit appeler un de ses serviteurs les plus affidés (1). Si l'on me tue, lui dit-il, ainsi que j'ai eu avis que mes ennemis veulent le faire, prends ma chemise trempée dans mon sang et porte la à mon fils. Mais le trépas du jeune François II vint changer la face des affaires.

La reine-mère, Catherine de Médicis (2), s'empara de la régence sous le nom de Charles IX, enfant de dix ans. Le prince de Condé sortit de prison et le roi de Navarre fut fait lieutenant-général du royaume. Jusque là, tour-à-tour faible catholique et tiède huguenot, ce

(1) Favin, page 822. L'Art de vérifier les Dates, tom 6, page 515 et surtout Matthieu, page 263.

(2) Castelnau, page 161. Pour les guerres religieuses qui vont suivre, voir de Thou, tome 5 et suiv., d'Avila, Matthieu, les Mémoires de Castelnau, de Saulx-Tavannes, et surtout ceux de Monluc. Voir encore Favin, Palma Cayet, Olhagaray, Dupleix, Sponde, l'Histoire des cinq Règnes, et parmi les modernes, l'abbé Poydavant. Nous n'indiquerons que les citations principales.

dernier avait flotté entre les deux communions. Le colloque de Poissy, sorte de tournois religieux, que l'église ne pouvait accepter, et du sein duquel la régente espéra faire sortir une conciliation impossible, lui montra à nu les contradictions des docteurs protestants. On profita de l'indécision nouvelle que cette observation jeta dans son esprit pour achever de le convaincre. On lui parla de son royaume de Navarre, dont le légat pourrait peut-être obtenir la restitution. « C'était sur un tel esprit une sorte de motif plus puissant que les autres. On l'entoura de flatterie et on le rendit ainsi catholique. Tels étaient ces temps funestes. La foi et l'hérésie servaient de prétexte aux partis; l'intérêt était la seule religion (1). »

En rentrant dans le sein de l'église, Antoine chercha, mais en vain, à y ramener sa femme. La reine-mère, qui se joignit à lui, ne fut pas plus heureuse; et un jour qu'elle pressait Jeanne de condescendre aux volontés de son mari, celle-ci lui répondit que *plutôt que d'aller jamais à la messe, si elle avait son royaume et son fils à la main, elle les jeterait tous deux au fond de la mer pour ne lui en être un empêchement* (2). Antoine, ne pouvant plus espérer de triompher de son obstination, lui signifia qu'elle eût à se retirer en Béarn, et lui défendit de se mêler de l'éducation de son fils, qu'il prétendait faire élever dans la religion de ses ancêtres. Ce jour même il retira au jeune prince les gouverneurs, que sa mère avait placés près de lui, et les remplaça par des gentilshommes catholiques. Jeanne, déjà trop froissée comme épouse par les infidélités de son mari, sentit vivement l'outrage fait à son cœur maternel. Elle abandonna la cour sans

(1) Laurentie, page 338. — (2) Les Cinq Rois, page 46.

prendre congé d'Antoine, et répondit désormais à ses dégoûts par sa haine et par son mépris. Mais avant de s'éloigner, elle fit appeler son fils, le serra longtemps dans ses bras, lui fit une longue et sévère remontrance pour l'engager à ne jamais participer aux cérémonies du papisme, et lui protesta qu'elle était *prête à le renier et à le déshériter*, s'il oubliait ses exhortations. A ces mots, elle prit le chemin du Béarn, traversa rapidement et presque sans escorte des provinces peu amies, et parvint heureusement sur les rives de la Garonne, où elle trouva le sénéchal de Béarn, Arnaud de Gontaud, seigneur d'Audaux, accouru à sa rencontre, à la tête de quelques troupes.

Elle signala son retour en assignant aux ministres dissidents quinze mille livres de rente à prendre sur les biens du clergé, et statua, quelques jours plus tard, que tous les ecclésiastiques qui passeraient aux doctrines nouvelles conserveraient les fruits de leurs bénéfices: c'était provoquer les défections. Le colloque de Poissy avait exalté les protestants. L'édit de janvier 1562, qui autorisait leur culte dans les campagnes, les exalta encore davantage. Cet édit changeait la constitution de la France; les catholiques l'accueillirent avec un frémissement d'indignation. Le peuple surtout, franchement attaché à la foi de ses pères, ne put voir, sans une exaspération profonde, l'impiété s'étaler sous ses yeux, à l'abri de la protection royale. Les protestants, au contraire, poussèrent des cris de joie; la victoire leur parut assurée, et loin d'obéir aux défenses de l'édit qui prohibait leur culte dans les villes et leur ordonnait de restituer les églises dont ils s'étaient emparés, ils firent des assemblées menaçantes et se laissèrent aller à des provocations. Paris et les provinces ne pouvaient rester paisibles devant ces attaques. La Gascogne ne fut pas la dernière à courir aux armes. Les haines s'y étaient grossies, d'un côté, par l'espoir d'une complète émancipation et par l'appui hautement avoué de la reine Jeanne, et de l'autre par le mécontentement et le spectacle des croix brisées, des statues des saints mutilées, des objets du culte horriblement profanés. De là des excès réciproques que la renommée enflait et envenimait.

La cour se hâta d'y envoyer Monluc, avec ordre de tomber sans distinction de parti sur tous ceux qui en appelleraient à la force. Sa mission était difficile. Monluc avait pu s'en convaincre dans un voyage qu'il venait de faire dans ces contrées. « J'entendais de toutes parts, nous dit-il (1), de terribles langages et d'odieuses paroles que tenaient les ministres, qui portaient une nouvelle foi : j'oyais dire qu'ils imposaient deniers, qu'ils fesaient des capitaines, enrôlements de soldats, assemblées aux maisons des seigneurs, qui étaient de cette religion. Ils prêchaient publiquement à leurs auditoires que s'ils se mettaient de leur religion, ils ne payeraient aucun devoir aux gentilshommes, ni au roi aucune taille que ce qui serait ordonné par eux. Les uns prêchaient que les rois ne pouvaient avoir aucune puissance que celle qui plairait au peuple. D'autres, que la noblesse n'était plus rien qu'eux. Et de fait, quand les procureurs des gentilshommes demandaient les rentes à leurs tenanciers, ceux-ci leur répondaient qu'ils leur montrassent en la bible s'ils les devaient payer ou non, et que si leurs prédécesseurs avaient été sots et bêtes,

---

(1) Livre 5, page 147.

ils ne voulaient point en être. » Quelque séduisantes que fussent ces prédications, elles n'obtinrent pas toujours dans les campagnes un succès aussi prompt et aussi complet que le désiraient les apôtres du nouveau culte. Les violences venaient alors en aide à la parole. « J'oyais dire, ajoute Monluc, que les surveillants avaient des nerfs de bœufs qu'ils appelaient *Johannots*, desquels ils maltraitaient et battaient rudement les pauvres paysans s'ils n'allaient au prêche. Je voyais croître de jour en jour le mal. »

Quoique accoutumé à ne pas compter le nombre des ennemis qu'il allait combattre, le commissaire royal ne se crut pas assez fort pour arrêter seul les désordres. Il obtint qu'on lui adjoignît le sieur de Burie, lieutenant du roi de Navarre dans le gouvernement de Guienne. Fort de ce secours, il se mit en marche et arriva le premier au-delà de la Garonne. Les protestants essayèrent de corrompre sa fidélité et lui offrirent de l'argent et des troupes. Le ministre Burelles, ancien cordelier, leur ambassadeur, ayant insisté, fut honteusement éconduit (1). Boisnormand espéra être plus heureux, et réitéra l'offre de Burelles; mais il n'obtint que cette réponse : *quels diables de gens sont celles-ci, qui*

---

(1) Je commence à jurer et l'empognai au collet, lui disant ces paroles je ne sais qui me tient que je ne te pende moi-même à cette fenêtre ......., car j'en ai étranglé de mes mains une vingtaine des plus gens de bien que toi. Alors il me dit tout tremblant : Monsieur, je vous supplie, laissez-moi aller trouver M. de Burie. Je lui dis qu'il allât à tous les diables lui et tant de ministres qu'ils étaient, et ainsi se départit de moi, ayant eu aussi belle peur qu'il eût jamais eue. Cela me décria fort parmi ces ministres, car c'était crime de lèse-majesté d'en toucher un. (Mémoires de Monluc, livre 5, page 154).

*font les capitaines* (1). Monluc n'accueillit pas mieux un de ses fermiers et le capitaine Sendat, qui lui promettaient au nom de divers synodes, l'un trente mille livres, l'autre quarante mille écus. Une entrevue qu'il eut en rase campagne entre Condom et le St-Puy avec Dufranc, lieutenant au siège de Condom, lui dévoila les desseins et les plans des religionnaires. *Le poil lui dressait en la tête à ce récit ;* aussi la répression fut implacable. A deux lieues d'Estillac, une des terres de Monluc, où il allait se reposer quelques jours, les huguenots de St-Mézart s'étaient élevés contre le sieur de Rouillac, leur seigneur, parce qu'il les voulait empêcher de détruire l'église et d'en enlever les calices. Ils le tinrent assiégé vingt-quatre heures dans son château, et sans Jean de Goth-St-Aignan, son frère, et quelques gentilshommes voisins qui l'allèrent secourir, ils lui eussent coupé la gorge. Les protestants d'Astafort en avaient fait autant aux sieurs de Cuq et de La Montjoye. Monluc prit secrètement deux bourreaux qu'on appela depuis ses laquais, parce qu'ils marchaient souvent à sa suite. En même temps il manda Fontenilles, son gendre, qui tenait garnison à Beaumont-de-Lomagne.

Fontenilles arriva le premier à St-Mézart, se saisit de quatre des plus mutins et les traîna garrottés dans le cimetière, près d'une croix de pierre qu'ils avaient brisée. Leur procès fut bientôt instruit; on les convainquit d'avoir répondu lorsqu'on leur avait observé que le roi trouverait leur conduite mauvaise : « Quel roi ? nous sommes les rois. Celui-là que vous dites est un petit reyot de m..... Nous lui donnerons des verges et lui donnerons métier pour lui faire apprendre la vie comme

---

(1) Mémoires de Monluc, livre 5, page 154.

aux autres (1). J'avais, dit Monluc, les deux bourreaux derrière moi, bien équipés de leurs armes et surtout d'un marassan (coutelas) bien tranchant. De rage, je sautai au collet de Verdier, l'un des coupables, et lui dis : ô méchant . . . . . ., as-tu bien osé souiller ta méchante langue contre la majesté de ton roi. Il me répondit : Ah ! monsieur, à pécheur miséricorde. Alors la rage me print plus que jamais, et lui dis : méchant, veux-tu que j'aye miséricorde de toi, et tu n'as pas respecté ton roi. Je le poussai rudement en terre; son col alla justement sur le morceau de croix, et je dis au bourreau : frappe, vilain. » Le coup suivit la parole et emporta plus de demi-pied de la croix, tant il fut asséné avec violence. Deux complices de Verdier furent pendus à un orme voisin. On n'égorgea pas le quatrième, jeune diacre de dix-huit ans ; mais il reçut un si grand nombre de coups de fouet, qu'il mourut, dit-on, dix ou douze jours après. Les huguenots de la Montjoye ne furent pas épargnés. Quatre d'entr'eux, arrêtés par le capitaine St-Orens et deux autres religionnaires, saisis à Ste-Livrade, furent conduits au terrible justicier qui, *sans tant languir,* les fit aussitôt pendre. Ces châtiments fermèrent la bouche aux séditieux ; ils n'osèrent désormais parler du roi qu'avec respect, mais ils n'en continuèrent pas moins en secret leurs menées. La révolte du duc d'Enghien, qui avait enfin ouvertement levé le masque, vint bientôt leur rendre le courage.

La Gascogne se souleva presque toute entière. Agen, Lectoure, Beaumont, Villeneuve, échappèrent à la fois à l'autorité royale. Le port Ste-Marie, Layrac, la plus grande partie du Bazadois suivirent cet exemple, et de

---

(1) Monluc, livre 5, page 186.

la Garonne aux Pyrénées, on ne compta guère que Bazas, Auch et Auvillars qui restèrent fidèles à leur souverain. La ville de Condom se révolta deux fois; mais Dufranc, d'abord, et puis le capitaine Arné, la maintinrent dans le devoir. Toulouse et Bordeaux elles-mêmes étaient ébranlées. Monluc et Burie n'avaient auprès d'eux que sept compagnies. Burie alla se jeter dans Bordeaux avec quatre, et Monluc, à la tête des trois autres, se plaça dans les environs de Beaumont pour surveiller les deux bords de la Garonne. A peine avait-il pris cette position, que le capitaine Ste-Gemme lui apporta un ordre du roi qui le rappelait vers Paris. Son départ entraînait la perte de la Gascogne. Il écrivit à la cour ce qui se passait autour de lui, et en attendant de nouveaux ordres il travailla à organiser un plan général de défense. Il fallait son activité et son zèle pour réprimer un ennemi qui se montrait partout à la fois. A sa voix, tous les gentilshommes catholiques abjurèrent les haines et les rivalités qui les séparaient, et s'unirent entr'eux. Bientôt ils se partagèrent le pays : Gondrin, Massès, Terride, Fimarcon, St-Paul, Clermont, Lamezan, Bellegarde, Pins-Montbrun, Fontenilles, à la tête de ce qu'ils purent lever de recrues, se portèrent aux lieux les plus menacés. Monluc, retiré au St-Puy, dirigeait leur bras et leur épée. Il apprit un jour que Toulouse allait être livré au prince de Condé. En même temps il reçut une lettre des consuls d'Auch et du vicaire-général de l'archevêque qui le conjuraient d'accourir (1) au secours de leur malheureuse ville dont les habitants étaient prêts à s'égorger. Il fit aussitôt marcher sur Toulouse les compagnies dont il disposait

---

(1) Monluc, livre 4, page 162.

et celle du maréchal de Thermes, qui tenait garnison à Pessan et lui-même prit la route d'Auch. A peine gravissait-il les côteaux de Cézan, qu'un nouveau courrier vint lui annoncer que le capitole et l'artillerie qu'il renfermait étaient au pouvoir des ennemis. A cette nouvelle, il hâta sa marche. Néanmoins il n'arriva à Auch qu'à une heure. Ce fut assez de sa présence pour pacifier les habitants. Il partit aussitôt pour Toulouse et alla camper à deux heures des remparts; mais les ennemis ne l'avaient point attendu, et la ville était sauvée.

Après une tentative infructueuse sur Montauban, Monluc repassa la Garonne et dissémina de nouveau ses forces. Terride rentra à Beaumont-de-Lomagne et Charry à Puymirol. La compagnie du maréchal de Thermes reprit ses quartiers aux environs d'Auch. Monluc ne garda près de lui que la compagnie du sieur de St-Orens et la sienne; mais ces mesures furent presqu'aussitôt rompues. Les religionnaires étaient maîtres de la Dordogne et de la Garonne, ces *deux mamelles qui allaitaient Bordeaux*. La famine commençait à se faire sentir dans la ville; il fallait débloquer au plutôt les voies. Burie appela à son aide son collègue; celui-ci se mit en route sur-le-champ avec le peu de forces qu'il avait sous la main, après avoir donné des ordres pour que le reste le suivît de près. Comme il arrivait le premier soir à Fouguerolles, trois enseignes parties de Nérac et conduites par le capitaine Doazan, y arrivaient du côté opposé. Étonnées d'avoir été prévenues, elles n'essayèrent qu'une courte résistance; et bientôt saisies de frayeur, elles se jetèrent dans les taillis et dans les fossés, *le ventre à terre*. Les soldats de Monluc les cherchaient dans les bois et leur *tiraient comme quand on tire au gibier.* Ils ne pouvaient suffire à tout tuer; car, ajoute Monluc, de prisonniers, il ne s'en parlait pas en ce temps-là; et si le roi eût fait payer les compagnies, je n'eusse point permis les rançons (1). La plus grande partie de ceux qui échappèrent, se jetèrent dans la Baïse où quelques-uns se noyèrent. Le reste se sauva à Nérac, dont il eût été facile à Monluc de s'emparer (2), mais il craignit que ce retard ne nuisît à la conservation de Bordeaux. Il poursuivit sa marche et atteignit enfin l'ennemi à Langon, dans le comté de Benanges.

Henri de Foix-Candale, fils aîné de Frédéric, comte de Benauges et d'Astarac, jeune encore, mais plein d'ardeur et de bonne volonté, vint avec Seignan, Montaut (de l'Ariège) et dix ou douze autres gentilshommes, trouver Monluc dans son camp. Au commencement des troubles, le jeune comte avait pris les armes pour le roi et s'était saisi de Langon; mais bientôt trahi par la fortune, il était tombé au pouvoir des religionnaires et avait été remis à la reine de Navarre, qui ne lui avait rendu la liberté qu'à condition qu'il ne porterait jamais les armes contre les protestants. Monluc le délia sans peine de son serment et le retint près de lui. L'ennemi était supérieur en nombre et commandé par Duras, un des chefs protestants les plus renommés; mais il fallait rétablir le crédit et la réputation des armes royales par une action d'éclat. La bataille fut résolue. Le général

(1) Ce n'est point comme aux guerres étrangères où l'on combat comme pour l'amour et l'honneur; mais aux civiles, il faut être ou maître ou valet parce qu'on demeure sous même toit, et ainsi il faut venir à la rigueur et à la cruauté. (Monluc, page 167).

(2) Suivant de Thou, Monluc s'empara de Nérac, dont la plupart des habitants s'étaient retirés en Béarn, et y nomma pour gouverneur Charles de Bazon. De Thou, tome 3, page 315.

partagea ses forces en deux corps: il donna le commandement de l'un à Peyrot, son fils, et à Fontenilles, son gendre; il se réserva l'autre avec les arquebusiers de Clermont. Quelques soldats furent placés sous les ordres du capitaine Charry, qui déboucha le premier par un petit chemin étroit entre deux vignes; le reste de ses troupes suivit le même chemin. Arrivé à l'ennemi, l'intrépide Gascon fondit avec tant d'impétuosité d'un côté sur la cavalerie, et de l'autre sur l'infanterie des protestants, que l'infanterie se retira sur-le-champ dans un bois voisin, et que la cavalerie, abandonnant honteusement Duras, s'enfuit de tous côtés. La victoire ne coûta aux catholiques que Duvignaux, tué dans l'action, et deux ou trois autres gentilshommes morts, depuis, de leurs blessures. Henri de Foix, le vicomte d'Usa et Seignan avaient eu leurs chevaux tués sous eux. Monluc montait un superbe coursier turc, qu'*après ses enfants, il aimait plus que chose au monde,* parce qu'il lui avait sauvé deux ou trois fois la vie ou la liberté; il le perdit dans cette action. Peyrot courut encore plus de dangers que son père; il fut blessé deux fois. Les ennemis essayèrent vainement de s'attribuer l'honneur de cette journée. Duras se retira précipitamment à Ste-Foy, d'où il gagna Tonneins.

Cependant Monluc délivrait Bourg et prenait Gironde, où s'étaient réfugiés environ quatre-vingts huguenots, lors de la déroute de Duras. Le barbare vainqueur en fit pendre *sans autre cérémonie* soixante-dix aux pilliers de la halle. « On pouvait, dit-il lui-même (1), connaître par là où j'étais passé; car, par les arbres, sur les chemins, on trouvait les enseignes; un

---

(1) Livre 5, page 170.

pendu étonnait plus que cent tués. » Cette sévérité jeta tant de terreur dans le pays, que les bourgs qui longeaient la Garonne furent abandonnés jusqu'à Marmande et à Tonneins. Duras s'était retiré dans cette dernière place pour y recueillir les débris de son armée. Il n'osa pas attendre les catholiques, et se replia vers la Dordogne. La reine de Navarre était à Duras. En apprenant ce départ, elle se sauva au château de Caumont; mais ne s'y croyant pas en sûreté, elle passa en Béarn, maudissant la cruauté de Monluc, et détestant encore plus son courage et son activité.

La fuite de Duras et celle de la reine livraient le pays à leur ennemi. Le château de Caumont et la ville de Marmande lui ouvrirent leurs portes. Bazas, St-Macaire, Villeneuve, suivirent cet exemple. Monségur osa résister. Cette ville petite, mais forte par son assiette, était défendue par de bonnes murailles et par sept cents hommes de garnison. Monluc voulut laisser reposer ses soldats et s'arrêta la nuit à Sauveterre; il y prit quinze ou seize huguenots qu'il fit pendre, *sans dépenser ni encre, ni papier, et même sans les vouloir entendre; car ces gens parlent d'or* (1). Arrivé sous les remparts de Monségur, on dressa les batteries du côté de la Tannerie. Un faible mur élevé devant la porte principale ayant été renversé par le canon, quelques soldats s'introduisirent dans la ville. Vinos, guidon d'une compagnie, se rendait presqu'en même temps maître de la tour. On entra aussitôt en foule, et quand on arriva sur la place, on trouva trois cents hommes rangés en bataille, qui se défendirent vaillamment; mais le courage ne put suppléer au nombre; ils furent rompus et

(1) Page 171.

dispersés. Dès-lors ce ne fut plus qu'une boucherie. « Tout ce qui sautait par-dessus les murailles, cela était mort; tout ce qui tombait sous la main du vainqueur était égorgé. La tuerie dura jusqu'à dix heures ou plus, parce qu'on les cherchait dans les maisons et en fut prins quinze ou vingt seulement, lesquels nous fîmes pendre, et entr'autres tous les officiers du roi et les consuls avec leurs chaperons sur le col. Il ne se parlait pas de rançon sinon pour les bourreaux. » Hérard, brave officier, qui avait jadis servi sous Monluc dans les guerres de Piémont où il s'était distingué, commandait dans la place; ses anciens frères d'armes voulaient le sauver : lui-même comptait sur les souvenirs de son ancien général; mais celui-ci fut inflexible. « Je savais bien qu'il était vaillant, mais cela même le fit plutôt mourir, car j'étais bien assuré qu'il ne retournerait jamais de notre côté, parce qu'il était fort opiniâtre et coiffé de cette religion; sans cela je l'eusse sauvé. » On compta le nombre des morts, et il s'en trouva plus de sept cents (1).

Avertis par cet exemple, la ville et le château de Duras se soumirent à l'approche de Monluc. Clairac et Aiguillon imitèrent cet exemple. Partout, les protestants, saisis d'effroi, abandonnaient les places qu'ils occupaient. A Tonneins, Monluc ne trouva que quelques catholiques; le reste des habitants s'étaient enfuis. Il s'avança vers Agen avec quelques canons enlevés à La Réole. Les protestants songèrent d'abord à se défendre; mais quand on leur dit que Monluc était près, l'effroi les saisit. « Ils pensaient avoir déjà la corde au

(1) Là toutes cruautés et violences furent exercées le 1<sup>er</sup> août sans avoir égard à la qualité, sexe ni âge. (Histoire des Cinq Rois, page 212).

cou (1). Ils s'empressèrent de remettre les clefs de la ville aux consuls, et se retirèrent le soir au nombre d'environ six cents. Leurs femmes les suivaient, portant leurs enfants dans leurs bras, ou les traînant par la main. Ils coururent toute la nuit et tout le jour suivant, et ne s'arrêtèrent qu'à sept lieues de là dans la ville de Tournon, où ils attendirent Duras, qui pourvut à leur sûreté. Après leur départ, le peuple se jeta sur leurs maisons et les livra au pillage. Monluc accourut, s'étonnant « comme ces gens avaient tant de peur au ventre, et comme ils ne défendaient pas mieux leur religion. » Mais quelle que fût sa diligence, il trouva la ville entièrement ruinée, ce qu'il imputa aux protestants; « car, ajoute-t-il, ces gens où ils passent laissent des tristes marques. » Comme si les vestiges qu'il laissait lui-même sur son passage étaient moins tristes.

Sa présence ne diminua point les désastres, au moins dans les environs de la ville où il ne se parlait que de meurtres et de cruautés horribles; *même au bourg du passage*, dit une autorité justement suspecte, il est vrai, *il y eut des petits enfants rôtis*. Duras se vengea sur Lauzerte (2) qu'il emporta de force, le 15 août. Il y tua,

(1) Cette frayeur s'explique facilement, du moins si le récit du rédacteur de l'Histoire des Cinq Rois était vrai. S'ils rencontraient quelqu'un de la religion, ils lui mettaient une corde au col, et s'il était constant le fesaient cruellement mourir, ou bien en tiraient rançon, puis les massacraient. Quant aux infirmes, après avoir été promenés, ils étaient astreints de faire le signe de la croix, l'*Ave Maria*, confesser que la messe était bonne. Après tout cela il fallait qu'ils reniassent Dieu, le protestantisme six ou sept fois; quoi fait, ils étaient tenus pour bons catholiques à l'usage de Monluc et du capitaine Peyrot, son fils. Page 216.

(2) L'Hist. des Cinq Rois, page 211. Du Thou, à Lauzerte, substitue Caylus. Livre 33, tome 3, page 320.

avouent les chroniques protestantes, cinq cent soixante-sept catholiques, parmi lesquels *neuf vingts quatorze prêtres*. Ce sang criait vengeance aux yeux de Monluc. De concert avec Burie, qui l'avait rejoint sous les murs d'Agen et suivi d'un corps d'Espagnols que Philippe II avait envoyé à son beau-frère, il alla assiéger Penne, un des plus forts châteaux de l'Agenais. La résistance fut aussi opiniâtre que l'attaque était vigoureuse. Le désespoir d'un côté, l'appât du butin de l'autre, la haine chez tous enflammaient les cœurs; mais enfin les catholiques l'emportèrent, et là aussi ils souillèrent leur victoire par tous les excès qui accompagnent trop souvent les guerres civiles. Ni l'âge, ni le sexe ne furent épargnés; on égorgeait les enfants dans les bras de leurs mères, et puis on massacrait les mères sur les corps de leurs enfants. Les soldats espagnols surtout se distinguèrent par leur férocité; leurs capitaines *en étaient marris, mais ils ne purent y donner ordre*. De tous les protestants qui avaient pris part à cette défense, trois seulement échappèrent à la mort, deux furent sauvés par Monluc, le troisième descendit du château par une corde et traversa la rivière à la nage, poursuivi par une troupe de soldats et au milieu d'une grêle d'arquebusades dont aucune ne l'atteignit. *Son heure n'était point venue* (1).

(1) Monluc, tome 9, page 173. Peu de jours après, Monluc ne pouvait pardonner à Burie de lui avoir fait manquer l'occasion de battre les ennemis. Voilà la belle coyonnade qui nous fut faite, laquelle ne se soit jamais départie de dessus le cœur jusqu'après la bataille de Vert. Il me semblait que les pierres nous regardaient et que les paysans nous montraient au doigt. Nous avions la meilleure commodité de les étriller; j'étais en telle colère, qu'il ne tint qu'à bien peu que le matin je ne me départisse d'avec le sire de Buric; mais les conseils du sieur de Malicorne me réconcilièrent avec lui, car ma colère n'est pas des plus mauvaises, encore qu'elle soit prompte. Page 176.

Pendant que Monluc combattait sur la rive droite de la Garonne, les religionnaires, maîtres de Lectoure, se répandaient dans les environs et y portaient la terreur, le ravage et la mort. Ils avaient pris par escalade Lassauvetat vers la fin de juin, et le dernier juillet ils surprirent Larouinieu et y massacrèrent presque tout le chapitre. Enfin, le 8 septembre, ils se rendirent maîtres de Terraübe après un combat meurtrier, dans lequel il périt quarante hommes de la garnison. Bertrand de Galard, seigneur du lieu, tombé en leurs mains, fut seul épargné, parce qu'on espéra lui arracher une grosse rançon. Monluc craignit pour ses châteaux du St-Puy et d'Estillac. D'un autre côté, les habitants d'Auch, de Condom et de Fleurance le sollicitaient de ne pas les abandonner à la merci de leurs ennemis. Enfin, il apprit que ceux-ci attendaient du Béarn six cents hommes que leur amenait le capitaine Mesmes, et qu'aidés de ce renfort, ils se proposaient d'établir un camp volant pour pouvoir se porter rapidement partout où ils jugeraient leur présence plus utile aux intérêts de leur cause. Ces motifs le déterminèrent à faire passer dans la Lomagne son fils Peyrot, à la tête d'une partie de sa compagnie. Henri de Foix-Candale, Geoffroy d'Aydie, petit-neveu du célèbre favori de Louis XI, Monferrand et quelques autres seigneurs du pays voulurent être de l'expédition. Peyrot amena encore le capitaine Peiron ou Perron et la compagnie du baron de Pordéac, conduite par le capitaine Laroque d'Ordan, car le baron de Pordéac était retenu dans son lit par une blessure qu'il avait reçue quelque temps auparavant devant Lectoure.

Arrivé à **Fleurance**, le jeune chef fut informé que les deux frères Begolles (1), neveux du brave d'Ossun, qui commandaient à Lectoure, en étaient sortis suivis de trois cents hommes pour aller recevoir Mesmes au village d'Ayguetinte. Il ordonna aussitôt au seigneur de Baratnau qu'il trouva dans la ville avec une compagnie de gens de pied, de se porter sur la route entre Lectoure et Terraube. Lui-même, à la tête de sa troupe, le suivit de près. L'aîné Begolles, apprenant en chemin le dessein de Peyrot, et voyant qu'il ne pouvait joindre Mesmes, voulut rentrer à Lectoure ; mais il en trouva le chemin fermé. Il fallut, ou accepter le combat, ou aller chercher un asile dans quelque lieu voisin. Il préféra ce dernier parti et se retira à Terraube. Peyrot suivit ses ennemis de près et échangea avec eux quelques coups d'arquebuses à l'entrée du village ; il les eût même infailliblement défaits, s'ils eussent eu encore cinq cents pas à parcourir. Forcé d'ajourner la victoire, il entoura le village et envoya demander des renforts à Auch, à Fleurance, à Lassauvetat, au St-Puy et jusqu'à Condom. En même temps, il dépêcha en poste un courrier à son père pour le presser d'accourir avec quelques pièces de campagne. Il lui mandait qu'il tenait enfermée dans un lieu sans défense et dépourvu de vivres, presque toute la garnison de Lectoure avec les deux Begolles, et qu'il serait facile d'avoir bon marché d'une place dépourvue de ses défenseurs.

Monluc ne perdit pas un instant. Il choisit la compagnie du baron de Clermont, son neveu, avec trois pièces de canon qu'attelèrent les sieurs d'Urtubie et de Frédeville, et prit les devants pour préparer les voies ;

(1) Monluc, page 177. Les Cinq Rois, page 213.

mais déjà l'appel de Peyrot aux villes voisines avait été entendu; plus de deux mille hommes étaient venus grossir ses rangs. A la vue de ces bandes nombreuses, Begolles comprit que toute défense était impossible. Il se rendit le 21 septembre, à condition que sa vie et celle de tous ses soldats seraient épargnées; mais à la brutalité avec laquelle on les désarma, les malheureux prisonniers purent déjà pressentir le sort qui les attendait. Après qu'ils eurent livré leurs armes, on les parqua dans un couvent d'où ils n'osaient pas même sortir, de peur de devenir victimes de la fureur des gens de la campagne.

Cependant le capitaine Mesmes, étonné de ne trouver aucun de ses co-religionnaires au rendez-vous, s'était avancé jusque sur les bords de la Baïse, à deux lieues de Terraube; mais dès qu'il connut ce qui se passait, il se hâta de rebrousser chemin, poursuivi par le seigneur de Gohas et par quelques autres gentilshommes du voisinage, qui l'obligèrent à se réfugier dans le village de Roquebrune, près de Vic-Fezensac, où ils allèrent l'assiéger. La troupe que conduisait Gohas, se composait presqu'en entier des paysans réunis au son du tocsin, et entraînés moitié de gré et moitié de force. La nuit venue, ces paysans s'ennuyèrent d'être transformés en soldats, et se dérobèrent par la fuite à leur nouveau métier, de sorte que le lendemain, Mesmes put continuer sa route.

Pendant qu'il rentrait en Béarn, Monluc arrivait à Lectoure, et quelques heures après les batteries s'élevaient sur un mamelon en face de la fontaine d'Idrone. Le mur se trouvant ouvert après trois cents coups de canon, Peyrot, Clermont, Pordéac, Henri de

Candale lui-même, toujours plein d'ardeur et de bonne volonté, montèrent à l'assaut. En même temps Monluc faisait escalader un fort placé à côté de la brèche pour empêcher qu'on ne tirât de là sur les assaillans. La brèche fut emportée. Restait une tranchée que la garnison avait faite en dedans, derrière le terre-plein et dans laquelle ils avaient préparé une traînée de poudre. A peine eut-on rompu la tranchée, que la mine éclata, et força les vainqueurs à reculer après essuyé des pertes cruelles, entr'autres, celle du brave Laroque-d'Ordan, *un des plus vaillants gentils hommes, qui sortît de la Gascogne depuis cinquante ans.*

Le lendemain, pendant qu'on délibérait si l'on changerait les batteries, d'Urtubie fut blessé d'un fauconneau et ne survécut que deux jours à sa blessure. Monluc perdait en lui un officier qui connaissait parfaitement l'art de l'artillerie, chose rare à cette époque. Aussi donna-t-il des vifs regrets à cette mort. Bremond commandait dans la place. Peu rassuré par les succès qu'avait obtenu jusqu'alors la défense, il offrit de capituler. On se prépara, en conséquence, à échanger trois ôtages. Les protestants voulurent Verduzan, Lachapelle et un troisième. Comme ceux-ci approchaient de la porte, on tira sur eux trente ou quarante arquebusades, dont heureusement aucune ne les atteignit. Monluc cria aussitôt à Bremond que *ce n'était point la foi d'un homme de bien, mais d'un huguenot.* Le gouverneur protesta qu'il n'était en rien dans cette perfidie, et feignant de saisir un des mutins qui avait tiré, il le fit pendre aux créneaux de la muraille sous les yeux de Monluc; mais au vrai coupable il avait substitué un catholique innocent. Après cette réparation simulée, les ôtages s'avancèrent jusqu'aux pieds de la muraille. Comme ils allaient franchir la porte, on tira de nouveau sur eux, et cette fois on tua Castets, un gentilhomme des environs d'Agen, et on en blessa deux ou trois autres.

Indigné de tant de déloyauté, et persuadé qu'on en voulait principalement à sa vie, Monluc fit crier aux assiégés que puisqu'ils faisaient si bon marché de leurs promesses, il en ferait autant de la sienne. Aussitôt il donna ordre à Verduzan de prendre sa compagnie de gens de pied et d'aller à Terraube *dépêcher* les prisonniers à qui l'on avait accordé la vie. Cet ordre sanguinaire fut exécuté avec autant d'exactitude que de barbarie. On tira les uns après les autres ces malheureux du couvent où on les avait logés, on les lia quatre à quatre et on les tua à coups d'épée, de poignard ou de pique; et comme ils opposèrent peu de résistance, les soldats joignant l'outrage à la cruauté, préludèrent à leur mort en leur faisant subir les plus dégoûtantes tortures. Après cette horrible boucherie, on les jeta dans un puits profond, qui en fut entièrement comblé, de sorte qu'on pouvait les toucher de la main. Ce fut, ajoute l'implacable Monluc, *une très belle despéche de très mauvais garçons* (1). Deux cent vingt-cinq prisonniers avaient ainsi péri: quarante furent conservés parce qu'on en espérait quelque rançon; mais sur ce nombre on en égorgea encore six et l'on en pendit deux. Les frères Begolles et deux Lectourois de bonne

---

(1) L'Histoire des Cinq Rois, dit au contraire, de Monluc : ayant juré leur garder la vie, au contraire il les vit traîner misérablement prisonniers, et trois jours après hacher cruellement en pièces par Peyrot et ses gens contre la foy promise avec tant de blasphêmes, maugremenis et renoncements du saint nom de Dieu que c'est horreur de s'en souvenir. Page 214.

maison furent amenés au camp. Monluc fit aussitôt pendre les deux Lectourois à un noyer, près de la ville, à la vue de tous leurs concitoyens. Il eût traité de la même manière les Begolles, sans le souvenir du brave d'Ossun, son ancien compagnon d'armes, dont ils étaient neveux. Ils furent à deux doigts de leur mort. Monluc avait une fois commandé de les *dépêcher, et puis je ne sais comment,* dit-il, *je changeai d'avis.*

Bremont, ignorant ces atrocités, et pressé par les instances des Lectourois et par les lettres de la reine de Navarre, qui craignait de voir détruire la plus forte place des anciens domaines de la maison d'Armagnac, demanda à renouer les négociations. Il s'aboucha avec Peyrot, et, le 2 octobre 1562, ils arrêtèrent ensemble la capitulation suivante : Bremont et les siens sortiraient de Lectoure avec leurs bagages, enseignes déployées et tambour battant, et seraient conduits sains et saufs jusqu'aux frontières du Béarn ; on oublierait le passé et aucun habitant ne serait inquiété à ce sujet ; il serait permis aux protestants de vivre dans leur particulier en pleine liberté de conscience, et de se livrer dans leurs maisons à tous les exercices de leur culte. Enfin, tous ceux qui étaient détenus à Terraube ou à Fleurance seraient mis en liberté, sans rançon. Ces conditions furent observées avec une bonne foi et une religion qui surprirent. Sans doute que Monluc était apaisé et que l'horrible massacre de Terraube avait momentanément assouvi sa haine contre les protestants. Quelques-uns même admirèrent l'équité de ces articles ; d'autres n'y virent ni équité ni bonne foi, mais un sentiment d'amour-propre. Ils prétendirent, et peut-être avec fondement, que Monluc craignit que, s'il refusait de signer la capitulation, Burie ne le rappelât ou ne vînt dans le camp lui enlever, par sa présence, la gloire d'avoir forcé Lectoure.

Quoiqu'il en soit, après s'être assuré de la place et en avoir donné le gouvernement au baron de Pordéac, il reprit la route d'Agen, nettoya les bords de la Garonne, s'avança dans le Périgord, et termina cette brillante campagne par une victoire éclatante. Il rencontra près de Vert les ennemis commandés par Duras. Massés, Fontenilles, Seignan, Bezolles, Clermont, D'Arné, Baratnau, Bourdillon, St-Geniès, Lostanges, Montferrand, se pressaient autour de lui. Burie, qui l'avait alors rejoint, voulut décliner le combat; mais enfin, vaincu par les instances et les raisons de Monluc, il céda, en disant : que si les affaires allaient mal, il en rejetait la faute sur son impétueux collègue. « Alors, écrit Monluc, je lui répondis, présent beaucoup de gents : Monsieur, monsieur, *sanguis ejus super nos et super filios nostros* (1). Que tout le monde charge hardiment sur moi, car je veux porter la coulpe de tout. J'ai les épaules assez fortes, mais je vous assure que je serai chargé d'honneur et non de honte, et que plutôt y demeurerai-je le ventre au soleil. A ces mots, Burie fit signe de la main : « allons donc, de par Dieu, soit; » et la bataille fut résolue. Monluc avait encore avec lui le corps d'Espagnols qu'avait conduit Louis de Carvajal. Espagnols et Gascons ne pouvaient combattre ensemble sans se disputer la palme de la valeur. Après avoir harangué leurs rivaux, Monluc passe aux Gascons.

(1) Que son sang retombe sur nous et sur nos enfants. (Monluc, page 179).

« Je suis, leur dit-il, nous citons son récit, je suis Gascon; je renie ma patrie et ne m'en dirai jamais plus, si aujourd'hui vous ne gagnez le procès à force de combattre, et vous verrez que je serai bon avocat en cette cause. Ils sont bravaches, et leur semble qu'il n'y a rien de vaillant qu'eux au monde. Or, mes amis, montrez-leur ce que vous savez faire, et s'ils frappent un coup, donnez-en quatre. Vous avez plus d'occasions qu'eux, car vous combattez pour votre roi, pour vos autels et pour vos foyers : si vous étiez vaincus, outre la honte, votre pays est perdu pour jamais, et qui pis est, votre religion. Je m'assure que je ne serai pas en peine de mettre la main dans les reins de ceux qui les montreront à nos ennemis, et que vous ferez tous votre devoir. Ce ne sont que gens ramassés, accoutumés d'être battus et qui ont déjà peur d'avoir les bourreaux sur les épaules, tant la conscience les accuse ! Vous n'êtes pas ainsi, vous qui combattez pour l'honneur de Dieu, le service de votre roi et le repos de la patrie. »

A ces mots, il recommanda de lever la main; ils la levèrent en s'écriant tous d'une voix : laissez-nous aller, car nous n'arrêterons jamais que nous ne soyons aux épées (à l'arme blanche), et tous baisaient la terre. « Je m'en courus à la gendarmerie, dit encore Monluc, et les priai de s'acheminer, seulement le petit pas, en leur disant : ce n'est pas à vous, messieurs, à qui il faut faire de belles remontrances pour mettre le cœur au ventre; je sais que vous n'en avez pas besoin; il n'y a noblesse en France qui égale celle de notre Gascogne : à eux donc, mes amis, à eux ! et vous verrez comme je vous suivrai. » L'action s'engagea aussitôt et ne fut pas un instant indécise. Duras essuya une défaite complète; il s'enfuit, laissant deux mille morts sur le champ de bataille et dix-neuf enseignes d'infanterie et cinq étendards de cavalerie entre les mains des vainqueurs. Cette bataille, omise dans presque toutes nos histoires, et si honorable pour les armées royales, se donna le 9 octobre 1562. Elle acheva de pacifier la Gascogne. « Ainsi m'en revins, dit Monluc, et renvoyai toutes mes troupes dans leurs foyers, n'y ayant rien dans toute la Gascogne qui bougeât, ni qui osât dire qu'il avait jamais été de la religion protestante, car tout le monde allait à la messe et aux processions, et assistait au service divin ; et les ministres, trompettes de ce boute-feu, avaient vidé, car ils savaient bien qu'en quelque coin qu'ils fussent, je les attraperais et leur ferais bonne guerre. »

Pendant que Monluc combattait sur les rives de la Garonne, le roi de Navarre assiégeait la ville de Rouen mais ayant imprudemment voulu visiter les tranchées, il y reçut une blessure que son insouciance et son amour effréné des plaisirs ne tardèrent pas à envenimer, et dont il mourut trente-cinq jours après (19 novembre 1562). Ce prince était beau et bien fait : à une âme noble et guerrière, il joignait un esprit droit et pénétrant. Adroit à tous les exercices du corps, habile dans l'art de la guerre, courageux sur un champ de bataille, il lui manquait, ce semble, peu de choses pour être un héros. Malheureusement, la volupté et l'irrésolution ternirent ses belles qualités, et firent de lui un prince vulgaire, même à côté de cette race dégénérée qu'offrait alors la maison royale.

## CHAPITRE II.

*Jeanne, reine de Navarre, embrasse le protestantisme. — Troubles à cette occasion. — Le pape Pie IV l'excommunie. — Le Collége d'Auch. — Voyage de Charles IX à travers la Gascogne. — Lieux qu'il visite. — Le Guypuscoa et la Biscaye soustraits à la juridiction des évêques français. — Jean de Moutier, évêque de Bayonne. — François de Noailles, évêque de Dax. — Jean de Monluc, évêque de Valence. — La reine Jeanne abolit la religion catholique dans ses États. — Réclamation des États de Béarn. — Soulèvement de la Basse-Navarre. — Deuxième guerre civile. — Sagesse des habitants de Mont-de-Marsan. — Paix de Longjumeau. — La guerre renaît. — La reine Jeanne y prend part et se retire à La Rochelle avec ses deux enfants. — Batailles de Jarnac et de Moncontour.*

Jeanne était occupée à réparer et à augmenter les fortifications de Navarreins, lorsqu'elle apprit presqu'en même temps la blessure et la mort d'un époux inconstant et volage, qui l'avait naguère publiquement repoussée. Délivrée alors de toute contrainte, elle embrassa ouvertement le protestantisme. Élevée sous les yeux d'une mère peu orthodoxe, elle avait, dès le berceau, sucé avec le lait les doctrines suspectes. Ce qu'elle vit et ce qu'elle entendit dans les cours de France et de Navarre ne firent que rendre en elle le goût des nouveautés plus ardent. Enfin, le catholicisme ne se montrait à ses yeux, dans le pontife romain, sa représentation vivante, que comme l'instigateur ou le fauteur de l'usurpation de la Navarre. Tout la jetait donc hors de l'Église. Ses sentiments n'étaient plus depuis longtemps équivoques; néanmoins, soit politique, soit respect pour un mari qu'elle aimait, malgré ses infidélités, elle avait jusque là gardé quelque mesure. A la mort d'Antoine, elle résolut d'abolir l'ancien culte dans ses États et de lui substituer la religion nouvelle. Dans ce but, elle fit venir de Genève le ministre Merlin (1). Celui-ci fut bientôt suivi d'une vingtaine d'autres qu'elle dissémina dans le Béarn. En même temps elle empêcha qu'on ne remplaçât dans leurs fonctions les ecclésiastiques que la mort moissonnait, et attribua à leurs rivaux les revenus de leurs bénéfices.

Un dernier pas restait à faire. Pâques, la grande solennité du christianisme, approchait. Jeanne voulut la célébrer avec les ministres et fit la cène dans tout l'appareil de la royauté. Quelques jours après, elle prohiba, sous les peines les plus sévères, la procession de la Fête-Dieu, et se montra sourde aux représentations que lui firent à ce sujet les États de Béarn. S'enhardissant toujours davantage, elle s'attaqua aux édifices sacrés et ordonna qu'on les dépouillât. La cathédrale de Lescar, gardienne des cendres des souverains du Béarn, devint la première victime de son intolérance; on y démolit les autels, on y dégrada les sculptures, on y effaça les images. L'évêque lui-même, Louis d'Albret, plus lâche et plus indigne encore que Jacques de Foix,

(1) Olhagaray, page 535. Poydavant, page 167. Nous avons sous les yeux les édits et ordonnances de Jeanne, écrits d'une main que nous croyons être celle d'Oyhenard. Dans un édit daté de Nérac, le 19 juillet 1561, dont l'exécution est confiée à l'évêque de Lescar, nous trouvons les dispositions suivantes : Los ministrés que doben arrivar séran recebuts et metuts en los locs de nostre pays là oun sera besoun sens que lor sie baillade augune fascherie. Que en lo loc oun lo ministré préchéra, lo rector d'aquel et son vicayre n'y aura augun que prédicasse idolatrie, los sara prohibide la cadieyre sous las peynos. Que los que holeran exercer o tener los escolos..... abant d'esté recebuts saran examinats per las gens de nostre conseil o per un deus ministrés per saber si sont de bonne bite et doctrine.

à qui il avait succédé après que Jean de Capdeville se fut assis un instant sur ce siége, n'eut pas honte de prêter la main à cet horrible sacrilège. Quand l'antique basilique eut été purifiée de tout ce qui sentait le papisme, Jeanne s'y rendit en grand cortège et y fit une seconde fois la cène à la vue d'un peuple nombreux et d'une foule de seigneurs. Après en avoir ainsi pris possession au nom de l'erreur, Jeanne défendit qu'on y exerçât désormais le culte catholique, et étendit la même défense à l'église de St-Julien. Le chapitre et la ville essayèrent envain d'obtenir la révocation de cette mesure. L'obstinée huguenote, loin de céder, donna des ordres plus sévères, et tout se tut devant sa volonté; en sorte que dès ce moment, le service divin cessa entièrement dans Lescar et fut transporté dans la chapelle de St-Martin-de-Gorets.

On se montra moins docile ou moins timide à Oleron. Claude Regin (1) en avait été nommé évêque en 1560, après une longue vacance. Né à Riom en Auvergne, d'une famille ancienne, il avait suivi en Béarn la reine Marguerite en qualité de maître des requêtes. La mère le pourvut du prieuré de St-Orens en Lavedan, et la fille lui fit obtenir l'évêché d'Oleron. Il méritait cette dignité par sa science aussi variée que profonde; mais son zèle et son courage n'égalaient pas son savoir. Sans entrer dans les desseins de la reine, et surtout sans adopter ses erreurs, il s'abstint et s'éloigna. Les chanoines (2), plus courageux, refusèrent ouvertement de se soumettre. On sévit contre les plus fermes, et on en arrêta deux que l'on conduisit dans les prisons de Pau. Cette sévérité n'effraya pas Guillaume d'Abadie, un

---

(1) *Gallia Christiana*. — (2) Poydavant, Olhagaray.

de leurs collègues, qui s'empara du palais épiscopal et voulut s'y fortifier. N'ayant point réussi dans cette tentative, il se livra lui-même entre les mains des officiers de la reine. Sa noble confiance, inspirée et soutenue par une haute piété, imposa à Jeanne, qui n'osa pas le punir. Le chapitre dut toutefois céder à la persécution, et transporta son service à Mauléon de Soule, où il fixa son séjour pendant un grand nombre d'années.

Ces violences ne pouvaient pas être longtemps ignorées du cardinal d'Armagnac, alors retiré au monastère de Belleperche, près de Beaumont-de-Lomagne. Il tenta d'en arrêter le cours; et dans une lettre (1) pleine de mesure et de convenance autant que de respect et de dévouement, il exposa à la reine tout ce qu'avaient non seulement de coupable, mais encore de périlleux pour sa couronne, les réformes qu'elle tentait, et il la conjura de revenir à la foi de ses pères. Jeanne répondit avec aigreur; et toujours plus obstinée, elle créa vers cette époque un conseil ecclésiastique, chargé de vendre tous les biens des confréries. En même temps, elle fit saisir tous les objets qui servaient au culte. Peu contente d'avoir ainsi dépouillé les églises, elle finit par en bannir les catholiques pour les livrer aux ministres

---

(1) Nous aurions voulu citer intégralement la lettre du cardinal (*) et la réponse de la reine. Leur longueur ne nous l'a pas permis. On raconte que le seigneur de Gondrin, sénéchal d'Albret, ayant un jour remontré à Jeanne qu'en persécutant la religion catholique elle offensait Dieu et le roi Charles IX, Jeanne lui répondit que loin d'offenser Dieu elle le servait; que quant à Charles IX, elle était maîtresse dans son royaume, comme le prince dans ses États. Gondrin, choqué de cette réponse, lui dit brusquement avec la franchise gasconne, qu'*il faisait si peu d'estat de son royaume qu'il le franchirait au pegassot* (au cloche-pied), *et en un saut, et la plaqua là en extrême colère.* (Dupleix).

(*) Voir note 11.

protestants. Des ordres semblables ne s'exécutent jamais paisiblement; quel que soit l'affaiblissement de la foi, on ne se laisse pas ravir ce qui touche aux croyances, sans protester contre les ravisseurs. On s'émut de toutes parts : l'anxiété et le trouble s'assirent à tous les foyers. Les États s'affligèrent de ces agitations, et portèrent leurs doléances aux pieds de la reine. Celle-ci refusa d'abord de les écouter; mais quand elle les vit décidés à prendre congé d'elle et à rompre leur assemblée, elle feignit de faire droit à leur requête, et rendit une ordonnance qui, sous prétexte de donner quelque satisfaction aux catholiques, sanctionnait en réalité tout ce qui avait été ordonné contr'eux.

Le bruit de ces innovations parvint enfin à Rome. Le pape Pie IV s'en alarma, et après avoir vainement tenté de ramener la princesse, il lança contr'elle les foudres de l'église (1), et fit afficher aux portes du Vatican et dans les carrefours de Rome, une bulle par laquelle Jeanne était citée à comparaître, dans six mois, devant le tribunal de l'inquisition, pour se purger du crime d'hérésie et rendre raison de sa foi. Après ce terme, elle serait privée de ses terres, et ses états seraient livrés au premier occupant. C'était faire revivre le onzième et douzième siècles dans une époque de doute et de scepticisme. La voix du saint-Père se perdit dans les airs. Le roi de France, instruit par ses ambassadeurs, protesta contre ce qui s'était fait à Rome; et ayant été, sur ces entrefaites, déclaré majeur, un de ses premiers actes fut de prendre sous sa protection Jeanne et ses enfants, comme les princes du sang les plus proches de la couronne. Le roi d'Espagne lui-même, vraisembla-

(1) Davila, tome 3, page 326. Sponde.

blement l'instigateur secret de cette mesure, parut ne pas approuver le pontife, et promit de défendre Jeanne contre ceux qui attenteraient à ses droits. Il est vrai que cette démonstration était peu sincère, si, comme l'affirment quelques historiens et en particulier le grave du Thou, le monarque prêtait en même temps la main à une conjuration qui devait livrer la princesse à l'inquisition d'Espagne. Ce qui est plus constant, c'est que Jeanne s'inquiéta peu des foudres de Rome et continua ses persécutions.

Le pape, ne pouvant l'atteindre, s'en prit à un de ses lâches complices. Il pouvait d'ailleurs moins tolérer l'erreur dans un prélat que dans une femme. Il envoya une commission à tous les évêques de la province ecclésiastique d'Auch pour dénoncer excommunié l'évêque de Lescar, s'il ne se purgeait du crime d'hérésie dont il était accusé. On instruisit son procès devant l'official métropolitain. Néanmoins, à cause de sa haute naissance et par crainte de la reine, on ne voulut pas le citer en personne; on se contenta d'ordonner que l'évêque se défendrait par l'organe d'un avocat. Ce décret fut prononcé (1) sous le portique de l'église de Ste-Marie, le 27 août 1563. Personne ne se présenta au nom de l'accusé. Néanmoins, tout nous fait présumer qu'on ne donna aucune suite à cette affaire.

Le siége d'Auch était alors occupé par Jean de Chaumont (2). Le cardinal Hippolyte d'Est s'était, l'année précédente, démis de l'archevêché entre les mains du pape, qui le conféra sur-le-champ à Louis

---

(1) Manuscrit de M. d'Aignan. — (2) Archives d'Auch. M. d'Aignan. Dom Brugelles.

d'Est, neveu d'Hippolyte (\*); mais le chapitre feignit d'ignorer ces provisions, et élut Jean de Chaumont que le pape paraît avoir reconnu. Une ordonnance rendue par Charles IX nous prouve que ce prince se prononça pour Louis. Le collége d'Auch avait pris de l'extension sous les maîtres habiles dont le cardinal de Tournon l'avait doté. Le cardinal d'Est, du fond de l'Italie, s'intéressa à l'œuvre de son prédécesseur. Les consuls de la ville et le chapitre aidèrent aussi à son accroissement. Le roi cédant aux sollicitations de Jacques de Dufaur-Pibrac, prieur de St-Orens et abbé de Lacaze-Dieu, et voulant récompenser tant de zèle et surtout répondre à la haute protection dont le cardinal archevêque couvrait cet établissement, lui donna par des lettres patentes, datées de Romans (août 1564), le pouvoir *de faire et de créer des maîtres bacheliers et des maîtres ès-arts* (1).

(\*) Le cardinal d'Est portait pour armes au 1er et au 4me de France, à la bordure endentée d'or et gueules, et au 2me et 3me d'azur à l'aigle d'argent becquée, membrée et couronnée d'or, qui est d'Est. Il avait pris pour devise un Prométhée le feu à la main avec ce mot, *altiora*. Sous son administration, Arnaud de Béon, seigneur de Sère et chanoine d'Auch, étant mort, Jean de Béon, seigneur de Sère, frère du défunt, s'empara du pécule qu'il avait laissé et qui appartenait au chapitre; car de temps immémorial, celui-ci percevait les dépouilles de tous ses membres, comme étant réguliers de St-Augustin. Il y eut transaction entre Jean de Béon et le syndic des chanoines Bertrand de Ladevèze; celui-ci se contenta de cent livres, et le seigneur garda les dépouilles de son frère.

(1) Les réglements du collége furent rédigés l'année suivante par le principal, Philippe Massés, qui les dédia au cardinal Louis d'Est. Peu de temps après, François de Hautmon en devint principal. Il touchait mille cent quarante-une livres de traitement, outre les émoluments de la porte du collége, qui étaient de deux sols par mois. Sous lui, les élèves devaient même dans leurs jeux ne se servir que des langues latine, grecque ou hébraïque. Seulement, s'ils étaient tout petits, on leur permettait de parler français.

Charles IX avait depuis longtemps quitté Paris, lorsqu'il signa ces lettres patentes. Il visita les provinces pour y montrer la royauté à des populations qui la connaissaient à peine, et plus encore pour achever d'éteindre, s'il était possible, les feux mal assoupis des guerres civiles. Il avait avec lui la reine-mère, sa jeune sœur Marguerite, Henri duc d'Anjou et le jeune prince de Béarn. L'élite de la noblesse se pressait sur ses pas. Cette cour brillante et nombreuse fit son entrée solennelle à Toulouse, le 1<sup>er</sup> février 1565. Le roi était vêtu d'un habit de velours bleu, brodé d'or, et portait au col le cordon de l'Ordre. Son chapeau à petit bord était garni d'un passement d'or et surmonté d'un bouquet de plumes blanches. Il montait un cheval blanc et était précédé par le grand écuyer et le connétable, tenant l'épée nue à la main. Le duc d'Anjou marchait seul après lui. Puis venaient le jeune Henri de Béarn, marchant entre les cardinaux de Bourbon et de Guise, et enfin une foule de gentilshommes. Cinq jours après, il tint son lit de justice au parlement, où prirent place, entr'autres prélats, le cardinal d'Armagnac et les évêques de Couserans, de Tarbes et de Dax.

Il n'arriva (1) à Agen que le 23 mars, et le 25, il tint sur les fonts baptismaux, avec la reine-mère et mademoiselle de Guise, une fille du maréchal de Monluc, qui fut nommée Charlotte-Catherine, et qui épousa depuis Aymeric de Voisins, baron de Montaut. Charles visita ensuite le port Ste-Marie, Aiguillon, Marmande, La Réole et Cadillac, où le comte d'Astarac, Frédéric de Candale, le reçut à la tête de toute sa famille et lui

(1) Voir les Mémoires de l'époque, et en particulier le voyage de Charles IX en France, par Abel Jouan, depuis la page 54 jusqu'à la page 62. Nous avons emprunté à cet auteur presque tous les détails qui vont suivre. (Voir aussi note 12).

donna une fête splendide. Tous ces lieux, naguère pleins de tristesse, retentissaient des accents de la joie ; le deuil avait disparu ; les ruines amoncelées par la guerre civile restaient seules. La nature ne change pas toujours aussi vite que l'homme. Le prince coucha enfin à Bordeaux le 1er avril. Jusque là il avait longé la Gascogne ; il passa la Garonne et entra à Langon le vendredi, 4 mai. Bazas s'était préparé à le recevoir ; il y dîna le samedi, y séjourna le dimanche, y entendit la messe, à l'issue de laquelle il confirma les priviléges de la ville et du clergé, et enfin y reçut le spectacle d'une course aux taureaux. Parti de Bazas, il coucha, le 7, à Capsius, et le 8, à Roquefort, et dîna, le 9, à Mont-de-Marsan, où il séjourna quinze jours pour attendre sa sœur la reine Élisabeth d'Espagne, qui s'avançait à travers la Haute-Navarre. Il quitta Mont-de-Marsan, le 24 mai, traversa Meilhan, Tartas et Pontous, et se montra, le 28, à Dax, dont il admira les bains *les plus beaux qu'on pût voir,* ajoute le narrateur de cet itinéraire, *et qui rendent fort grande abondance d'eau toute bouillante.*

Il en repartit le lendemain et s'embarqua à Saubuse pour aller coucher à Bayonne. Il ne fit toutefois son entrée solennelle dans cette ville que le 3 juin. Ce jour il alla dîner à la Honce, petite abbaye, cachée dans les bois, et retourna en bateau jusqu'à l'entrée du port, où il trouva un théâtre sur lequel il se plaça pour voir défiler devant lui les diverses compagnies de la ville, toutes en armes *et en bel équipage.* Il entra à leur suite, entouré de tous les siens. Les portes étaient ornées de peintures et de devises. Le 9, le duc d'Anjou, son frère, sortit à la tête d'une troupe de seigneurs, portant tous ses livrées et vêtus de velours cramoisi, frangé d'argent, et s'avança jusqu'à dix lieues en Espagne au devant de la reine Elisabeth. Celle-ci marchait à petites journées, accompagnée des évêques de Calahorra, de Pampelune et d'Orihuella, du duc d'Albe, le ministre et le confident de Philippe, et d'une foule de grands d'Espagne. Elle rencontra son frère à demi-lieue d'Hernani, où ils dînèrent ensemble et d'où ils allèrent coucher à Irun, le 13.

La veille, le roi Charles était arrivé à St-Jean-de-Luz, où il passa la journée et où il vit lancer à la mer une goëlette qui, de son nom, s'appela la Caroline. Le lendemain après dîner, il s'avança avec sa mère, et suivi de toute sa cour, jusqu'au milieu de la Bidassoa. C'est de là, qu'en 1526, François I$^{er}$ s'échappait des fers de l'Espagne. Trente-huit ans s'étaient à peine écoulés, et sur le théâtre de l'humiliation de leur grand-père, le petit-fils et la petite-fille du prisonnier de Pavie apparaissaient dans tout l'éclat de la puissance et de la majesté, traînant après eux ce que la France et l'Espagne comptaient de plus illustre. La reine-mère, poussée par son amour maternel, passa sur la rive opposée pour embrasser plutôt sa fille. Charles attendit sa sœur dans la barque, et après les premières caresses, il la conduisit sur le rivage. On était dans le milieu du jour, et la chaleur était si accablante, que plusieurs soldats *étouffèrent sous les armes*. Une riche et belle collation avait été dressée sous une feuillée à quelques pas de la rivière. A côté des jambons de Mayence, des langues de bœufs, du cervelas, des pâtés, on servit à profusion des fruits, de la salade, des confitures de toute sorte et surtout du bon vin. Le repas dura bien une heure, et pendant tout ce temps, *tambours, trompettes, hautbois, sonnèrent de toutes parts en grande mélodie.*

Quand il fallut partir, le roi fit présent à sa sœur d'une belle haquenée blanche, et ils vinrent ensemble à St-Jean-de-Luz. Elisabeth marchait entre sa mère et son frère. Le lendemain, le roi prit les devants pour achever de tout disposer à Bayonne. Elisabeth, suivie des deux cours de France et d'Espagne, partit après le dîner et se rafraîchit un instant au Paradis, jardin de plaisance, situé à une porte de la ville, où une seconde collation, semblable à la première, lui avait été préparée. Au sortir de ce lieu, la reine monta sur une haquenée blanche, dont le harnais seul était prisé à quatre cent mille ducats, et que lui avait donnée son mari quand il la reçut dans son royaume. Elle fit ainsi son entrée; mais le cortège fut si long, qu'il était neuf heures avant qu'elle eût franchi la porte de la ville, et qu'il fallut appeler en aide les torches et les flambeaux. Elle alla descendre dans un palais de planches, improvisé pour cette occasion. Ce palais était voisin de l'évêché où logeaient le roi et Catherine, sa mère, et communiquait avec lui par une galerie couverte.

Elisabeth séjourna dix-sept jours à Bayonne, et durant tout ce temps Charles IX défraya généreusement les seigneurs espagnols. Les fêtes et les tournois se succédèrent. Le 23, le roi s'embarqua avec la *troupe espagnole* pour aller dîner à l'isle d'Aiguemau, qui était déserte. « Pour cette cause, la royne y fit faire une belle feuillée qui coûta un grand denier, et un festin ou souper auquel les grands seigneurs et dames portaient la viande et estaient habillés en bergers et bergères. Puis après souper, qui estait la vigile de St-Jehan

Baptiste, s'embarquèrent pour aller voir le plaisir du feu de la Jouannie, qui fut magnifiquement fait au milieu du fleuve du Gave. Il y avait tout du long de ladite rivière, des baleines, dauphins, tortues et sirènes toutes contrefaites en artifice de feu, qui fut un grand plaisir, et s'arrêtèrent tant à voir ledit plaisir qu'il était bien deux heures après minuit quand ils furent retirés en leur logis à Bayonne. »

La religion eut aussi sa solennité. Le jour de la Pentecôte, le roi toucha des écrouelles ; les espagnols accoururent en foule. La multitude fut incroyable. Les malades se pressaient tant aux portes, qu'il s'en étouffa bien vingt-cinq ou trente. Ces fêtes et ces amusements cachaient, dit-on, les mystères de la plus grave et de la plus sombre politique. Les protestants prétendirent dans la suite que l'affreux projet de la St-Barthélemy avait été conçu alors. Enfin, le 2 juillet, les deux cours reprirent ensemble le chemin de St-Jean-de-Luz, et le lendemain après dîner, le roi reconduisit sa sœur jusqu'au milieu de la Bidassoa. Là, ils s'embrassèrent pour ne plus se revoir. Catherine poussa jusqu'à Irun où elle coucha ; mais le lendemain elle retourna joindre son fils. Le duc d'Anjou seul, avec quelques chevaliers, s'avança jusqu'à Saragosse. Le roi, qui l'attendait à St-Jean-de-Luz, y séjourna huit jours, « pendant lesquels print plaisir à se faire pourmener à la grande mer avec des barques et à voir danser les filles à la mode de basque qui sont tondues celles qui ne sont point mariées et ont toutes chacune un tambourin fait en manière de crible, auxquels il y a force sonnettes et dansent une danse qu'ils appellent les canadelles et l'autre le bendel. » Il quitta St-Jean-de-Luz et alla dîner et souper à Biarrits, beau village sur le bord de la mer, « *auquel lieu l'on prend les balenes.* » Après avoir couché à Bayonne, il en repartit le lendemain et parvint jusqu'à Bidache par une chaleur si forte, que plusieurs soldats et plusieurs chevaux moururent sur la route. Le 13, il traversa Peyrehorade, revit Dax et Tartas, et s'arrêta une journée à Mont-de-Marsan pour y renouveler l'alliance avec les Suisses (*).

Le lendemain, il se remit en route. Il fallut renoncer à voyager le jour et profiter de la fraîcheur que ramenait la nuit. Le 24, il alla dîner et coucher à Nogaro, le 25, à Eauze et le 26, à Montréal, et dans ces trois villes il y eut entrée solennelle. Le vendredi 27, il parut devant Condom. Il fut reçu un peu au-dessus du prieuré de Teste par les conseillers de justice, les

---

(*) L'affaiblissement du pouvoir et la versatilité de la reine que l'on voyait passer, suivant l'intérêt du moment, des catholiques aux protestants, avaient engagé les deux partis à contracter des associations particulières pour s'unir contre leurs ennemis. Ce fut là le germe de la ligue. La première que nous connaissions avait été formée à Toulouse entre les cardinaux d'Armagnac et de Strossi, Monluc, les seigneurs de Terride et de Negrepelisse, et Joyeuse. Monluc en forma bientôt une seconde avec Frédéric de Foix-Candale, comte d'Astarac, Christophe, évêque d'Aire, le baron de Trans, Gabriel de Caumont, Lausun, Descars et Merville : sous prétexte que les protestants n'observeraient pas l'édit de pacification et qu'ils avaient même tué quelques personnes, ces seigneurs avaient levé des soldats et ils usaient de représailles. Les protestants se plaignirent de ces violences. Le roi s'engagea à faire droit à leurs plaintes, et durant son séjour à Mont-de-Marsan, il fit promettre par serment aux grands qui l'entouraient, que jamais ils ne prendraient les armes que par son exprès commandement. On en dressa un acte, qui fut déposé dans les archives, et on réclama par écrit une promesse semblable des seigneurs absents. Monluc avoue lui-même que Charles IX avait opposé une ligue générale aux ligues privées et particulières, qui déjà couvraient secrètement la France.

avocats et les procureurs. Les consuls l'attendaient à la porte de la Bouquerie, à la tête des bourgeois et des notables (1). Après avoir reçu les clefs de la ville, il se plaça sous un poêle de velours bleu, semé de fleurs de lys d'or, et se rendit ainsi au milieu d'une foule immense à l'église de St-Pierre, où il fit *son oraison* avant d'aller se loger à l'évêché avec sa mère et son frère. Il avait hâte d'arriver à Nérac, où se tenait la cour de Navarre. Un des buts de ce voyage, était de ramener au catholicisme la reine Jeanne ; mais tous les efforts du roi échouèrent contre l'obstination de la princesse. Charles se souvint enfin qu'il était maître, et exigea d'elle qu'elle rétablît l'exercice de l'ancien culte dans les lieux dépendants de la couronne de France, d'où ses ordres l'avaient banni. Le peu de succès qu'avait obtenu le roi à la cour de Navarre, le détermina à précipiter son départ. Il s'éloigna le 1ᵉʳ août, et le 2, il repassa la Garonne pour aller visiter le Périgord, l'Angoumois et les provinces qu'il n'avait point encore parcourues. Il ne rentra à Paris que le 1ᵉʳ mai 1566, après une

(1) La cour de France y admira la beauté des édifices religieux, et surtout des couvents des Jacobins et des Cordeliers. Il y avait trois cloîtres aux Jacobins et deux aux Cordeliers, et dans les deux maisons le cloître principal était de marbre. A celui des Cordeliers, on remarquait quatre grosses colonnes qu'on croyait de jaspe. Catherine de Médicis les envia, comme elle envia, dit-on, plus tard les magnifiques verrières de la métropole d'Auch. Elle les demanda aux consuls qui les firent enlever, en s'obligeant à indemniser les moines. Mais leurs successeurs n'ayant pas voulu ratifier leur engagement, il s'ensuivit entre la ville et les religieux un long et dispendieux procès qu'un accord termina en 1627. Les Cordeliers obtinrent mille francs. Du reste, on ignore ce que devinrent les précieuses colonnes. Les uns veulent qu'elles aient été placées au château de Chambord, mais dans un état de mutilation. Suivant d'autres, on les voit au Louvre. (Manuscrit de Condom).

absence de deux ans, trois mois et six jours. Il avait fait, durant son voyage, plus de neuf cents lieues d'alors.

Pendant les conférences de Bayonne, l'ambassadeur d'Espagne informa la cour de France des mesures que Philippe II avait prises pour soustraire à l'hérésie le Guipuscoa et la Biscaye. Ces deux pays, connus jadis sous le nom de Cantabrie, dépendaient de l'évêché de Bayonne. Philippe, voulant faire cesser toute relation avec une terre suspecte, obtint du pape (1566) un bref qui enjoignait à l'évêque Jean de Moutier et à l'archevêque d'Auch de nommer deux vicaires-généraux, l'un diocésain et l'autre métropolitain, tous les deux nés sujets d'Espagne et résidant au-delà des Pyrénées. Eux seuls devaient être chargés de tous les actes de juridiction, à l'exclusion des deux prélats. Pie V ajoutait que, si cette nomination n'était point faite six mois après la notification du bref, le Guipuscoa et la Biscaye seraient placés sous l'administration de l'évêché de Pampelune, et le recours métropolitain attribué à l'évêque de Calahorra. Il est vrai que ce démembrement devait cesser avec les erreurs qui désolaient la France (1).

Jean de Moutier, que d'autres appellent de Froissac ou Dufresne, parce qu'il était seigneur de ces lieux, était maître des requêtes, prévôt de Magnac, prieur commendataire de St-Michel-des-Anges et abbé de l'Escale-Dieu, lorsqu'en 1550, il succéda à Etienne Poncher sur le siége de Bayonne. Envoyé l'année suivante en Allemagne avec la qualité d'ambassadeur, il y fit admirer son éloquence à l'assemblée de Passau. Dès qu'il fut revenu parmi ses ouailles, il prit les ordres secrets de la

(1) *Decernentes per præsentes nostras litteras durantibus in dictæ Franciæ regno erroribus præfatis durare debere.* (Manuscrit de Bayonne).

cour et laissa expirer le terme assigné par le souverain pontife, sans faire aucun choix. L'archevêque d'Auch suivit cet exemple; mais cette abstension n'empêcha point ce qu'ils voulaient détourner; car dès que les trois mois furent passés, les deux petites provinces cessèrent de reconnaître les lois des prélats français. Jean de Moutier n'eut pas le temps de protester contre cet abandon; il mourut cette même année et fut remplacé par son vicaire-général, Jean de Socionde, d'une ancienne famille du Labour. Jean du Moutier était un prélat d'une érudition remarquable, même à une époque où l'érudition était la première qualité de tous ceux qui aspiraient à se signaler dans les lettres. Il composa un ouvrage intitulé : *Des états des familles illustres du monde chrétien*.

L'archevêque d'Auch ne jouit guère plus longtemps de son siége, et il en descendit bien plus tristement. Déjà il était accusé auprès du saint-Siége de favoriser le protestantisme. Le refus d'obtempérer au bref acheva d'indisposer le pape, qui le frappa d'excommunication, ainsi que les évêques de Valence, de Lescar et d'Oleron. Quelques auteurs y joignent l'évêque de Dax, mais ils ajoutent que comme on sut à Rome que ce prélat était en route pour l'Italie, on voulut lui laisser le temps de se justifier, et on suspendit à son égard les foudres qu'il était d'ailleurs loin de mériter.

François de Noailles (1), ainsi se nommait cet évêque, naquit dans le Périgord, en 1519, de Louis de Noailles et de Catherine de Pierre-Buffière (2). Voué

---

(1) Manuscrit cité. *Gallia Christiana*.

(2) *Gallia Christiana*. Du Bellay. Biographie Michaud. Grands Officiers, tome 4, page 788. Catherine fut mariée le 11 février 1502, et mourut en couches le 23 septembre 1529, après avoir eu dix-neuf enfants, dont quinze lui survécurent.

aux autels, comme la plupart des membres de sa nombreuse famille, il obtint d'abord quelques bénéfices, et fut enfin pourvu de l'évêché de Dax, à la mort de Gaston de Lamarthonie, arrivée en 1555. Henri II, apprécia ses talents et son habileté dans les affaires, l'attira à la cour, l'admit dans ses conseils et lui confia diverses négociations. Il l'envoya successivement en Angleterre, à Venise et même à Constantinople, où la France avait sous le règne précédent noué des relations politiques. Partout, il sut défendre les intérêts de son maître et se montrer habile diplomate. Durant son ambassade près de la Porte Ottomane, il visita les saints lieux, parcourut la Syrie, explora l'Egypte : ses courses profitèrent à sa patrie. Ses libéralités, jointes à une conduite noble et ferme, réveillèrent parmi les populations chrétiennes qu'il traversa, les sympathies pour le nom français, qu'avaient fait naître les Croisades. Nous lui devons en grande partie la prééminence que nous avons jusqu'à ce jour possédée en Orient sur les autres nations de l'Europe. Ces services étaient trop éclatants pour ne pas appeler la calomnie : on accusa son orthodoxie auprès du saint-Père; mais le prélat n'eut pas de peine à se justifier. La tâche eût été plus difficile à l'évêque de Valence, Jean de Monluc, si la cour de France ne fût venue à son aide.

Jean, frère de Blaise de Monluc (1), aussi habile négociateur que son frère était grand capitaine, cachait ses talents sous l'habit de Dominicain, lorsque Marguerite de Valois, charmée de son esprit délié et de son penchant pour les opinions nouvelles, le tira de son

(1) Voir tous les Mémoires de l'époque, Michaud, tome 29 et *Gallia Christiana*.

couvent pour l'amener à la cour. Ce théâtre ne parut avoir rien de nouveau pour lui. Il s'insinua bientôt dans l'esprit de François Ier, et s'éleva encore à une plus haute faveur sous Henri II. La carrière diplomatique s'ouvrit devant lui et devint le principe de sa fortune. L'Irlande, la Pologne, l'Italie, l'Angleterre, l'Écosse, l'Allemagne et même Constantinople le virent successivement représenter la France. Il remplit jusqu'à seize ambassades. Ses services furent récompensés, dès 1553, par l'évêché de Valence. Le nouveau prélat avait adopté les principes d'une tolérance assez suspecte, et le langage qu'il tint à l'assemblée des notables sous François II fortifia les soupçons qu'on avait conçus contre ses croyances. Au reste, il mesurait sa politique sur celle de Catherine de Médicis, à laquelle il demeura constamment attaché. Il prêchait à la cour une doctrine versatile, faite pour essayer les dispositions des courtisans. La reine goûtait fort cette sorte de prédication et y conduisait assidûment le roi, laissant gronder le connétable, qui se plaignait avec raison qu'on pervertît le jeune prince. Le vieux guerrier, de son côté, ne se contraignait pas dans sa manière d'exprimer son improbation sur les innovations qu'on tentait à la cour. Un jour que l'évêque de Valence parlait du haut de la chaire, en chapeau et en manteau, ce costume inusité révolta tellement le connétable, que, se levant, l'œil en feu, il donna ordre à ses gens d'aller chasser cet évêque travesti en ministre. L'orateur, déconcerté par cette brusque apostrophe, abandonna la place. Aussi bien n'eût-il pas été sage d'affronter la colère du rude et sévère catholique.

Dans son diocèse, Jean de Monluc s'enveloppait de prudents dehors, comme l'attestent ses instructions au clergé et au peuple de Valence, imprimées en 1557, et ses ordonnances synodales, publiées l'année suivante. Il déroba longtemps au public la connaissance d'un mariage clandestin, qu'il avait contracté avec une demoiselle, nommée Anne Martin, et d'où naquit un fils plus connu sous le nom de Balagni que sous celui de son père. L'ambiguité de cette conduite fut enfin dévoilée à Rome. Le doyen du chapitre de Valence se porta pour son dénonciateur; mais comme l'infortuné ne put pas asseoir son accusation sur des preuves juridiques, l'évêque le traduisit devant le parlement de Paris, et le fit condamner à la prison et à une forte amende. Cependant Jean de Monluc devait protester bientôt lui-même contre l'injustice d'un pareil arrêt; car en 1567, il reconnut publiquement son fils et le fit légitimer. Rome s'indigna de ce cynisme et excommunia l'indigne prélat; mais Monluc se rit de ces foudres sous le vain prétexte que des commissaires ne lui avaient pas été donnés en France. La haute faveur dont il jouissait à la cour força le pape à temporiser, et Monluc ne tarda pas à revenir à des sentiments plus dignes du caractère sacré dont il était revêtu.

L'archevêque d'Auch fut moins heureux : la sentence de Rome lui fit perdre son siége (\*). Nous ignorons même ce qu'il devint depuis. Les cartulaires de la mé-

(\*) Cette même année 1566, 15 juin, l'archevêque et son chapitre transigèrent avec les consuls d'Auch au sujet de la prébende préceptorale, dont le paiement fut réglé à quatre cents livres, pour le droit de boucherie, qui fut relâché à la ville à l'exception d'une boucherie que le chapitre se réserva, et enfin concernant la garde de la ville à laquelle l'archevêque et le chapitre s'obligèrent de contribuer annuellement de la somme de cent livres. Cet acte fut autorisé par arrêt du parlement du 21 octobre suivant. Il est vrai que le conseil du roi en réforma plus tard quelques dispositions.

tropole ne le reconnaissant point pour archevêque, son titre a dû paraître assez contestable : aussi les auteurs du *Gallia Christiana* et la plupart des monuments ecclésiastiques l'ont entièrement passé sous silence. Pour nous, quoique son nom se lise sans commentaire à côté du nom de ses prédécesseurs, nous penserions volontiers qu'il ne fut porté sur le siége d'Auch que par la voix de quelques chanoines, et qu'après quelques années d'hésitation, fruit naturel des troubles qui désolaient alors la province, et surtout après l'excommunication dont le pape le frappa, il fut abandonné de tous et obligé de s'éloigner, vraisemblablement sans avoir reçu la consécration épiscopale. Quoiqu'il en soit de cette conjecture, le cardinal Louis d'Est ne tarda pas à être unanimement reconnu ; et comme ses occupations ne lui permettaient pas de quitter l'Italie, il se fit remplacer à Auch par Jacques Salviati, de l'illustre famille de ce nom, une des premières de Florence.

L'évêque d'Oleron, Claude Regin, n'erra jamais dans la foi ; mais il fit suspecter ses sentiments en conservant le titre de conseiller de Jeanne de Navarre, sous une administration évidemment vendue à l'hérésie. Louis d'Albret, évêque de Lescar, méritait mieux la sentence qui le frappa. Vil esclave des plaisirs auxquels il s'abandonna quelquefois sans pudeur, il n'eut jamais aucune conviction religieuse : aussi se montra-t-il presque toujours le lâche complaisant des volontés de la reine, sa parente. Néanmoins il ne fut pas possible de l'atteindre (1). On prétendit que la bulle violait les libertés de l'église de France, et les deux prélats conservèrent leur siége.

(1) Sponde, page 642. Du Thou.

Les nouvelles mesures, adoptées par Jeanne, n'étaient pas de nature à rassurer le souverain pontife sur l'orthodoxie des ecclésiastiques qui vivaient à la cour de Navarre. Voyant que le calvinisme ne pénétrait pas assez vite dans les masses, elle appela à son aide l'éducation. Henri d'Albret et Marguerite de Valois avaient fondé à Lescar un collége auquel ils avaient attaché la commanderie de Laclau et la dîme de Morlane. Jeanne agrandit (1) cet établissement et le confia à des maîtres qu'elle fit venir d'Angleterre et d'Ecosse, et qu'elle chargea de propager avec les langues grecque, latine et hébraïque les doctrines nouvelles; et comme la plupart des habitants de Lescar, catholiques zélés, refusaient de mettre leurs enfants en des mains aussi suspectes, Jeanne transféra le collége ailleurs. Orthez possédait un vaste et riche couvent de Dominicains, qui avait renfermé longtemps jusqu'à cent trente religieux. Un ordre de la reine expulsa les Dominicains de leur maison et leur assigna le couvent des Cordeliers, dépouillés à leur tour aussi arbitrairement que leurs voisins. On appropria le premier édifice à sa nouvelle destination, et on y attira des professeurs empruntés aux universités de Paris, de Poitiers et de Bourges. Cet établissement et la réputation dont il jouit à sa naissance échauffèrent les protestants et les engagèrent à demander à la reine l'abolition du catholicisme. Jeanne obtempéra sans peine à leurs désirs; elle rendit une ordonnance (2), qui établissait solennellement

(1) Archives d'Orthez.

(2) Voir, pour tout ce qui va suivre, Poydavant, page 258 jusqu'à la fin du livre 4, et Manuscrit du Séminaire. Article 15. Aux ministres mariés, gages, trois cents livres chacun; non mariés, 240 livres.

l'exercice de la Réforme, défendait étroitement de faire des processions publiques et d'enterrer dans les églises, enlevait aux collateurs ecclésiastiques le droit de conférer les bénéfices; ne tolérait ce droit chez les patrons laïques qu'à condition qu'ils présenteraient des sujets faisant profession du culte nouveau; assignait des pensions aux ministres, et enfin ordonnait qu'on choisirait les enfants qui paraîtraient les plus propres aux lettres, pour les faire élever au collége d'Orthez.

Cette ordonnance souleva tous ceux qui portaient un cœur catholique. On s'assembla tumultueusement chez le baron de Miossens. On vit entr'autres dans cette assemblée Jean d'Albret, abbé de Pontac, Gabriel de Béarn, seigneur de Gerderest, Navailles, seigneur de Peyres, le conseiller Bordenave et quelques délégués des chapitres d'Oleron et de Lescar; mais on se sépara sans avoir pris de résolution. Une seconde assemblée se tint à Pau dans le palais de l'évêque de Lescar. Cette fois le comte de Grammont, gouverneur du pays, durant l'absence de la reine, qui venait de faire un voyage à la

---

Article 18. Défendons à tous évêques, abbés, curés, prêtres, moines, d'empêcher les prêches ou d'en interrompre l'ordre des heures pour la prédication de la parole de Dieu que nous voulons estre preschée à sçavoir, en temps d'esté, depuis sept heures jusqu'à huit heures du matin, si ce n'est le jour de la *cène*, qui pourra durer davantage, et au temps d'hiver de huit jusqu'à neuf heures, qui pareillement pourra durer davantage, sans qu'aucun de la religion romaine soit admis ne reçu à faire les presches au dedans nostre pays. Article 21. Et désirant que l'œuvre cy devant par nous commencée, qui est d'exterminer d'aucuns lieux et endroits de nostre pays tous exercices de religion romaine soit continué, nous défendons très expressément à tous prêtres de la religion romaine de retourner en lieux desquels la religion romaine aura estée exterminée et ostée pour y faire quelque acte d'exercice, soit en publicq, soit en particulier.

cour de France, paralysa les délibérations en suspendant l'exécution de l'ordonnance jusqu'à ce qu'on en eût référé à la reine. Jeanne reparut bientôt, et fut reçue à la frontière de ses états par un concours nombreux, et conduite à Pau, où elle fit une entrée brillante. Mais si les catholiques avaient espéré par cet empressement gagner la reine et la ramener à la tolérance, leurs espérances furent complètement déçues. Jeanne donna des ordres plus sévères et plus pressants, et la suppression totale du culte catholique fut consommée, sinon dans tous ses domaines, du moins dans toutes les terres où elle était souveraine.

Quelques historiens, le grave du Thou en particulier, ont pensé que ces violences avaient amené un complot, où entrèrent le baron de Navailles, le conseiller Bordenave, l'abbé de Sauvelade et les députés des vallées et des chapitres d'Oleron et de Lescar. Il ne s'agissait de rien moins que de massacrer les protestants pendant qu'ils feraient la cène, d'enlever la reine et son fils, et de les traîner en Espagne, où on les eût livrés à l'inquisition; mais ce complot ne paraît étayé sur aucune preuve solide. Ce qui est certain, c'est qu'il y eut des troubles à Oleron et dans la Basse-Navarre. Ceux d'Oleron furent provoqués par la querelle de l'abbé de Sauvelade, Jean de Sales, et d'un capitaine des religionnaires. L'abbé oubliant la modération que lui imposait la profession qu'il avait embrassée, se jeta sur son adversaire et l'accabla de coups. Cette violence le conduisit en prison, mais il fut délivré par le peuple. Fier de ce triomphe, il voulut venger l'outrage qu'il prétendait avoir reçu; il souleva ses partisans et assiégea les faubourgs de la ville. Il fallut que l'évêque et d'Andaux interposassent leur autorité. Ils apaisèrent les esprits, mais les divisions se ravivèrent bientôt.

Les États étaient assemblés à Pau. Jamais l'Ordre de la noblesse ne s'y était montré plus nombreux. Le vicomte d'Orthe, nom immortel dans les fastes de l'humanité, y accourut malgré une forte attaque de goutte, qui le rendait perclus. On y attaqua fortement les diverses dispositions ordonnées par la reine. L'évêque d'Oleron, d'Apremont, Davant, Gerderest, Navailles, Sendos, Moneins, Idron, plaidèrent avec chaleur les intérêts de l'église. L'évêque de Lescar lui-même, sortant de son apathie ordinaire, se rangea presque de leur côté. D'Andouins, les deux d'Arros, de Lus, et surtout Grammont, défendirent leur maîtresse; mais malgré leur opposition, il fut arrêté qu'on enverrait à la reine une députation pour la supplier de retirer sa dernière ordonnance, qui renversait les lois et les libertés du pays. Jeanne refusa de s'expliquer et se contenta de relâcher quelques personnes arrêtées à Oleron. Une seconde députation ne fut pas plus heureuse que la première. Prat, syndic des États, porta la parole; l'évêque d'Oleron, le vicomte d'Orthe, Navailles, Moneins, Gerderest, plusieurs autres catholiques zélés se joignirent à l'orateur. La reine n'en fut que plus irritée. Elle rappela publiquement à l'évêque d'Oleron, dit un auteur très-suspect à la vérité (1), que ce prélat lui avait plusieurs fois conseillé de ne pas aller à la messe, et déclara fièrement qu'elle ne modifierait en rien ce qu'elle avait ordonné. Les États, voyant son obstination, menacèrent de se séparer sans voter l'argent qu'on leur demandait, et dont la reine avait un extrême besoin. Jeanne, offen-

(1) Olhagaray, page 569.

sée de cette menace, répondit sèchement qu'*aux mauvais serviteurs et infidèles, elle donnait volontiers son congé*(1). Tant d'inflexibilité et de hauteur n'étaient pas propres à ramener les esprits. Néanmoins, on se contenta de gémir en silence.

Il n'en fut pas de même dans la Basse-Navarre, soit que les caractères y fussent plus emportés, ou l'attachement à la foi plus grand, ou enfin le respect pour le souverain moins obséquieux. A peine la fatale ordonnance y eut-elle été publiée, que tout le pays se souleva sous la conduite de Charles de Luxe, lieutenant pour le roi de la vicomté de Soule et gouverneur de la ville de Mauléon. Domesain, Moneins, Armendarist et d'Etchaux, se joignirent à lui. Tous ces seigneurs (2), résolus de soutenir la liberté de leur religion au prix de leur vie, levèrent des troupes et se saisirent du château de Garris, l'unique forteresse du pays. Jeanne s'alarma des suites d'une rébellion dont le siége était si voisin des frontières d'Espagne. Au lieu de la combattre à main armée, elle fit partir son fils, qui n'eut qu'à se montrer et à promettre une liberté de conscience pleine et entière pour apaiser les troubles. Les révoltés vinrent se ranger autour de lui et lui promirent de mourir pour son service. Cette soumission si prompte fit croire à la reine qu'elle pouvait sévir. Elle accourut dans la Navarre, et condamna à la potence trois des seigneurs qui s'étaient trouvés à la prise de Garris.

Une rigueur si mal entendue réveilla la susceptibilité des Basques et souleva la noblesse, qui se retira dans les montagnes pour y prendre les dernières réso-

---

(1) Olhagaray, page 569. — (2) Olhagaray, p. 572. Favin, p. 857.

lutions. De là, elle protesta contre la décision des États de la Basse-Navarre que la reine avait convoqués (*) à St-Palais. Jeanne, irritée de cette résistance, en appela à la force et fit assiéger Garris. Luxe, Moneins et Domezain s'y étaient renfermés avec quelques compagnies de soldats Navarrais, pleins d'ardeur et de courage, et exaltés par le zèle religieux. La lutte se fût prolongée, sans l'arrivée de Lamothe-Fénelon, que la cour de France, intéressée à éteindre ces divisions pour empêcher l'intervention du roi d'Espagne, envoyait dans le Béarn. Le choix du messager royal était heureux. Lamothe-Fénelon joignait à une probité et à une honnêteté hautement reconnues, un esprit doux et conciliant. Il promit aux révoltés que Jeanne ne porterait aucune atteinte à la religion catholique, dont l'exercice serait libre et seul permis en Navarre. A cette condition formelle, Luxe et les siens s'obligèrent à poser les armes, et à aller porter leur soumission à la reine en *réclamant sa grâce*. Lamothe-Fénelon poursuivit sa marche et joignit la princesse à Orthez; il en obtint le pardon des révoltés, mais il fallut que, selon leur promesse, ils

(*) Durant la tenue des États, elle accorda un pardon général d'où furent exceptés, nous citons l'ordonnance royale : Charles, sr et baron de Luxe, Valentin, sr de Domesainq, Antoni, viscomte d'Etchaux, le baron d'Huart, Joan, son fray, Francis Dubart, son oncle, Joan, sr d'Armendaritz, lo capitaine Artiède, Menauld de La Salle de Camo, Joan son fray, Tristand de Urrutie, sr d'Arangois, Jaymes, sr de Beraulx, Francés son filh, Bebasques lo juen, Jaymes, sr de Larramendy, Sannats de Jeussane, sr d'Etchessarry, lo sr de Haramburu de Lantabat, lo sr de Lisetche d'Yholdy, lo sr d'Aguerre, Joan, sr d'Amorots, Auger, sr de Biremont, Simon d'Appesseche, Joan Golar, Sannat de Portalet, Arnaud, sou fray, Pothon, sr de Uderat, Joan de Thartegaray, Francés de Thartegaray, de Oragues, et pareillement los officiers quy se trouveran coupables. Dades à St Palay lo vinh oeyt de febrier mil cinq cens chichante oeyt.

vinssent le solliciter eux-mêmes. Jeanne, cette fois encore, oublia les conseils de la politique la plus vulgaire, pour n'écouter que son ressentiment de femme. Elle accueillit cette noblesse fière et libre avec une hauteur et des paroles amères qui aigrirent les cœurs. Ainsi, dans la Basse-Navarre, comme dans le Béarn, ou plutôt dans la France entière, le mécontentement, le soupçon et l'inquiétude fermentaient sourdement. La plus légère étincelle pouvait rallumer un vaste incendie.

Les protestants, feignant de s'alarmer des conférences de Bayonne, coururent les premiers aux armes. Monluc, qui avait eu vent de leur dessein, en avertit la cour; mais Catherine refusa de croire à ses avis et le traita de *corne-guerre* (1). Aucune précaution n'était prise, et avec un peu plus de promptitude et d'adresse, le prince de Condé s'emparait du roi, qui s'échappa furtivement de Monceaux, se réfugia à Meaux, et alla ensuite s'enfermer à Paris, que Condé essaya vainement d'affamer. Le connétable de Montmorency vola au secours de son maître; il attaqua Condé dans les plaines de St-Denis, et il le força à la retraite; mais il fut blessé mortellement dans l'action, et expira trois jours après. C'était une des grandes figures de cette époque de factions et de ruines. La France a plus d'un reproche à faire à sa mémoire. On le vit trop souvent ambitieux, hautain, jaloux; mais du moins sa foi fut toujours vive et profonde. Elle traça sa politique, et lui fit plus d'une fois sacrifier à la religion les liens du sang et les intérêts de sa famille.

La conspiration avait été générale. Le même jour, 27 septembre 1567, la France se trouva couverte de

(1) Monluc, livre 6, page 190.

gens d'armes et de compagnies de huguenots. Au premier bruit de cette levée de boucliers, Monluc (1) accourut à Lectoure, accompagné de Séridos, de St-Orens, des deux jeunes Beraud et de Lavit. Un prêtre, nommé Malaubère, conduisait après lui quatorze archers. Près de Terraube, il rencontra les sieurs de Lussan et de Magnas. Entré de force à Lectoure, il en ôta le commandement à Fontrailles et le donna au sieur de Lupé-Lacassagne, qui fut depuis lieutenant de la compagnie d'Arné. Cette promptitude sauva la ville; deux troupes de huguenots, conduites par les sieurs de Montamat, de Castelnau, Daudaux, de Poupas et de Peyrecave, allaient s'en emparer. Elles se dissipèrent et périrent presqu'entièrement sous les coups des paysans et surtout des habitants de Plieux; et le lendemain, quand Lachapelle et Maturin de Lescout-Romegas, neveu du brave et célèbre Romegas, arrivèrent, la ville était sauvée. Monluc n'oublia pas Condom; il se hâta d'y mettre pour gouverneur Michel de Peyrecave sieur de Pomès, qui fit murer toutes les portes excepté celles de Barlet et de Gèle, et établit une garde sévère à Casteljaloux.

Plusieurs villes plus sages surent se garder elles-mêmes. Un compromis lia entr'eux les membres des deux religions; et tous, faisant taire leurs haines et leurs rivalités, s'engagèrent à défendre leur berceau commun contre les attaques du dehors. Les habitants de Mont-de-Marsan furent encore plus explicites : ils jurèrent solennellement (2) *de s'entr'aimer, de s'entresecourir* et d'unir leurs forces contre tout corps armé, catholique

---

(1) Monluc, page 192. D'Aubigné, page 315. — (2) Archives de Montauban.

ou protestant, qui chercherait à envahir leur ville. Cet engagement, ils le prirent sous peine de mort et de confiscation des biens. Au milieu de ces guerres impies, qui armaient et qui armeront trop longtemps encore les frères contre les frères, un cœur français s'arrête avec plaisir sur des actes semblables. Pourquoi faut-il qu'ils aient été si rares ? Grâce à cette sagesse et surtout aux mesures prises par Monluc, et à la terreur qu'il inspirait, la Gascogne se ressentit peu de la seconde guerre civile. Monluc put même envoyer au secours du roi, Gondrin, Massès, d'Arné et Basordan, à la tête de leurs compagnies de gens d'armes, et les faire suivre de huit ou dix cornettes d'arquebusiers à cheval et de quarante compagnies de gens de pied, aux ordres de St-Orens et de Jean de Monluc, son fils, rappelés d'Italie pour venir en prendre le commandement.

Le père du jeune chef fut peu récompensé de tant de zèle, car on ne répondit à son empressement qu'en lui envoyant des lettres patentes par lesquelles le roi lui enlevait une partie de la Guienne, pour la donner à Henri de Foix-Candale. Henri (1) était le fils unique de Frédéric de Foix, comte d'Astarac, de Candale et de Benauges. Il venait d'épouser, le 12 juillet, Marie de Montmorency, fille puînée du connétable, et c'est à cette alliance qu'il était redevable du gouvernement dont la cour de France le gratifiait. La paix ne tarda pas à être signée à Lonjumeau, paix plâtrée ou plutôt vraie suspension d'armes, car les partis ne déposèrent ni leurs haines, ni leurs prétentions. Les protestants n'avaient d'abord demandé que la tolérance : maintenant

---

(1) Grands Officiers, tome 3, page 386.

il leur fallait la domination. Pour quiconque étudie sérieusement les monuments contemporains, à mesure qu'on avance dans le drame sanglant qui s'ouvrit à la mort d'Henri II et ne se ferma qu'après la prise de La Rochelle, sous le ministère de Richelieu, il devient plus évident que dans toutes ces guerres, pour les chefs du moins, la religion ne fut qu'un drapeau; mais, qu'au fond, c'est pour l'autorité que l'on combattait. Ainsi s'expliquent les atrocités qui des deux côtés souillèrent les armes. Le christianisme, cette religion toute de douceur et de mansuétude, ou mieux de dilection et de fraternité, ne pouvait avouer pour soldats des hommes qui marchaient les pieds dans le sang et la torche à la main. « Si la Réforme, a dit celui de nos compatriotes dont nous aimons à citer les appréciations, eût été le christianisme (1), elle eût conseillé la soumission et la souffrance. Quant à la huguenoterie de France, elle ne poursuivait que l'extermination de l'autorité, et puis, sur ses ruines, elle n'entendait créer que des dominations et des tyrannies. »

Après s'être observés sept à huit mois, les deux partis éclatèrent en même temps et coururent aux armes. Cette fois encore l'incendie devint presqu'aussitôt général. La reine de Navarre, qui n'avait pris aucune part ostensible aux deux guerres précédentes, ne pouvait rester plus longtemps étrangère à une lutte engagée au nom du protestantisme. Elle quitta Pau (2), vint à Vic-Bigorre, et de là à Nérac, d'où elle passa à Casteljaloux. Puis traversant la Garonne et trompant la vigilance de Monluc, elle arriva sur les bords de la Dordogne. Le brave de Piles l'y attendait avec quatre-vingts chevaux.

(1) Laurentie, page 392. — (2) Favin, Olhagaray, Lapopelinière, tome 1, livre 14.

Il la conduisit à Monlieu, dans la Saintonge, où le prince de Condé, l'amiral de Coligny et les autres principaux seigneurs protestants vinrent la recevoir avec ses deux enfants, et la menèrent à La Rochelle, la place la plus forte que possédât le parti. Les troupes royales s'avançaient, commandées par le duc d'Anjou, dont la jeunesse grave et active était loin de laisser pressentir le monarque le plus indolent et le plus efféminé qui se soit assis sur le trône de France. Les deux armées se rencontrèrent (13 mars 1569) à Jarnac, sur les bords de la Charente. Le combat fut long et opiniâtre; les haines multipliaient le courage. Le prince de Condé, blessé à la jambe et renversé sous son cheval, rendit ses armes à Dargens et à St-Jean; mais dans ce moment parut Montesquiou (1), capitaine des gardes du duc d'Anjou, criant: tuez, tuez. Il s'approcha du prisonnier, lui déchargea ses deux pistolets à la tête, et l'étendit raide. « Le pauvre prince aimait sa patrie, dit Monluc, et avait pitié du peuple. La jalousie du pouvoir le jeta dans la révolte. Il semblait être né pour la gloire, et cependant il mourut en soutenant une mauvaise querelle devant Dieu et devant les hommes. »

Après le départ de Jeanne, Monluc reçut ordre d'aller, avec tout ce qu'il pourrait rassembler de troupes, renforcer l'armée du duc d'Anjou. Il réunit aussitôt Gondrin, Lavalette, Ste-Colombe, Massés, Fontenilles, Cancon, Gallard-Brassac, Lachapelle-Lausière et Jean de Cugnac, sénéchal du Bazadois, tous chevaliers des

(1) Au bruit de sa prinse, accourut un gentilhomme gascon, nommé Montesquiou, capitaine des gardes du duc, lequel lui tira une pistollettade dans la tête, dont il rendit l'esprit sur-le-champ. (Voyez aussi Mémoires de Castelnau, tome 7, chapitre 4, page 336. Mémoires de Tavanes, chap. 21, page 152, et surtout observations, p. 364.

Ordres du roi. Ces seigneurs furent unanimes pour décider qu'on ne pouvait dégarnir le pays, et Monluc déféra à leur sentiment. Les évêques de Cahors et de Rhodez sollicitaient des secours. L'Etang, fils du sénéchal de Toulouse, et Jean de Morlhon, chevalier des Ordres du roi et sénéchal du Quercy, appuyaient ces sollicitations. Monluc vola à la défense des prélats, et courut ensuite à Bordeaux, où quelques troubles commençaient à se manifester. Sa présence suffit pour ramener la paix. Aucun ennemi ne se montrant, il plaça Leberon à Ste-Foi, Terride à Castillonez et St-Orens à Libourne, tandis que le chevalier de Monluc, avec le gros de ses troupes, tenait le pays. Ces dispositions assurèrent la tranquillité de son gouvernement.

Tout réussissait à la cour. Le Languedoc et la Guienne étaient sauvés, et les troupes protestantes, défaites à Jarnac, se retiraient vers Saintes. L'abattement amenait le désordre dans leurs rangs. On parlait de se renfermer à La Rochelle, lorsque Jeanne accourut (1). Elle harangua les soldats avec son enthousiasme ordinaire, ranima leur confiance et leur présenta le prince son fils. Henri n'avait alors que quinze à seize ans, il fut salué chef de la Ligue, et tous lui prêtèrent serment. L'amiral de Coligny et Dandelot son frère se chargèrent de le mener aux combats et de commander en son nom. Mais Dandelot mourut presqu'aussitôt, et l'amiral, brave guerrier, mais général malheureux, perdit quatre ou cinq mois après (3 octobre 1569) la bataille de Moncontour. Cet échec semblait devoir anéantir les protestants. Dix mille d'entr'eux restèrent sur le champ de bataille : canons, drapeaux, bagages, tout fut pris.

(1) Cinq Rois, p. 361. D'Aubigné, p. 305. Du Thou, tome 4, p. 138.

# CHAPITRE III.

*Charles IX fait saisir les possessions de la reine de Navarre. — Sarlabous soustrait le Bigorre à l'autorité de la princesse. — Terride est nommé, par le duc d'Anjou, gouverneur du Béarn et de la Navarre. — Le Béarn est attaqué par plusieurs côtés à la fois. — Marche de Terride. — Ses succès. — Siège de Navarreins. — Montgommerry. — Sa marche. — Ses cruautés. — Il délivre Navarreins. — Il bat Terride et le fait prisonnier avec presque tous ses officiers. — Atrocités qui signalent la prise d'Orthez. — Drame tragique de Pau. — Nouvelles cruautés de Montgommerry. — Inaction de Monluc et de Danville. — Prise de Mont-de-Marsan, par Monluc.*

Charles IX n'avait pas attendu cet éclatant succès pour se venger de Jeanne. Irrité de l'obstination que la princesse mettait à proscrire le catholicisme, et plus encore de la résolution avec laquelle elle s'était jointe aux révoltés, il avait donné des ordres pour faire saisir toutes ses possessions (1), en déclarant toutefois qu'il entendait les conserver au jeune prince du Béarn. En même temps il adressa des lettres patentes au parlement de Toulouse, pour qu'il ordonnât la saisie des domaines placés sous sa juridiction. Le parlement de Bordeaux eut une mission semblable. Charles de Luxe fut chargé de soutenir leurs arrêts. La cour de France se l'était attaché en le décorant de l'Ordre de St-Michel. Le baron d'Andaux, d'Antin, sénéchal de Bigorre, Gerderest, Ste-Colombe et Domezan, obtinrent bientôt une pareille faveur. C'était s'enchaîner à la France.

Jeanne n'avait pris aucune disposition pour repousser une attaque que tout devait faire prévoir. En s'é-

(1) Dom Vaissette, tome 5, page 290.

loignant de Nérac, elle avait seulement envoyé en Béarn le baron d'Arros avec le titre de son lieutenant-général. D'Arros, à la nouvelle de ce qui se tramait, convoqua les États au château de Pau ; il leur demanda un subside de quinze mille écus pour faire face aux éventualités de la guerre. L'argent lui fut accordé (1) sur la proposition de l'évêque d'Oleron, et tous les membres de l'assemblée promirent *foi et loyauté à la reine, tant pour le service de sa personne que pour la conservation du pays.* On leva des troupes; mais il fut stipulé qu'elles seraient uniquement destinées à défendre le Béarn.

Pendant que d'Arros convoquait à Pau les États de Béarn, Raymond de Cardaillac, vicomte de Sarlabous, colonel général de l'infanterie française, assemblait à Tarbes par ordre du parlement de Toulouse, les États de Bigorre, et y faisait nommer (2) deux seigneurs catholiques pour gouverner le comté. Le choix s'arrêta sur les barons d'Antin et de Bazillac. Toute l'assemblée leur jura obéissance *pour le service de Dieu, du roi et de la cour du parlement.* Les députés des villes et des vallées firent prêter le même serment par tous leurs concitoyens. Le juge-mage, Arnaud Caze, était justement suspect; on donna sa charge à Galosse. Enfin, d'Urder fut fait substitut du procureur général. Ces mesures ne trouvèrent aucune résistance; le pays entier se soumit au roi; on abattit partout les enseignes de la reine pour leur substituer les armes de Charles IX.

Le duc d'Anjou avait, de son côté, nommé le vicomte de Terride pour aller prendre en main l'administration des domaines de la reine, sous le titre de gouverneur

---

(1) Poydavant, page 304. — (2) Du Manuscrit de Duco.

du Béarn et de la Navarre. Antoine de Lomagne, ainsi se nommait le vicomte, appartenait à une des plus anciennes familles de la Gascogne (1). Il s'était distingué aux sièges de Turin et de Montauban, et avait signalé sa valeur sur plusieurs champs de bataille. Par ses nombreuses alliances, il tenait à presque toute la noblesse de la province. Ainsi tout le désignait au choix du vainqueur de Jarnac : lui-même se montra très-flatté de la mission qui lui était confiée. Monluc, avec lequel il combattait alors dans l'Agenais, partagea sa joie en vrai frère d'armes. Ils étaient loin de soupçonner l'un et l'autre la triste issue qu'aurait cette expédition. Le général commença à en compromettre le succès par sa lenteur. Il fallut qu'Antoine d'Aydie, seigneur de Ste-Colombe, vînt par un message réveiller son activité; et comme malgré ce message l'arrivée du gouverneur se faisait attendre, les seigneurs, dévoués à la France, ouvrirent la campagne sans lui. Ils attaquèrent le Béarn de tous les côtés à la fois (2).

Ste-Colombe se porta sur Pontac, qui se soumit volontairement et qui n'en fut pas moins saccagé. Nay, où l'introduisirent quelques bouchers, conduits par Julien de Castets et Arnaud Lacoudée, fut encore plus maltraité; on évalue à cent mille livres les pertes qu'il essuya. Les domestiques de Gohas ayant arraché du sein de sa famille un vieillard de soixante-dix ans, le traînèrent dans les rues la corde au col, puis ils l'arquebusèrent et le jetèrent à la rivière. Augier Dufaure

(1) Grands Officiers, tome 2, page 674. Mémoires de Castelnau. Additions.

(2) Voir, pour cette expédition, jusqu'à la fin du chap. Olhagaray, page 588 et suivantes. Favin, page 858. Poydavant, page 308 et suiv. Voir aussi Du Thou, livre 45, et d'Aubigné, tome 1, livre 5.

et le capitaine Pey subirent des atrocités semblables. Une autre troupe entra par le Vicbil, conduite par Gabriel de Béarn, seigneur de Gerderest, par Henri de Navailles, seigneur de Peyre, et par les capitaines Lanusse et Biautte. Elle n'eut qu'à se montrer, et Morlas, gagné par Janole de Grammont, un de ses consuls, se rendit sans tenter de défense. Deux ministres, Matthieu Dubedat et Pierre de Loustau, y furent faits prisonniers. De Morlas, Gerderest et Navailles écrivirent aux jurats de Lescar pour les sommer de livrer la ville, les menaçant, en cas de refus, de leur faire éprouver le sort des habitants de Nay. Les jurats, effrayés de ces menaces, assemblèrent la Communauté, qui arrêta qu'on députerait vers le baron d'Arros pour demander des secours; mais celui-ci, attaqué sur tant de points, se contenta d'exhorter les jurats à opposer une vive résistance. Sur ces entrefaites, on apprit que les capitaines Fleur du Lion, Roquelaure et Poudens, s'avançaient du côté d'Arzac avec leurs compagnies. La défense n'eût amené que des malheurs; on espéra mieux d'une prompte soumission. Les jurats en livrée allèrent, suivis d'une grande foule de peuple, au-devant des compagnies et les conduisirent en triomphe dans l'enceinte des murs. Les soldats de Gerderest accoururent dans la nuit; mais les deux troupes oublièrent, dans l'ivresse du succès, l'empressement avec lequel elles avaient été reçues.

Du côté de la Basse-Navarre, d'Etchaux, Armendaritz, Domezan et Monein, attaquèrent Sauveterre, où commandait Menaud de Belloc. La place était forte et pouvait tenir plusieurs jours. Néanmoins, le lâche gouverneur s'empressa de capituler. Le village dont il portait le nom se montra plus fidèle à la reine. Les habitants, presque tous protestants, aimèrent mieux abandonner leurs foyers que de se soumettre. On n'y trouva que cinq personnes catholiques et un vieux religionnaire, qui devint bientôt la victime du soldat furieux. Un jeune pâtre subit plusieurs tourments, plutôt que d'entendre la messe. Toutefois, on eut pitié de sa jeunesse et on le relâcha. Artigosse fut moins heureux. Le capitaine Melet, faisant l'office de bourreau, lui trancha la tête de son épée, et après cette exécution, il s'assit à table et dîna sur le théâtre même du meurtre. Auger, seigneur de Goux, commandait dans Orthez. D'Arros lui avait ordonné de se retirer à Navarreins. Au mépris de cet ordre, Auger voulut attendre l'ennemi. Lorsque les catholiques eurent bloqué la ville, son courage l'abandonna. Il consentit à poser les armes, pourvu qu'on s'engageât à respecter les personnes et les biens des religionnaires. On le lui promit; mais les conditions furent mal observées, comme elles le sont presque toujours dans les guerres civiles.

La ville d'Oleron ne pouvait rester paisible, quand le reste du Béarn s'agitait. Dès que les troubles nâquirent, les deux Esguarrebaque, père et fils, suivis de quelques autres catholiques, coururent s'y renfermer et en assurèrent la possession au roi de France. Ne pouvant faire face à des ennemis si nombreux, d'Arros songea du moins à sauver Navarreins, la plus forte place du pays. Il ordonna au colonel Bassillon d'aller l'occuper avec tout ce qu'il pourrait amener de troupes. En même temps il essaya de s'introduire dans Oleron à la faveur d'une lâche tromperie. Il attira près de lui, sous un prétexte fallacieux, le vieux Esguarrebaque avec quelques-uns de ses compagnons d'armes, et les faisant aussitôt arrêter, il courut se présenter sous les murs d'Oleron, et menaça de faire égorger les prisonniers si on ne lui ouvrait les portes. A cette sommation, le fils Esguarrebaque ne répondit que par une décharge générale de toute sa mousqueterie. D'Arros chercha alors à emporter la place d'assaut. Cette seconde tentative, plus digne d'un passé jusque là honorable, faillit à réussir par l'audace et la bravoure de Lurbe et de Lamothe. Les deux capitaines franchirent les murs, abattirent tout ce qu'ils trouvèrent devant eux et pénétrèrent jusque dans les rues, où ils tuèrent le seigneur de Laas. Déjà le triomphe paraissait assuré, lorsqu'une partie des soldats, qui étaient des paysans amenés d'un village voisin, découvrant les desseins de leurs chefs, desseins qu'ils avaient ignorés jusque là, se tournèrent contr'eux et les forcèrent à s'éloigner sans emporter leurs morts, dont les cadavres restèrent trois jours exposés nus aux regards des passants.

D'Arros ne retira aucun fruit de sa déloyauté. Trompé à son tour par le seigneur de Grammont, qui lui fit espérer que sa générosité obtiendrait du jeune Esguarrebaque ce que n'avait pu lui arracher la violence, il rendit la liberté aux prisonniers; mais lorsqu'il reparut devant Oleron, il y trouva la même résistance que la première fois. La prudence ne lui permettait pas de tenter un second assaut; il fallut qu'il se contentât de bloquer la ville. Ces délais donnèrent à Terride le temps d'accourir.

Le chef des troupes catholiques, ou pour parler plus juste, de l'expédition française, sortit enfin de sa torpeur, et voulant faire oublier ses lenteurs passées, il traversa rapidement le Béarn et se porta vers Oleron, qu'il n'eut pas de peine à dégager. Après ce premier succès, il se replia sur lui-même et se dirigea vers le centre du pays. Ste-Colombe et une partie des seigneurs catholiques l'attendaient à Bisanos. Malgré ce renfort, Terride n'osa pas attaquer Pau; il aima mieux gagner directement Lescar, où il avait convoqué les États. L'assemblée hésita à se réunir, et ne s'ouvrit que le 14 avril 1569. Un de ses premiers actes fut de nommer des députés pour haranguer le lieutenant du roi de France. Les trois Ordres élurent séparément leurs mandataires. Jean de Casenave, abbé de La Reule, fut chargé de représenter le clergé. La noblesse choisit Gabriel de Béarn, baron de Gerderest, Arnaud de Gontaud, sieur d'Andaux, sénéchal de Béarn, Antoine d'Aydie, sieur de Ste-Colombe, et François de Béarn, sieur de Bonasse et de Seridos. C'étaient les principaux partisans de la France. Les voix du tiers-état s'arrêtèrent sur Jeannot, ou Janolle de Grammont, Raymond de Nabéra, Peyroton de Pausadé, Bernard de Medalon et Arnaud de Coharé, jurats de Morlas, de Laruns, de Bielle et de Nay, et sur Pierre de Lugar, syndic des États. Ce dernier porta la parole au nom de tous; il accepta la protection offerte par Charles IX aux peuples de la domination de Jeanne; mais il mit à cette acceptation des restrictions que Terride ne voulut point accueillir.

L'indigne évêque de Lescar, le lâche et sensuel Louis d'Albret, était alors gravement malade dans son palais. En proie aux tortures de l'âme, plus encore qu'aux infirmités du corps, il était allé se cacher au fond d'un appartement retiré. Le ciel ne permit pas qu'il pût se soustraire ici-bas aux châtiments que méritait un si long et si coupable oubli de tous ses devoirs. On viola son palais, et quand on eut pillé ses meubles, on le poursuivit jusqu'à l'appartement où il s'était caché. Navailles lui reprocha hautement ses vices : les autres officiers firent entendre des menaces. Au bruit de ces injures, accourut une vile soldatesque, qui mena longtemps une danse joyeuse autour de son lit de mort. Jamais plus d'opprobres et d'ignominies n'avaient terminé une vie plus déplorable. Des exécutions sanglantes succédèrent à ces scènes de désordre; quatre chefs des religionnaires gisaient dans les basses fosses de l'évêché : c'étaient Lousteau, ministre de Lembège, Matthieu Dubedat, Jacques Benauge de Teros, et le diacre Thomas Dublanc. On les traîna sur une haute potence, dressée au milieu de la place, à côté d'un grand ormeau qu'on y voit encore. Ils furent étranglés par le bourreau de Pau, qui jeta ensuite leurs corps dans la rivière.

Les États, quoique presqu'entièrement composés des personnes les plus favorables à la France, ne pouvaient s'entendre avec Terride. On avait fait revivre la querelle élevée sous Louis XII et sous François I$^{er}$, touchant la pleine et entière indépendance du Béarn. Les parlements de Toulouse et de Bordeaux surtout manifestaient les prétentions les plus exclusives; mais enfin on parvint à s'accorder. La question de souveraineté fut écartée. Terride promit au nom de son maître de conserver au pays ses fors et ses priviléges, et les États se soumirent à la protection de la France. Plus libre alors, Terride se présenta devant Pau, à la tête d'une partie de ses troupes, mais il fut repoussé avec perte. Il attendit son artillerie pour renouveler l'attaque. Dès qu'elle fut arrivée, il reparut aux portes de la ville et fit dresser quelques pièces de campagne. Cette vue effraya le parlement, qui détermina les habitans à se rendre. Terride promit de ne vexer personne et d'entretenir la ville en paix. Il tint religieusement sa parole. Seize ministres s'étaient réfugiés dans ses murs; ils furent tous épargnés: on se contenta de leur donner le château pour prison. Le célèbre Pierre Viret, l'un d'eux, dont les catholiques avaient juré la mort, fut l'objet d'égards tous particuliers. La soumission de Pau achevait de livrer le Béarn aux armes françaises; Navarreins seul résistait encore sur les frontières de la Navarre. Tous les autres domaines de Jeanne avaient été enlevés en quelques jours.

Une conquête aussi rapide ne peut s'expliquer que par l'imprudence avec laquelle la princesse avait dégarni ses États pour voler au secours de ses co-religionnaires, et par le ressentiment profond qu'avaient laissé dans le pays ses mesures despotiques et violentes contre le culte ancien. Les cœurs étaient généralement restés catholiques; un peuple n'abjure jamais facilement la religion de ses pères. Le succès définitif paraissait assuré; Terride le crut lui-même, et ordonna que les biens confisqués seraient rendus aux Églises et aux Communautés religieuses, et que l'exercice public du catholicisme serait partout rétabli. Ainsi, les Jacobins d'Orthez rentrèrent dans leur couvent, et le chapitre de Lescar se rassembla de nouveau dans l'ancienne cathédrale purifiée. Une autre ordonnance obligea tous les Béarnais à assister à la messe, et leur défendit, sous peine de la vie, d'aller au prêche de Bidache, petite souveraineté du comte de Grammont. Enfin, on désarma les religionnaires, et leurs diverses provisions furent livrées à la rapacité du soldat, ou entassées dans les magasins pour servir à nourrir les troupes royales. D'autres vexations pesèrent sur les chefs du parti vaincu, sur les ministres surtout. Plusieurs d'entr'eux se réfugièrent entre les bras des catholiques et y trouvèrent un asile assuré. Un auteur (1), dont le témoignage ne saurait être suspect, l'avoue lui-même, et cite à cet égard la générosité non seulement du comte de Grammont, mais encore du baron de Campagne et de Lamothe-Gondrin.

Après avoir ainsi commandé en vainqueur, Terride s'achemina enfin vers Navarreins, où sa cavalerie l'avait précédé. Henri d'Albret avait voulu faire de cette place le boulevart de son royaume contre l'Espagne. C'était maintenant le seul point fortifié qui restait à sa fille contre l'agression de la France. D'Arros, toujours fidèle à Jeanne, s'y était renfermé avec tout ce qui avait voulu suivre sa fortune, ou combattre pour la Réforme. Outre le procureur général Gassion, aussi brave guerrier qu'intègre magistrat, on y voyait les capitaines Salles, Piqueron, Lamothe, Mont, Cortade, Brasselais, à la tête de leurs compagnies; Lignères, Rey, Navailles, Aramis et les deux fils de d'Arros, officiers sans emplois particuliers ; enfin les volontaires Casaban, Espalunque, Lurbe, Laffitte, Brasselay, le jeune Lamothe, Desse et les barons de Vida et de Montblanc, Gascons. Le commandement suprême fut conservé à Bassillon.

L'armée française était infiniment supérieure en nombre. Suivant d'Aubigné, on y comptait quatre mille Gascons, distribués en six régiments commandés

(1) Olhagaray.

par Ste-Colombe. Luxe y avait amené six mille Basques, composant quarante compagnies sans ordre de régiment, et les Béarnais catholiques y étaient représentés par deux mille hommes. Enfin, selon lui, la cavalerie se composait de douze compagnies, tant vieilles que nouvelles. Olhagaray n'admet que quatre compagnies de cavalerie : celles de Terride, de Negrepelisse, d'Andaux et de Ste-Colombe ; mais en revanche, il compte trente-trois compagnies d'infanterie, que commandaient entr'autres, Gohas, Poudens, Lartigue (de Mont), Aurout, Horgues, St-Martin, Dus, Bédorède, Habas, du Thil, Bonasse, Montaut, d'Ossun, Vergès, le vicomte d'Etchaux, Armendarits, Ouzoul, Domezan, Suze, et presque tous les autres capitaines catholiques que nous avons vu prendre part à cette lutte.

Le 27 avril, toutes ces troupes étaient aux pieds des remparts. Terride fit sommer la place de se rendre. Les assiégés ne répondirent à cette sommation que par diverses sorties presque toutes heureuses, et dans l'une desquelles périrent le capitaine Roquelaure, Cabenas et Abire, enseigne de Gohas, et où fut fait prisonnier Arras, enseigne de Lison. Il fallut changer le siège en blocus. Si même l'on en croyait une autorité trop suspecte, il est vrai, et que nous devons cependant invoquer souvent, parce qu'elle seule nous a transmis des détails sur cette expédition, Terride, découragé, songea un instant à se retirer ; mais Luxe le retint, et le blocus fut continué. Quoiqu'il en soit de ce projet, le général ayant reçu sur ces entrefaites des dépêches de la cour, réunit de nouveau, 5 juillet, les États de Béarn au monastère de Luc. L'assemblée céda aux volontés du roi, et décréta qu'on choisirait des juges catholiques, qu'on excluerait les protestants des charges municipales, qu'on confisquerait leurs biens, enfin, qu'on emprunterait à l'Espagne trois mille ducats hypothéqués sur le pays. L'ancien parlement fut aussitôt dissous et remplacé par des juges vendus à la France. Le temps manqua pour exécuter les autres résolutions de l'assemblée ; car la face des affaires changea presqu'aussitôt.

Jeanne, à la première nouvelle de l'invasion de ses domaines, aurait dû accourir à leur défense à la tête des forces dont elle disposait ; mais son fanatisme l'emporta sur ses intérêts. Elle craignit de trop affaiblir l'armée des Réformés, et se contenta d'abord de faire passer en Béarn quelques bandes, qui, après avoir effrayé la Guienne et le Médoc, furent atteintes et presque anéanties (1) vers Mont-de-Marsan. Après cet échec, Jeanne s'adressa à quelques seigneurs protestants détachés dans l'Albigeois et le pays Castrais. Ces seigneurs levèrent une petite troupe qu'on appela l'armée des vicomtes, du nom de ses chefs (*). Ils eurent quelque succès dans le Languedoc et le comté de Foix ; mais la jalousie du commandement vint bientôt semer la division parmi eux et paralyser leurs efforts. La discorde menaçait de tout perdre.

Montgommerry, celui-là même dont le bras malheureux avait involontairement donné la mort à Henri II, et que l'injuste ressentiment de Catherine de Médicis

(1) Monluc, livre 6, page 216.

(*) C'étaient le vicomte de Bourniquel, Jean Roger de Comminges, de l'ancienne et illustre famille des comtes de Comminges, le vicomte de Montclar, Bertrand de Rabastens, le vicomte de Paulin, N. de Rabastens, parent de Bertrand, le vicomte de Montaigu, le vicomte de Caumont, le vicomte de Serignac, Geraud de Lomagne, frère de Terride, et enfin le vicomte de Rapin.

avait jeté dans la Réforme, leur fut envoyé; tous le reconnurent pour chef, c'était le général que demandaient les circonstances. A la bravoure et à l'expérience des armes, il joignait la hardiesse et l'activité nécessaires dans un rapide coup de main. Il rallia à l'armée des vicomtes, quelques troupes ramassées dans le Quercy, et y ajouta les secours que lui fournirent Cahors, Montauban, Gaillac, Rabastens et Castelnaudary. Ses forces s'élevèrent ainsi à quatre mille arquebusiers, partagés en quatre régiments, sans y comprendre un corps d'environ cinquante chevaux. Mais pour parvenir jusqu'à Navarreins, il fallait franchir quarante à cinquante lieues de pays ennemi, passer quatre rivières et échapper aux troupes répandues autour des Pyrénées, et que commandaient le maréchal de Damville, Monluc, Sarlabous, les deux Bellegarde, Negrepelisse, d'Aubijoux, tous guerriers éprouvés dans les combats. La tentative paraissait impossible. Monluc refusa d'y croire jusqu'à ce qu'une lettre de Roger de Noé (1), lieutenant de Fontenilles, lui eût appris que l'intrépide chef des protestants avait traversé l'Ariège. Ce passage effectué, Montgommerry trompa la vigilance de Bellegarde, *brave gentilhomme* et vieux capitaine, qui, avec D'Arné, Grammont, le comte de Candale, le sire de Lescun et les compagnies de Sevignac, gardait le Comminges. Il pilla, en passant, St-Gaudens, entra dans le Bigorre, saccagea Lannemezan et arriva à Trie, où il brûla le couvent des Carmes, après avoir fait massacrer tous les religieux. Le prieur était son parent. L'infortuné invoqua les liens qui les unissaient : « Aussi, répondit le

---

(1) Monluc, page 222.

comte, n'ai-je garde de vouloir vous traiter comme vos moines; je saurai vous rendre les honneurs dûs à votre naissance et à votre dignité : vous serez pendu au-dessus de la porte principale de votre maison, ce qui fut exécuté. » Le capitaine D'Arné, dont la compagnie tenait garnison à Rieux et à Montesquiou-Volvestre, se mit à sa poursuite. Raymond de Pujo se joignit à lui; mais ils ne purent l'atteindre; ils ne furent que les tristes spectateurs des ruines, des incendies et de la désolation, qui marquaient partout le passage des religionnaires.

Parvenus sur les côteaux de Rustan, qui dominent la magnifique plaine du Bigorre, Montgommerry mesura du regard la ville de Tarbes; mais soit qu'il craignît d'y trouver trop de résistance, soit plutôt qu'il sentît combien il devait ménager ses moments, il descendit vers Montgaillard, où il passa l'Adour. Il s'arrêta quelques instants à Laloubère, et laissant Tarbes à droite, il prit sa route par Ibos. Le chevalier de Villambits commandait à Tarbes. S'étant aperçu du passage des ennemis, il les fit saluer de quelques coups de mousquet. A cette provocation, des soldats religionnaires se détachèrent des rangs et poussèrent jusqu'au faubourg de La Sède. Ils commençaient à y porter la flamme, qui se fût facilement propagée à travers des maisons la plupart couvertes de chaume, lorsque Jean de Lavedan, prieur de Mommères, parut en armes et les mit en fuite. Cependant Montgommerry était entré à Ibos et avait arraché à ce village une rançon de mille six cents livres. Il arriva à Pontac, le matin du 6 août. Montamat le joignit peu d'heures après à Bénéjac. Le 7, il passa le Gave au-dessus de Coarrase. En douze jours, il s'était avancé des extrémités du comté de Foix jusqu'aux portes de Pau. Dans cette longue course, les églises et les maisons religieuses n'avaient jamais trouvé grâce à ses yeux. Partout, elles étaient devenues la proie des flammes ou de l'avidité du soldat (1). Les villes avaient été moins maltraitées. Montgommerry s'était presque toujours contenté de les rançonner, épargnant assez généralement les citoyens, et renvoyant les exécutions sanglantes à son second passage. Il avait hâte de tomber à l'improviste sur Terride pour ne lui laisser ni le temps, ni la réflexion nécessaires à une vigoureuse défense. Jamais général ne réussit mieux dans son dessein.

Terride ne fut assuré de sa marche qu'au moment où il l'eut sur les bras. Il en avait toutefois été averti quelques jours auparavant par Monluc. A cet avertissement, l'imprudent général se contenta de répondre *qu'il n'avait pas grand crainte de Montgommerry, ni de ses forces, et qu'il était suffisant pour le combattre* (2). Le maréchal Damville n'obtint qu'une réponse semblable. Monluc, qui ne partageait pas la confiance de Terride, l'exhorta à lever le siège de Navarreins et à se retirer à Orthez sans tenter le sort d'une bataille où il ne conduirait que des troupes épuisées par les travaux et les fatigues d'une longue campagne. Terride ouvrit enfin les yeux, et le lendemain du jour où son ennemi passait le Gave, il levait son camp et gagnait Orthez avec tout ce qui lui restait de troupes. Le siège lui avait coûté

(1) Manuscrit de l'abbé Duco. Procès-verbal des ravages, faits en Bigorre, par Montgommerry et les autres chefs protestants. Nous en avons deux sous les yeux : l'un dressé par ordre de Monluc, et l'autre par ordre de l'évêque de Tarbes.

(2) Pour tout ce qui suit, voir Monluc, Favin, Poydavant et surtout Olhagaray. Du Thou, tome 45, p. 201. D'Aubigné, p. 418.

huit cents hommes, tandis que les assiégés n'en avaient perdu que quarante, dont six avaient péri de mort naturelle. La retraite amena quelque désordre. La garnison en profita pour tomber sur l'arrière-garde, dans les rangs de laquelle elle sema la terreur et la mort. Elle s'avança jusqu'à Andaux où elle brûla le château. Arnaud de Gontaud, sénéchal de Béarn, à qui ce château appartenait, se vengea à Orthez sur un vieillard dont le fils servait dans les rangs ennemis : il le fit jeter dans la rivière et puis arquebuser. Après cet exploit, il s'éloigna d'Orthez, amenant les sieurs de Domezan, de Sus, le cadet de Baure, le jeune Danguy, capitaine de sa garde, et la compagnie d'Argoutet.

Cependant Montgommerry approchait. Ayant rencontré sur ses pas le château de Ste-Colombe, il le livra aux flammes avec tout ce qui y était renfermé. Une jeune fille échappa seule à l'incendie. Le capitaine Bonasse, qui harcelait les derrières de son armée, se chargea des représailles. Le chef de la maison d'Abère, vieillard de quatre vingt-dix ans, zélé catholique, mais fidèle à la reine Jeanne, avait reçu à sa table le général et ses principaux officiers. Bonasse le fit périr avec une de ses filles naturelles et jeta leurs corps à la rivière. Suivant un écrivain (1), dont la partialité n'est que trop avérée, Peyre, qui commandait à Pau, se signala par des cruautés plus révoltantes, car elles étaient plus froides. A la nouvelle de l'approche de Montgommerry, et comme pour le braver, il fit pendre les ministres détenus dans le château, et quelques religionnaires qui partageaient leur prison. Les présidents et les conseillers du parlement, attachés à la secte, furent aussi punis de mort.

(1) Olhagaray, page 616.

On les mena au gibet au son des fifres et des tambours. La femme de Peyre suivait les bourreaux et allait repaître ses yeux du supplice des premiers magistrats du Béarn, égorgés sous les yeux de leurs justiciables. Pendant que les deux partis se livraient à ces déplorables excès, fruits trop ordinaires des guerres civiles, Montgommerry était entré à Navarreins, où il laissa reposer deux jours ses soldats. Les sieurs de Lons et de Loubie vinrent l'y joindre. Il garda le premier près de lui, et envoya le second au comte de Grammont, afin de l'instruire du succès de ses armes, et de réclamer son épée et ses conseils. En même temps il marcha contre Terride.

Monluc avait vainement cherché à prévenir cette attaque. Après sa première dépêche, il avait traversé l'Isle-Jourdain, Lectoure, Eauze, Nogaro, et s'était porté à Aire. De là, il avait écrit à la fois au maréchal de Damville pour l'inviter à se joindre à lui, et à Terride pour le presser de se retirer vers le Tursan, et d'abandonner, s'il le fallait, son artillerie; mais ses deux lettres furent l'une et l'autre mal accueillies. Le maréchal, voyant que Montgommerry avait passé la Garonne, s'amusa à soumettre quelques places aux environs de Toulouse, et Terride, au lieu de se replier sur Aire, appela à lui Monluc. Celui-ci offrit de s'avancer jusqu'à St-Sever et même jusqu'à Hagetmau. Il avait avec lui le baron de Gondrin et Fontenilles, avec plus de six vingts gentilshommes et cinq compagnies de gens de pied. Ces forces, jointes à celles de Terride, eussent été plus que suffisantes pour triompher des religionnaires; mais Terride s'obstina à ne pas quitter le Béarn : l'un et l'autre faisaient valoir des raisons spécieuses. Malheureusement sous ces raisons se cachaient très-vraisemblablement un étroit amour-propre et une triste rivalité. Des moments précieux s'écoulèrent durant ces pourparlers. Bientôt la jonction devint impossible; Montgommerry était aux portes d'Orthez.

Le vicomte de Montclar, qui conduisait l'avant-garde, se jeta avec tant t'ardeur sur les catholiques, qu'il culbuta et dispersa les premiers qui cherchèrent à opposer résistance. La compagnie de Ste-Colombe, ayant voulu soutenir les fuyards, ne rendit qu'un léger combat et plia à son tour. Terride essaya vainement de ranger son armée en bataille hors des remparts. La précipitation de la retraite et la rapidité de l'ennemi avaient glacé le courage de ses soldats. Tous s'enfuirent précipitamment dans la ville, abandonnant les portes aux vainqueurs, qui entrèrent pêle-mêle avec les vaincus. Dès-lors ce ne fut plus qu'une boucherie. Les religionnaires, ne trouvant nulle part de résistance, se répandent dans les rues, et entraînés par la double ivresse de la victoire et du fanatisme, ils pillent, ils frappent, ils égorgent. Les lamentations des femmes et les cris des enfants et des vieillards se mêlent au râle des mourants et aux feux des incendies. Les rues sont jonchées de cadavres, la rivière se rougit de sang; les bras ne s'arrêtent que lorsqu'ils sont fatigués de massacrer. Les couvents, les églises, tout ce qui porte le sceau du catholicisme excite surtout leur rage. Vous eussiez dit quelqu'une de ces hordes barbares du cinquième siècle, les affreux compagnons d'Attila et de Genseric, se ruant sur une civilisation dont la vue excitait leur fureur et leur mépris; et c'étaient des français ou plutôt des compatriotes, des concitoyens, des amis, prenant possession, au nom de la reine, d'une de ses plus importantes cités; tant les guerres civiles transforment les hommes et leur font vite oublier tout ce que le ciel déposa dans les cœurs, d'amour, d'honneur et de loyauté.

Un Cordelier (1), qui ne se préserva du massacre que pour trouver un autre trépas, donna à Bayonne le premier éveil de ces tristes événements. Il célébrait la messe au moment où les soldats de Montgommerry pénétraient dans son monastère. Il consomme à la hâte le sacrifice, descend de l'autel, emportant avec lui le calice, et, poursuivi par les sectaires, il se précipite dans le Gave; heureux, du moins, de dérober le vase saint aux profanations. Le torrent l'entraîne et le fait bientôt passer du Gave dans la Bidouse, et de celle-ci dans l'Adour jusqu'au confluent, qui baignait les murs du couvent des Cordeliers de Bayonne. C'est là que le lendemain on trouva un cadavre, tenant un calice à la main. Les religieux le reconnurent pour un des frères de leur Ordre. Ils recueillirent avec respect le calice qu'ils gardèrent comme un objet doublement sacré, et firent au martyr de superbes funérailles. Les Trinitaires dûrent leur conservation à la situation de leur couvent, placé au nord sur une éminence, d'où ils purent apercevoir l'approche des ennemis. Ils s'enfuirent aussitôt, et prenant leur route vers le bourg d'Amou, ils confièrent leurs titres au seigneur du lieu et se réfugièrent à Bayonne, où ils confirmèrent ce qu'avait fait pressentir le cadavre du Cordelier.

Terride s'était retiré dans le château avec la plupart des officiers, et une faible partie de ses troupes; mais le château n'avait presque point de vivres, et après

---

(1) Extrait des archives des Cordeliers d'Orthez.

quelques jours, comme aucun secours ne paraissait, il fallut songer à capituler. On députa Bazillac et St-Sauvy, frère de Terride; mais ils ne purent rien obtenir. Pressés par la faim, les assiégés firent descendre une seconde fois Bazillac avec le sieur d'Amou, et leur donnèrent ample pouvoir de traiter aux conditions qu'ils jugeraient les plus favorables. La négociation réussit. Il fut arrêté (1) que les officiers auraient la vie sauve avec la faculté d'emporter leurs bagages; que les soldats sortiraient, un bâton blanc à la main, et pourraient se retirer où ils voudraient; que l'artillerie demeurerait entre les mains des vainqueurs; enfin, que Terride resterait prisonnier pour être échangé plus tard avec le frère de Montgommerry, pris dans le Poitou. Cette capitulation fut signée le 13 août. Elle mettait entre les mains de l'heureux vainqueur, outre Terride, Gerderest, Bazillac, Amou, St-Félix, Gohas, Auroux, Ste-Colombe, St-Pé, Pordéac, Candau, Vergès, Abidos, Segalas, Salinis, Sus, presque tous les seigneurs qui avaient pris part à cette expédition. Trois semaines lui avaient suffi pour accourir du fond du Quercy, bloquer Navarreins et faire prisonnière l'armée ennemie. La soumission du Béarn était désormais assurée. Peyre, sommé de rendre la ville de Pau, voulut d'abord se défendre. Il comptait sur les secours des habitants de la vallée d'Ossau; mais la vallée s'étant prononcée pour la reine, il évacua la place. Bonasse, qui commandait à Nay, et Esguarrebaque, qui défendait Oleron, imitèrent cet exemple. Ainsi, le Béarn entier fut replacé sous les lois de la reine Jeanne, plus rapidement encore qu'il ne lui avait été enlevé.

Jusque là, Montgommerry, oubliant que le pays qu'il parcourait, n'appartenait pas à une puissance étrangère

---

(1) Du Thou, page 202. Olhagaray, page 617.

et ennemie, mais était l'antique domaine de la princesse dont il commandait les troupes, avait signalé sa marche par le pillage et l'incendie. Mais, depuis sa dernière victoire, aux dévastations et aux ruines vinrent s'ajouter les meurtres et le sang. Par ses ordres, on fit main basse sur tout ce que la ville d'Orthez renfermait de prêtres et de religieux. On massacra les uns, on traîna les autres sur le pont du Gave; là, on se jouait des victimes et on les forçait à se jeter dans les eaux du haut d'une tour qui s'élevait au milieu du pont, et dont la fenêtre s'appela depuis la fenêtre *dous Capéras* (1). Et si quelques-uns, après cette chute, trouvaient encore assez de force pour fendre les eaux, des soldats placés sur les rives s'amusaient à les canarder. A Orthez (2), petit bourg voisin, l'église et la maison des Augustins s'abîmèrent dans les flammes. Sept religieux vivaient dans le couvent sous les lois du prieur Simon, renommé dans la contrée pour ses connaissances et ses talents oratoires. Montgommerry chercha à le gagner à sa secte par les plus brillantes promesses; et comme le prieur se taisait, le chef calviniste prit ce silence pour un aveu, et le conduisit à l'église où les fidèles avaient été convoqués. Mais au lieu d'apostasier lâchement, Simon ne fit entendre que les nobles accents d'un catholique fortement convaincu. Ce désappointement public irrita l'amour-propre plus encore que la colère de Montgommerry. Il jura qu'il triompherait du moine; et après avoir fait parler la terreur, il traîna encore le prieur à l'église; mais la crainte fut aussi impuissante que l'espérance auprès du généreux athlète. Puisant dans les menaces de son séducteur un courage nou-

(1) Des Prêtres. Poydavant, page 371. — (2) Idem, page 381.

veau, il parla avec une force et un entraînement qui ne permirent pas aux religionnaires de l'interrompre. Tant de fermeté devait être couronnée par le martyre. Comme il descendait de la chaire, un soldat lui déchargea dans la tête un coup de pistolet, qui l'étendit raide. On commanda aussitôt à ses sept religieux de dépouiller leur habit et d'abjurer le catholicisme; et sur leur refus, on les fit passer entre deux haies de soldats, qui les massacrèrent.

L'on traita ainsi presque tous les prêtres qui ne purent ou ne voulurent point fuir. Le nombre en fut très-considérable. Ce clergé, qu'on accusait d'ignorance et de relâchement, s'était retrempé au feu de la persécution. La grande masse resta fidèle; on ne signale que quelques rares défections. Le prieur des Jacobins d'Orthez, après avoir exhorté ses religieux à la mort, qu'ils supportèrent sous ses yeux avec courage, manqua lui-même de la fermeté qu'il avait su inspirer aux autres, et sauva sa vie par son abjuration. Deux Trinitaires de la même ville, qui n'avaient point fui avec le reste de la Communauté, imitèrent cet exemple, de même que le prieur de Sauveterre. Le prieur du Mas-d'Aire (1), Bertrand de Moncamp, plus coupable qu'eux, n'avait point attendu les menaces des ennemis de la foi. Dès que le protestantisme avait été prêché dans la province, il s'était rangé sous ses étendards et s'était marié publiquement, entraînant dans son apostasie deux de ses moines. Quelques prêtres, peu contents de renoncer à la profession sainte et pacifique qu'ils avaient embrassée, endossèrent la cuirasse et parurent sur le champ de bataille; c'était presque toujours des athlètes des doc-

(1) Manuscrit d'Aire.

trines nouvelles, mais quelquefois néanmoins des défenseurs de l'ancien culte. Le curé de Montaner, Guillaume d'Abadie, se chargea de la forteresse qui défendait sa paroisse et en repoussa les assaillants. Ducos, curé d'Arrosès, servit comme simple soldat dans la compagnie du chef calviniste Morel. Enfin, Martin Pruer, curé de Salies et conseiller de la reine, périt les armes à la main en combattant pour sa maîtresse. Bassillon, le gouverneur qui avait longtemps défendu Navarreins, eut une fin plus tragique. On le soupçonna d'intelligence avec les catholiques. Non seulement on le dépouilla de son gouvernement qu'on donna à Sérignac, frère de Terride, aussi ardent pour la cause des princes, que Terride était fidèle au roi; mais à quelques jours de là, on le massacra dans une émeute; et comme si sa trahison eût été avérée, son cadavre fut traîné dans les rues et livré aux insultes de la populace.

Un autre drame tragique se préparait à Pau, où Terride, Gerderest, Ste-Colombe, Gohas, Sus, Abidos, Candau, Sales, Pordéac et Favas, avaient été conduits. Un soir, réunis à une table commune, ils s'abandonnaient au plaisir de se retrouver ensemble, lorsque des bourreaux, secrètement apostés, se jetèrent sur eux et les égorgèrent (\*). Terride fut épargné, mais sa part de

(\*) *A cœnâ ad necem jussu Joannæ reginæ inhumanissimè tracti et crudeliùs trucidati.* Sponde, page 707. Les protestants essayèrent de couvrir le massacre de Pau en niant que la capitulation d'Orthez garantît la vie des officiers, et en publiant que la reine n'avait fait qu'exercer un acte de justice, en punissant de mort des vassaux traîtres à leur souveraine, comme si la justice empruntait des formes semblables, et comme si Gohas, Pordéac, Favas, et vraisemblablement tous les compagnons de leur captivité, ne relevaient pas avant tout de la suzeraineté du roi de France. Charles IX fut profondément irrité de cette boucherie commise le 24 août, et dès-lors, dit-on, il résolut de lui faire un sanglant anniversaire.

souffrance avait été l[...] : il avait vu massacrer sous ses yeux ses anciens f[...] d'armes, et parmi eux Ste-Colombe, son cousin germain. Son âme, assez forte pour braver les horreurs de la guerre, n'était pas à l'épreuve de pareilles atrocités. Sa santé s'altéra profondément, ce qui n'empêcha pas son impitoyable vainqueur de le traîner à sa suite; car, aussitôt après cette exécution, Montgommerry se disposa à quitter le Béarn. Les princes de Navarre et de Condé, et l'amiral de Coligny, dont l'armée fuyait devant le duc d'Anjou, le rappelaient auprès d'eux : d'ailleurs, il craignait d'être acculé aux Pyrénées par Damville et par Monluc. Il disait souvent qu'il *avait deux gros matins à sa queue, et que ce serait merveille s'il échappait, mais que du moins il vendrait bien sa peau* (1). C'était comprendre sa position; mais malheureusement pour la Gascogne, il s'en exagérait les dangers. Les causes, qui avaient protégé sa venue, devaient protéger son retour.

Monluc refusa de croire à son triomphe comme il avait refusé de croire à son passage, et quand il en connut toute l'étendue, il se retira à Aire où il demeura neuf jours. Il songea un instant à se porter en avant et à attaquer à son tour Montgommerry. Le baron de Gondrin, Fontenilles, Madailhan, le capitaine Bahus, l'encourageaient dans ce projet; mais Damville, dont il avait réclamé une seconde fois le concours, lui ayant mandé que dans trois jours il se rendrait à Auch, Monluc se retira à Marciac où il laissa Bellegarde, et arriva le lendemain à Auch. Damville ne parut point au rendez-vous. Il se fit représenter par Joyeuse, qui dé-

(1) Monluc, livre 7, page 237. Tous les détails suivants lui sont empruntés.

clara que le maréchal, loin de se diriger vers le Béarn, allait repasser la Garonne. Cette détermination rompit tout projet d'attaque. Le vicomte de Labatut alla avec deux compagnies tenir garnison à Marciac, Bellegarde s'éloigna vers le Comminges, le baron de Gondrin courut s'enfermer dans Eauze et Monluc retourna dans l'Agenais. Quant à la noblesse d'Armagnac, elle était toute retournée dans ses châteaux pour en enlever les meubles et les faire transporter à Lectoure. On eût dit un troupeau de brebis à l'approche d'un loup affamé de carnage. A peine rentré à Agen, Monluc apprit que Marchastel, un chef calviniste, traversait Tonneins à la tête de trois cents cavaliers qu'il conduisait à Montgommerry. Il partit aussitôt pour leur couper le chemin, et par une manœuvre habile, il les enferma dans le Mas-d'Agenais. Mais comme il s'avançait pour les forcer, ceux-ci sortirent le soir et surent si bien cacher leur marche, qu'il ne connut la direction qu'ils avaient prise, que lorsqu'ils étaient déjà près de Mont-de-Marsan.

Cependant, le maréchal de Damville s'étant ravisé, consentit à se rapprocher du théâtre de la guerre. Monluc l'alla joindre à Auch, d'où ils se rendirent ensemble à Nogaro. Damville, après y avoir séjourné deux jours, parla de rétrograder, quand il n'était séparé de Montgommerry que par quelques lieues. Le chef des religionnaires, après la prise d'Orthez, avait d'abord songé à attaquer Dax (1); mais ayant appris qu'on venait d'en renforcer la garnison, il avait changé d'avis et avait marché sur Mugron, d'où il s'était avancé jusqu'à

(1) Cette ville faillit à être surprise par les protestants, la veille de St-Barnabé (1571). Mais un paysan ayant découvert leur complot, avertit le guet, et par les soins de Gassiot, elle fut conservée. (Man. de Dax).

St-Sever. Son avant-garde s'était même saisie de Mont-de-Marsan et de Grenade. Les habitants de St-Sever, trompés par des promesses fallacieuses, se défendirent faiblement: Montgommerry ne les épargna pas davantage. Après la victoire, il lui fallut de nombreuses victimes, parmi lesquelles on signale Gratian d'Armandat, Jean Ducous, Jean Fossat, Bernard Domec, Arnaud de Lespiau et Lafitte. On obligea Domec et Lespiau à creuser eux-mêmes leur fosse. On traîna au milieu des huées et des outrages Lafitte sur les bords de l'Adour, et quand on l'eut arquebusé, on le jeta encore vivant dans la rivière. St-Julien, d'Artigues et Estoupignan, lieutenants de Montgommerry, chargés de garder la ville après le départ de leur chef, continuèrent ces sanglantes exécutions. Général, officiers et soldats, tous rivalisaient de cruauté.

Partout le meurtre, le pillage et l'incendie avaient marqué leurs pas. Leur rage s'était surtout attaquée aux églises et aux prêtres qui les desservaient. A St-Sever, la riche abbaye des Bénédictins fut pillée et abandonnée aux flammes. De six religieux qu'on y saisit, quatre périrent au milieu des tourments; les deux autres n'obtinrent leur liberté qu'au prix d'une énorme rançon, et encore moururent-ils bientôt des mauvais traitements qu'ils avaient reçus. Le couvent des Dominicains eut le sort de l'abbaye, et perdit trois de ses moines; les autres parvinrent à s'échapper (1). A Mugron, quatre prêtres attachés à la paroisse furent égorgés. Le vicaire de Souprosse, petite ville voisine, subit un rafinement de barbarie. On le força à se vêtir des habits

(1) Nous avons sous les yeux le procès-verbal des ravages faits par Montgommerry dans le diocèse d'Aire. Sa longueur nous a empêché de l'insérer dans le volume des notes.

sacerdotaux. Ainsi vêtu, on le livra aux injures d'une vile soldatesque; et quand on se fut lassé de ce jeu grossier, on lui coupa les membres par morceaux et on le *flamba*. Après toutes ces barbaries, le tronc informe servit de but aux arquebusiers. Ces scènes se renouvelaient dans la plupart des paroisses; mais dans toutes, ce qui pouvait tenter la rapacité devenait la proie des sectaires.

L'approche de Damville et de Monluc arrêta leur marche. Montgommerry en conçut une telle alarme, qu'il monta incontinent à cheval et courut, sans descendre, jusqu'à ce qu'il fût à Orthez, abandonnant son artillerie qui demeura dans les chemins. Avec un peu de résolution et d'activité, les deux chefs catholiques lui eussent fait expier son triomphe; mais Damville semblait le ménager. Dès qu'il fut maître de Grenade, il prétexta le manque de vivres et parla de nouveau de retourner en arrière. Ce n'est qu'avec peine que Monluc, son inférieur dans la hiérarchie militaire, lui arracha la permission de pousser une reconnaissance jusqu'à Mont-de-Marsan. Il ne lui demanda que Savignac, un de ses officiers, avec dix enseignes. De Fieux de Miradoux, D'Arné, Leberon, de Mons, Besoles, Serignac, Brassac, Lachapelle-Lausière, Pouypetit, Beraut, Dubouzet-Roquepine, Marin, Mauvesin, Fousseries, Camarade, d'Aux-Lescout, le chevalier de Romegas, son frère, Larboust, d'Arblade, Larivière-Labatut, Lamothe-Gondrin, Ferbaux-Magnos, Tilladet, Lestang, Casteras, Le Busca, Beauregard, Ligardes, Campaigno, St-Joannet, Gensac, Miran, Peyrecave-Pommyers, Malausane, Vaupillon, Montespan, Casseneuil, d'Andoufielle, St-Aubin, Montastruc, voulurent prendre part à cet exploit. Il fallut traverser la rivière à un gué très-profond et sous le feu du mousquet. La ville fut néanmoins emportée en peu d'heures. Les troupes, qui la défendaient, se réfugièrent dans le château avec le capitaine Fabas, leur commandant, et demandèrent presqu'aussitôt à capituler Pendant qu'on parlementait, les catholiques, à l'instigation de Monluc, escaladèrent les murs et égorgèrent tout ce qu'ils trouvèrent sous leurs mains. Fabas ne fut sauvé que parce que Fabien de Monluc et le chevalier de Roumégas, qui estimaient son courage, le tirèrent à eux. Une trentaine de soldats s'élancèrent par les fenêtres ; c'est à peu près tout ce qui survécut. Monluc avait voulu venger la trahison commise sur les officiers de Terride, comme si la déloyauté autorisait jamais la déloyauté. L'armée catholique n'avait perdu d'autre officier de marque que Tilladet (1).

Damville vit d'assez mauvais œil un succès qu'il avait jugé impossible. Sa jalousie contre un rival heureux s'en accrut. Monluc descendit en vain à des soumissions, qui durent coûter à son caractère altier. Le maréchal se montra inflexible et s'éloigna, amenant toutes les troupes soumises à son commandement. Ce départ sauva Montgommerry et perdit la Gascogne (2).

(1) Ce fut grand dommage, remarque Dupleix. Histoire de France, tome 5, page 710. Avec le long exercice des armes et de l'expérience qu'il s'était acquise aux guerres d'Italie, il était doué d'un grand courage, assorti d'une force de corps extraordinaire, dont j'ai ouï faire des récits merveilleux, et entr'autres, qu'il avait remué seul à force de bras, un canon embourbé que six chevaux n'avaient pu dégager.

(2) Monluc se consola par cette réflexion chrétienne : J'ai toujours cognu que quand Dieu veut que les choses n'aillent comme les hommes désirent, il renverse la volonté du chef et de son conseil tout au contraire de ce qu'on devrait faire. Dieu soit loué de tout ce qu'il lui a plû que les choses allâssent ainsi. Page 237.

Monluc resta encore quatre ou cinq jours à Mont-de-Marsan pour faire transporter à Eauze et dans l'Armagnac les grains dont cette ville abondait; car elle servait de grenier à toutes les Landes et au pays Basque, et par celui-ci aux frontières d'Espagne. Enfin, il retourna à Agen, après avoir laissé Gondrin à Eauze, et détaché Fontenilles vers le Bigorre. D'Arné et le baron de Larboust furent placés dans le voisinage de Fontenilles; mais n'ayant pas voulu se replier sur Auch, comme Monluc les y invitait, ils y furent bientôt attaqués et complétement défaits. D'Arné ne survécut que deux jours à sa défaite. Tous ses compagnons d'armes donnèrent des regrets à sa mort. *C'était*, dit Monluc, *un des plus gentils capitaines qui fût en Guienne.*

## CHAPITRE IV.

Mesures prises par Montgommerry contre les catholiques. — Synode de Lescar. — Montgommerry repart pour aller rejoindre l'armée des princes. — Il entre à Morlas — à Maubourguet — à Tarbes — saccage St-Pé-de-Générez et l'Escale-Dieu — menace Bagnères et Marciac — ravage Aire — Nogaro — Eauze et Montréal — s'introduit à Condom —, s'avance vers Auch, qu'il fait insulter par Sérignac — retourne à Condom — fait sa jonction avec l'armée des princes et se dirige avec elle à travers le Languedoc. — Après son départ, Monluc assiège et prend Rabastens. — Nouveaux malheurs de la ville de Tarbes. — Le catholicisme est banni du Béarn et de presque tous les domaines de la reine Jeanne. — Violence de la persécution. — Nouvelle paix. — Jeanne retourne dans le Béarn et y renouvelle ses édits de proscription contre le catholicisme. — Projet de mariage du prince Henri, son fils, avec Marguerite de France. — Voyage de Jeanne à la cour de Charles IX. — Sa maladie et sa mort.

Délivré de ses plus vives appréhensions, Montgommerry assembla à Lescar un synode, qui s'ouvrit le 10 octobre. On y décréta la vente des biens du clergé et la punition de ceux de ses membres qui exerceraient quelque fonction de leur Ordre. On arrêta aussi que les ministres se partageraient le pays, et qu'on contraindrait les fidèles à assister à leurs prêches (1). Déjà une ordonnance de Montgommerry avait placé sous la main de la reine tous les biens ecclésiastiques. Nous retrouvons ici les décrets de la convention nationale de 1793,

(1) Gabriel de Montgommerry, etc ; par aucunes considérations concernant le service de Dieu et de la reyne et la seureté et conservation du pays, avons prins et mis, prenons et mettons sous la main de sa majesté les évêchés de Lescar, Oloron, abbayes de Luc, Sauvelade, La Reule, ainsy les chanoynies, prieurés, archidiacries, recturies et cures et chascuns les autres biens ecclésiastiques assis et situés en la souveraineté du Béarn, etc. (Manuscrit déjà cité).

comme les mesures de Jeanne nous ont retracé ailleurs les édits de Julien l'Apostat. L'homme est borné; les mêmes passions n'ont à leur service que les mêmes moyens. Durant le synode, on voulut venger la mort des religionnaires décapités pendant la tenue des derniers États. On se saisit de deux chanoines et on les pendit à l'ormeau, sous lequel avaient péri les quatre ministres. Là ne s'arrêta pas la vengeance : on se rua sur la cathédrale, on la dépouilla de ses ornements; on brûla publiquement les reliques de St-Galactoire; on détruisit les mausolées des derniers rois de Navarre qui y étaient ensevelis; on fouilla jusque dans les tombeaux d'où l'on arracha les cendres de l'évêque Guy, un des plus grands prélats qui ait illustré le diocèse de Lescar. Dans l'église de St-Julien, on mutila la statue de Sanche, duc de Gascogne. Gaston Phœbus, la gloire du Béarn, fut encore plus maltraité à Orthez. Peu contents de violer sa tombe et d'enlever tout ce qu'elle renfermait de précieux, les religionnaires emportèrent son crâne, dont ils se servirent pour jouer au rampeau (1).

Les monastères de Luc et de Sauvelade, qui avaient été bâtis dans les beaux siècles de l'architecture chrétienne, et dont les ruines attestent encore l'antique magnificence, ne purent trouver grâce à leurs yeux. Les barbares de la civilisation portent une main plus cruelle sur les monuments des arts que les sauvages enfants du désert. Chez ceux-ci, il n'y a qu'inintelligence et dédain, tandis que les autres cèdent aux deux plus mauvais instincts de l'homme, la haine et la jalousie.

(1) Marca, **Histoire du Béarn**, livre 7, chapitre 30. Bordenave, page 839.

Pendant que le synode travaillait à assurer le triomphe du protestantisme dans le Béarn, Montgommerry s'occupait à y asseoir solidement l'autorité de la reine Jeanne. Il y établit, pour gouverneurs, d'Arros et Montamat, et plaça sous eux quelques capitaines qu'il chargea de voler partout où se manifesterait quelque opposition. Enfin, il se remit en marche dans les premiers jours d'octobre. Craignant que le Tursan, le Marsan et surtout l'Agenais et la Guienne où commandait Monluc ne lui offrissent trop de résistance, il se dirigea par le Vicbil, entra à Morlas qu'il saccagea et où il brûla le couvent des Cordeliers, abattit la statue de bronze de Gaston (1), et arriva ainsi à Maubourguet qu'il rançonna, mais dont il respecta l'église. Là il fut sollicité de marcher sur Tarbes; mais il s'en défendit, alléguant qu'il était obligé d'aller joindre au plutôt les princes, et que d'ailleurs la ville était grande et défendue par un vaillant capitaine.

Comme il persistait dans son refus, deux de ses soldats s'échappèrent et coururent raconter au chevalier de Villambits que Montgommerry s'avançait à la tête d'un corps considérable, résolu de prendre la ville et de la livrer aux flammes. Ils ajoutaient que les murailles formées de cailloux ne pouvaient résister à l'artillerie, et qu'enfin la garnison était trop faible pour défendre tous les quartiers. Villambits, qui ne soupçonnait pas la perfidie de ces conseils, fit assembler les habitants. Ceux-ci ne répondirent à sa communication que par des cris et des pleurs. A la vue de cette désolation, le gouverneur jugea toute défense impossible, renvoya les compagnies et s'éloigna, suivi à peine d'une faible

(1) Marca. Voir, pour la suite, Duco et les procès-verbaux de Tarbes.

escorte. Les habitants imitèrent son exemple. Les uns s'enfuirent sur les montagnes, les autres se retirèrent dans les châteaux voisins. L'évêque Gentien d'Amboise, qui avait succédé à Louis de Castelnau en 1556, chercha un asile plus loin; il se réfugia à l'extrémité de son diocèse dans le bourg de Luz (*). En moins de six heures la ville fut déserte. Restés seuls, les deux espions enlevèrent à leur aise ce qu'ils jugèrent le mieux à leur convenance, et retournèrent annoncer à leur chef ce qui se passait.

Montgommerry refusa d'ajouter foi à leur récit; il attendit que la nouvelle fût confirmée. Alors il se porta vers Tarbes, brûla et saccagea La Reule, Vic-Bigorre, Caixon, Belloc, Pujo et Andrest. Tarbes ne lui présenta que des portes ouvertes et des murs abandonnés. Cette solitude, loin de désarmer sa rage de destruction, ne fit que l'enflammer. La cathédrale à peine achevée, car elle fut bâtie en 1564, les diverses églises et les couvents subirent de nombreuses mutilations. Deux portes de la ville et des faubourgs entiers furent rasés. La flamme dévorait ce que n'avait pu abattre le fer. La chapelle des Cordeliers fut seule épargnée quelques jours, parce qu'on la transforma en temple protestant. De Tarbes, les troupes se répandirent dans le Bigorre et y portèrent la désolation. Les abbayes de St-Pé-de-Génerez et de Lescale-Dieu offraient une proie trop riche à leur cupidité pour ne pas attirer leurs armes.

(*) Durant cette retraite, il fit bâtir près de quelques sources minérales, alors peu fréquentées, une petite chapelle sous l'invocation de St-Sauveur. Au frontispice, on lisait pour inscription : *Haurietis aquas de fontibus Salvatoris*. L'inscription et le patron de la chapelle restèrent dans les souvenirs. Bientôt les bains n'eurent pas d'autre nom.

La première fut prise sans résistance avec la petite ville qui s'était formée à l'ombre de ses murs : on les pilla l'une et l'autre et on les livra aux flammes. L'abbaye, quatre-vingts maisons et l'église presque toute entière disparurent dans cet incendie.

Lescale-Dieu oublia à peine ce qu'elle avait eu à souffrir deux ans auparavant d'un chef de partisans, ou plutôt d'un bandit nommé Arnaud-Guilhem. Couvrant sa rapacité du voile du protestantisme, Arnaud-Guilhem était descendu de la vallée d'Aure, traînant à sa suite quelques scélérats dignes d'un pareil chef, et était venu piller les églises de Ger, de Pintac et des villages voisins. Ce succès grossit sa troupe ; il s'empara alors de Lescale-Dieu, en chassa les religieux et y établit son quartier-général. Il projetait déjà de surprendre le château de Mauvezin ; mais les catholiques, conduits par les seigneurs de Montserié, de Tillouse et d'Ouroult, ne lui en laissèrent pas le temps. Ils tombèrent sur lui, égorgèrent ou dispersèrent sa troupe et le firent lui-même prisonnier avec ses principaux complices. Le parlement de Toulouse devant lequel ils furent envoyés, les condamna tous à périr de la main du bourreau : ce qui fut exécuté sur la place St-Georges.

Cette fois les ennemis étaient plus difficiles à vaincre. Le chevalier de Villambits, revenu de sa surprise, voulut venger son honneur. Il se présenta à la tête de quelques seigneurs pour défendre l'abbaye, mais il fut défait et resta sur le champ de bataille. Echauffés par la victoire, les protestants passèrent au fil de l'épée tout ce qui leur tomba sous la main ; et quand ils s'éloignèrent du monastère, plus féroces encore que les brigands qui les avaient précédés, ils n'y laissèrent qu'un monceau de cendres et de ruines. Trois semaines furent employées à ces dévastations. Ciutat, Lourde, Rabasteps, tout ce qui avait échappé à la rage et à la cupidité des sectaires durant leur premier passage, fut pillé, saccagé, brûlé, ou du moins rançonné. Enfin, quand le pays fut épuisé, Montgommerry reprit sa marche. Il arriva à Lafitolle le 7 octobre et y reçut une députation des habitans de Bagnères. Le 5, en quittant Salies, il avait chargé de Lons, gouverneur de Pau et de Lescar, de les avertir qu'il partait pour le Bigorre, et que s'ils ne s'empressaient de lui faire parvenir les trois mille livres qu'ils s'étaient engagés à lui prêter, il brûlerait et raserait leur ville. Lorsqu'ils se virent si près d'eux, ils craignirent ses menaces et envoyèrent vers lui Lansos, Dumont et Lalanne, avec une partie de la somme.

Pour apaiser le terrible vainqueur, ils lui firent offrir quelques *millas*, du beurre et des truites. Montgommerry reçut leur présent, leur ordonna de lui apporter dans un bref délai ce qui leur restait à payer, et de mettre à l'encan les biens que l'église et le chapitre de Tarbes possédaient parmi eux. Avant de quitter Lafitolle, il écrivit aux habitans de Marciac. Sérignac s'était emparé de leur ville le 6 septembre, et après y avoir commis les désordres qui signalaient partout la victoire, il l'avait frappée d'une amende de deux mille livres. N'ayant pas le temps d'en poursuivre le recouvrement, il s'était éloigné en amenant quelques prisonniers, et entr'autres Thomas Batax et Jean d'Escoubès. Les guerres et les malheurs publics avaient rendu le numéraire fort rare. Il fallut vendre des biens communaux, et comme cette vente entraînait des délais, Montgommerry s'irrita du retard. « Messieurs de Marciac, leur dit-il dans sa lettre, si vous faillez à m'apporter demain les deniers que vous avez promis pour la cause, je vous puis assurer que je ferai brûler votre ville et la raser au rez de la terre, mesmement tout ce que avez à l'entour d'icelle, et pour ce, pensez-y. Lafitolle, le 17 octobre 1569. » Des ordres, intimés avec une pareille violence, étaient peu propres à rendre le protestantisme populaire. Heureusement que pour Marciac comme pour Bagnères, le temps manqua à Montgommerry. Il repartit le 18 de Lafitolle, s'abattit en courant sur les prieurés de Madiran, de Tasque et de St-Mont, saccagea Castelnau et gagna Aire, où il renouvela toutes les atrocités commises à Tarbes. La ville fut pillée, la plupart des maisons et en particulier l'évêché, la cathédrale et l'abbaye du Mas livrés aux flammes. L'église de l'abbaye, bâtie dans le 11$^{me}$ ou 12$^{me}$ siècle, et celle de Tasque, aussi ancienne, ne conservèrent que leur portail, et encore fut-il horriblement mutilé.

Parmi toutes ces violences, la religion comptait presque toujours des martyrs (*). Un prébendier de la cathédrale et six religieux du Mas furent massacrés dans la ville. Un prêtre, arrêté au moment qu'il fuyait, fut arquebusé à l'extrémité du pont; un second religieux fut traîné à une lieue et égorgé. Enfin, un chanoine arrêté comme eux, obtint sa liberté en payant une rançon de mille livres; mais il mourut bientôt de la frayeur qu'il avait éprouvée, ou des mauvais traitements qu'il avait reçus. L'abbaye de La Castelle, le

---

(*) Le nombre de ceux qui furent immolés dans le diocèse d'Aire nous a été conservé dans le procès-verbal déjà mentionné, qui fut dressé sur les lieux peu de temps après les événements. C'est là que nous avons puisé tous ces détails. Nous compléterons à la note 13 ce que nous n'avons pu insérer dans le texte.

prieuré de St-Louboué, Le Plan, château de l'évêque, furent encore plus maltraités que la ville d'Aire. A La Castelle, on se saisit de quelques religieux, sur lesquels on épuisa longtemps tout ce que le fanatisme le plus cruel a inventé de supplices; et quand on fut las de les torturer, on les brûla au pied d'un ormeau qui s'élevait à la porte du monastère. Les capitaines Capin, né à Cazaubon, Collongues, Salles, Bonasse et Laborde, furent les principaux instruments de ces barbaries.

Montgommerry s'arrêta peu à Aire, car il était, le 24, à Nogaro, d'où il écrivit de nouveau aux habitants de Bagnères pour leur enjoindre de payer au plutôt ce qu'ils devaient, et pour les engager à ajouter à cette somme *un beau et honnête présent*, afin d'aider la reine à subvenir aux frais immenses de cette guerre. Lamothe-Gondrin s'était renfermé à Eauze (1), mais il n'avait pas des forces assez considérables pour s'y défendre. Monluc, ne pouvant lui envoyer des renforts, lui manda de se replier sur Lectoure et d'y entraîner avec lui les prêtres, les religieux et tout ce que la ville comptait de bourgeois ou de marchands aisés. Les protestants entrèrent ainsi à Eauze sans résistance, et y démolirent le prieuré des Bénédictins et tous les édifices publics. Ils ne respectèrent que l'église paroissiale, bâtie soixante ans auparavant par l'évêque Marre. Pendant cette marche, quelques-unes de leurs compagnies allèrent attaquer Gavarret, où elles ne laissèrent sur pied que le clocher de l'ancien monastère (\*), tandis que le vi-

(1) Monluc, page 238.
(\*) Ce clocher, un des plus beaux sans contredit de toute la Gascogne, a subi de nombreuses dégradations depuis peu d'années. Nous aimons à espérer que les habitans de Gavarret comprendront enfin

comte de Monteils et le capitaine Paulin, aidés des autres officiers que nous venons de désigner, de Capin surtout, parcouraient, le fer et la flamme à la main, Labastide, St-Justin, Maupas et les campagnes environnantes.

Maître d'Eauze, Montgommerry n'osait pas s'avancer jusqu'à Condom; il craignait d'y trouver Monluc. Quelques habitans, partisans secrets de ses doctrines, vinrent à sa rencontre et lui *assurèrent sur leur vie* (1), que Monluc, la noblesse du pays et presque tous les catholiques de la ville s'étaient éloignés. Malgré cette assurance, il marcha avec précaution, mais toujours le fer et la flamme à la main. Montréal n'a pas encore pu, après trois siècles, se relever des maux qu'il lui fit. Sa vaste enceinte à demi déserte et les belles ruines de l'église de St-Orens nous attestent ce que laissait après lui le terrible religionnaire. Il s'arrêta à Vaupillon (2): aussi le monastère fut encore plus maltraité que Montréal. Les religieuses s'étaient enfuies à son approche; dix-sept s'étaient réfugiées à Lectoure, mais quatre s'étaient contentées de se cacher dans une métairie. Des soldats, les y ayant découvertes, en massacrèrent une et maltraitèrent tellement les autres, que deux moururent quelque temps après. Cette barbarie n'apaisa pas leur rage. En s'éloignant, ils mirent le feu à l'église et au monastère, et les réduisirent en cendres. Ils arrivèrent ainsi aux portes de Condom dont aucun corps armé ne vint leur disputer l'entrée. Montgommerry soupçonna

---

mieux l'importance du seul monument qui décore leur ville. La clé de voûte de leur église était aux armes de la maison de Ferbaux, de gueules à trois faulx d'argent.

(1) Dom Brugelles, page 424. — (2) Idem.

quelque stratagème, et tint durant quatre heures son armée rangée en bataille. Enfin, après avoir fait explorer les rues et les places publiques, il franchit les murs d'enceinte, où il ne trouva que des suppliants.

L'évêque, Robert de Gontaut-Biron, successeur de Charles de Pisseleu, venait de mourir le 24 août précédent, et personne n'avait encore été nommé pour le remplacer. Le clergé, privé de son chef et épouvanté de tout ce que la renommée racontait des atrocités des sectaires contre les ministres de la religion, s'était enfui à leur approche. Montgommerry ne put se ruer que sur les églises et les couvents. Après quelques jours donnés au repos, il reprit sa marche et s'approcha d'Auch. Demu vit alors ruiner son église de fond en comble et ne conserva que la tour de son clocher, dont la masse lassa les efforts de ces farouches destructeurs. Vic-Fezensac, pillé et saccagé, eut ses archives brûlées, et son église, édifice du 11$^{me}$ ou 12$^{me}$ siècle, presqu'entièrement détruite. Le monastère du Brouil fut traité comme celui de Vaupillon. Enfin, Barran partagea le sort du Brouil. S'il faut en croire un ancien document, les soldats de Montgommerry y stationnèrent huit jours et n'y laissèrent debout que les remparts de la ville et une partie des murs de la collégiale. Leur chef s'arrêta à Ordan, et de là il détacha Sérignac à la tête d'un corps nombreux pour aller pousser une reconnaissance jusqu'à Auch.

La ville s'était depuis longtemps préparée à cette attaque. Les huit consuls, Burin et Navarre surtout, n'avaient rien négligé pour la mettre à l'abri d'un coup de main. Les murailles avaient été réparées; des fortifications nouvelles protégeaient les points les plus faibles. Monluc et Damville, après avoir encouragé ces travaux, soutenaient l'ardeur générale. Montgommerry ayant fait demander (\*) les munitions de guerre que possédait la ville, le maréchal défendit de rien livrer, sous peine d'une punition *dont on se souviendrait*. Acquiescer d'ailleurs à une pareille demande, c'eût été s'abandonner à la merci d'un ennemi trop connu. La défense était organisée, lorsque Sérignac parut sous les murailles. Dès que la sentinelle eut signalé son approche, on députa vers lui un des consuls pour savoir quel dessein l'amenait. Sérignac répondit qu'il venait loger dans la ville les troupes de Montgommerry, et ajouta que si on lui ouvrait volontairement les portes, il traiterait les habitans avec bonté. Il n'excepta que les églises, les ecclésiastiques et ce qui leur appartenait; encore s'engagea-t-il ensuite à les épargner, pourvu qu'on lui comptât quarante mille livres. En même temps il menaça de mettre le feu aux principaux quartiers, si on l'obligeait à recourir à la force pour entrer. Mais on ne se laissa pas plus effrayer par les menaces, que gagner par les promesses, et Sérignac, trop faible pour donner un assaut, fut obligé de se retirer.

Pendant ces pourparlers, les habitans étaient accourus sur les murailles. Quelques-uns, voyant le petit nombre des ennemis, s'élancèrent à leur poursuite; mais ils ne tardèrent pas à se repentir de leur témérité. Sérignac, à la tête de cinquante arquebusiers, repoussa sans

---

(\*) Voici la lettre de Montgommerry :

Messieurs les consuls ne fairont faute de faire livras de tous et chascuns les souffres, poudres et salpêtres que avez en votre ville et iceux renvoyer et remettre ès-mains du controlleur de nostre artillerie par les mains duquel vous seront payés à prix resonnable. Fait à Condom, ce 3 novembre 1569. Vostre bon ami,     G. MONTGOMMERRY.

peine cette milice peu aguerrie, et la mena battant jusqu'aux pieds des remparts. Entraîné par ses succès, il força et saccagea l'église de St-Pierre, et pénétra ensuite dans le couvent des Cordeliers, où il brisa deux crucifix, un d'or et l'autre d'argent, et rompit un calice. Il n'eut pas le temps de pousser plus loin ses ravages : tout ce qui était capable de combattre s'était armé ; on accourait en forces contre lui, il dut songer à la retraite. Mais toujours intrépide, il s'éloigna lentement, amenant prisonniers, Navarre, un des consuls, le chanoine Faget, un prébendier et quelques habitans qui, ayant fui la ville de peur de devenir la proie des religionnaires, étaient tombés dans le danger qu'ils voulaient éviter.

Montgommerry n'essaya pas une seconde attaque ; il rentra à Condom. Il consomma alors l'œuvre de destruction qu'il avait commencée durant son premier séjour. L'église paroissiale du Pradeau et les églises conventuelles des Cordeliers, des Carmes et des Claristes, ne conservèrent que les quatre murs d'enceinte. Tout le reste disparut sous la hache des sectaires. La cathédrale était encore debout : mais sa dernière heure parut enfin venue. Les vitraux furent brisés, la chaire, les stalles du chœur, les autels, devinrent la proie des flammes. On s'attaqua ensuite au bâtiment lui-même, et déjà les soldats s'étaient élancés sur les combles et commençaient à détacher le plomb qui recouvrait la voûte, lorsque Montgommerry, mû par je ne sais quel sentiment, fit savoir aux habitants qu'il leur laisserait leur église, si dans vingt-quatre heures ils lui apportaient trente mille livres. La somme était forte pour une population épuisée par des contributions journalières. Néanmoins, la foi ou le désir de conserver le plus bel édifice dont s'honorât leur ville, leur arracha ce sacrifice, et les trente mille francs furent comptés avant l'heure assignée. Montgommerry, fidèle à sa parole, fit aussitôt descendre les démolisseurs. Un d'eux, n'ayant pas voulu obéir, paya de son sang sa désobéissance. Une arquebuse, lancée d'une main sûre et vraisemblablement par ordre du général, le précipita aussitôt du faîte sur le parvis.

Monluc, en réunissant les compagnies disséminées dans la Lomagne, l'Agenais et la Basse-Guienne aurait pu facilement se mesurer avec le vainqueur de Navarreins. Il lui eût du moins opposé des troupes fraîches et supérieures en nombre; mais le chef Gascon, souvent si hardi, ne voulut rien donner au hasard. Il laissa son rival séjourner paisiblement dans la contrée, battre à son gré les villes et les campagnes voisines, et porter au loin le ravage et l'incendie. Cependant l'armée des princes, conduite par l'amiral de Coligny, s'était avancée jusqu'à Aiguillon (1) que lui livra Malvin de Montazet, et même jusqu'au Port-Ste-Marie dont elle ne tarda pas à s'emparer. Quelques lieues la séparaient de Montgommerry; mais la Garonne coulait entr'eux et les ponts manquaient. Toutes les tentatives faites pour en construire un échouèrent pendant longtemps. L'amiral et Montgommerry restèrent ainsi trois semaines en présence, sans pouvoir se donner la main. Si Damville se fût joint à Monluc, et si les deux chefs eussent ensuite attaqué successivement les deux armées, il leur eût été facile d'en triompher. Montferrand, gouverneur de Bordeaux, essaya de les réunir; mais Damville se piqua

(1) D'Aubigné, page 482. Monluc, page 239. Du Thou, page 248.

des expressions d'une lettre écrite par la noblesse d'Armagnac, et rompit complétement avec son ancien rival. C'est la troisième fois que leur déplorable division leur faisait perdre l'occasion de battre Montgommerry et de disperser ses troupes. Tout se borna à quelques escarmouches, où les capitaines Cadreils, Dupleix, Fontenilles, du Bouzet, Pardaillan, Leberon et Panjas, soutinrent le vieil honneur Gascon, et à un engagement fort vif devant le village de Bruch entre les troupes de Montgommerry et huit ou dix cornettes de cavalerie, commandées par le comte de Candale et par Lavalette; mais cet engagement n'eut point de suite, et Montgommerry fit enfin sa jonction avec les princes (1). Leurs troupes réunies tournèrent la ville d'Agen à une portée d'arquebuse de Monluc, qui était sorti avec deux compagnies de gens d'armes pour les observer. Elles traversèrent St-Maurin, Montjoie et Castelsagrat, et se dirigèrent vers le Languedoc.

A peine Montgommerry se fut-il éloigné, que la cour envoya des ordres réitérés à Monluc pour qu'il allât attaquer le Béarn. Le vieux guerrier, sentant qu'il avait besoin de faire oublier son inexplicable inaction, ne perdit pas un instant, et donna rendez-vous à toute la noblesse du pays dans la ville de Nogaro (2). Là on délibéra pour savoir par où commencerait l'attaque. Les uns voulaient qu'on tombât d'abord sur St-Sever, d'autres qu'on marchât directement sur Pau; Monluc opina pour qu'on attaquât avant tout Rabastens, dont le château commandait à la fois le Bigorre et le Béarn. Cet avis prévalut; la ville fut emportée d'emblée. Le château se défendit

(1) D'Aubigné, page 452. Monluc, page 239. Castelnau (dernier chapitre), page 497. Du Thou.

(2) Du Thou, page 325. Monluc, page 250. Manuscrit Duco.

avec courage; il fallut l'assiéger dans les règles. Cent vingt ou cent quarante gentilshommes du pays se pressaient à l'attaque. Parmi eux on comptait Leberon, Fredeville, Gohas, Montesquiou, Ste-Colombe, Bazillac, Gondrin, Savignac, St-Orens, Montespan, Madaillan, Pauillac, Fontenilles, de Mont, le baron de St-Lary, Montaut, le vicomte d'Usa, le baron de Larboust, Marsan, Lartigue, Sales de Béarn, Ribauville, Dupleix, père de l'historien, Labastide, Besolles et le vicomte de Labatut.

Malgré leur valeur, plusieurs assauts furent inutiles. Un dernier devait être plus heureux; mais Monluc acheta cher ce succès (1). Pour mieux encourager les siens, il crut devoir payer de sa personne. Il s'avança sous les feux du mousquet, et s'étant exposé avec trop de témérité, il eut les deux joues traversées de deux coups. On l'emporta baigné dans son sang; et comme pour le consoler on lui disait: « *prenez courage, voilà les soldats dedans qui tuent : assurez-vous que nous vengerons votre blessure*, Monluc, toujours impitoyable même entre les bras de la mort, répondit : je loue Dieu de ce que je vois la victoire nôtre; à présent je ne me soucie point de la mort : montrez-moi l'amitié que vous m'avez portée en retournant au combat, et gardez qu'il n'en échappe un seul qui ne soit tué. » Ses ordres ne furent

(1) Gentilshommes mes amis, il n'y a combat que de noblesse. Allons je vous montrerai le chemin et vous feray cognoistre que jamais bon cheval ne devint rosse. Suivez hardiment et sans vous estonner, donnez, car nous ne saurions choisir mort plus honorable. Je prins lors Monsieur de Goas par la main et lui dis : Monsieur de Goas, je veux que vous et moi combattions ensemble, je vous prie, ne nous abandonnons point, et si je suis tué ou blécé, ne vous en souciez point et me laissez là et poussez seulement outre, et faictes que la victoire en demeure au roy. (Monluc, page 254).

exécutés que trop ponctuellement. Tout fut passé au fil de l'épée. Quelques officiers voulurent envain sauver le ministre Merlin et le capitaine Ladoue, commandant du château; les soldats les arrachant des mains de ceux qui les protégeaient, *les mirent en mille pièces.*

La prise de Rabastens mit fin à la campagne. Les seigneurs, ne voyant plus Monluc à leur tête, déposèrent les armes et rentrèrent dans leurs foyers. Cependant leur ancien général était transporté à Marciac, d'où il regagna plus tard ses terres. Sa convalescence fut longue et pénible, mais la force de son tempérament triompha du mal : il guérit et reparut même sur les champs de bataille. Les habitants de Tarbes (1) n'avaient pas attendu l'approche de Monluc et le siège de Rabastens pour retourner à leurs foyers. Mais quel spectacle s'offrit à leurs regards ! Ce n'était plus la ville riante qu'ils avaient quittée; non seulement tout y avait été pillé, mais chaque quartier et presque chaque maison y avaient subi quelque acte de vandalisme. Après les premiers moments donnés à la douleur et aux lamentations, ils s'armèrent de courage, et firent à la hâte les réparations que commandait le soin de leur sûreté. L'expérience leur avait appris à ne pas compter, pour leur défense, sur le secours des bras étrangers ; ils résolurent de se défendre eux-mêmes, et placèrent à leur tête le capitaine Forgues. La renommée porta bientôt dans le Béarn la nouvelle de leur retour. Le vicomte de Montamat, qui y commandait, entreprit de les chasser de nouveau. Il prit avec lui la compagnie des gens d'armes, placés sous ses ordres, et usant de vitesse, il espéra sur-

(1) Manuscrit Duco. Olhagaray. Procès-verbal déjà cité. (Archives de Tarbes).

prendre l'orgues; mais celui-ci avait été prévenu et s'était retiré dans le Bourg-Vieux avec tout ce que la ville comptait de citoyens résolus; et pour éloigner l'ennemi des remparts, il avait fait ouvrir les canaux des moulins et remplir d eau les fossés; cette précaution ne put sauver la place. Les seigneurs de Bénac, de Bazian et de Montcorneil qui accompagnaient Montamat, pratiquèrent de larges tranchées, et vers minuit, quand l'eau eut considérablement baissé, Bazian s'avança jusqu'aux pieds des remparts; et ayant demandé à conférer avec le capitaine Forgues, son cousin, il le conjura de renoncer à une défense désormais impossible, et à prévenir les malheurs d'un assaut par une soumission volontaire. Forgues, après l'avoir écouté, se contenta de lui dire qu'il donnerait le lendemain sa réponse. Cependant les assiégés, voyant que les fossés tarissaient, se hâtèrent d'abandonner une seconde fois la ville. Forgues resta seul avec cinquante soldats, qui formaient toute la garnison. On mit à rançon les soldats; le chef fut traité plus généreusement. Montamat, admirant son courage ou gagné par Bazian, lui rendit gratuitement la liberté et le renvoya dans son château de Horgues. Du reste, cette victoire profita peu au lieutenant de la reine; il n'avait que faire d'une ville déserte; il la livra au pillage et l'abandonna le jour même.

Après son départ, les malheureux habitants de Tarbes se montrèrent peu empressés de rentrer dans des murs si souvent désolés et ouverts aux incursions de la garnison protestante du château de Bénac. Ils errèrent longtemps sur les montagnes et dans les villes voisines. Mais enfin le souvenir de leur berceau l'emporta sur toutes les craintes; ils retournèrent à Tarbes et appelèrent à eux le capitaine Bonasse. Celui-ci, aidé de Poudens et d'Esguarrebaque, s'était, depuis la défaite de Navarreins, saisi du château de Lourde qu'il avait conservé au roi. Il répondit à l'appel fait à son courage, et après avoir laissé à Lourde une garnison suffisante, il se rendit à Tarbes avec sept compagnies commandées par Poudens, Esguarrebaque, Abadie, Luz, Roger, Bajonnette et l'abbé de Sauvelade et le chanoine Idron, qui avaient ceint la cuirasse et l'épée. Ce corps formait à peu près cinq cents hommes.

Montamat, instruit de ce qui se passait, ne donna pas le temps à Bonasse de se fortifier dans la capitale du Bigorre. Il s'avança aussitôt jusqu'aux frontières du Béarn, et attendit là que l'artillerie lui arrivât pour former un siège réglé. Bonasse se disposa de son côté à opposer une vigoureuse résistance. Sacrifiant le Maubourguet et le bourg Crabé, qu'il ne pouvait défendre, il se fortifia dans le Bourg-Vieux et le Bourg-Neuf. Les ennemis allèrent camper sur les ruines du Maubourguet, et braquèrent leurs canons presqu'en face de l'horloge. La brèche fut ouverte le second jour, et l'on monta à l'assaut. Bonasse, animant les siens de la voix et de l'exemple, repoussa tous ceux qui se présentèrent et les culbuta dans les fossés. Un second assaut tenté le même jour ne fut pas plus heureux; mais ces deux assauts avaient fait couler un sang précieux. Bonasse craignit de ne pouvoir pas soutenir une nouvelle attaque. Il assembla un conseil de guerre qui décida qu'il fallait profiter des ténèbres de la nuit et tâcher de regagner le château de Lourde. On allait exécuter ce projet, lorsqu'un lieutenant vint reprocher à Bonasse d'abandonner une ville sous les ruines de laquelle il avait juré de s'ensevelir. Bonasse, piqué d'honneur, changea d'avis. Il ignorait que le traître, qui le poussait à la résistance, s'était vendu à Montamat et lui avait livré une des poternes qui ouvrait dans les fossés du nord.

Le lendemain, le combat recommença avec le jour. Bonasse se défendait avec sa valeur accoutumée, lorsqu'un gros d'ennemis introduits secrètement, vinrent le prendre à dos. Dès-lors, le triomphe ne pouvait être douteux. Bonasse vendit chèrement sa vie; il tomba sur un monceau de cadavres qu'il avait immolés. Bajonnette, l'abbé de Sauvelade et le chanoine Idron, qui avaient rivalisé avec lui de valeur, périrent à ses côtés, ainsi qu'Abadie, Luz et Roger. Esguarrebaque eut le temps de se sauver dans la tour du Boulevard. Montamat, ne pouvant en triompher par la force, recourut à la trahison. Il lui députa un de ses cousins, et comme il se présentait à la porte de la tour pour parlementer, une arquebusade l'étendit sans vie. On n'épargna que Poudens; tout le reste fut passé au fil de l'épée, sans distinction d'âge ni de sexe. Montamat n'avait ainsi conquis que des ruines, et ces ruines il ne put pas même les conserver un seul jour; car ayant appris que Lavalette, gouverneur de la Haute-Guienne, s'avançait contre le Béarn, il abandonna aussitôt sa nouvelle conquête et vola vers Pau et Orthez, à la tête de toutes ses forces. Deux mille cadavres gisaient dans la ville déserte. Les villages voisins eurent pitié de tant de désolation; ils accoururent pour leur donner la sépulture; mais personne n'osa se fixer près de leurs tombes. Cette solitude et ce deuil durèrent trois ans entiers.

La Soule et la Basse-Navarre pouvaient moins encore que le Bigorre accepter sans résistance le joug de la

Réforme. Le comte de Luxe, d'Audaux, Domesain, Armendarits, toujours fidèles à la France et à l'ancien culte, reprirent les armes et réunirent leurs forces. Ils s'emparèrent de St-Jean-Pied-de-Port, où ils commirent des cruautés contre les partisans de la reine; mais à l'approche de Montamat, ils se replièrent vers La Soule. Montamat les y poursuivit, leur enleva le château de Mauléon, et les força à se jeter dans les montagnes (1). Dès-lors, toute résistance fut vaincue, et le protestantisme régna en maître, non seulement dans le Béarn, mais encore dans la plupart des domaines de la maison de Navarre. Montamat et d'Arros obéissant aux injonctions de la reine, signalèrent ce triomphe par une ordonnance qu'on dirait faite d'hier, tant elle ressemble à ce qui fut tenté dans les plus mauvais jours de notre première révolution (2).

(1) Voici comme nous représente ce pays une requête présentée à la reine Jeanne. De sorte que aucune église noy sie demorade en tot lo dit récusmé que ne sie estade brulade o brisade, la quart part de las maysons tant des villes que plus hors pays brulades, tots que no auren podut esbadir, *s'évader*, et se absentar de lor furor, amurtride inhumainement en los propis leits, maysous, tribaillan en lors campis et terres per tots locqs oun los auren podut apprehendre...... lo dit récusmé es estat metut en ruine et tale pauresse et désolation que grand nombre das qui son restats successivoment sont estats contraints abandonnar à qui per non poder vivre et finabloment à tant es estat devengut que lo total exercice de la religion catholique y estat interdit sus grands peines tant aux sujets ecclésiastiques que laïcx, compellen par force et dab cop de bastous annar assistar à las préches das ministres. (Manuscrit cité).

(2) Bernard sr et baron D'Arros et Guillaume d'Asterac, baron de Saintrailles, Montamat, Castellan et Lamothe, sénéchal d'Aure, lieutenants généraux de la reyne..... *avons ordonné*, art. 1er. Que sie annihilat, cassat et bannit tout exercice de la religion romane, sans exception comme las messes, processions, litanies, vespres, complies, vigiles, festes, botes patronales, *fêtes du patron*, images pintades ou

Les persécutions commencèrent (1). Sous prétexte d'atteindre les sujets rebelles qui s'étaient déclarés pour Terride ou ses lieutenants, on s'en prit à tous ceux qui étaient demeurés fidèles au catholicisme. Les prêtres, pasteurs des âmes et gardiens de la Foi, étaient naturellement désignés aux violences : on les traquait comme on traque des bêtes féroces. Les cavernes, les antres souterrains ne furent pas toujours assez profonds pour les dérober aux fureurs d'un implacable fanatisme. Si on les découvrait dans les maisons, et surtout s'il était prouvé qu'ils y avaient administré les sacrements, on les punissait de mort avec ceux qui leur avaient donné asile et

---

faytes en bosse, luminaris, herbes beaudes ou crots sur las fosses, et cé és que los temples campestres, que no serven que a folles superstitions et idolatries et los autas et retables des autres temples feyts en ville et viladjes seyren rasats et abolits. Art. 2. Habem feyt et fam commandament à tots los habitants deu present pays sens aucune exception que ayen à se trouvar à las predications et aux cathechismes que los ministres faran, seguen la paraulo de Diu, assaver aquets qué seran au loc ound y a ministres à cascune prédication et los autrés qué seran eslognats au mens lo dimenche. Art. 3. Defendem en outre à tots caperans, moynés et autres ecclesiastiques de plus seduisir lo peuple per lor doctrine publique et pribade et de bienne habitar au present pays sauf los aquels la reyne permettra. Art. 10. Habem ordonat et ordonan que auscun no sera recebut mestré d'escolo que no sie dé la religion reformade et examinat per lo ministré cum es estat cidevant ordonat et praticat et no sera permetut à aucun que los enfants sien enseignats que segund la religion reformade. (Manuscrit cité. Voir aussi Poydavant, tome 1, page 424). Une autre ordonnance, émanée directement de la reine, changea la forme du serment. Jusque là, on le prêtait en plaçant la main sur la croix et le missel. Cette ordonnance régla que désormais on se contenterait de lever la main en disant : *au Dieu vivant*. C'est là vraisemblablement l'origine d'un jurement trop fréquent, hélas! dans la Gascogne, et surtout dans le Béarn. Il n'est pas besoin d'ajouter que des peines sévères sanctionnaient ces diverses dispositions.

(1) Poydavant, tome 2, page 16.

ceux qui avaient participé aux bienfaits de leur ministère. Se déclarer leurs parents ou leurs amis, c'était se vouer aux soupçons, à la haine, aux mauvais traitements. Ces rigueurs fatiguèrent les esprits; l'innocence elle-même s'alarma. On s'empressa de fuir une terre qu'assiégeaient tant de vexations. On alla chercher en Espagne une paix et une sécurité qu'on ne trouvait plus en-deçà des Pyrénées. Les émigrations furent si nombreuses, que Jeanne crut devoir faire cesser les poursuites et proclamer une amnistie générale. Elle permit même aux prêtres qui avaient quitté le Béarn d'y rentrer ; mais elle leur fit acheter ce retour par le sacrifice de leur honneur, car elle exigeait qu'ils embrassassent la Réforme. A ce prix, elle leur assurait la jouissance de leurs anciens revenus. La terreur et la séduction provoquèrent quelques apostasies. Le Béarn comptait environ quatre cent cinquante paroisses. Près de deux mille prêtres séculiers ou réguliers les desservaient. Sur ce nombre, cent cinquante à-peu-près abjurèrent leur foi; tout le reste demeura fidèle. La proportion devait être la même deux siècles plus tard. A quelle époque que se soit présentée la persécution, le clergé français a su la soutenir noblement.

Cependant, les princes et la cour avaient un égal besoin de paix ; elle fut signée à St-Germain-en-Laye, le 11 août 1570 (1). Elle proclamait l'oubli du passé, la liberté entière de conscience et l'admission des protestants à tous les emplois. Elle accordait encore aux pro-

(1) Dupleix, page 134. D'Aubigné, page 516. Cette paix fut appelée *paix boiteuse* et *mal assise*, à cause des deux négociateurs, Biron et Mesmes, dont l'un était boiteux, et dont l'autre possédait la terre de *mal assise*.

testants quatre villes de sûreté pendant deux ans, la faculté de récuser trois ou quatre juges dans chaque parlement et le parlement entier de Toulouse. Enfin, elle donnait à la reine de Navarre le droit de choisir un lieu dans les comtés d'Albret, d'Armagnac, de Foix et de Bigorre, pour y faire solennellement le prêche. C'était humilier la royauté devant ses sujets, et admettre dans l'Etat, non seulement leux cultes, ce qui ne s'était point vu depuis le berceau de la monarchie, mais deux drapeaux et deux lois. L'excès de ces concessions devint un objet de défiance. On déposa les armes, mais on ne déposa, ni les soupçons, ni la haine.

Le jeune prince de Navarre profita de ce calme pour aller visiter ses possessions de Gascogne, et s'y montrer à ses sujets et à ses vassaux. Il retourna bientôt joindre sa mère, qui s'était retirée à La Rochelle. La cour de France, reprenant les desseins formés, dit-on, sous Henri II, lui fit offrir la princesse Marguerite, dernière sœur du roi, qui, par ses grâces, sa beauté et son esprit, paraissait devoir faire revivre sa grand'tante, la célèbre Marguerite de Navarre dont elle portait le nom ; mais ce mariage éprouva quelques difficultés. Jeanne objecta surtout la disparité de culte, et comme ces négociations traînaient en longueur, elle fit un voyage en Béarn, où elle ramena son fils. Les esprits y étaient toujours sourdement agités; on ne pouvait se soumettre à des lois, qui blessaient non seulement les consciences, mais encore les fors du pays. Sur la proposition du baron de Navailles, on députa à la princesse cinq membres pris dans les deux communions pour lui porter les doléances de ses sujets. Les députés étaient Monneins, Faget, Doazan, Lanusse et St-Cricq. Pour toute réponse, Jeanne fit assembler les Etats; mais elle en modifia la composition, éloigna l'Ordre du clergé, diminua la noblesse, renforça le tiers-état, et composa l'assemblée de membres qui lui étaient généralement dévoués.

Malgré cette mutilation, des voix s'élevèrent dans le sein des Etats en faveur de la religion persécutée; mais elles furent étouffées par la majorité, qui exhorta la reine à poursuivre les réformes. Jeanne se prêta d'autant plus volontiers à ces vœux, qu'ils répondaient complétement aux siens. Elle rendit aussitôt une ordonnance qui confirmait et complétait celle qui avait paru sous la lieutenance de Montamat et de d'Arros (1). Ainsi, en même temps qu'elle arrachait, pour ses co-religionnaires, à Charles IX et à Catherine une liberté de conscience pleine et entière, elle enjoignait à tous ses sujets, de quelque qualité qu'ils fussent, de faire profession publique de la confession de foi qu'elle présentait. C'était la confession de foi des églises de France, dressée en 1559, et déjà plusieurs fois revue et corrigée.

Mais Jeanne n'eut pas le temps de tenir la main à l'observation de son ordonnance : elle fut obligée de repartir bientôt pour La Rochelle. Les principales diffi-

(1) Arch. du Béarn. Poydavant, page 25. Art. 42. Nous commandons et enjoignons à tous nos sujets, de quelque état, sexe et condition qu'ils soient de se trouver ès saintes assemblées pour être instruits et enseignés, sur peyne que tous ceux qui sans excuse légitime fayront faute de se trouver, seront condamnés, s'ils sont pauvres à cinq sols d'amende et les riches à dix pour la première foys, et pour la seconde à cent sols les pauvres, dix livres les riches, et pour la troisième à prison pour le temps qu'il sera advisé par nos magistrats, ou à peyne plus grande, s'il apparoit rebellion ou obstination. Si les magistrats apportent quelque négligence à faire exécuter le présent article, ils seront privés de leurs charges. (Manuscrit cité).

cultés, qui s'opposaient au mariage de son fils avec Marguerite de France, s'étaient aplanies. Elle espéra lever les autres par sa présence, et se rendit à Blois, où se tenait alors la cour. La reine l'accueillit comme on accueille une sœur chérie. Le roi lui dit *qu'elle était la tante la mieux aimée, en venue* (1). La cour tout entière s'associa à ces démonstrations. L'accord fut bientôt complet, et le 11 avril Charles, Catherine et Jeanne signèrent les bases du contrat. Le roi donnait à sa sœur trois cents mille écus d'or. La reine y ajoutait dix mille livres Tournois, et les ducs d'Anjou et d'Alençon vingt-cinq mille chacun (2). Henri assurait à Marguerite quarante mille livres de rente, assises sur les duchés de Vendôme et de Beaumont, et sur les comtés de Marle et de La Fère, en Picardie. Jeanne, à son tour, reconnaissait son fils pour son unique héritier, et lui abandonnait dès ce jour le Haut et le Bas-Armagnac. Au moment où l'on croyait tout terminé, des obstacles s'élevèrent du côté d'où on ne les attendait point. Les deux fiancés ne s'aimaient pas. Marguerite, nourrie et élevée au sein d'une cour voluptueuse, n'en avait que trop sucé les principes. Le duc de Guise lui avait plu, et elle ne cachait pas ses sympa-

(1) Olhagaray, page 626. Le jour où la reyne de Navarre arriva à Blois, le roi et la reyne-mère lui firent tant de caresses, le roi surtout qui l'appellait sa grande tante, son tout, sa mieux aimée, qu'il ne bougea jamais d'auprès d'elle à l'entretenir avec tant d'honneur et de révérence que chacun en était étonné. Le soir en se retirant, il dit à la reyne sa mère en riant : et puis, madame, que vous en semble, joué-je pas bien mon rolle? Ouy, lui répondit-elle, fort bien, mais ce n'est rien qui ne continue. Laissez-moi faire seulement, dit le roi, et vous verrez que je les mettrai au filet. (L'Étoile, page 72).

(2) Favin, page 861. Ces sommes, au lieu d'être comptées en numéraire, comme il se pratiquait toujours pour les filles de France, furent assignées sur l'Agenais et le Quercy.

thies. Henri, plus jeune d'une année que Marguerite, montrait déjà cette passion pour les femmes, qui ternit sa vie, et se sentait peu disposé à enchaîner sa liberté. Enfin, Pie V, pieux et austère pontife, refusait obstinément les dispenses nécessaires pour le mariage; mais rien n'arrêta Charles IX. Il déclara, dans son langage grossier, que *si le pape faisait la bête* (1), il prendrait Margot par la main et la marierait *en pleine prêche*. Dès-lors, on se prépara aux noces.

Les panégyristes de Jeanne prétendent que cette princesse, alarmée de toutes les turpitudes qu'elle voyait autour d'elle, aurait voulu pouvoir en reculer le terme. Ce qui paraît plus avéré, c'est qu'elle se rendit à Paris pour en poursuivre les préparatifs. Elle y arriva le 15 mai, et alla descendre chez l'évêque de Chartres, partisan déclaré des opinions nouvelles. Quinze jours après, elle se sentit atteinte d'une lassitude générale de tous ses membres. Néanmoins, elle se traîna encore quelque temps, et elle ne s'alita que le 5 juin. La maladie fit des progrès rapides, et le 10, Jeanne expira dans l'hôtel de Condé. Son corps fut embaumé et mis dans un cercueil de plomb qu'on revêtit d'un velours noir; et puis, sans croix et sans cierges, on le porta silencieusement dans la chapelle de Vendôme, où on le déposa près des cendres d'Antoine de Bourbon.

Sa mort est restée un problème dans l'histoire. Les uns l'ont regardé comme un événement naturel causé par la colère, la chaleur, l'agitation et la crainte de voir échouer un mariage qui l'avait d'abord éblouie; les autres ont accusé le poison d'avoir hâté sa fin (*).

(1) L'Étoile, page 73.

(*) Nous croyons que le temps en calmant les passions religieuses a dissipé les doutes et confirmé le premier sentiment.

On dirait que jusqu'à nos jours, presque tous les écrivains se sont concertés pour flatter le portrait qu'ils ont tracé de la reine de Navarre. L'école protestante et l'école philosophique, qui marchent ordinairement ensemble, n'ont considéré que l'ardente zélatrice de la Réforme. L'école catholique s'est laissé éblouir par l'éclat du trône et n'a vu que la mère du chef de la dynastie régnante. Dans ces préoccupations on a relevé les qualités de la princesse, mais l'on a tû ses défauts. D'Aubigné la peint ainsi : « N'ayant de femme que le sexe, l'âme entière aux choses viriles, l'esprit puissant et le cœur invincible aux grandes affaires. » Dans un siècle licencieux, elle honora, dit un autre historien, le calvinisme par la régularité de sa vie autant que par la politesse de ses manières et l'élégance de son esprit. Jeanne mérita ces éloges. Mais pour être impartial il fallait ajouter que son fanatisme rendit inutiles presque toutes ses vertus, et que ses peuples et ses vassaux ne furent jamais plus agités et plus malheureux que sous son administration. Il est vrai qu'elle donna Henri IV à la France. C'était préparer le remède à bien des maux.

# LIVRE XX.

## CHAPITRE I<sup>er</sup>.

Henri de Navarre succède à Jeanne, sa mère. — Il épouse la princesse Marguerite. — La St-Barthélemy. — Massacres à Condom et à Dax. — Le vicomte d'Orthe à Bayonne. — Les protestants du Midi s'unissent en confédération. — Siège de La Rochelle. — Le comte de Grammont, gouverneur du Béarn, est fait prisonnier par le jeune d'Arros. — Mort de Frédéric, dernier comte d'Astarac de la maison de Foix. — Malheurs de la ville de Tarbes. — Lisier, chef protestant, tue Baudean, gouverneur de Bagnères, et est tué à son tour. — Les protestants sont chassés du Bigorre. — Mort du roi Charles IX.

Henri était à Chaunay en Poitou, lorsqu'il apprit la mort de sa mère. Il prit aussitôt le nom de roi de Navarre, et s'empressa d'annoncer à ses sujets et à ses vassaux le triste événement qui l'appelait à la couronne. Il confirma en même temps d'Arros (1) dans le gouvernement du Béarn et tous les officiers royaux dans leurs

(1) Il lui écrivit la lettre suivante : Monsieur d'Arros, j'ai receu en ce lieu la plus triste nouvelle qui m'eust pu advenir en ce monde qui est la perte de la reyne ma mère que Dieu a appelée à soi ces jours passés, *estant morte d'un mal de pleuresie* qui lui a duré seulement cinq jours et quatre heures. Je ne saurais dire M<sup>r</sup> d'Arros ès quel deuil et angoisse je suis réduit, qui est si extrême qu'il m'est très mal aisé de le supporter. Toutefois je loue Dieu de tout. Or puisqu'après la mort de la reyne ma mère j'ay succédé à son lieu et place, il m'est donc de besoing que je prenne le soin de tout ce qui estait de sa charge et dévotion, qui me faict vous prier bien fort, M<sup>r</sup> d'Arros, de continuer comme vous avez faict en son vivant la charge qu'elle vous

emplois, et leur prescrivit la stricte et rigoureuse observance des ordonnances ecclésiastiques. C'était la dernière volonté de Jeanne, consignée dans son testament. Deux mois furent consacrés au deuil. Après ce terme, le jeune prince arriva à la cour, suivi d'une suite aussi nombreuse que brillante. On y comptait près de huit cents gentilshommes, presque tous Gascons. Les fiançailles furent célébrées au Louvre (1). Marguerite, dont le temps n'avait pas changé les sentiments, refusa de signer le contrat, mais elle fut contrainte de passer outre. Le lendemain, 18 août 1572, sur les trois heures après midi, elle partit de l'archevêché où elle avait couché. Une couronne ornait son front; sur ses épaules (2) reposait le *grand manteau bleu de quatre aunes de queue*, porté par quatre princesses. Elle s'avançait étincelante de diamants et de pierreries, entre le roi Charles, son frère, et la reine Catherine, sa mère. Les ducs d'Anjou et d'Alençon, les princes de la maison de Guise, les grands officiers du royaume et les plus grands noms de la monarchie se pressaient sur ses pas. Henri avait

---

a baillée en ses pays, usant de la mesme fidélité que vous y avez toujours monstrée et tenir principalement la main à ce que les édicts et ordonnances faicts par sa majesté soient à l'advenir pour ses désirs gardés et observés inviolablement, en sorte qu'il n'y soit rien attenté au contraire, à quoi je m'asseure que vous employerez de tout vostre pouvoir et croyez que je récompense et n'oublieray jamais tous vos bons offices pour vous les recognoistre là où il y aura le moyen d'aussy bon cœur que je prie Dieu, Mr d'Arros vous tenir en sa sainte grâce. Votre bon maître et amy, Henri. Je vous prie tenir la main surtout à l'observation des ordonnances ecclésiastiques, car la feue reyne ma mère m'en a chargé particulièrement par son testament. (Extrait du manuscrit des ordonnances déjà cité).

(1) D'Aubigné, page 336. Favin, page 865.— (2) Mém. de la reine Marguerite, page 48.

quitté le deuil pour revêtir des habits magnifiques. Il parut, accompagné des princes de Condé et de Conti, ses cousins, de l'amiral de Coligny, du duc de Larochefoucault, et de tout ce que le parti protestant comptait de plus illustre.

Un échafaud tendu de drap d'or avait été dressé à l'entrée de la métropole, quelques-uns disent à l'entrée du chœur. Le cardinal de Bourbon présidait à la cérémonie. Quand il demanda (1) à la brillante fiancée si elle acceptait le roi de Navarre pour époux, Marguerite, toujours obstinée, garda un profond silence. Charles, son frère, qui était près d'elle, lui posa la main sur la tête qu'il fit pencher. Ce mouvement fut regardé comme un consentement tacite, et le mariage fut consacré. On introduisit la jeune épouse dans le chœur de l'église ; tandis que Henri et les siens se retiraient à l'archevêché pour ne pas participer aux cérémonies du culte catholique. Ce jour et les deux jours suivants se passèrent en fêtes, en bals, en spectacles. A voir les princes et les seigneurs protestants, mêlés et confondus avec les princes et les seigneurs catholiques, rivalisant tous d'adresse et de courtoisie, on eût dit que les deux partis n'avaient plus aucun souvenir des déplorables dissensions qui les avaient armés l'un contre l'autre; mais ce n'était là qu'une trêve ou tout au plus qu'un oubli momentané. Les haines et les rivalités vivaient au fond des cœurs. Ces fêtes, elles-mêmes, devaient servir de prélude à une horrible tragédie. Quelques seigneurs de la suite du roi de Navarre eurent un vague pressentiment de ce qui se préparait. Une blessure faite à l'amiral, redoubla leurs soupçons. Ils quittèrent Paris, ou

(1) D'Avila, page 321.

allèrent se loger dans les faubourgs. On compte parmi eux Montferrant, de Ségur, Pardaillan le jeune, St-Etienne, Jean de Ferrières, vidame de Chartres. Les autres, au contraire, cédant à des conseils perfides, se rapprochèrent de l'amiral, et offrirent par là une proie plus facile à leurs ennemis. On arriva ainsi au jour le plus déplorable de l'ancienne monarchie.

Minuit frappait à peine (1). Guise marcha le premier aux égorgements. Tavanes, Cardaillac, vicomte de Sarlabous et le capitaine Caussens, altérés de sang comme lui, marchaient à ses côtés. Caussens ouvrit le carnage en poignardant Labaume, maître-d'hôtel de l'amiral. On parvint bientôt jusqu'à l'amiral lui-même, qui tomba percé de coups. L'horloge du palais sonna alors : c'était le signal des meurtres; on se répandit aussitôt dans les rues. Laforce, surpris dans son lit à côté de ses deux fils, fut égorgé avec l'aîné. Le plus jeune se blottit sous les corps de son père et de son frère, et contrefit le mort. Le baron de Montamat, le compagnon d'armes de Montgommerry, le bourreau des catholiques, Larochefoucault et une infinité d'autres furent enveloppés dans le massacre.

Le carnage alla souiller la demeure du roi. Pardaillan l'aîné, St-Martin, Beauvais, Piles, sont désarmés aux portes du Louvre et conduits aux Suisses pour être égorgés. Piles, voyant tomber ses compagnons, s'écria : est-ce là la paix et la foi royale ? Vengez, mon Dieu, cette perfidie. A ces mots, il détache ses habits et se jette au devant des hallebardes. Gaston de Levis, vicomte de Leran, avait été frappé comme lui; mais après les

(1) Voir Du Thou, page 583 et suivantes. D'Aubigné, page 344. Matthieu, page 345. Les Cinq Rois, page 548. Tavannes, page 296.

premiers coups, il se relève, traverse les corridors poursuivi par les gardes, et court se jeter dans la chambre et jusque sur le lit de la reine de Navarre. Marguerite (1), réveillée en sursaut, se précipite en chemise vers la muraille. Le malheureux Leran la saisit dans ses bras pour s'en faire une défense. Marguerite, ne comprenant rien à cette scène, se débattait sous sa rude étreinte, lorsqu'à ses cris accourut Nancey, capitaine des gardes. Il éloigna les soldats et ne put s'empêcher de rire en voyant la reine à demi nue, échevelée, couverte de sang, embrassée par un homme qui craignait de mourir. On ne massacre pas ceux qui provoquent le rire; Leran fut épargné. Marguerite obtint encore la grâce de Miossens et d'Armagnac, l'un premier gentilhomme et l'autre premier valet de chambre du roi son mari.

Fervaques fut moins heureux; il voulut en vain sauver Lavardin, qui fut égorgé sous ses yeux. Le jeune prince de Condé se suspendit au cou de Brépu, son gouverneur. Il essaya de lui faire un rempart de son corps et d'éloigner le fer homicide avec ses petites mains : on immola le gouverneur entre ses bras. Au milieu de tant d'atrocités, quelques traits d'humanité viennent soulager les cœurs français et rappeler l'antique loyauté nationale. De Vesins, gouverneur du Quercy, ennemi mortel du protestant Reinier, son compatriote, l'enlève de son logis et le ramène dans son pays sans lui adresser la parole. Quand il l'a mis en sûreté, il se contente de lui dire (2) : maintenant que je t'ai soustrait à tout péril, je te laisse libre d'être mon ami ou mon ennemi; et il

(1) Mém. de la reine Marguerite, page 55. — (2) Dupleix, p. 743. Du Thou, page 494.

s'éloigna sans attendre de réponse. Le marquis de Villars conserva les jours du vicomte de Montclar et du baron de Paulin. On avait d'abord pensé à envelopper le roi de Navarre dans le massacre, malgré les liens nouveaux qui le rattachaient à la maison de France. Le prince de Condé eût partagé son sort. Ce projet fut abandonné ; mais dès que la boucherie eut commencé, le roi les manda l'un et l'autre près de lui, et leur dit *avec un ton de voix et un œil terrible : messe, mort ou Bastille* (1). Henri se fit humble : Condé montra plus de fermeté. Charles, irrité de sa résistance, s'emporta en invectives et le menaça de lui faire trancher la tête, si dans trois jours il n'était passé au catholicisme. Grammont et Duras imitèrent le roi de Navarre et méritèrent leur grâce par leur soumission.

Telle fut cette célèbre St-Barthélemy (24 août 1572), ainsi nommée du Saint que l'on fêtait ce jour. L'école philosophique du siècle dernier voulut en vain la rejeter sur la religion, comme si la religion avait été le moins du monde appelée dans les conseils de la couronne, et que cette boucherie n'eût pas été évidemment l'œuvre de la politique. On tua toute la nuit ; on tua tout le jour et le jour suivant ; mais on tua par haine, par cupidité, par vengeance, par frayeur. On n'invoqua la différence de culte que pour avoir un prétexte ou plutôt un appât à jeter aux passions populaires. La religion fut l'instrument et le drapeau, mais elle ne fut ni le mobile, ni l'inspiration ; et d'ailleurs, qui ne sait qu'étrangère aux passions et aux erreurs du temps, *cette fille divine de l'éternité* flétrit la première tous les crimes, même ceux qui seraient commis en son nom. Aussi notre plume de

---

(1) Du Thou, page 629. D'Aubigné, page 563.

prêtre n'a pas hésité un instant à rappeler les meurtres de ce jour, qui se rattachent à l'histoire de la Gascogne.

Les scènes de Paris ne furent que trop imitées dans les provinces. Partout deux partis politiques étaient en présence. A Condom (1), les catholiques, secrètement excités par Monluc, qui leur avait envoyé le capitaine Pony, voulurent se venger de ce qu'ils avaient souffert au passage de Montgommerry. Alors ceux de leurs concitoyens, qui appartenaient à la Réforme, s'étaient montrés plus acharnés contre eux que les soldats ennemis. Maintenant les rôles étaient changés. Les victimes, devenues bourreaux à leur tour, traînèrent les protestants sur le pont des Carmes ; et après leur avoir asséné à chacun un coup de coignée sur la tête, ils les jetèrent, pieds et poings liés, dans la Baïse. A Dax, les religionnaires (2) crurent mieux assurer leur vie en se plaçant sous la sauvegarde de la foi publique. Hommes, femmes et enfants se constituèrent volontairement prisonniers ; mais cette mesure ne servit qu'à mieux assurer leur perte. La rage de leurs ennemis brisa les portes de la prison et les massacra impitoyablement sans s'arrêter ni devant la faiblesse du sexe, ni devant l'innocence de l'âge. Avertis par ces atrocités que la rumeur publique grossissait encore et traqués de toutes parts, les infortunés sectaires *ne trouvaient pas assez de terre pour fuir*. Plusieurs se firent catholiques ou feignirent de le devenir ; mais la plupart gagnèrent le Béarn, où les protestants, quoiqu'inférieurs en nombre, étaient les maîtres, et où toutefois, s'il faut du moins en croire

(1) Dupleix, page 751. — (2) D'Aubigné, page 560.

des manuscrits justement suspects de partialité, ils n'usèrent pas de représailles. Ils se contentèrent de renvoyer les principaux catholiques de Pau et de toutes les villes, où leur présence faisait ombrage à leur secte.

On raconte généralement (1) que Bayonne s'honora dans cette aberration générale, et que d'Orthe, qui y commandait, répondit ainsi aux ordres de la cour : « Sire, j'ai communiqué le commandement de votre majesté à ses fidèles habitants et gens de guerre de la garnison; je n'y ai trouvé que bons citoyens et braves soldats, mais pas un bourreau. C'est pourquoi eux et moi supplions très-humblement votre dite majesté vouloir employer en choses possibles, quelques hasardeuses qu'elles soient, nos bras et nos vies. » On ajoute que sa lettre fut un titre de proscription et qu'il mourut empoisonné peu de temps après (*). Pendant que la France s'agitait dans le sang, le roi de Navarre cédant moins à ses convictions qu'à la frayeur et à la nécessité, abjurait solennellement le protestantisme; et pour mieux donner le change sur ses vrais sentiments, il rétablissait (2) l'ancien culte dans le Béarn et dans toutes les terres de sa domination, d'où la reine Jeanne l'avait banni. Cet édit, non seulement rappelait le clergé catholique, mais il lui rendait tous ses biens, expulsait les ministres

---

(1) D'Aubigné, page 560.

(*) Ces différentes assertions ne sont étayées sur aucun monument de l'époque. Il est certain que d'Orthe survécut cinq ans à la St-Barthélemy, et qu'il conserva jusqu'à sa mort le gouvernement de Bayonne. L'original de la lettre qu'on lui prête n'a jamais été montré. Enfin, rien dans les archives de Bayonne ne rappelle un fait que l'histoire devait enregistrer avec tant d'empressement et de bonheur. Aussi tout nous fait penser que le drame de Bayonne, pour être généralement cru, n'en est pas moins une fable.

(2) Poydavant, page 63.

protestants et abolissait l'exercice du culte nouveau. Antoine d'Aure, comte de Grammont, fut chargé d'aller le faire exécuter; mais les États de Béarn refusèrent de recevoir le commissaire royal et de se soumettre aux ordres qu'il portait. Ils ne virent dans l'édit que l'œuvre d'un prisonnier. On assembla un synode, où il fut déclaré qu'en attendant que Dieu changeât le cœur de leur maître, *ou leur suscitât extraordinairement un autre souverain* (1), on jugeait à propos de pourvoir au gouvernement du pays. On nomma en conséquence des chefs particuliers qu'on soumit à un chef général, investi d'une autorité dictatoriale. La Réforme dépouillait insensiblement le voile dont elle s'était couverte à sa naissance. Son esprit, c'était la révolte contre l'autorité religieuse; mais cet esprit devait avec le temps passer du champ de la religion dans le domaine de la politique. Les croyances sont plus fortes que les lois.

Partout les Réformés commençaient à relever leurs fronts. La St-Barthélemy les avait d'abord complétement abattus. Ils n'avaient songé qu'à fuir ou à se cacher, et si l'on eût profité de ces premiers moments, c'en était fait sans doute de leur parti en France; mais quand ils virent la cour, étonnée et embarrassée de sa victoire, hésiter et presque se justifier, ils se rassurèrent. Bientôt devenus plus hardis, ils se révoltèrent ouvertement, et pour mieux concerter leurs efforts, ils indiquèrent des assemblées. Une d'elles fut tenue à Réalmont dans l'Albigeois; on y appela toutes les villes du Haut-Languedoc, du Quercy, du Rouergue, du pays de Foix et de l'Armagnac, qui y envoyèrent leurs députés. Terride, Fontrailles, Caumont, Panat, Gourdon, leurs principaux

---

(1) Mémoires sur l'état de la France, tome 2. Poydavant, page 65.

chefs dans ces pays, s'y trouvèrent aussi. On y jura une union inviolable entre tous les membres de la Réforme, et on y distribua le gouvernement des provinces (1). Le Rouergue fut assigné au baron de Panat: le vicomte de Gourdon eut le Haut-Quercy, Terride le Lauraguais, Jacques de Castelverdun le pays de Foix, Michel d'Astarac, seigneur de Fontrailles, l'Armagnac et le Bigorre : enfin l'Albigeois fut donné au vicomte de Paulin. Ces gouverneurs promirent de se secourir mutuellement et créèrent trois trésoriers destinés à recueillir les deniers de l'État qu'ils s'approprièrent (\*). La monarchie était ainsi démembrée, et sur ses ruines, on établissait dans le Midi une république fédérative et indépendante.

La Rochelle, le boulevard de la Réforme, était le centre de tous les mouvements. Le duc d'Anjou, l'heureux vainqueur de Jarnac et de Montcontour, reçut ordre d'aller l'assiéger à la tête d'une armée de vingt mille hommes, mais mal disciplinés et mal approvisionnés. Tous les princes du sang, le roi de Navarre lui-même et le prince de Condé, gardés à vue et forcés de subir l'humiliation de combattre leurs frères d'armes et leurs anciens co-religionnaires, Guise, Tavanes, presque tous les capitaines renommés par leur valeur et leur habileté, prirent part à ce siège. Monluc y fut appelé du fond de la Gascogne, quoiqu'à peine guéri de la blessure qu'il avait reçue à Rabastens, et qui le força à cacher désormais son visage sous un masque.

(1) Du Thou, page 659. Dom Vaissette, page 319 et suivantes. D'Aubigné, page 576.

(\*) Paulin leva aussitôt une compagnie dont il donna la lieutenance à Pierre de Soubiran, et le guidon au jeune de Portes.

Mais si l'attaque fut vive, la défense fut encore plus opiniâtre. Les Rochelais, soutenus par les exhortations de leurs ministres, déployèrent un courage et une résolution que ne purent lasser ni les dangers, ni les fatigues, ni les privations. Les femmes elles-mêmes, partageant l'enthousiasme de leurs maris, parurent sur la brèche. Tous comprenaient que l'existence de leur parti était attaché à la conservation de la place.

Le comte de Grammont crut l'occasion favorable pour remplir sa mission. Jusque là il n'ayait pas osé braver les États et s'était arrêté à Bordeaux; mais voyant toutes les forces des Réformés concentrées autour de La Rochelle, il s'avança jusqu'à Hagetmau dont son fils était devenu maître en épousant la célèbre Corisande d'Andouins. Là, il appela à son aide les gentilshommes des environs, qui étaient restés fidèles à la couronne de France et à la religion catholique. Ils accoururent en foule; et déjà on n'attendait que quelques retardataires, lorsque le bruit de ce qui se préparait parvint aux oreilles du vieux d'Arros (1). Le vieillard manda aussitôt le baron son fils. Mon fils, lui dit-il, dès qu'il l'aperçut, qui vous a donné la vie? Dieu et vous, Monsieur, répondit le baron. Eh bien! Dieu et votre père vous la redemandent en ce moment: Dieu, qui peut vous la conserver au milieu des plus grands périls et qui vous la rendra un jour au sein de la gloire; votre père, qui vous suivra de près, si vous mourez, et qui, après avoir sur la terre applaudi à votre vertu et à votre obéissance, en rendra dans le ciel un doux témoignage devant le Très-Haut et ses Anges. Allez, ne regardez pas au petit nombre de vos compagnons, car ils sont

(1) D'Aubigné, page 680. Poydavant, page 79.

tous braves ; et surtout ne considérez les ennemis que pour les frapper. Voilà mon épée : Dieu la bénira dans vos mains; et en lui tendant le fer, le vieillard l'embrassa. Le baron fit une révérence et alla se mettre à la tête de la petite troupe, qui consentait à le suivre, et qui n'était composée que de trente-huit seigneurs, parmi lesquels on comptait le jeune de Lons. Peu d'heures après, il était aux portes de Hagetmau.

On prit les nouveaux venus pour un renfort d'auxiliaires. Grâces à cette erreur, ils se glissèrent sans être reconnus jusque dans la cour du château. Tirant alors leur épée, ils frappent, ils blessent, ils immolent tout ce qui se présente à eux. Au milieu du tumulte, d'Arros pénètre jusqu'à l'appartement où Grammont s'entretenait avec Etchar, président du conseil souverain. Il égorge le président ; et déjà il levait son épée sur Grammont lui-même, lorsque Corisande tombe à ses pieds, éplorée. Ses larmes, sa jeunesse, sa beauté, ses supplications désarment le vainqueur ; il se contente de saisir Grammont et de le charger de chaînes. Ce fut la seule victime épargnée. Tous les autres seigneurs catholiques, dont on fait monter le nombre à deux cent cinquante, restèrent étendus sur le carreau, ou se dérobèrent à la mort par la fuite. Après cet exploit, le baron se hâta de reprendre le chemin du Béarn et de conduire son prisonnier devant son père. Mon fils, lui dit l'impitoyable vieillard, il ne fallait point laisser subsister cet Amalécite ; vous avez sauvé le corbeau qui vous arrachera les yeux. Néanmoins, il ne voulut point qu'on massacrât un ennemi désarmé, et Grammont fut remis entre les mains de Lacaze, gouverneur du Béarn.

Le maréchal Damville fut plus heureux que Grammont. Il attaqua et prit plusieurs places, et parut enfin sous les murs de Saumières, ville petite, mais forte, entre Nîmes et Montpellier. Henri de Candale, devenu comte d'Astarac par la mort de Frédéric son père, combattait à ses côtés, à la tête de vingt-deux compagnies, composées de Gascons. Toujours impétueux, il voulut lui-même conduire les assaillans, et dès qu'une brèche eut été faite, il y monta des premiers. Tant de témérité devait enfin creuser son tombeau. Pendant qu'il criait aux soldats de le suivre, il reçut (1) un coup d'arquebuse qui lui entra dans la bouche. On le porta à Montpellier, où il mourut bientôt après de sa blessure, regretté de l'armée entière et surtout de Damville son beau-frère. Trois cent deux Gascons avaient été tués dans la même attaque (3 mars 1573). Henri ne laissait que deux filles presqu'au berceau. En lui finissait la branche aînée des comtes de Candale. Par cette mort, des nombreuses maisons que nous avons vues gouverner la Gascogne, la seule qui eût survécu au naufrage du temps, celle des Foix-Grailly, n'était plus représentée que par les comtes de Curson, puînés d'une branche cadette. Mais les Curson n'avaient jamais occupé qu'un rang secondaire, et d'ailleurs ils avaient toujours habité au-delà de la Garonne. Ainsi, l'on peut dire qu'avec Henri disparaissent sans retour ces grands noms, qui ont si longtemps présidé aux destinées de la province. Désormais, nous ne trouverons au premier rang que les Bourbons, nom implanté dans le Midi, où il devait, il est vrai, semer en passant de si glorieux souvenirs.

(1) Dom Vaissette, page 317. Du Thou, p. 748. Grands Officiers, tome 3, page 386.

Avant d'en finir avec le passé, qu'il nous soit permis de le remarquer une fois de plus. Si nos grandes familles, échappées à Louis XI, sont descendues rapidement dans la tombe, elles s'y sont couchées noblement. Presque toutes ont été ensevelies dans la gloire. Henri périt en montrant aux siens le chemin de la victoire, en combattant pour son Dieu et pour sa religion, comme les preux des premiers temps.

Le siège de La Rochelle se poursuivait avec des succès divers, et il paraissait difficile d'en prévoir l'issue, lorsqu'un événement que la France accueillit avec assez de froideur, mais que dans des temps meilleurs elle eût salué avec enthousiasme, vint sauver l'honneur des armes royales. Le duc d'Anjou fut appelé au trône de Pologne. Le jeune prince, empressé d'aller se montrer à ses nouveaux sujets, accorda aux Rochelais une capitulation, qui leur assurait presque les avantages de la victoire, et laissait au protestantisme la facilité des révoltes. Elles éclatèrent presqu'aussitôt de toutes parts. De nouvelles assemblées se formèrent, qui cimentaient la confédération jurée à Réalmont, et tendaient à détacher toujours davantage de la monarchie les diverses provinces du Midi. Aux assemblées succédèrent bientôt les prises d'armes. La guerre alla troubler la ville de Tarbes, qui se relevait à peine de ses ruines. Instruits par leurs malheurs communs, les habitants avaient abjuré les haines des partis et vivaient dans la même enceinte, sinon dans une complète harmonie, du moins en repos. Le baron de Sarlabous, le séide du duc de Guise à la St-Barthélemy, vint porter parmi eux le brandon de la discorde. Ennemi mortel du protestant Casa, qui avait repris à la cour de Bigorre sa place de juge-mage, il s'introduisit dans la ville au milieu des ténèbres de la nuit; mais la victime qu'il poursuivait lui échappa.

Casa, réveillé (1) en sursaut, s'élança de son lit, traversa à la nage les fossés et se sauva en chemise jusqu'à Gajan, d'où il passa en Béarn. Là, il souffla sa vengeance dans le cœur de ceux qui l'entouraient, et bientôt le bruit se répandit qu'une nouvelle tentative se préparait contre une ville qui n'avait nullement trempé dans le guet-apens de Sarlabous. On savait les excès qui accompagnaient ces expéditions; aussi s'empressa-t-on de transporter dans les lieux voisins ce qu'on possédait de plus précieux. Le jour, chacun restait dans sa maison et réchauffait tristement son foyer délaissé; et la nuit on se dispersait dans les champs et l'on bivouaquait sous les haies ou dans les bois. Trois mois se passèrent dans ces transes. Il fallut que Jean de Lavalette, gouverneur de la Haute-Guienne, envoyât à Tarbes les compagnies de Grammont, de Montesquiou et de Larboust. Leur arrivée n'empêcha pas les Béarnais de s'avancer jusqu'à Lourdes sous les ordres de d'Arros; ils prirent et saccagèrent la ville; mais ils ne purent emporter le château. A cette nouvelle, les vallées se levèrent en armes; Vieusan, d'Arras, Dorout, Cazaubon, Estivaire et Pontac, guidaient leurs pas. d'Arros les attendit; mais ayant été forcé d'accepter un combat inégal, il fut battu, et reprit le chemin du Béarn.

Les protestants eurent leur revanche à l'autre extrémité de la Gascogne. Ils s'emparèrent d'Useste, profanèrent le tombeau de Clément V et s'avancèrent jusque sur les bords de la Garonne, menaçant à la fois

(1) Duco. Mazières. Olhagaray.

Bordeaux et Libourne. L'année s'écoula ainsi. Chaque contrée, chaque ville, chaque bourg, chaque village, tant soit peu important, avait ses combats. La province entière était devenue une arène. La France voyait renaître subitement les plus mauvais jours de ses annales; et encore à l'aurore de la féodalité, lorsque l'Europe n'était qu'un camp, l'ennemi, qui attaquait, venait de la localité voisine. Avant cette époque désastreuse, quand les féroces Normands sillonnaient les États des faibles Carlovingiens, c'est du fond de la Scandinavie qu'ils apportaient la guerre et c'est de leurs barques sauvages qu'ils s'élançaient sur leur proie. Mais maintenant, l'enfant du même sol, l'ami des premières années, le compagnon des jeux de l'enfance, voilà l'ennemi dont il fallait se défendre; et c'était après le règne de François I<sup>er</sup> et d'Henri II, quand les lettres avaient paru policer l'Europe, que les mœurs s'étaient si profondément altérées : tant l'éducation littéraire seule est impuissante à assurer le repos des peuples !

Dès que les glaces de l'hiver furent fondues, le bruit se répandit que les Béarnais allaient reprendre leurs courses. A cette nouvelle, les habitants de Tarbes, effrayés, suivirent les conseils du comte de Grammont, qui avait racheté sa liberté par une rançon considérable. Ils députèrent vers d'Arros, les barons de Bénac et de Castelbajac, pour lui proposer un plein et complet armistice entre les deux pays. La proposition fut acceptée, et on se promit de part et d'autre une paix entière et la liberté du commerce. Les habitants de Tarbes se reposèrent sur la foi donnée. Cette confiance les perdit. Le pays était infesté depuis quelques mois par un soldat de fortune nommé Lisier (1), fils d'un charcutier de Montauban. Lisier embrassa avec ardeur les doctrines nouvelles, et s'arma pour les défendre. On grandit vite dans les guerres civiles. Son audace, son intrépidité, son sang-froid l'élevèrent en peu d'années au rang de capitaine, presque le dernier degré de la hiérarchie d'alors, et lui valurent le titre de châtelain du roi dans la baronnie de Barbasan-Dessus. Non loin de Barbasan, au sein d'une vallée fertile, se cachait pleine d'ombre, de fraîcheur et de silence, la riche abbaye de St-Sever, défendue par la petite ville qui s'était abritée autour d'elle et qui avait pris son nom. La proie était trop belle pour ne pas tenter Lisier : il s'introduit dans la ville à l'aide de la trahison, y séjourne sept jours, massacre les religieux, pille et dévaste le monastère et la plupart des maisons, étend ses ravages dans la contrée, et ne laisse autour de lui que des ruines. L'église du monastère, un des monuments d'architecture les plus remarquables de la province, resta seule debout, soit que sa masse eût résisté à ses tentatives de destruction, soit plutôt que Lisier n'eût pas voulu consumer son temps à lutter contre d'épaisses murailles.

Bientôt poussé par d'Arros, il s'approcha secrètement de Tarbes. Six ou sept de ses arquebusiers déguisés en charpentiers se présentèrent au point du jour à la porte de l'Horloge, tuèrent la sentinelle et s'emparèrent de la porte. L'un d'eux alla aussitôt sonner la cloche de l'église de St-Jean. Lisier, soutenu par le seigneur de Basian, accourut à ce signal, pénétra sans difficulté dans la ville, et fit main-basse sur tout ce qu'il rencontra. Les

---

(1) Duco. Macaya, tome 2, p. 204. Man. de l'abbaye de St-Sever-de-Rustan.

chanoines, au premier bruit de ce qui se passait, s'étaient retirés sous les voûtes de la cathédrale. Lisier essaya de les y forcer; mais pendant qu'il gravissait un escalier étroit, il fut assez rudement blessé par une pièce de bois que lui lança Galaupio, un membre du chapitre. Cette blessure ayant modéré son ardeur, il fit sommer les chanoines de se rendre, et promit de leur sauver la vie. Manquant d'armes et de vivres, les infortunés ne pouvaient résister longtemps : ils acceptèrent la proposition et payèrent une rançon considérable. Quelques habitants rachetèrent comme eux leurs jours et leur liberté; quelques autres s'enfuirent : deux seuls furent sacrifiés au ressentiment du jeune Casa, fils du juge-mage.

Grammont, indigné de la perfidie avec laquelle d'Arros s'était joué de la bonne foi des malheureux habitants de Tarbes, ne voulut pas la laisser impunie; il demanda de prompts secours à Lavalette (1), appela à lui la noblesse des environs, et réunit mille cinq cents hommes de pied et sept cents chevaux. Il établit son quartier général à Soués et dissémina momentanément ses troupes à Tournay, à Aureillan et dans les châteaux de Seméac, d'Asté et de Lafitole, qui lui appartenaient. D'Antras, seigneur de Cornac, lui amena quatre pièces de canon, de la ville de Marciac où il commandait. Lisier se préparait, de son côté, à une vigoureuse défense. Il fit réparer les fortifications et approvisionna la place en mettant à contribution les villages voisins. Celui de Trébons, soutenu par Baudéan, gouverneur de Bagnères, osa se refuser à ses exactions. Lisier résolut de s'en venger sur Baudéan lui-même. Ayant appris que

(1. Les Mêmes, et Man. du chevalier d'Antras. (Voir note 14).

la garnison de Bagnères, composée presqu'entièrement de soldats levés dans Campan, était rentrée dans ses foyers, il imagina d'attirer Baudéan, dont il connaissait la bravoure, à un combat hors des murs, espérant en avoir bon marché et peut-être même s'emparer de la ville. Un matin, il part de Tarbes suivi de quelques soldats déterminés, qu'il place entre Pouzac et Tarbes, sous des arbres qui les cachaient, et pousse plus loin couvert d'une cape du pays. Baudéan était sorti ce matin même accompagné de deux bourgeois, qui n'avaient comme lui que leur épée; il allait au-devant de St-Martin qu'il attendait à dîner. Il prit Lisier pour son convive et piqua vers lui; mais il reconnut bientôt sa méprise, et comme il s'arrêtait, une voix lui cria : Baudéan, rends-toi? Le brave gouverneur ne répondit qu'en mettant son épée à la main. Loin de l'imiter, ses deux compagnons prirent lâchement la fuite, le laissant aux prises avec un adversaire plus jeune, plus adroit et surtout mieux armé. Néanmoins, la lutte fut longue. Lisier voulait faire Baudéan prisonnier; mais à la fin, ne pouvant le déterminer à se rendre, il l'étendit raide à ses pieds d'un coup de pistolet. En le voyant tomber, il prévit les ressentiments qu'il avait amassés sur sa tête: malheureux! s'écria-t-il; je viens de me tuer moi-même, et il tourna bride aussitôt. Néanmoins, en passant par Trébons, il retrouva sa fureur ordinaire, fit pendre le premier consul, Guillaume de Péré, et assommer tous les habitants qu'on pût saisir sans distinction d'âge ou de sexe. Il ne s'éloigna qu'après avoir réduit en cendres l'église et le village.

Le jour de la justice approchait. Quelques contestations s'étant élevées entre lui et les habitants de Boulin, à l'occasion des contributions qu'il en exigeait, les seigneurs de Mun et de Lubret, proches parents de Baudéan, défendirent aux habitants de rien payer; et sûrs que Lisier viendrait les armes à la main demander raison de ce refus, ils allèrent avec quelques-uns de leurs amis et quelques cavaliers d'élite se poster dans un taillis près duquel le chef ennemi devait nécessairement passer. Leurs prévisions ne furent pas trompées. Lisier parut, et quoique pris au dépourvu, il se défendit vaillamment : d'Oson eut son cheval tué sous lui. Vergés, Labarthe et plusieurs autres seigneurs, qui accompagnaient Mun et Lubret, furent blessés; mais la partie était trop inégale. Lisier, voyant la plupart de ses gens hors de combat, et apercevant une troupe fraîche accourir contre lui du château de Séméac, s'échappa de la mêlée et s'enfuit vers Dours. Il voulut ensuite regagner la grande route; mais son cheval s'abattit dans un bourbier. Mun, Lubret, Ourout le suivaient de près. Lisier leur demanda la vie. Souviens-toi de Baudéan, lui crièrent-ils, et ils le percèrent de coups. Les soldats du capitaine Forgues et les habitants de Trébons, qui arrivèrent aussitôt, lui coupèrent les oreilles dont ils se firent un affreux trophée, et tuèrent son cheval qu'ils jetèrent avec son maître dans un trou ouvert à la hâte.

Brun, lieutenant de Lisier, ayant su que son capitaine était aux prises avec les catholiques, vola à son secours à la tête de ses cavaliers, et se fit suivre de cinquante hommes de pied commandés par Larroché; mais quand il comprit que tout était terminé, il se hâta de regagner ses retranchements. Il est même probable que si les catholiques l'eussent poursuivi avec quelque vigueur, ils l'auraient atteint et défait : peut-être même se seraient-ils emparés de la ville; mais ils avaient hâte d'aller raconter leur triomphe à Grammont. Celui-ci rassembla aussitôt les divers corps disséminés dans les environs et les conduisit sous les murs de Tarbes. Les protestants ne parurent nullement abattus de la perte de leur chef. Il fallut enlever successivement toutes les fortifications. Le 7 mai, on emporta l'église et le couvent des Carmes, le 8 on abattit le pont, le 9 on avança encore; mais dans la nuit qui suivit, les assiégés, n'espérant pas être secourus à temps par d'Arros, abandonnèrent la place. Grammont en prit possession le lendemain et y laissa les capitaines Vergès et Tillouse avec leurs compagnies réduites à cent quatre-vingts soldats. Le château de Caixon, résidence des évêques de Tarbes, était occupé par le capitaine St-Pé, qui de là faisait des courses au loin. Pujo en délogea les protestants. Ce départ purgeait enfin le pays de tous ses ennemis; mais comme ils pouvaient reparaître chaque jour, on s'occupa de renouer des négociations entre le Bigorre et le Béarn.

Tandis que les deux pays concluaient une paix dont l'un et l'autre avaient un égal besoin, Charles IX descendait dans la tombe (30 mai 1575). Esprit étroit, caractère emporté, instrument propre à toutes les violences, il nous paraît mériter plus encore la pitié que la sévérité de l'histoire. Roi, au sortir des langes de l'enfance, il eût fallu une autre nature que la sienne pour échapper au souffle empoisonné de tout ce qui l'environnait.

## CHAPITRE II.

*Le roi Henri III succède à Charles IX. — Monluc, maréchal de France. — Sa Mort. — Le maréchal de Bellegarde. — Évasion des princes. — Henri de Navarre visite la Gascogne. — Danger qu'il court à Lauze. — Ses tentatives infructueuses sur Condom et sur Auch. — Prise de Mirande par les catholiques. — Rencontre près de Jegun. — Le château de Manciet est assiégé et démoli. — Fête donnée à Henri de Navarre, par la ville de Bayonne. — Nouvel édit de pacification, qui n'a pas plus de durée que les précédents. — Prise de Marciac par les protestants. — Voyage de la reine Catherine et de Marguerite, sa fille. — Elles arrivent à Agen — visitent Toulouse et l'Isle-Jourdain — séjournent à Auch. — Henri de Navarre les rejoint dans cette ville. — Il s'empare de Fleurance.*

Le roi de Pologne, ce fils préféré de Catherine de Médicis, succéda à son frère, Charles IX, sous le nom de Henri III. Dès qu'il remit le pied sur le sol de la France, il s'annonça comme décidé à ne faire aucune concession aux protestants, dont l'audace croissait tous les jours; mais il se contenta d'ordonner aux chefs des rebelles de poser les armes, et ne fit aucun préparatif de guerre afin de les y contraindre. Monluc était accouru à sa rencontre, à la suite de la reine-mère et de toute la cour. Henri récompensa ses longs services par le bâton de maréchal. « Que n'ay-je, lui dit le vieux guerrier en le remerciant (1), dix bons ans dans le ventre pour faire paraître à votre majesté, comme je désirerais en cette honorable charge lui faire service et à la couronne. » Mais son âge et ses infirmités.le condamnaient au repos. Il parut un instant au siège de Gensac, où

(1) Monluc, page 276.

Duras, Lamarque et Devèze, en pourpoint et le coutelas à la main, donnèrent jusqu'aux portes. « Ils n'en étaient pas plus sages, ajoute Monluc (1), auquel nous empruntons ce récit, car les arquebusades y étaient à bon marché. Ils le fesaient à l'envi l'un de l'autre et pour montrer qu'ils n'avaient pas peur. » Ces actes d'une bravoure téméraire étaient une folie du temps. Après ce siège, on ne le vit plus sur les champs de bataille. Il mourut (2) le 3 juillet 1577, dans son château d'Estillac, près d'Agen, emportant au tombeau, après cinquante-deux ans de service, le rare honneur de n'avoir jamais été battu lorsqu'il eut le commandement. Il posséda toutes les qualités qui font les grands hommes de guerre : une valeur à toute épreuve, une passion démesurée pour la gloire, une activité infatigable, un coup-d'œil sûr, une présence d'esprit merveilleuse dans les occasions les plus difficiles, et une éloquence naturelle dont il savait se servir pour encourager les soldats et ramener les autres à ses sentiments. On lui reproche avec quelque raison, d'avoir, dans ses mémoires, parlé de lui avec trop de jactance et de vanité; mais ce qu'on doit lui reprocher avec plus de fondement, c'est d'avoir traité les protestants avec une sévérité que la religion catholique, dont il se disait le vengeur, ne saurait approuver. « Il fut fort cruel contr'eux, dit Brantôme, et disait-on qu'ils faisaient à l'envi à qui le serait davantage lui ou le baron des Adrets, qui l'était bien fort à l'endroit des catholiques. » Toutefois, ses cruautés

(1) Monluc, page 276.
(2) Voir son testament, tome 6. M. de Monluc a esté un très-grand, brave et bon capitaine de son temps ; il le fesait bien ouyr parler et discourir des armes et de la guerre. Brantôme, t. 3, page 65.

n'avaient laissé aucun remords dans son âme. Il s'éteignit avec la placidité du cloître, et fut enterré dans la chapelle du château d'Estillac, où une pierre funéraire le montre encore, couché à côté d'Isabeau de Beauville, sa seconde femme.

Roger de St-Lary (1), baron de Bellegarde, fut promu au maréchalat en même temps que Monluc. Il était fils de Pierre ou Perroton de St-Lary, baron de Bellegarde, et de Marguerite d'Orbessan. Toute sa famille s'était distinguée dans les armes. Son père avait mérité par son courage le titre de chevalier des Ordres du roi; le maréchal de Thermes dont nous raconterons ailleurs les exploits, était son grand oncle. Le jeune Roger paraissait devoir marcher sur leurs traces; néanmoins on le voua à l'état ecclésiastique pour lequel il ne se sentait aucune inclination ; mais pendant qu'il étudiait, il se prit de querelle avec un de ses condisciples et le tua. Ce meurtre l'arracha aux autels et le jeta dans les camps. Il suivit le maréchal, son grand oncle, en Piémont, et se signala sous le nom du capitaine Bellegarde. Le duc de Retz, auquel il s'attacha après la mort du maréchal, l'amena à la cour et lui fit obtenir la commanderie que l'Ordre de Calatrava possédait en France. Beau, bien fait, de haute taille, brave, instruit, il avait tout ce qu'il fallait pour s'insinuer dans les bonnes grâces du duc d'Anjou, qui le fit colonel de son infanterie et l'amena en Pologne. A son retour, ce prince, non content de l'avoir élevé au faîte des honneurs militaires, lui donna en biens d'église ou autrement, trente mille livres de rente, et le combla de tant de grâces,

(1) Grands Officiers. Brantôme, t. 3, p. 96. Biographie Michaud.

qu'on ne l'appelait plus que *le torrent de la faveur*; mais ce torrent s'écoula vite (\*).

Le duc d'Alençon et le roi de Navarre, retenus depuis longtemps prisonniers à la Bastille, avaient été traînés au-devant d'Henri III. Ce prince les embrassa et leur rendit la liberté; mais il les garda près de lui : c'était une nouvelle captivité sous un nom plus doux. Les deux beaux-frères ne tardèrent pas à s'en ennuyer. Le duc d'Alençon s'échappa le premier de la cour; le roi de Navarre le suivit bientôt. Au milieu d'une partie de chasse, il parvint à tromper la vigilance de St-Martin et d'Espalungue, chargés de veiller sur lui; et ne prenant avec lui (1) que quelques-uns de ses serviteurs les plus affidés, parmi lesquels se trouvaient Grammont, Roquelaure, d'Epernon, Poudens, Mont-de-Marrast, il gagna La Flèche, Alençon, et enfin Saumur. Là, il renonça au catholicisme, sans se prononcer encore pour la Réforme, de sorte qu'il resta trois mois sans participer aux exercices d'aucun culte; après ce terme, il retourna solennellement à la religion dans laquelle il avait été nourri par sa mère, et déclara n'avoir cédé qu'à la force lorsqu'il l'avait abandonnée. Sa sœur, qu'il fit redemander à Henri III et à Catherine, et qui lui

---

(\*) Bellegarde se retira (1579), dans le marquisat de Saluces, dont il était gouverneur, avec le projet de s'y rendre indépendant; ce qu'il exécuta en effet, sans que le roi plongé dans la mollesse et les plaisirs essayât de l'empêcher; mais il ne jouit pas longtemps de sa souveraineté, car il mourut subitement le 20 décembre de cette année 1579, non sans qu'on soupçonnât Catherine de Médicis de l'avoir fait empoisonner. Il laissa de Marguerite de Saluces, veuve du maréchal, qu'il avait adorée pendant qu'elle était unie à son grand oncle, et qu'il paraît avoir maltraitée quand elle fut devenue sa femme, un fils tué jeune à la journée de Coutras, et une fille mariée dans la maison de Las.

(1) D'Aubigné, page 776. Sully, tome 1, page 89.

fut rendue, imita son exemple, malgré les représentations de la dame de Tignonville, sa gouvernante. Le prince de Condé s'était rétracté avant eux et avait été imité par ses frères. Ainsi, la pression exercée sur les deux branches de la maison de Bourbon avait complétement manqué son but. La terreur est un mauvais instrument de prosélytisme ; elle courbe les fronts, mais ne change pas les cœurs

L'évasion des princes raviva la guerre ; mais après quelques rencontres, sans importance, fut signée (2 mars 1576), la paix dite de *Monsieur*, suivie d'un nouvel édit plus favorable à la Réforme que tous les précédents. Le catholicisme semblait trahi par la cour. Le peuple ne pouvait plus compter sur les Valois ; il devait aviser par lui-même au moyen de défendre le culte de ses pères. Les protestants avaient donné l'exemple d'une vaste confédération. Les catholiques, à leur tour, en formèrent une qui se répandit dans toutes les provinces avec une incroyable rapidité, et qui bientôt se montra également terrible et menaçante aux ennemis de la foi et à une royauté avilie et dégradée, pour laquelle les croyances publiques semblaient un jeu. On s'unissait contre l'envahissement du huguenotisme. Ainsi nâquit la Ligue.

Pendant qu'elle s'organisait, le roi de Navarre reprit le chemin de la Gascogne et arriva à Agen, le 6 août. Malgré l'édit de pacification, la province présentait un aspect de guerre. Les deux partis s'y observaient les armes à la main. On ne trouvait presqu'aucune ville qui ne fût gardée par des soldats. Sarlabous (1) occupait Trie avec Massez, d'Esclassans, Mont-de-Marrast, et

(1) Monluc. Manuscrit d'Antras.

quelques autres seigneurs. Labarthe-Giscaro s'était renfermé à Auch. D'Antras défendait Marciac et Beaumarchez. Cette attitude obligea Henri à mettre des garnisons dans les villes qui reconnaissaient son autorité. C'étaient (1) Agen, Lectoure, l'Isle-Jourdain, Gimont, Fleurance, Layrac, Puymirol, Auvillars, Villeneuve-d'Agen, Mirande, Bassoues, Eauze, Jegun, Barran, Puycasquier et plusieurs autres bourgs d'une moindre importance. Mirande et Bassoues reçurent les soldats qu'il leur envoya; mais Eauze, soulevée par les Ligueurs, refusa de les admettre dans ses murs.

Henri était alors à Fleurance. Il prétexte (2) une partie de chasse à laquelle il invite quelques-uns de ses plus affidés, en leur recommandant de cacher leurs armes sous leurs habits, et paraît à l'une des portes de la ville avant qu'on soit instruit de sa marche. Il entre ainsi sans obstacle avec une quinzaine des siens. Les habitants, s'apercevant alors, mais un peu tard de son projet, s'empressent d'abattre la herse et font sonner le tocsin. A ce signal, une cinquantaine de miliciens accourent aussitôt : « Tirez à la jupe d'écarlate et au panache blanc, leur crie-t-on ; c'est le roi de Navarre. » Henri ne leur en laisse pas le temps : il s'élance sur eux le pistolet à la main et les dissipe. Trois ou quatre troupes semblables se présentent ensuite et sont repoussées de même. Derrière eux s'était formée une masse plus forte et plus compacte. Le danger devient extrême : Henri s'accule à une porte. Tandis qu'il cherche à vendre du moins chèrement sa vie, le reste de sa suite renverse la porte qu'on avait fermée, s'ouvre un passage,

---

(1) D'Aubigné, page 896. Dupleix. — (2) Sully, tome 1, page 101. Lettres d'Henri IV, page 119.

blesse, tue ou disperse tout ce qui s'offre à ses coups, et dégage enfin le prince.

D'autres racontent (1) que le roi de Navarre se présenta sans défiance, et que même les magistrats vinrent à sa rencontre avec leurs chaperons rouges et lui offrirent les clefs; mais qu'à peine fut-il entré lui cinquième, une voix cria à la sentinelle, placée dans la tourelle qui surmontait la porte : *coupo lo rastel que prou n'y a, le rey y es;* coupe le râteau : il y en a assez ; le roi s'y trouve. La herse s'abattit. Aussitôt l'émeute éclate; on s'arme de toutes parts, et bientôt les mutins entourent le prince et lui portent l'arquebuse jusqu'à la poitrine. A une multitude furieuse, Henri ne pouvait opposer que son sang-froid, son intrépidité et le courage de ses quatre compagnons, Mornay, Sully, Bethune et de Bats (2). La lutte était trop inégale et la résistance n'eût pas été longue, si trois de ses compagnons ne se fussent fait jour jusqu'à une tour voisine, et n'eussent ouvert une porte qui donna passage à la garde du prince. Un roi moins généreux eût sans doute livré la ville au pillage et perdu les habitants. Henri se contenta de faire pendre les quatre citoyens les plus coupables et épargna le

(1) Mémoires de Mornay, page 637, et Sully.

(2) Henri lui écrivit plus tard la lettre suivante : Mr de Bats, pour ce que je ne puis songer à ma ville d'Eauze, qu'il ne me souvienne de vous, ni penser à vous, qu'il ne me souvienne d'elle, je me suis délibéré vous établir mon gouverneur en icelle et pays d'Eauzan. Ah ! donc aussi me souviendra quand et quand d'y avoir un bien seur ami et serviteur sur lequel me tiendray reposé de sa seureté et conservation pour tout ce dont je vous ay bien voulu choisir; mais d'icy à ce qu'ayez reçu certaines instructions, vous en allez en la dicte ville et y ameniez assez de vos amis pour empêcher qu'on y remue. Dieu vous ayt en sa sainte garde, votre affectionné ami, HENRI. (Documents de l'Hist. de France. Lettres d'Henri IV, page 118).

reste. On le vit même parcourir les rues pour apaiser les soldats. Par ce trait l'on peut juger combien la fermentation des esprits était grande. Les états-généraux allaient encore l'augmenter.

Ils s'assemblèrent à Blois, le 2 décembre 1576. Dans cette assemblée (1), la question religieuse domina toutes les autres. Le tiers-état surtout se montra ardent et zélé pour l'ancien culte. Il supplia le roi d'abolir le protestantisme et de ne laisser en France que la religion catholique; mais il voulait que le prince atteignît ce but par les plus doux et grâcieux moyens *en paix et non en guerre*. La supplique ne fut accueillie qu'à demi. Le roi,

(1) Voici le nom des députés qui nous sont connus. Députés du clergé. — Bazas, l'évêque Arnaud de Pontac; Agenais, Comminges, Rivière-Verdun, Acqs, Lannes, St-Sever, Albret, Armagnac, Gascogne, manquent. Condom députa Jean du Chemin. Noblesse. — Bazas, Jean de Lavergne. Comminges, le seigneur de La Hillère. Le reste manque. Tiers-état. — Bazas, Jean de Pauvergne ou Lauvergne et Archambaud Rolle ou Roolle. Comminges, Jean Bertin, St-Sever, Bernard de Capland ou Captand. Albret, Joseph des Bordes. Condom et Gascogne, Jacques Imbert et Léonard de Melet. — Aux États d'Orléans, en 1560, la province avait député : le clergé. — Agenais, B. de Lacombe abbé de Blesmont. Bazadois, Michel de Lavergne. Condom, Louis Dubuc et Géraud de Bazinhan. Lectoure, Jean Dufaur. Acqs, Paudios ou Peudès. Aire, Forpilles. Auch, Géraud de Monlezun, grand archidiacre d'Auch et Jean de Bertrand, abbé de Saramon. Les cahiers de la noblesse manquent. Tiers-états. — Bazadois, Jean de Lavergne, Loys des Ilats. Agenais, Michel Bressonade ou Boissonnade. Comminges, Pierre Cambert ou Lambert. Pays et jugerie de Rivière-Verdun, Gawie, baronnies de St-Léonard et Marestang, Jean Coutellier, Arnaud de Laborde. Sénéchaussée des Lannes, Etienne Redonde, St-Sever, Jean Benier ou Jacques Duquoi et Martin de Lalain ou Etienne Bousson. Albret, les mêmes, excepté Martin Dusaux à la place de Lalain. Sénéchaussée d'Armagnac, Claude Idron, Jean de Forgeron ou Forgeac, Antoine Burin et Guillaume Magnan. Condom et Gascogne, François Dufranc et Jean Malat ou Malac. (Extrait d'un manuscrit de M. Benjamin de Moncade, qui avait copié ces noms sur les manuscrits de St-Germain-des-Prés).

et après lui le duc d'Alençon et les autres princes signèrent la ligue. C'était un signal de guerre. Le roi de Navarre, hors d'état de tenter aucune grande entreprise, se borna à surprendre quelques villes. Il vint se présenter (1) devant Condom ; mais Desparbès sieur de Lasserre, fit armer le peuple et fermer les portes. Le prince espéra être plus heureux à Auch. Lussan le prévint encore. Aidé du capitaine Giscaro (*), il lui en fit refuser l'entrée, comme il l'avait fait à Condom. Henri échoua encore à St-Macaire. En revanche, il s'introduisit à Bazas, que Favas, un de ses plus braves

---

(1) Dupleix, page 58.

(*) Matthieu de Labarthe, seigneur de Giscaro, l'aîné des trente-six enfants de Paul de Labarthe, seigneur de Giscaro et de Marie d'Armentieu de Lapalu. Sur ce nombre, il n'y eut que deux filles ; les trente-quatre frères furent conduits par leur père devant Charles IX lorsqu'il visita la Gascogne, et présentés au monarque par le maréchal de Thermes et par Réné de Rochechouart-Mortemart, leurs parents. Henri IV voulant prévenir les desseins de Matthieu de Giscaro, lui écrivit la lettre suivante : Mons. de Giscaro, parce que j'ay desjà estably et ordonné l'ordre que mes habitans d'Aux ont à tenir pour eulx conserver en ma dicte ville soubs l'obéissance du roy mon seigneur et mon commandement sans recepvoir aultre garnison là dedans que celle que j'eusse advisé y estre de besoin, d'autant que j'ay en singulière recommandation leur bien et soulaigement, et que l'on m'a faict entendre que vous taschez d'y entrer avec quelque nombre de gens, encore que je ne le puisse ny doibve croire, si celles qu'il m'a semblé vous debvoir escrire ceste cy pour vous pryer et exhorter où vous l'auriez entreprins vous en dispenser puisque vous n'avés rien à commander sur ce qui m'appartient, comme faict ladicte ville. Aultrement ou vous oublieriés de tant que de l'entreprendre, vous pouvés penser que je ne suis pas pour le souffrir sans en avoir une revanche en quelque temps que ce soit. De quoy je serays de tant depuis marry d'être occasionné que je desirerais toute ma vie vous faire plaisir en tous les endroicts où j'en auray le moyen ; priant Dieu, Mons. de Giscaro, qu'il vous ayt en sa sainte et digne garde. De Ste-Basille (Ste-Baseille en Agenais), le XXIII<sup>e</sup> jour de janvier 1577.

Votre bien bon amy.   HENRI.

officiers, fit révolter, et à La Réole que soumit le même capitaine, aidé du baron de Monferran. Tout était plein d'accidents dans cette lutte, ou plutôt c'étaient des courses de guérillas et de partisans, où l'on perdait sur un point ce que l'on gagnait sur l'autre; où les avantages succédaient aux revers, où chaque jour avait sa chance particulière.

Pendant qu'Henri étendait son autorité vers la Garonne, il se laissait enlever Mirande. St-Cric commandait dans cette place, et de là il envoyait des reconnaissances au loin, soit pour se procurer des vivres, soit pour attaquer les seigneurs du parti ennemi. Un de ces détachements alla provoquer le brave d'Antras (1) à Marciac. D'Antras monta aussitôt à cheval, et suivi de quelques-uns des siens, il s'élança sur les aggresseurs et les mena battant jusque sous les murs de Mirande. L'alarme fut aussitôt dans la ville; néanmoins la garnison n'osa point sortir, et d'Antras se retira sans être poursuivi. La discipline s'énerve toujours au milieu des guerres civiles. Les gens de St-Cric traitèrent bientôt la ville de Mirande, comme ils traitaient les campagnes voisines. Les habitants, fatigués de leurs excès, résolurent de se délivrer d'hôtes aussi incommodes. Ils nouèrent des intelligences secrètes avec le vicomte de Sarlabous et le seigneur de Mansencomme, à qui ils promirent de livrer une de leurs quatre tours. Toutefois, une première tentative, que conduisait Sarlabous, dut être abandonnée. Mansencomme fut plus heureux. Ayant appris que tout était disposé pour le recevoir, il s'adjoignit d'Antras et lui donna rendez-vous au village

(1) D'Aubigné, page 897. Mémoires de Sully, tome 1, page 104 et surtout Manuscrit du chevalier d'Antras.

de Montclar. Les deux seigneurs en partirent à minuit, suivis chacun de quelques-uns de leurs amis, et arrivèrent au point du jour près de l'oratoire de Mirande. On était au mois de mai. La garnison dormait *au doux chant du rossignol,* mais tout ne reposait pas autour d'elle.

Les Mirandais attendaient leurs libérateurs. Dès qu'ils les aperçurent, ils se saisirent de la tour qui avoisinait le château et en donnèrent avis à Mansencomme, qui s'y glissa sans résistance. De là, il se porta rapidement dans l'intérieur de la ville, tandis que les ennemis, réveillés en sursaut, couraient se renfermer dans les trois autres tours. Mansencomme était trop faible pour les déloger; il se contenta de placer un corps-de-garde près de la halle, afin de prévenir les surprises de l'ennemi, et dépêcha en toute hâte vers les seigneurs de son parti pour réclamer leur assistance. En même temps, pour mieux braver la garnison, il fit planter au son des violons un beau mai à l'entrée de la ville. Les secours arrivèrent de toutes parts, et dans vingt-quatre heures Mansencomme et d'Antras se virent entourés de mille à douze cents chevaux et d'autant d'arquebusiers, qu'avaient conduits Grammont, Gondrin, Sarlabous, Baratnau, Massès, Giscaro, Fontenilles et St-Orens. La garnison ne pouvait résister à des forces aussi considérables. Deux tours furent emportées d'emblée.

St-Cric occupait la troisième avec ce qu'il avait de meilleurs soldats. On le somma vainement de se rendre; aussi vainement on lui offrit les conditions les plus favorables; il se montra sourd à toutes les propositions, comptant être secouru par le roi auquel il avait mandé ce qui se passait. Il fallut que d'Antras allât chercher à Marciac quatre ou cinq pièces de campagne, dont une éclata en arrivant et tua le seigneur de St-Jean-d'Anglès et le capitaine Pujo de Vic. Les autres ouvrirent une tranchée; mais dans le moment où les assaillants s'y précipitaient, une lourde pierre lancée du haut de la tour vint tomber sur la tête du seigneur de Las en Pardiac et le blessa mortellement. Cette perte ne fit qu'enflammer ses frères d'armes, qui pressèrent plus vivement les assiégés. St-Cric, manquant de vivres et n'espérant plus voir arriver à temps le secours qu'il attendait, se résolut enfin à faire sa soumission. Mais comme il montrait sa tête par une lucarne pour faire connaître sa résolution, un soldat, posté dans une maison voisine, déchargea sur lui son arquebuse et l'étendit raide. Dès-lors, toute capitulation devint impossible. Mansencomme et les siens forcèrent la tour, l'épée à la main. A peine firent-ils grâce à Magensan, frère de Baratnau, attaché au parti du roi de Navarre.

Ce prince assiégeait Marmande, lorsqu'il apprit que Mirande était menacée (1). Il accourut à sa défense avec l'élite des soldats qu'il avait près de lui. Mais quand il arriva sous les murs de Mirande, la ville était prise et le gouverneur était mort. A son approche, les ennemis se portèrent sur les remparts et le laissèrent défiler à la portée de leurs mousquets, sans tirer un seul coup, *par le respect que tous portaient à sa majesté* (2). Après cette inutile bravade, Henri se retira paisiblement. Le lendemain, comme il venait d'entrer à Jegun, il vit approcher une troupe nombreuse et bien armée: c'étaient les vainqueurs de Mirande qui avaient tardé longtemps à se mettre à sa poursuite, parce que, parmi tant de seigneurs, plusieurs réclamaient le com-

(1) D'Aubigné, page 897. — (2) D'Antras.

mandement. Le roi de Navarre n'osa pas les attendre et se retira à Fleurance (1), et de là à Nérac. D'Aubigné prétend (2), au contraire, que les catholiques se placèrent en bataille à une portée de canon de leurs ennemis, et que néanmoins il n'y eut que quelques froides escarmouches. Il ajoute que quelques lances furent rompues en l'honneur des dames, et que les deux fils de Lavalette d'un côté et Lavardens de l'autre se signalèrent dans ces joutes de courtoisie. La troupe qui poursuivait le prince se retira de son côté vers Auch, d'où chacun regagna ses foyers.

Sully raconte un peu différemment les suites de la prise de Mirande. Suivant lui, à l'approche du roi de Navarre, les catholiques, pour lui tendre un piège, firent sonner des fanfares, comme si St-Cric eût voulu témoigner sa joie du secours qu'on lui amenait; mais un soldat huguenot caché dans la ville déjoua leur complot. En voyant le danger où le prince allait se précipiter, il s'élança par-dessus les murailles et courut le prévenir (*). Henri, incomparablement plus faible que ses ennemis, tourna bride aussitôt; néanmoins, il ne put entièrement échapper aux catholiques. Une action s'engagea où Sully et le jeune Béthune coururent risque d'être faits prisonniers; mais comme le jour baissait, Henri fit cesser le feu et se sauva à Jegun, où deux

---

(1) D'Antras. — (2) D'Aubigné, page 897.

(*) Au siège de La Fère (mai 1595), un soldat Gascon, qui servait dans les rangs de la Ligue, prévint le prince d'éviter une mine cachée, dont l'explosion eût pu lui être fatale, en lui criant: *moulié de las tours de Barbasto, pren gardo à la mino que ba minoua*; meunier des tours de Barbaste, prends garde à la chatte qui va faire des petits. En Gascon, *mino*, veut dire chatte ou bien mine, et Henri IV était seigneur des tours et du moulin de Barbaste, près de Nérac.

jours après se montrèrent les troupes royales, attirées par le bruit de ce léger avantage. Le marquis de Villars, qui commandait en Guienne avec le titre de lieutenant du roi, les conduisait en personne. Henri ne pouvait les attaquer sans témérité; il s'enferma dans sa petite ville où ses ennemis n'osèrent entreprendre de le forcer. Les deux armées restèrent en présence jusqu'à la nuit. Un combat singulier de six contre six fut proposé entre Lavardens et Devèze; mais tous se disputant cet honneur, les heures s'écoulèrent, et Henri d'un côté et Villars de l'autre, firent retirer leurs troupes à l'entrée de la nuit.

Après cette course infructueuse, Villars permit à la noblesse catholique, qui l'accompagnait, de regagner ses foyers (1). Toutefois, il la rappela presqu'aussitôt. Grammont se hâta de former sa compagnie et choisit pour guidon, d'Antras, qu'il alla prendre à Marciac; puis passant par Plaisance et le pays de Rivière-Basse, il se dirigea vers le Bordelais. Gondrin, Bajordan, Massès, prirent par le Condomois et longèrent la Garonne. Des deux côtés, on passa près des garnisons ennemies, mais aucun n'osa sortir en armes pour barrer le passage. St-Orens, Fontenilles, Labatut, Poyanne, Lartigue, les avaient précédés. Tous ces seigneurs se plaignaient des ravages que causait dans le Bas-Armagnac la garnison de Manciet. Villars, cédant à leurs instances, résolut d'aller soumettre ce bourg, défendu par un château très-fortifié. Sur ses pas, il rencontra le château de St-Julien, où commandait un capitaine protestant, fléau du voisinage, comme l'étaient tous les chefs des deux partis. Massès fut chargé de le réduire; mais il périt dans son entreprise. Ses soldats résolurent

(1) D'Aubigné et d'Antras.

de venger sa mort; ils renouvelèrent l'attaque, et s'étant rendus maîtres du château, ils passèrent au fil de l'épée tout ce qu'il renfermait. Villars poursuivit sa marche et arriva à Manciet. Il fallut quelques jours pour ouvrir une brèche. A défaut d'infanterie, la noblesse voulut mettre pied à terre et marcher elle-même à l'assaut; mais le succès ne répondit pas à cet empressement. Après un combat opiniâtre, elle fut obligée de se retirer en laissant sur les murailles trente morts et huit blessés, dont deux seigneurs de marque. Le désir de recouvrer ses prisonniers et le bruit que le roi de Navarre cherchait à s'emparer de Beaumont-de-Lomagne, déterminèrent l'amiral à proposer aux protestants une capitulation qu'ils acceptèrent; et pour qu'ils ne pussent plus se loger au château, dès qu'il en fut maître, il le fit presqu'entièrement démolir. La campagne se borna à ce mince exploit; car, de Manciet, Villars se dirigea vers Beaumont, et bientôt il fut rappelé à la cour.

La garnison de Casteljaloux était sortie pour tomber sur les derrières de son armée et s'était avancée jusqu'au bourg de Sabres, où elle avait fait quelques prisonniers. A son retour, elle rencontra dans la grande Lande, près de Genguillet, un gros d'ennemis qui escortaient trois demoiselles que le parlement de Bordeaux avait condamnées à mort. Cette escorte se composait de vingt hommes d'armes, de quelques arquebusiers et d'un petit nombre de soldats improvisés, enrôlés à Dax et à Bayonne. La lutte fut courte : l'avantage resta tout entier aux protestants. Dès que leur chef connut ceux qu'il avait vaincus, il appela à lui les Bayonnais (1) et

(1) D'Aubigné, page 214. Si ce récit était exact, il prouverait la conduite que l'on prête généralement au vicomte d'Orthe; mais nous sommes forcé de dire que les deux récits émanent du même auteur.

leur déclara qu'il ne leur serait fait aucun mal; mais il abandonna à sa troupe leurs compagnons de Dax, et lui commanda de les traiter comme les habitants de cette ville avaient traité les religionnaires après la St-Barthélemy. L'ordre fut exécuté sur-le-champ; les soldats se jetèrent sur les prisonniers livrés à leur vengeance et les mirent en pièces. Quant aux Bayonnais, non seulement on les épargna, mais on fit panser les blessés et on les renvoya sans rançon, en les chargeant de dire au vicomte d'Orthe, leur gouverneur, qu'ils avaient vu que les protestants savaient traiter différemment des soldats et des bourreaux.

La ville de Bayonne se montra sensible au traitement fait à ses enfants. Huit jours après, elle fit partir pour Casteljaloux un trompette, chargé de porter des écharpes et des mouchoirs à toute la garnison. Quelques années plus tard, le roi de Navarre accepta un festin que lui offrit la ville de Bayonne; et quoique les temps ne fussent pas alors très-paisibles et le pays bien sûr, il lui prit fantaisie de s'y rendre, seulement lui septième. La fête fut brillante et joyeuse. Le peuple entoura les tables de diverses danses auxquelles les convives prirent part. Lahillère, qui avait succédé au vicomte d'Orthe dans le gouvernement de Bayonne, conduisit lui-même la première ronde. Le commandant de Casteljaloux était un des six compagnons du prince. Il n'eut pas plutôt été reconnu, qu'il devint aussitôt l'objet de prévenances toutes particulières. Henri et sa suite répondirent à cette courtoisie en élevant jusqu'au ciel *l'action rare et sans exemple et la gloire des Bayonnais*. Nous avons recueilli ces scènes avec bonheur; non seulement elles peignent des mœurs qui ont disparu, mais elles reposent l'âme au milieu des atrocités dont nous avons été et dont nous allons être encore les témoins. Rien ne lasse et l'historien et le lecteur comme le récit des guerres civiles. Leur cœur proteste sans cesse contre les événements; ils trouvent toujours trop longue la page accusatrice, qui met à nu les crimes et les malheurs de leurs aïeux. Oh! que ne peut-on la déchirer entièrement, et vouer à un éternel oubli ces époques de démence, comme on couvre d'un voile épais la tête des parricides !

Après le départ de l'amiral, un nouvel édit vint commander de suspendre les luttes. Mais cet édit accordait de nouveaux avantages au parti protestant; il l'établissait régulièrement comme État dans l'État, comme opinion armée et comme secte indépendante. Les catholiques de la France entière, mais surtout ceux du Midi accueillirent de pareilles concessions avec un profond étonnement. Les protestants eux-mêmes, soit qu'ils devinssent chaque jour plus exigeants, soit qu'ils se défiassent toujours davantage des intentions de la cour, ne se montrèrent pas satisfaits. Personne ne déposa les armes; seulement on se relâcha en plusieurs lieux des précautions que commande une guerre ouverte. Cette imprudence acheva de perdre la ville de Marciac (1), déjà si maltraitée par Sérignac. De Lons et Regolles accoururent de Castelnau-de-Rivière-Basse, se présentèrent sous les murs au milieu d'une nuit profonde et forcèrent les postes avant d'avoir été découverts. D'Antras, contraint d'abandonner la place, se

---

(1) Mémoires du chevalier d'Antras. D'Aubigné.

retira à St-Justin qu'il conserva au parti catholique.
Les sectaires, maîtres de Marciac, firent subir aux édifices religieux toutes les dévastations qui, dans une occasion semblable, avaient signalé leur rentrée à Condom. Ils détruisirent l'église de St-Pierre, dont il ne resta que le porche devenu plus tard la chapelle des Pénitents. Les couvents des Augustins et des Jacobins, ainsi que l'église de Notre-Dame (*), eurent à déplorer des mutilations nombreuses. Le clocher de celle-ci et la flèche des Augustins résistèrent mieux à leurs coups. Ils sont encore le plus bel ornement de Marciac et comptent parmi les monuments dont s'honore le diocèse d'Auch.

Instruite de l'agitation qui troublait le Midi, la cour de France se hâta d'y envoyer l'évêque de Valence, Jean de Monluc. Le prélat déploya dans cette mission son habileté et son éloquence accoutumées, et parvint à calmer l'effervescence des esprits; ce fut là son dernier triomphe. Il mourut peu après à Toulouse (13 février 1579), entre les bras d'un jésuite. Il était alors parfaitement revenu de toutes ses erreurs (1), et ses

---

(*) Sur le vitrail principal de cette église, se voient deux écussons : l'un porte d'azur à trois losanges de gueules. Nous soupçonnons que ce sont les armes de Guichar de Marciac, qui présida à la fondation de Marciac et lui donna son nom : l'autre porte au 1er d'azur à cinq losanges de gueules 2, 3 et 1 ; et au 2me de gueules à deux clefs d'or renversées, adossées et posées en pal. Ce sont là très-vraisemblablement les armes de la ville. Sur la foi d'une autorité, nous lui donnons ailleurs, tome 6, page 255, des armes un peu différentes. Un troisième écusson, gravé sur un pendentif de la sacristie, porte six fleurs de lys, 3, 2 et 1. Enfin, un cartouche soutenu par deux anges donnait les armes de France, mais elles ont été grattées.

(1) C'est là ce qu'assurent presque tous les historiens. Du Thou dit, au contraire, livre 48, page 604 : Henri III ne put voir de bon œil celui à qui il était redevable de la couronne de Pologne. Jean de

derniers moments furent aussi édifiants que sa vie avait longtemps paru peu sacerdotale. La reine Catherine espéra achever ce que Monluc avait si heureusement commencé; elle voulut visiter elle-même la Guienne, le Languedoc et la Provence; elle prétexta le désir très-naturel chez une mère de ramener sa fille au roi de Navarre, qui la réclamait. Marguerite, livrée à toute la dissipation d'une cour voluptueuse, se sentait peu de goût pour aller rejoindre un mari qu'elle n'aimait pas et dont elle n'était pas aimée; mais elle dut obéir. Les deux princesses arrivèrent à Bordeaux dans le mois d'août. Henri alla à leur rencontre jusqu'à La Réole, accompagné de six cents gentilshommes, et les conduisit à Agen où les fêtes se succédèrent. Après les fêtes, vinrent les négociations. La reine-mère sembla se plaire à les traîner en longueur. Durant tout ce temps, Marguerite ne quitta jamais sa mère. Elles visitèrent ensemble Toulouse, d'où elles partirent le 2 novembre pour aller à l'Isle-Jourdain conférer avec le roi de Navarre, qui les y attendait. Elles couchèrent au château de Pybrac, où Guy de Dufaur, qui en était seigneur, les reçut et les traita splendidement durant quelques jours.

Catherine ne fit (1) son entrée solennelle à Auch que le 20 : cinq consuls vinrent à sa rencontre, à la tête

---

Monluc, d'un autre côté, qui se voyait déjà dans un âge avancé, et pour qui sa disgrâce semblait un avertissement du ciel, qui l'exhortait à penser à la retraite, eut l'imprudence de ne pas profiter à propos de cette occasion, et il eut la douleur de se voir, dans un âge décrépit, mourir méprisé dans le commerce des dames de la cour, tandis qu'il aurait pu se flatter de jouir tranquillement, le reste de ses jours, d'un repos honorable dans son diocèse.

(1) Manuscrit de M. d'Aignan.

d'un grand nombre d'habitants. Vivès, l'un d'eux, la harangua, et après la harangue, un enfant de la ville prononça une oraison ou discours d'apparat, où il relevait les vertus de l'illustre princesse qui honorait la Gascogne de sa présence. La reine s'avança ensuite *portée dans une grande coche*. Les autres consuls l'attendaient, avec le reste de la population, à la porte de Latreille. Ils lui offrirent les clefs de leur cité; mais Catherine les refusa, en disant qu'on les gardât pour le roi son fils. Les consuls montèrent alors à cheval et escortèrent la princesse jusque sous le porche de l'église métropolitaine, où les chanoines la reçurent au son des cloches et au chant du *Te Deum*. Marguerite entra le lendemain, portée dans une magnifique litière de velours, et reçut les mêmes honneurs que sa mère. Le chapitre de St-Orens s'était joint au cortège. Des enfants fesaient retentir les airs de chants composés à sa louange: on arriva ainsi aux portes de Ste-Marie. Le chapitre métropolitain attendait en habit de chœur. La princesse prétexta une indisposition, et se fit conduire à l'ancien cloître des chanoines, qui lui avait été préparé pour logement ainsi qu'à la reine sa mère. Marguerite ne s'était jamais montrée à Auch. Elle usa de la faculté que lui donnait sa qualité de comtesse d'Armagnac, et en l'honneur de sa première entrée, elle fit élargir, par l'évêque de Digne, son premier aumônier, deux malheureux, détenus dans la prison du Sénéchal.

Henri arriva le jour suivant et alla loger à l'archevêché. Il avait refusé les honneurs d'une réception officielle; néanmoins, il fallut que les consuls vinssent lui offrir les clefs de la ville et l'hommage de leur fidélité. La position était embarrassante pour des magistrats qui avaient fermé leurs portes au prince deux ans auparavant. Les malheureux consuls ne purent s'empêcher de le lui rappeler au moins indirectement : Non, non, répondit Henri avec sa courtoisie ordinaire, il ne me souvient pas du passé ; mais vous, soyez-moi gens de bien à l'avenir. Puis, prenant les clefs des mains de Vivès et les lui rendant aussitôt, il ajouta : Tenez, à condition que vous me serez tels que vous devez.

Les princesses séjournèrent plus de trois semaines à Auch. Tout autour d'elles respirait la joie. Un bal brillant leur fut donné : Henri y assista avec une foule de jeunes seigneurs, que l'arrivée des deux reines avait attirés près de lui. Pendant le bal (1), le prince apprit que le gouverneur de La Réole, vieux guerrier, jusque là zélé huguenot, entraîné par son amour pour une des suivantes de la reine-mère, avait trahi son devoir et livré la place aux catholiques : le prince prévint quatre ou six de ses affidés, et s'échappant avec eux sans qu'on se doutât de son départ, il arriva le matin à Fleurance comme on ouvrait les portes de la ville, et s'en saisit sans obstacle (*). La reine, qui ne s'était pas

(1) Sully, tome 1, page 117.

(*) Matthieu raconte ainsi cette anecdote, page 446. Le lendemain, Henri arriva à Auche : ce ne furent que caresses et allégresse. Il passa l'apredisné avec la royne Marguerite à la vue de toute sa suite. Armagnac, premier valet de chambre, luy vint dire à l'oreille que le chasteau de La Réole était pris, les catholiques en armes et tout en frayeur. Rien ne parut en son visage qui tesmoigna le ressentiment d'un coup si sensible. Sa bonne mine osta tout le jugement que l'on pouvait faire d'une si fascheuse nouvelle : il continua son discours sur les peines et avantures qu'il avait couru, et tout-à-coup se tournant devers les seigneurs, leur dit : allons au-devant de la royne-mère, qui estait au promenoir. Si tost qu'il fut hors de la chambre, il donna l'ordre nécessaire sur l'avis qu'on lui avait donné, et rencontrant la royne-mère en campagne, s'approcha de son carrosse et lui

doutée de l'absence d'Henri, fut fort étonnée lorsque le lendemain elle apprit le succès de cette expédition ; mais elle prit le parti d'en rire la première. Je vois, dit-elle, que c'est la revanche de La Réole, et que le roi de Navarre a voulu faire chou pour chou, mais le mien est mieux pommé. De pareils traits se multipliaient souvent. Les fêtes et les rapprochements cachaient les trahisons et les surprises. La guerre se poursuivit durant toutes les négociations : on était seulement convenu qu'il y aurait trêve partout où serait la cour, et dans un rayon d'une ou deux lieues aux environs. Sur ce terrain, complétement neutre, on se comblait de prévenances et de politesses ; mais, se rencontrait-on ailleurs, on se battait à outrance.

---

dit : Madame, nous espérions que votre venue assoupirait les troubles, et au contraire vous les allûmez : mais je suis serviteur du roy, et espère qu'il se trouvera autant de gens de bien pour maintenir son service qu'il y en peut avoir de meschants pour l'empescher. A cela, la royne-mère, avec un peu d'estonnement et d'esmotion : Que dites-vous, mon fils ? qui vous fait parler ainsi ? Madame, ajoute le roy de Navarre, le chasteau de La Réole est pris. La royne-mère appela le maréchal de Biron qui estait là, et luy demanda s'il n'en savait rien. Il dit que non.

## CHAPITRE III.

La reine Catherine de Médicis et Marguerite, sa fille, quittent la ville d'Auch. — Paix signée à Nérac. — Les protestants évacuent Marciac. — La reine Marguerite habite le château de Pau. — Henri de Navarre tombe malade à Eauze — il prend Cahors — il défait un gros d'ennemis, près de Vic-Fezensac. — il occupe l'Isle-Jourdain. — Biron attaque Nérac et prend Mezin. — Poyanne surprend Mont-de-Marsan. — Valence, prise et évacuée. — Prise et reprise de Beaumarchez. — Jean Louis de Lavalette, duc d'Épernon. — Henri de Navarre, devenu héritier présomptif de la couronne de France, est sollicité d'abjurer le protestantisme. — Henri III accepte la Ligue et déclare la guerre au roi de Navarre. — Traits de courage. — Lysander de Léberon. — Vignoles. — Prises et reprises de Vic-Fezensac et de quelques autres villes. — Le duc de Mayenne en Guienne. — Henri de Navarre s'assure d'Eauze — il échappe à Mayenne. — Pardaillan-Gondrin défait et tué devant Monterabeau les trois fils du baron de Trans. — Les catholiques reprennent Vic-Fezensac. — Bataille de Coutras. — Henri III se réconcilie avec le roi de Navarre — il l'appelle à son secours. — Mort de Henri III.

La reine Catherine et Marguerite, sa fille, quittèrent Auch le 9 décembre; elles passèrent à Condom et se rendirent à Nérac, où la paix fut enfin signée le 28 février 1579. D'après un article du traité, la ville de Marciac devait être remise entre les mains du roi de France. De Lous et Begolles, qui l'occupaient depuis plus de huit mois (*), refusèrent de la rendre. Pour les

(*) Dom Brugelles place cette occupation de Marciac à l'an 1569; mais la date est évidemment erronée. Le chevalier d'Antras ajoute à notre récit: le bruit fut après leur départ que s'ils eussent demeuré jusqu'au lendemain, ils ne fussent délogés de longtemps, suivant un commandement qui leur arriva, qui leur fut un indicible déplaisir, où je crois qu'ils auraient fait une seconde Ronchelle (La Rochelle), ajoute-t-il, avec une exagération qui sent l'ancien gouverneur.

y déterminer, il fallut leur compter six mille livres. Les habitants fêtèrent depuis cette délivrance par une procession qui se célèbre encore le 8 mai. Du reste, la paix de Nérac eut le sort des paix précédentes. Loin de rapprocher les cœurs, elle ne fit qu'augmenter les soupçons et les défiances. On suspendit, il est vrai, les combats ; mais le seul résultat réel qu'obtint Catherine, fut de débaucher à son gendre quelques-uns de ses meilleurs serviteurs, parmi lesquels il faut ranger Gramont et Duras. La paix signée, rien ne retenait la reine-mère en Gascogne. Elle partit de Nérac, visita Agen, revit l'Isle-Jourdain et gagna le pays de Foix. Son gendre et sa fille l'accompagnaient. Henri voulut, entr'autres fêtes, donner à la reine-mère et à sa suite le plaisir d'une chasse aux ours (1) ; mais les dames ne s'accommodèrent pas d'un divertissement si fécond en événements tragiques. Quelques ours rendus furieux démembrèrent des chevaux et blessèrent des cavaliers. Un autre, atteint de plusieurs coups et acculé sur le haut d'une roche, se précipita avec sept ou huit chasseurs qu'il tenait embrassés, et les écrasa.

Après ces fêtes, les deux cours allèrent ensemble à Castelnaudary : là, Catherine se sépara de sa fille ; elle continua sa route à travers la Provence et le Dauphiné, tandis que Marguerite retournait à Pau, avec Henri son époux. L'exercice du culte catholique était prohibé en Béarn. On accorda seulement à la reine une petite chapelle située à l'entrée du château, ayant à peine trois ou quatre pas de long (2) ; encore, quand on allait commencer la messe, on avait soin de lever le pont-levis,

---

(1) Sully, livre 1, page 120. D'Aubigné, page 979. — (2) Mémoires de Marguerite de Valois, livre 3, page 145.

de peur que les catholiques du pays ne vinssent prendre part à la cérémonie. Malgré cette précaution, quelques-uns trouvèrent le moyen de s'y glisser le jour de Pentecôte; mais, ayant été surpris avant la fin du Saint-Sacrifice, ils furent brutalement expulsés et jetés en prison, où ils restèrent longtemps, et d'où ils ne sortirent qu'en payant une lourde amende. Marguerite se montra justement offensée de ces violences. Henri l'apaisa en la conduisant à Montauban. Durant ce voyage, le prince fut surpris à Eauze (1) d'une fièvre violente qui ne céda aux efforts de l'art que le dix-septième jour. Toutefois, il se rétablit bientôt, et, libre de ses préoccupations guerrières, il s'abandonna presque sans frein et sans retenue à une vie de dissipation que ne toléreraient pas nos mœurs publiques, et qu'ont peine à faire oublier toutes les merveilles de son règne. Cette licence lui fit perdre Agen et Villeneuve, et le força à transporter sa cour d'abord à Lectoure et ensuite à Nérac.

Henri, loin d'accuser de ces deux pertes le relâchement de ses mœurs, s'en prit au maréchal de Biron, qui avait remplacé le marquis de Villars dans le gouvernement de Guienne, et qui avait reçu ces deux villes sous l'obéissance du roi de France. Il s'irrita encore plus contre le roi de France lui-même, de ce qu'il avait *barbouillé de boue*, aux yeux de la France entière, sa femme Marguerite, trop digne par sa conduite de présider à la cour de Nérac. La guerre se réveilla. Henri surprit Cahors et l'emporta après cinq jours de combats presqu'incessants, dans lesquels le roi paya de sa personne comme le dernier de ses soldats. Après ce brillant fait d'armes, il revola dans l'Armagnac, où toute la noblesse

(1) Ibidem, page 168.

s'armait à la voix de Biron. Il défit quelques *troupes naissantes* près de Vic-Fezensac; battit, en passant sous les murs de Beaumont-de-Lomagne, un gros d'arquebusiers qui étaient embusqués dans les vignes pour le harceler, et arriva inopinément à l'Isle-Jourdain, le 11 juin, à la tête de trois cents chevaux et d'un léger corps d'infanterie. Il s'empara aussitôt de l'église collégiale et du couvent des Cordeliers, et sans respect pour la destination religieuse des deux édifices, il plaça cent arquebusiers dans chacun. Le soir même, il reçut un renfort assez considérable, et peu après Sabaillan lui amena de Lectoure cinq cents arquebusiers, quelque cavalerie et trois pièces de canon. Son arrivée subite et l'appareil guerrier qui l'entourait pouvaient alarmer le Parlement de Toulouse. Le prince se hâta de le rassurer, et lui écrivit qu'il s'éloignerait dans deux jours et qu'il laisserait la ville dans le même état qu'il l'avait trouvée. Néanmoins, au mépris de cette assurance, il y prolongea son séjour, attendant, sans doute, que le pays se prononçât en sa faveur, et, avant de partir, il en bannit l'exercice de la religion et permit à ses soldats de piller non seulement les temples, mais encore les maisons des particuliers (1).

Biron menaçait le pays. La noblesse d'Armagnac, un moment dispersée, avait repris les armes. Baratnau forma sa compagnie à Barran. Larroque d'Ordan, d'Antras, Beaudéan, St-Orens, Massès, fils ou frère de celui qui avait péri sous les murs du château de St-Julien, prirent (2) part à l'expédition et allèrent avec lui joindre Biron à Marmande. Le roi de Navarre vint se jeter dans Tonneins, et résolu de *chercher le coup d'épée* (3), il dé-

(1) Dom Vaissette, tome 5, page 382. — (2) Mémoires du chevalier d'Antras. — (3) D'Aubigné, page 1001.

tacha le baron de Lusignan, qui s'aventura jusqu'à toucher de ses armes les portes de la ville ennemie. Cette ardeur ne put suppléer au nombre, et le roi fut obligé de se replier sur Nérac, dont la garnison comptait à peine cent chevaux, lorsque Larochefoucault y en amena quatre-vingt-deux, ainsi que deux cents arquebusiers, divisés en sept compagnies.

Biron, profitant de son avantage, traversa la Garonne au Port-Ste-Marie, eut à Laplume une rencontre d'avant-garde, passa sous les murs de Francescas et vint prendre position devant Nérac, où Marguerite et toute sa cour étaient enfermées. Il ne voulait qu'y jeter l'alarme (1). Aussi se contenta-t-il de faire tirer cinq ou six volées de canon à coups perdus. La reine, Catherine de Navarre, sa belle-sœur et les filles de la cour, s'attendaient à une affaire plus sérieuse. Elles montèrent sur une tour pour jouir du spectacle d'un combat ; mais leur curiosité fut mal satisfaite. Un boulet, lancé sans intention, vint mourir aux pieds de la tour, et les cavaliers de leur parti montrèrent peu d'empressement à engager une mêlée avec les ennemis. Satisfait d'avoir ainsi bravé le roi de Navarre jusqu'au milieu de sa cour, Biron se retira sur Mézin, qu'il emporta sans peine, gagna ensuite Montréal pour mieux donner la main au gouverneur de Dax, Bertrand de Baylens, seigneur de Poyanne.

Ce gentilhomme, un des plus braves de la Gascogne, observait sans cesse le mouvement des protestants et ne négligeait aucune occasion de se signaler. Ayant appris qu'à la suite d'une rixe élevée entre Antoine de Mesmes, gouverneur de Mont-de-Marsan, et le capitaine Poudens, une partie de la garnison s'était prononcée pour

(1) Sully, page 134. D'Aubigné. Du Thou, livre 72, tome 6, p. 17.

ce dernier, et s'était retirée avec lui, il espéra pouvoir se rendre maître de cette place (1), la plus forte de toute la contrée. La veille du jour choisi pour son entreprise, Mesmes fit sortir le capitaine Castaignon et le chargea d'explorer les lieux voisins. Castaignon, dans sa course, prit un soldat ennemi, qui, pour sauver sa vie, lui découvrit tout ce qui se tramait; mais Mesmes, déjà trompé plusieurs fois par des avertissements pareils, ne voulut pas croire à ses révélations. Cette incrédulité entraîna la perte de Mont-de-Marsan. Le lendemain, avant le jour, Poyanne alla s'embusquer, avec trente des siens, dans un moulin voisin du principal corps-de-garde, et quand les portes s'ouvrirent, il s'élança de sa retraite, soutenu d'environ deux cents soldats qui avaient passé la Midouse à gué, pénétra dans les rues, chassa devant lui tout ce qui voulut opposer quelque résistance, et se rendit maître de la ville. Mesmes, pris au dépourvu, ne put que se retirer au château avec sa troupe. Poyanne ne lui laissa pas le temps de reconnaître la faiblesse de ses ennemis. Il envoya en toute hâte demander à Biron du canon et des renforts, et dès qu'ils furent arrivés, il attaqua le château. Mesmes n'attendit pas d'être forcé : il se rendit à condition que lui, ses officiers et tous ses cavaliers sortiraient avec leurs bagages, et l'infanterie avec l'épée et l'arquebuse seulement. Poyanne était irrité contre les habitants. Néanmoins, il fit taire son ressentiment et empêcha qu'on leur fît le moindre mal. Ce triomphe ne lui avait coûté que 25 hommes. La perte des religionnaires fut plus considérable. Le baron de la Harie, un de leurs principaux chefs, y reçut, à la cuisse, une blessure dont il demeura pour toujours estropié.

Du Thou, page 14. Dupleix, page 81.

Le roi de Navarre fut très-sensible à la perte de Mont-de-Marsan ; il fit plusieurs tentatives pour le reconquérir, mais aucune ne lui réussit. Biron touchait lui-même au terme de ses succès. Après la prise de Mont-de-Marsan, il s'approcha du Languedoc pour tâcher de reprendre l'Isle-Jourdain ; mais comme il longeait les remparts, son cheval s'abattit dans un lieu glissant, et l'infortuné général eut la cuisse, dont il était déjà boiteux, cassée en deux endroits. Cet accident le força de renoncer pour quelque temps à paraître à la tête de ses troupes. Plusieurs seigneurs de nom et de mérite servaient sous ses ordres. Tous aspiraient au commandement. La jalousie allait semer la division parmi eux. Pour éviter toute rivalité, Biron déposa son autorité entre les mains de Charles, son fils aîné. Charles n'avait alors que quinze ans ; mais les services et la réputation de son père lui tenaient lieu de mérite : d'ailleurs, aucun des prétendants ne tenait à déshonneur d'obéir à un enfant avec qui l'on ne pouvait établir de comparaison, tandis que chacun se fût cru humilié de subir les lois d'un rival. Guy Dupleix, père de l'historien, fut chargé de l'office de maréchal de camp sous le jeune général ; mais il ne l'exerça que trois mois. Après ce terme, l'armée passa par le Condomois. Dupleix (1) s'en détacha pour aller visiter sa famille. Une épidémie, connue dans l'histoire sous le nom de *coqueluche,* désolait alors la province. Elle sembla avoir attendu que Dupleix rentrât dans son château pour le frapper. Son mal se communiqua à sa femme, et en peu de jours les deux époux descendirent ensemble dans la tombe, moissonnés à la fleur de l'âge, moins

(1) Dupleix, page 82.

peut-être par la maladie que par l'ignorance ou le mauvais vouloir d'un médecin protestant qu'on leur avait envoyé de Condom. Cette double mort laissait de jeunes orphelins sans défense. Un chef religionnaire, le capitaine Rissan ou plutôt Rison, accourut piller leur château et se jeta ensuite dans Valence dont l'assiette se prêtait à une défense facile. Biron, alors un peu guéri de sa double fracture, ne voulut pas le laisser jouir du fruit de son pillage. Il alla attaquer Valence, mais il y trouva plus de résistance qu'il ne l'avait pensé. Il ne put déloger Rison qu'en lui accordant vie et bagues sauves (1). Après le départ de ce chef, il s'avança vers le nord et investit Ste-Bazeille. Le siège traîna en longueur. Les privations commençaient à se faire sentir dans le camp, lorsque l'épidémie s'y glissa et força le général à dissoudre son armée.

D'Antras revint alors à Marciac; d'autres combats l'y attendaient. La garnison de Castelnau-de-Rivière-Basse avait profité de l'absence d'une partie des seigneurs Gascons pour se répandre dans les environs et y semer le ravage. Le baron de Lengros (2) avait eu surtout à souffrir de ses déprédations. Dès que d'Antras fut de retour, il réclama son aide et alla chercher ses ennemis sur les bords de l'Adour; mais il ne put qu'échanger avec eux quelques arquebusades. Peu de jours après, il rencontra les capitaines Larroque-Benac,

(1) Id. Avant de s'éloigner, Biron démantela Valence. Montespan répara depuis les brèches, y ajouta quelques fortifications et logea dans la ville une garnison au nom de la Ligue. Ces derniers travaux subsistèrent peu. A la paix, on voulut enlever aux artisans des troubles tous ces petits asiles, dont ils se servaient pour désoler le pays. Valence fut démantelée de nouveau, et alors sans retour.

(2) Manuscrit du chevalier d'Antras. Duco.

Gensac et Hiton, et engagea avec eux un combat assez vif, qui se termina à son avantage. Cet échec, quoique léger, fit cesser les incursions des protestants; mais le calme dura peu, et leurs courses recommencèrent.

Quelques soldats s'emparèrent de l'église de St-Justin, près d'Auriebat, et s'y fortifièrent. A cette nouvelle, d'Antras accourut, accompagné du seigneur de Juillac, reprit l'église et tailla en pièces tous les profanateurs. Ce sort n'épouvanta pas les Béarnais, qui occupaient toujours Castelnau: ils se saisirent peu de jours après de l'église de Beaumarchez, d'où ils projetaient de gagner la tour de Marseillan et l'abbaye de Lacaze-Dieu; mais d'Antras et le seigneur de Juillac ne leur en laissèrent pas le temps; ils vinrent aussitôt leur donner la chasse, et ayant appris qu'une partie de ces picoreurs étaient descendus de l'église dans un vallon, entre Beaumarchez et Lacaze-Dieu, ils allèrent les attendre sur la route et les forcèrent à se rejeter dans un bois, où ils les firent prisonniers. Ne se sentant pas assez forts pour garder leur proie et en même temps forcer l'église de Beaumarchez, ils appelèrent à leur secours le marquis de Campagne et les seigneurs de Lau, d'Arblade, de Blancastets, qui arrivèrent en toute hâte avec quelques autres de leurs voisins. Les Béarnais jugèrent la résistance impossible, et quoiqu'ils fussent environ deux cents quarante, ils demandèrent à capituler. On acquiesça à leur demande et on les reconduisit sur les frontières du Béarn. Après leur départ, on se hâta de démanteler l'église pour empêcher qu'elle ne servît d'asile à d'autres ennemis. Le reste des Béarnais se maintint à Castelnau. Le marquis de Montespan essaya vainement de les déloger; il ne put ni emporter la ville, ni les attirer à un combat dans la plaine.

La guerre était née d'elle-même : la paix, après quelques mois, fut signée de lassitude (26 septembre 1580). Les plus mauvais jours de la féodalité étaient revenus. La France se mouvait au gré des passions ou des intérêts de quelques grands, qui disposaient des provinces presqu'en maîtres. La royauté, abâtardie au sein de plaisirs dont l'histoire est forcée de voiler le scandale, s'abdiquait toujours davantage. Elle jetait à quelques favoris les honneurs, les dignités et le peu d'argent qui arrivait au trésor. Jean-Louis de Lavalette (1) fut de tous ces favoris celui qui vécut le plus longtemps dans le cœur de son maître, et qui fut le plus largement doté. Il nâquit, en 1554, au beau château de Caumont, près de Samatan, de Jean de Lavalette, ce gouverneur de la haute Guienne que nous avons nommé plusieurs fois, et de Jeanne de St-Lary, sœur du maréchal de Bellegarde et nièce du maréchal de Thermes. Doué par la nature des mêmes avantages que le maréchal de Bellegarde son oncle, comme lui il plut à Henri III, et dans peu de temps on le vit duc d'Epernon, pair de France, colonel-général de l'infanterie, gouverneur de Metz et du pays Messin. Le roi lui offrit même la main de Catherine de Vaudemont, sa belle-sœur; mais l'habile courtisan eut la modération de refuser une offre plus brillante que solide. Henri ne l'en aima que mieux. Il le chargea d'une mission délicate. Le duc d'Alençon venait de mourir (10 juin 1584). Henri III n'ayant point d'enfants, le roi de Navarre devenait héritier présomptif de la couronne de France. « Cette perspective effraya les

(1) Grands Officiers, tome 3, page 856. Biographie de Michaud. Mémoires du Temps et surtout l'Hist. du duc d'Epernon par Girard.

catholiques (1); par lui ils voyaient le calvinisme s'établir dans l'Etat; pour les masses, c'était une menace d'oppression : pour ceux qui se souvenaient de la constitution de la monarchie, c'était un renversement des lois antiques. A l'instant il y eut dans toutes les âmes comme un vaste accord d'opposition. L'énergie catholique se raviva, et la Ligue prit un caractère tout imprévu. L'association devint hardiment politique, et une fois aventurée sur ce terrain, tout se précipita. » Les Guises dirigeaient le mouvement général ; mais le temps n'étant pas encore venu de se montrer eux-mêmes, ils mirent en avant, comme héritier de Henri III, le vieux cardinal de Bourbon, oncle du roi de Navarre : derrière ce fantôme, ils pouvaient cacher leurs complots.

Le roi s'effraya de ces projets, et chercha à se rapprocher du roi de Navarre. Il lui envoya d'Epernon pour tâcher de le ramener à la religion catholique et de lever ainsi le principal obstacle qui les séparait. Le roi de Navarre était alors dans le pays de Foix. Il vint au-devant de d'Epernon (2) jusqu'à Saverdun, où eut lieu la première conférence ; la seconde se tint à Pamiers. D'Epernon y arriva escorté d'une foule de seigneurs gascons, qui étaient accourus se ranger autour de lui pour lui faire honneur. Henri ne se prononça pas sur-le-champ : il invita le négociateur à le visiter à Pau et à Nérac ; il ne paraissait pas très éloigné de changer de religion. Roquelaure et plusieurs personnes de qualité

(1) Laurentie, page 502.
(2) Histoire de d'Epernon, page 30. Du Thou, livre 80, page 391. Matthieu, page 495. Celui-ci ajoute : Roquelaure, voyant que les ministres n'étaient pas de son avis, dit à Marmet, ministre du roi de Navarre : Mettez sur le tapis une paire de psaumes et une couronne, et demandez s'il faut penser à choisir.

attachées à son service le fortifiaient dans ce sentiment, mais les ministres protestants qu'il consulta et le plus grand nombre de ses officiers l'en détournaient. Leur avis prévalut. Henri répondit au message du roi de France par des protestations d'attachement et de fidélité, et garda ses erreurs. La Ligue feignit de s'alarmer de cette négociation infructueuse. Il fallut qu'Henri III se prononçât. Après avoir résisté longtemps, il signa le traité de Nemours que lui imposèrent les Ligueurs, consacrant ainsi leur association et la proclamant une œuvre sainte et politique.

La première nouvelle de ce traité plongea le roi de Navarre dans la consternation. Il raconta depuis, lui-même, à Laforce que, au milieu de ces douloureuses pensées, ayant appuyé sa tête dans ses mains, *la moustache lui blanchit tout-à-coup de moitié* (1). Mais cet abattement se dissipa vite, et son courage s'éleva à la hauteur des périls qui le menaçaient. Sa promptitude déconcerta les projets de ses ennemis. L'évêque de Comminges, Urbain de St-Gelais, fougueux Ligueur, avait des vues sur Mont-de-Marsan, où Poyanne commandait encore. Henri le prévint (2). Il partit secrètement de Nérac et alla coucher à St-Justin, d'où il poussa devant lui ses gardes et quelques gentilshommes aussi braves que dévoués. La petite troupe arriva sous les murs de Mont-de-Marsan sans avoir été découverte. Deux mem-

(1) Matthieu, page 501.
(2) D'Aubigné, page 1092. Duco. Les du Lyon du Campet que nous trouvons ici appartenaient à la famille du marquis du Lyon actuel et descendaient comme lui de Jean du Lyon, chambellan de Gaston de Foix, roi de Navarre et frère de Gaston du Lyon, le sauveur et l'héritier de l'infortunée Isabelle d'Armagnac et de Pierre du Lyon, archevêque de Toulouse.

bres de la famille du Lyon avaient été gagnés. Aidée par eux et favorisée par un orage épouvantable qui se déclara quand l'escalade se préparait, elle parvint à s'emparer de la place presque sans difficulté. Le prince y fit son entrée aussi paisiblement que s'il fût entré à Nérac.

Cette prise fut suivie de quelques autres ; mais, dans toute cette campagne, content de s'assurer des places qui lui appartenaient, il évita d'attaquer les villes de la domination royale. Il se borna ainsi à se tenir sur la défensive. La haine et la jalousie qui divisaient même sous ses drapeaux les protestants et les catholiques, ne lui permettaient de tenter aucune grande entreprise. Le vicomte de Turenne, Montgommery, Lusignan, Favas, Pardaillan et les autres principaux chefs des Réformés ne cachaient pas leur aversion pour Lavardins, Miossens, Grammont, Duras, Ste-Colombe, Baylens, Roquelaure, Poyanne et quelques officiers non moins fidèles à l'ancien culte qu'à leur seigneur légitime. De cette animosité des partis, naissait dans le conseil du prince une opposition, qui faisait échouer une partie des meilleurs desseins.

Le Maréchal de Matignon, qui avait remplacé Biron, ne fit de son côté rien de ce qu'on devait attendre des forces considérables réunies sous son commandement. Après avoir pourvu de vivres et de munitions les villes de Condom, de Fleurance et de Beaumont-de-Lomagne, il se retira à Bordeaux où il se tint quelque temps paisiblement renfermé, en sorte que les Ligueurs l'accusèrent avec assez de fondement d'être d'intelligence avec les ennemis contre lesquels il était envoyé. La province ne laissait pas d'être pressurée par les levées extraordinaires, par les impositions et surtout par les *pilleries* des gens d'armes; car cette lutte était moins une guerre qu'un brigandage continuel. La plupart des capitaines n'avaient d'autre but que le saccagement de quelques villes ou de quelques châteaux, ou la rançon de quelque riche prisonnier; et s'il se livrait quelque combat, c'était plutôt *par nécessité* ou *par rencontre*, qu'avec un dessein arrêté d'avance. Le plus souvent même les plus forts permettaient aux plus faibles de se retirer pour s'assurer une pareille courtoisie quand ils seraient trahis par la fortune. Ce genre de combats devait exalter le courage personnel. L'histoire nous a conservé quelque traits dûs à des enfants de la Gascogne.

Lysander de Gélas (1), marquis de Leberon, se retirait de la cour après la mort du duc d'Alençon, son maître, sous lequel il avait plus d'une fois signalé sa valeur, surtout devant Cambrai, où il avait, aidé d'un seul brave, soutenu l'effort d'une compagnie entière. En traversant le Périgord, il rencontra dans le bois de Perbeton, Pilles, qui marchait avec quatre cents hommes de pied et quarante maîtres. Il n'avait avec lui que ses deux frères dont l'un fut depuis évêque de Valence, Gohas et huit autres cavaliers : c'était au lever du soleil, et le ciel couvert d'un épais brouillard ne permettait pas aux deux partis de reconnaître leurs forces mutuelles. Leberon et les siens chargèrent si brusquement les cavaliers ennemis, qu'ils les renversèrent sur les fantassins, en tuèrent cinq ou six, en blessèrent plusieurs, et entr'autres, Pilles lui-même, et firent quelques prisonniers ; mais quand ils surent de la bouche de ceux-ci

---

(1) Dupleix, page 122.

le nombre de leurs adversaires, ils s'arrêtèrent et prirent un chemin différent pendant que le brouillard achevait de se dissiper. Pilles, ne se voyant pas poursuivi, jugea que les assaillants n'étaient point en force. Il rallia ses soldats dispersés et retourna en bon ordre vers les vainqueurs. Leberon protégeait la retraite. Monté sur un bon cheval d'Espagne, il combattit si vaillamment ceux qui l'abordaient, que Gohas eut le temps de gagner avec sa petite troupe une église assez rapprochée, dans laquelle l'intrépide cavalier se réfugia ensuite lui-même. Pilles n'essaya pas de forcer cet asile, et laissa les catholiques continuer leur route.

Rentré dans son château de Leberon, Lysander se livra aux *ébattements* de la chasse, passe-temps ordinaire de la noblesse d'alors, quand elle n'était pas sous les armes. Un seigneur du parti contraire, d'Estignos, espéra le surprendre. Il alla s'embusquer près du château avec trois gens d'armes et trois arquebusiers; mais ils furent découverts. Lysander s'élança aussitôt sur son cheval, et sans attendre trois des siens qui s'apprêtaient à le suivre, il courut à l'embuscade, se précipita si furieusement sur les ennemis, qu'il en abattit un du choc de son cheval et blessa d'Estignos de son épée. La lutte s'engagea aussitôt avec les cinq autres, qui se battirent avec courage. Atteint de deux grands coups, Lysander eût vraisemblablement succombé, si ses ennemis n'eussent cherché à se saisir de sa personne pour lui arracher une rançon; mais, pendant qu'ils s'attachaient à abattre son cheval, deux d'entr'eux furent mis hors de combat. Les trois derniers, commençant à craindre l'issue du combat, s'attaquèrent alors au cavalier; mais ce fut trop tard. Les gens de Lysander approchaient, et quand ils furent arrivés, ils trouvèrent gisants, d'Estignos et son compagnon d'infortune; les autres s'étaient enfuis. Lysander fit emporter les deux blessés dans son château et leur fit prodiguer les mêmes soins qu'à lui-même. Après leur guérison, le roi de Navarre les lui ayant demandés en échange de quelques prisonniers catholiques, Leberon aussi généreux que brave, les lui renvoya *sans rançon et sans aucune récompense.*

Dans le parti contraire, Vignoles (1), à peine âgé de dix-neuf ans, se signala dans une action hardie. Prise et reprise par les protestants et les catholiques, la ville de Vic était enfin restée entre les mains de ceux-ci jusqu'en 1585. Alors les religionnaires se présentèrent de nouveau sous ses murs, et après bien des efforts, ils ouvrirent une brèche sur la rive gauche de l'Osse, près de la rue Notre-Dame, emportèrent la place et lui firent subir toutes les horreurs de la guerre. Les catholiques la délivrèrent une troisième fois, mais ils la perdirent aussitôt. Les vainqueurs, pour s'en assurer la possession, y laissèrent sous les ordres de Parrabère une petite garnison dont les courses incommodaient le voisinage. La noblesse catholique ne put supporter longtemps ces déprédations. Elle s'assembla, et aidée de quelques bandes que lui avait envoyées le maréchal de Matignon, elle alla assiéger la place. Le vicomte de Turenne, qui commandait alors dans le pays au nom du roi de Navarre, voulait la secourir, et n'étant pas assez fort pour offrir le combat aux assiégeants, il désira du moins rafraîchir la place et augmenter la garnison. Les plus anciens capitaines à qui il proposa cette mission honorable, la

(1) Dupleix, page 123.

refusèrent, tant elle présentait de difficultés et de périls. Vignoles, plus courageux, s'offrit pour l'exécuter. Il prit cent cinquante soldats, et les conduisit avec tant de célérité, qu'il donna dans les retranchements avant qu'on ne se doutât de son approche. Il profita ensuite habilement de la terreur et du désordre que causa cette attaque subite, tailla en pièces deux corps de garde, qui essayèrent de l'arrêter, et traversa les lignes ennemies sans avoir perdu aucun des siens. Les catholiques admirèrent sa valeur, et désespérant d'emporter une place qu'il défendait, ils levèrent le siège.

Parrabère garda Vic deux ans. Le roi de Navarre avait répondu à l'édit du roi de France, qui proscrivait le protestantisme et confisquait les biens de ses adeptes, en proscrivant la religion catholique et en confisquant les biens des fidèles. Parrabère (1) fit exécuter les ordres de son maître dans toute leur rigueur; il condamna à l'exil tous les catholiques et livra aux flammes et au pillage l'église à peine restaurée. En même temps il fit réparer les murailles et ajouter quelques travaux aux fortifications anciennes. Alors il brava hautement ses ennemis. Enhardi par leur inaction, il osa pousser ses courses au loin et porter le ravage dans toute la contrée.

La guerre se poursuivait ailleurs (2) avec des succès divers. Le maréchal de Matignon ayant quitté Bordeaux, longea la Garonne qu'il traversa à Agen, et alla se loger aux environs de Laplume. Après avoir

---

(1) Manuscrit de Vic.
(2) Voir, pour cette campagne de Gascogne, Matthieu, livre 8, page 505. D'Aubigné, tome 3, livre 1, page 27 et suivantes. Dupleix. Histoire de Henri III.

laissé reposer ses troupes deux jours, il attaqua Nérac. Henri sortit à sa rencontre ; la mêlée fut rude. Le roi de Navarre, voyant quelque hésitation parmi les siens, rallia autour de lui quelques-uns de ses braves frères d'armes, et se jeta au milieu des combattants, *oubliant qu'il était l'héritier de la couronne, pour faire le soldat.* Il eut le sous-pied de l'éperon et la semelle de sa botte emportés d'une mousquetade ; mais enfin, le maréchal retira son armée et se replia sur Castets.

Pendant ce temps-là, Favas enlevait au roi de France La Réole, dont il s'empara en escaladant le château au moyen d'échelles de corde, et il emportait en plein jour Peldorat qu'il livrait aux flammes et où il ne put sauver qu'une femme à demi brûlée. Après ces deux exploits, il surprit Langon. L'intrépide Lassale du Ciron, qui en était gouverneur, se retira dans le château où la garnison refusa de le suivre. Malgré cet abandon, aidé et encouragé par sa femme aussi intrépide que lui, il refusa de se rendre et se défendit jusqu'à la mort. Ces succès enflammèrent Favas. On le vit presqu'en même temps, se multipliant lui-même, enlever dans quelques villages du comté de Benauges six enseignes Basques, battre une compagnie de gens d'armes, appartenant à de Vesins, sénéchal du Quercy, et délivrer Meillan. Les catholiques espérèrent avoir leur revanche. Matignon alla assiéger Castets avec quatre mille hommes de pied, quatre cent cinquante chevaux et treize canons. Mais Labarrère, un brave et habile capitaine, commandait dans la place ; et comme Favas l'avait environnée de bonnes fortifications et qu'elle était amplement fournie de vivres, il ne s'effraya pas de cette attaque ; il osa même prévenir les ennemis et fit une rude sortie où périt Pouyferré. Le roi de Navarre était à Montauban. A la nouvelle de ce siège, il accourut à la tête de tout ce qu'il put rassembler de forces : c'étaient dix-huit cents arquebusiers et deux cent cinquante chevaux. Malgré cette inégalité, Matignon n'osa pas l'attendre. Il prétexta qu'il n'était pas sûr de ses soldats, dont la plupart tenaient pour la Ligue, et il s'éloigna.

Le duc de Mayenne approchait avec une autre armée pour combattre le roi de Navarre ; mais ce prince ne s'épouvanta pas de cette approche. Je connais Mayenne, dit-il ; il n'est pas si mauvais garçon, qu'il ne me permette de me promener quelque temps dans la Guienne (1). Plein de cette confiance, il donna le gouvernement de Castets au comte de Curson, son parent, et prit la route du Béarn où l'entraînait sa passion pour Corisande d'Andouins, veuve du jeune comte de Grammont. Cette témérité faillit le perdre. Le duc de Mayenne était arrivé à Bordeaux et était allé joindre Matignon sous les murs de Castets, assiégé de nouveau après le départ d'Henri. Le comte de Curson, moins brave, moins habile, ou peut-être, comme on l'en accusa depuis, moins fidèle que Labarrère, rendit la place au duc en vertu d'une capitulation conclue à l'insu de Matignon. Celui-ci se montra justement offensé de cette exclusion, et après la prise de Ste-Bazeille et celle de Monsegur, il ramena ses troupes vers Nérac. Mayenne paraissait mettre peu d'importance à la soumission de quelques villes, la plupart sans défense : il ne s'attacha qu'à surprendre le roi de Navarre et à s'emparer de sa personne. Le voyage de Béarn lui en présentait une occasion presqu'infaillible, ce semble. Il posta le vicomte

---

(1) Sully, tome 1, page 243.

d'Auteberre à Lasauvetat sur le Drot, envoya Poyanne vers les Landes et lui-même marcha sur Caumont, où il avait appris qu'Henri se proposait de traverser la Garonne. Le prince n'avait pas tardé à comprendre sa faute; il ne s'arrêta que huit jours en Béarn. Il écrivit de Hagetmau à de Bats, l'ancien gouverneur d'Eauze : « Ils m'ont entouré comme la bête et croient qu'on me prend aux filets. Moi, je veux leur passer au travers ou dessus le ventre; j'ai élu mes bons et mon faucheur est du nombre. » Il coucha à Nogaro, et ayant appris que la ville d'Eauze menaçait encore de lui échapper, il usa d'un stratagème pour s'en assurer.

Il fit travestir en laquais (1) vingt-cinq jeunes gentilshommes qui avaient l'air de se presser autour de leur maître. Après eux, venait sa suite ordinaire. Au moment de l'exécution, il faillit faire échouer lui-même son projet. Ayant poussé son cheval avec trop de vitesse à l'entrée de la ville, il se trouva séparé des siens, et dès qu'il eut franchi la porte avec cinq ou six de ses cavaliers, on abattit la herse et on leva le pont-levis. Dans un instant, la garnison entière fut sous les armes. Henri, sans se déconcerter, amusa de ses propos les capitaines de la ville. Ceux-ci, de leur côté, soit respect pour la majesté royale, soit estime pour la bravoure du prince, soit crainte qu'il eût dans la place quelque

---

(1) Dupleix, page 119. Cette réduction ressemble si fort à celle que nous avons déjà racontée, que nous soupçonnons que c'est la même racontée avec une date et des circonstances un peu différentes. Henri IV écrivait le lendemain encore à de Bats : mon faucheur, mets tes aisles à ta meilleure beste; j'ai dict à Montespan de crever la sienne. Pourquoy? tu le sauras de moy à Nérac. Hastes, cours, viens, vole, c'est l'ordre de ton maystre et la prière de ton amy.

HENRY.

intelligence secrète, n'osèrent pas trop se prononcer. Durant cette hésitation, Lavardins, un des six cavaliers, se glissa vers une autre porte, et ayant fait rompre la serrure par un ouvrier de la religion, qu'il trouva sous sa main, il donna passage aux prétendus laquais et à toute la suite. Henri, se voyant alors le plus fort, fit mettre dehors la garnison et pourvut à la sûreté de la place, après avoir eu soin toutefois de la préserver de toute violence. Un seul soldat fut saisi; il avait couché en joue le roi, en disant qu'il savait très-bien tirer au blanc, faisant allusion à la couleur du pourpoint que le prince portait ce jour-là; et il eût exécuté sa menace, si les siens ne l'eussent arrêté. Henri commanda qu'on le pendît sur-le-champ; mais quand il le vit au haut de l'échelle, son cœur s'émut, et il lui pardonna.

Le prince s'arrêta à Nérac; et après avoir eu le soin de faire publier qu'il se retirait à Lectoure, il partit à l'aube du jour, accompagné d'environ cent hommes et d'autant d'arquebusiers, se dirigea vers Barbaste, puis tourna vers Damazan où il se reposa une heure. Là, il choisit vingt gens d'armes les mieux montés et les plus intrépides, et laissa le reste de son escorte sous les ordres de de Lons et de Larroque, en leur assignant pour rendez-vous la ville de Ste-Foix. Il prit aussitôt son chemin vers Casteljaloux à travers des *surriers* et des *pynadas*, par des sentiers que la chasse lui avait appris à connaître. Quand il eut fait une bonne demi-lieue à gauche, il coupa court à main droite et gagna Caumont, où après le souper il se coucha pour attendre le jour; mais, vers minuit, Lacombe, un de ses gentilshommes, entra dans sa chambre et lui dit tout effrayé, que le duc de Mayenne était aux portes de la ville.

Henri eut à peine le temps de s'habiller : il descend avec Lacombe sur les bords de la Garonne ; une barque y était amarrée sans patron : ils s'y jettent, traversent la rivière, touchent au glacis de Marmande, passent aux portes de Lasauvetat, d'Aymet et de Duras, et arrivent sur les deux heures à Ste-Foix, où Henri a le bonheur de recueillir, le soir même, tous ses compagnons de voyage qui s'étaient habilement dispersés pour traverser la Garonne. Quelques jours plus tard il retrouve le reste de son escorte, sans avoir perdu ni valet, ni cheval, ni bagage. On accusa le vicomte d'Aubeterre d'avoir prêté la main à cette évasion ; mais l'accusation n'a pas été prouvée. Il paraît plus certain que le prince fut averti de ce qui se préparait par Monluc, petit-fils du maréchal, qui lui dépêcha un gentilhomme du Condomois.

Mayenne, furieux de voir que la proie lui avait échappé, tomba sur les troupes qui étaient sorties de Caumont et de Clairac pour favoriser le passage du roi de Navarre, et les tailla en pièces. Il soumit ensuite presqu'en courant Damazan et le Mas-d'Agenais, confiées à Parrabère, alors absent, Tonneins, que le capitaine l'Estelle n'osa pas défendre, et Meilhan où commandait le capitaine Meslon. Monsegur opposa plus de résistance et obtint une capitulation honorable qui fut violée. Après ces conquêtes et quelques autres aussi faciles, Mayenne licencia son armée et retourna à la cour, laissant Matignon et quelques seigneurs particuliers continuer la guerre. Le baron de Poyanne s'avança vers Tartas et s'introduisit dans la basse ville ; mais il ne put s'y soutenir et fut obligé de se retirer avec perte. Hector de Pardailhan-Gondrin fut plus heureux : comme il sortait de Condom pour aller joindre le maréchal de Matignon à Francescas, il apprit que les trois fils de Germain-Gaston de Foix, marquis de Trans, attaquaient la tour de Moncrabeau, où Olivier du Bouzet-Roquepire était logé avec une compagnie de gens de pied ; mais ils n'avaient avec eux qu'environ trente-cinq fantassins et vingt-cinq cavaliers, tandis que Goudrin comptait dans sa compagnie quarante-deux gens d'armes, outre cinq cavaliers de Condom. Or, dans ces faibles rencontres, c'était presque toujours la cavalerie qui décidait du succès. L'imprudence ou la témérité des trois frères vint encore faciliter le triomphe de leur ennemi. En effet, dès qu'ils aperçurent les catholiques, ils se portèrent rapidement à leur rencontre à la tête de leurs gens d'armes, et se séparèrent ainsi de leur infanterie. Le comte de Curson, l'aîné des trois et le chef de l'entreprise, comprit vite la faute qu'il avait commise ; il se contenta de décharger quelques coups et se retira vers les siens, laissant à Gaston, son second frère, quinze cavaliers pour protéger la retraite et retarder les catholiques. Gaston avait lu (1) que jadis les preux provoquaient volontiers leurs adversaires à la lance et à l'épée. Il essaya de les imiter, le pistolet à la main ; mais le jeu était plus difficile, et un double coup ne tarda pas à abattre son cheval et à l'étendre lui-même sans vie. Son jeune frère, en le voyant tomber, sortit des rangs et vint se faire tuer sur son cadavre. Le comte de Curson, instruit de cette double mort, oublie son titre de chef et jure de venger ses frères. Il se jette presque seul au milieu d'une centaine d'ennemis, et périt avec ceux qui l'avaient suivi.

(1) D'Aubigné, tome 3, page 49.

Le brave Vignoles commandait en second. Après la mort du général, il rallia les débris de la troupe et parvint à les sauver. Gondrin ne perdit que deux hommes d'armes, Avensac son neveu et Ardens. Montespan, fils aîné de Gondrin, qui avait conduit l'avant-garde, y fut blessé au visage. Quoiqu'il n'eût alors que vingt-deux ans, il se montra dans cette occasion aussi sage capitaine que brave soldat (1).

La noblesse d'Armagnac remporta aussi vers cette époque un avantage sur les religionnaires. Parrabère renfermé dans Vic, dont il avait réparé les fortifications, insultait aux seigneurs voisins. Ses insultes et peut-être plus encore ses incursions les réveillèrent une seconde fois. Ils se levèrent en masse, et plaçant à leur tête le capitaine de Bastard, ils parurent de nouveau sous les murs de la ville. Ils traînaient avec eux quatre canons et étaient soutenus de quatre mille fantassins. L'assaut fut rude. Parrabère et les siens, sentant qu'ils n'avaient nul quartier à attendre de la clémence des vainqueurs, opposèrent une résistance opiniâtre; mais enfin le nombre l'emporta. Les catholiques envahirent la place, et dans l'ivresse de la victoire ils la livrèrent au pillage. Là ne devaient pas finir les malheurs de Vic-Fezensac; Bastard craignit qu'elle n'échappât encore à son parti, et pour lui enlever une importance dont les religionnaires eussent abusé, il détruisit les fortifications.

(1) Les Foix-Grailly ne comptaient plus que la branche des marquis de Trans, et Germain Gaston n'avait que ces trois fils. L'aîné seul était marié; il laissa deux fils, Gaston, mort sans alliance, et Frédéric, qui perpétua la descendance. Cette branche s'éteignit le 22 février 1714, dans la personne d'Henri-François de Foix-Candale, duc de Rendan, petit-fils de Frédéric. Le duc de Rendan était le dernier du nom et armes de sa maison. (Grands Off., tome 3, p. 388).

A toutes ces rencontres sans importance qui désolaient le pays et ne donnaient la supériorité ni aux catholiques, ni aux protestants, allait enfin succéder une bataille rangée. Le duc de Joyeuse arrivait avec des forces considérables. Le roi de Navarre marcha fièrement à lui. Les deux chefs se rencontrèrent dans les plaines de Coutras, et le combat fut résolu. L'armée catholique était resplendissante d'or, de broderies, d'armes richement damasquinées, de superbes panaches. Elle avait pour elle l'avantage du nombre, le nom et l'autorité du roi de France, la certitude des récompenses ; mais elle se composait en partie de nouvelles milices, et elle obéissait à un jeune favori sans expérience. L'armée protestante, au contraire, bardée de fer, ne laissait voir que des armes sévères, des collets de buffle, des habits sans ornements ; mais on comptait dans ses rangs l'élite du parti, les vieux débris de Jarnac et de Moncontour, des soldats endurcis dans les camps, conduits par des capitaines également braves et expérimentés, parmi lesquels l'histoire signale Gondrin, Ferrières, St-Gelais, Vignoles, Fontenilles, Panjas, Parrabère, Vivans, Mesmes, Castelnau, Sus, Madailhan, Harambure, Blachon et Laborie. Elle avait à sa tête deux princes du sang nourris dans les combats, et pour chef l'héritier de la couronne, habitué à prévenir les surprises de la fortune. Avec de pareils éléments, la victoire ne pouvait être douteuse.

Le roi de Navarre avait placé sur son casque un bouquet de plumes blanches pour se faire remarquer. En donnant le signal du combat, il se tourna vers ses deux cousins, le prince de Condé et le comte de Soissons :

souvenez-vous, leur dit-il (1), que vous êtes du sang des Bourbons, et vive Dieu! je vous ferai voir que je suis votre aîné. Et nous, lui répondirent ses cousins, nous vous montrerons que vous avez de bons cadets. Ils s'élancèrent ensemble. Quelques seigneurs s'étant aussitôt serrés autour du prince pour le défendre et le couvrir : à part, je vous prie, leur dit-il, je veux paraître. Le premier choc fut favorable aux catholiques. Les protestants Gascons, conduits par Latremouille et par Harambure, lâchèrent pied. Au moins, s'écrient quelques voix (2), ce ne sont pas les Poitevins, ni les Saintongeois qui fuient. C'était un reproche de la préférence qu'Henri témoignait souvent à ses Gascons. Ces paroles arrêtèrent la fuite. Montgommerry et Belzunce poussèrent l'infanterie : enfants, dirent-ils aux soldats, il faut périr, mais au milieu des ennemis; allons, l'épée à la main : il n'est plus question d'arquebuses. La face du combat changea bientôt, nous n'en raconterons pas les divers événements; nous nous contenterons de rappeler qu'à la fin les catholiques plièrent de toutes parts. Le duc de Joyeuse jeta son épée à Christophe d'Arques et à Vignoles; mais Lamothe-St-Heraye survenant à l'instant, lui déchargea un pistolet dans la tête et le tua. Le roi de Navarre faillit périr lui-même au commencement de l'action. Le baron de Fumel et Châteaurenard s'acharnèrent après lui. Frontenac abattit Fumel d'un coup de sabre; Henri tenait Châteaurenard embrassé, lui criant : rends-toi, Philistin (3). Un gendarme catholique accourut au secours de Châteaurenard et frappa le roi de sa lance; mais il fut tué.

(1) Matthieu, livre 8, page 533. — (2) D'Aubigné, page 87. — (3) Idem, page 88.

La fortune du prince venait de se révéler; le triomphe était complet. Quatre cents gentilshommes catholiques et trois mille de leurs soldats jonchaient la terre. Tous leurs canons et leurs bagages étaient perdus. Coutras vengeait Jarnac et Moncontour. Henri honora sa victoire par sa modération et sa clémence; il donna ses ordres pour qu'on prît soin des blessés et qu'on rendît les honneurs funèbres au duc de Joyeuse. Il renvoya presque tous ses prisonniers sans rançon : il fit même des présens à quelques-uns des principaux; mais il ne sut pas profiter de ses avantages. La fatale passion, qui le domina trop souvent, l'emporta sur la politique, et au lieu de poursuivre des ennemis en complète déroute, il courut déposer aux pieds de Corisande les drapeaux qu'il venait de conquérir.

La mort du duc de Joyeuse rendit au duc d'Epernon la faveur entière d'Henri III, qui lui abandonna les deux principales dignités de son ancien concurrent, l'amirauté de France et le gouvernement de la Normandie. Le prince avait peu de mois auparavant ménagé à son favori la main de Marguerite de Foix (1), fille aînée d'Henri de Foix, comte de Candale, de Benauges et d'Astarac, que nous avons vu périr au siège de Sommières. C'était sans contredit la plus riche héritière du royaume. Ce mariage fut célébré à *petit bruit* dans la chapelle du château de Vincennes; mais le festin de noces fut splendide et eut lieu dans l'hôtel de Montmorency, où Marguerite avait été élevée par les soins de la connétable, son aïeule. Le roi y parut avec toute sa cour, et s'il fallait en croire un auteur contemporain, il y porta ce mélange monstrueux de piété claustrale

(1) Grands Officiers, tome 3, page 386.

et de mondanité vicieuse, qui font de ce prince la figure royale la plus étrange peut-être de toute notre monarchie. Il y *bala en grande allégresse, ayant néanmoins son chapelet de têtes de mort attaché et pendu à sa ceinture, tant que le bal dura* (1). Il donna ce jour à la mariée un collier de cent perles, estimé cent mille écus. D'Epernon reçut de son côté une gratification de quatre cent mille écus ; mais il paraît que l'épuisement du trésor royal ne permit pas qu'elle lui fût comptée. Marguerite de Foix avait une sœur plus jeune : d'Épernon se la fit remettre sous prétexte de protéger sa jeunesse et son inexpérience, mais en réalité pour empêcher qu'elle ne réclamât ses droits et surtout qu'elle ne se mariât.

Bientôt les événements se précipitèrent. Henri III, forcé de quitter Paris à la célèbre journée des barricades, se vengea sur le duc de Guise, chef des Ligueurs, en le faisant assassiner durant les seconds États (*) de

(1) Journal d'Henri III, page 93.

(*) Voici les noms des députés de la Province que nous savons avoir assisté à ces États. Clergé. — Bazas, Thomas d'Anglade, archidiacre, et Jean Normand, chan. — Agenais, Nicolas de Villars, évêque d'Agen. — Acqs, Guillaume Maniot, chan. — Armagnac, Arnaud de Pontac, évêque de Bazas et Jacques Salviatti. Députés de la Province eccl. d'Auch. — Condom, Gascogne, Geraud Melet, grand archid. et André Vigier, doyen de Larroumieu. Noblesse. — Bazas, Emeri de Jaubert, seign. de Barrault, sénéchal du Bazadois. Fezensaguet, Réné de Pins, seigneur de Monthrun. Comminges, Baptiste de Lamezan. Condomois, Jean du Bouset, sieur de Poudenas. Bailliage de Berry et de Gien, François de Cugnac, seigneur de Dampierre. Tiers-état. — Bordeaux, Thomas de Pontac, Fronton Duveyrer, Pierre de Metyvier. Bazas, Jean de Lauvergne, Jacques Janvier. Comminges, Sébastien de Luzalus, Philippe d'Audenac. Armagnac, Dominique Vivés. Condomois, Jean Dufranc, Arnaud d'Anglade.

D'après un document qu'on voyait jadis dans les archives de l'évêché de Lombez, Baptiste de Lamezan, chevalier des Ordres du roi et capitaine d'une compagnie d'hommes d'armes ne fut pas étranger au meurtre du duc de Guise. Lamezan raconte lui-même que le 20

Blois (22 décembre 1589). Cet acte de justice, qui ressemblait si fort à un crime, souleva Paris et les provinces. On ne répondit à cette nouvelle que par une explosion générale de douleur, d'épouvante et de fureur. Détesté et rebuté de tous, le lâche et indolent monarque n'eut d'autre ressource que de se jeter dans les bras du roi de Navarre au risque de paraître confirmer toutes les calomnies dont on le noircissait. Henri accourut aussitôt et lui porta le secours de son épée. Dès-lors, les rôles sont intervertis. Pendant que les Ligueurs ont adopté toutes les idées démocratiques de la Réforme pour sauver la foi et les institutions nationales, les

---

décembre, dans la nuit, le roi appela dans son cabinet les gens de Guienne et de Gascogne qui lui étaient les plus fidèles, parmi lesquels il fut des premiers *advoqués*. Là, il y eut plusieurs discours pour et contre, durant lesquels Lamezan se tenait les dents serrées. « Lors le roi le regardant, lui dit : Que faites-vous, seigneur de Lamezan ? Beau sire, ces criards m'empêcheraient de dormir, s'il m'en prenait envie. Eh bien, fit le roi, pour ce que vous ne dormez pas, dictes ce qu'il faut faire. Il répondit incontinent : laisser venir dans ce cabinet-ci les deux traîtres et ceux qui les accompagnent et les occir à leur entrée. N'y pensez pas, seigneur de Lamezan, dit le roi, ils m'appelleraient Néron. Il n'y a pas Néron qui tienne, fis-je. Si vous ne les occisez pas, ils vous occiront, ils sont les plus forts.... Vous ne sauriez ni les prendre, ni les faire juger, vous êtes le premier juge de votre royaume. Les grimauds des parlements sont tous traîtres de la Ligue ou Haiguenots.... Les seigneurs Lorrains sont coupables de lèse-majesté au premier chef : dictes qu'ils soient occis, on les occira. Lors, le pauvre prince promena tout seul, parla après à plusieurs, puis se tut. A quelques moments de là, vint à moi et me dit : qui me défera de ces mauvaises gens de Guise, s'ils viennent ici ? Lors de suite, je lui répondis : ceux qui n'ont pas paour, sire, les trente-trois Gascons de la compagnie de mon cousin Themines. Ainsi dit, ainsi fut fait et crois mon neveu de Touges n'a pas été le dernier à frapper. » Bernard de Sariac, un autre des trente-trois Gascons, répondit à Henri III qui lui proposait ce meurtre : *cap de Diou, sire, you lou bous rendi mort.*

protestants s'abdiquent comme parti pour défendre le roi à moitié despote qui les a décimés à la St-Barthélemy ; ils combattent pour l'autorité royale, tandis que leurs adversaires se font les champions de l'omnipotence populaire ; car la Ligue n'était autre chose que la souveraineté nationale opposée au bon plaisir de la couronne. Ce n'est pas la première fois que les intérêts ont déplacé les principes. Nous devons le dire aussi ; le déplacement des rôles, au lieu de porter les deux partis à la modération, ne fit que les aigrir davantage. Jamais ils ne furent séparés par plus de haines. La guerre se ranima de toutes parts : les commencements en furent favorables à la royauté, tout semblait marcher vers une restauration ; mais le drame commencé par un meurtre devait se terminer par un assassinat. Au moment où il croyait rentrer en vainqueur dans sa capitale d'où il avait été expulsé comme un impie, Henri tomba sous le poignard du dominicain Jacques Clément : heureux du moins, d'avoir retrouvé sur son lit de mort le courage de ses premières années avec la foi et la piété de son père et de son aïeul.

Ainsi, dit un historien moderne (1), se termina tristement par trois frères comme celle des Capétiens, cette race malheureuse des Valois, si fatale à la France, et qu'il faudrait maudire si le génie des arts n'était là pour voiler ses vices et ses fautes.

(1) Lavallée, tome 2, page 561.

## CHAPITRE IV.

Le roi de Navarre succède sur le trône de France à Henri III, sous le nom de Henri IV. — Plusieurs seigneurs l'abandonnent. — Troubles dans l'Agenais, l'Armagnac et le Bigorre. — Catherine, sœur d'Henri IV, est reçue à Mont-de-Marsan. — Le duc d'Epernon reçoit l'hommage des seigneurs du comté d'Astarac. — La princesse Catherine quitte le Béarn. — Nouvelle invasion du Bigorre. — Villars attaque le Béarn. — Prise de St-Palais. — Henri IV abjure le protestantisme et se fait sacrer à Chartres. — Il soumet tous les partis. — État de la religion dans la Gascogne durant les guerres religieuses. Henri de St-Sorlin, nommé archevêque d'Auch. — Il renonce à sa nomination, et le siège est donné au vénérable Léonard de Trappes. — Vie de ce prélat. — Maythie, évêque d'Oleron. — Evêques de Lescar, de Dax et de Bayonne. — La Gascogne est réunie à la couronne de France.

Henri III, à ses derniers moments, avait désigné le roi de Navarre pour son successeur. Il avait même ordonné aux seigneurs catholiques, qui entouraient son lit, de lui prêter serment de fidélité ; mais, en même temps, se tournant vers son beau-frère, il lui avait dit tristement : Soyez certain que vous ne serez jamais roi, si vous ne vous faites catholique. Henri ne pouvait abjurer le protestantisme en face d'une couronne qu'un crime arrachait aux Valois. C'eût été paraître sacrifier sa conscience à son ambition et s'aliéner le parti protestant, sans être assuré de gagner la masse du parti catholique. Forcé de se montrer à l'armée, il prend avec lui le maréchal de Biron : « C'est à cette heure (1), lui dit-il, qu'il faut que vous mettiez la main droite à ma couronne. Venez-moi servir de père et d'ami contre des gens qui n'aiment ni vous ni moi. » Puis, il accueillit tous

(1) D'Aubigné, page 255.

les officiers avec cette courtoisie et cette affabilité, qui lui gagnèrent tant de cœurs. En même temps, il publia une déclaration solennelle par laquelle il s'engageait à se faire instruire dans la religion romaine et à la maintenir exclusivement dans tout le royaume, excepté dans les lieux où l'édit de Bergerac accordait la liberté aux protestants, à en rétablir l'exercice dans le Béarn et sur les terres de sa domination particulière, et enfin à y remettre les ecclésiastiques en possession des biens dont ils avaient été dépouillés.

La plupart des seigneurs, satisfaits de cette déclaration, le reconnurent aussitôt pour leur roi ; mais un assez bon nombre, surtout parmi les plus considérables, d'Epernon à leur tête, prirent pour prétexte la différence du culte et se séparèrent du prince ; quelques-uns passèrent même à ses ennemis. D'un autre côté, quelques chefs protestants s'irritèrent des concessions qu'il avait faites, et abandonnèrent leur ancien général. De quarante mille soldats, réunis sous les murs de Paris au moment où périt Henri III, il ne resta en peu de jours à son successeur que dix mille hommes, presque tous étrangers, et qu'il ne pouvait ni solder, ni nourrir. C'est tout ce qu'il allait opposer à la Ligue, qui avait pour elle presque tout le peuple et presque toutes les grandes villes, tous les parlements, hors ceux de Rennes et de Bordeaux, la meilleure partie de l'ordre ecclésiastique et une portion notable de la noblesse. Pour triompher dans une lutte si inégale, il fallait l'activité, le courage, l'esprit fin et délié et jusqu'aux caresses, aux séductions, aux à-propos si délicats, aux réparties si heureuses qui distinguaient le premier roi de France de la maison de Bourbon. Cinq ans lui suffirent pour conquérir son royaume. Il défit à Arques (1589) le duc de Mayenne que la Ligue avait placé à sa tête, et remporta une victoire plus éclatante encore à Ivri (14 mars 1590). Mais après les batailles rangées allaient venir les combats de moindre importance et les simples rencontres.

Il semble que la Gascogne aurait dû saluer avec des transports unanimes l'avénement d'Henri IV à la couronne de France. Le Midi l'emportait cette fois sur le Nord. Le vieil Eudes pouvait enfin se consoler dans sa tombe; l'héritier de ses domaines, le descendant des nombreuses branches de sa postérité s'asseyait sur le trône de Pepin et de Charlemagne. La noblesse de la province, en général aussi pauvre que nombreuse, s'introduisant à la cour à la suite du prince, voyait s'ouvrir pour elle la route des honneurs et de la fortune. L'amour-propre, l'orgueil national et l'intérêt s'unissaient donc pour applaudir à la nouvelle royauté; mais l'amour de la religion chez quelques-uns, la fidélité aux institutions nationales chez quelques autres, et sans doute chez le plus grand nombre l'esprit de parti firent taire ces sentiments et la Ligue continua de compter de nombreux partisans dans la province. A la mort du dernier des Valois, Marmande, Agen, Villeneuve et vraisemblablement Condom se prononcèrent pour elle. Favas (1) voulut reprendre Agen : déjà il s'était introduit dans la place et tout lui promettait un triomphe complet, lorsque ses soldats, entraînés par l'appât d'un riche butin, se débandèrent pour piller. Le gouverneur profita de cette faute; il rallia la garnison, tomba sur les assaillants et les força à la retraite. Favas échoua encore contre Marmande, où commandait le baron de Castelnau. Sus

(1) D'Aubigné.

fut plus heureux contre les villes (1) de Solomiac et de Samatan. Il s'empara par surprise de Solomiac, le 23 septembre 1589, et s'introduisit la nuit du 20 octobre dans Samatan, où il se maintint jusqu'au 21 janvier suivant. Ces quatre mois furent des jours de désolation pour la malheureuse ville. Les religionnaires se ruèrent sur les églises, sur les couvents et sur les maisons des principaux catholiques, qu'ils pillèrent et livrèrent aux flammes. Ils ne traitaient pas autrement leurs conquêtes. Lamezan, gouverneur du Comminges, le frère ou le fils (\*) de celui que nous venons de voir aux États de Blois, ne put leur arracher leur proie qu'en leur offrant trois mille livres; et comme il était hors d'état de leur compter sur-le-champ cette somme, il leur donna pour garants de sa promesse les sieurs de Labatut et de Bon, qui furent conduits à Mauvezin. Le gouverneur étant mort sur ces entrefaites, la captivité des ôtages se prolongea. Les États de Comminges leur vinrent en aide; ils comptèrent les trois mille livres et retirèrent la ville des mains de Françoise de Basillac, veuve de Lamezan.

Sus ne resta pas longtemps oisif à Mauvezin. Il attaqua Maubec, bourg fortifié qui commande une plaine étendue. Il s'en rendit maître dans le mois de février 1590, après un assaut meurtrier. Cette courageuse défense irrita la rage de ses soldats. Ils égorgèrent impitoyablement tous les habitants, qui tombèrent sous leurs

(1) Archives de Samatan. Manuscrit de M. l'abbé Bénac, curé de Ste-Gemme.

(\*) Car le document original parle d'un Baptiste de Lamezan, syndic de la noblesse du Comminges et frère du gouverneur. Or, la famille de Lamezan n'a compté vers cette époque que deux Baptiste, le député aux États et son fils puîné. Du reste, le gouverneur était chevalier des Ordres du roi, ainsi que le député.

mains, et quand les victimes manquèrent ils se jetèrent sur les maisons et les livrèrent au pillage. Après cet exploit, n'ayant que faire d'un bourg nu et désert, ils l'abandonnèrent et allèrent se fortifier dans un moulin bâti sur la Gimone. De là, comme d'un repaire, dès qu'ils apercevaient un laboureur dans les campagnes voisines, ils s'élançaient sur lui, le massacraient et amenaient ses bestiaux.

La ville d'Aignan tomba aussi, vers la même époque, entre les mains des protestants. Profitant des ténèbres d'une nuit obscure, ils fondirent subitement sur le château de Lasalle, où un festin de noces réunissait la noblesse des environs, et massacrèrent les deux époux (1) avec la plupart de leurs convives, parmi lesquels on signale le vicomte de Labatut, les seigneurs de Mauhic et de Meymes, Médrane et Lavardac. De là ils se portèrent rapidement sur la ville, tuèrent le gouverneur pendant qu'il montrait la tête pour parlementer, firent une trouée aux remparts, à l'endroit qu'on appelle encore La Brèche, et se répandirent dans les rues, où ils promenèrent le fer et la flamme. L'église, joli petit édifice de l'époque de transition, dont le chevet était orné d'élégantes colonnettes, subit moins de mutilations qu'on n'eût pu le craindre; les colonnettes furent même à peu près épargnées.

Les Ligueurs eurent leur revanche ailleurs. Bernard de Bezolles (2), seigneur de Lagraulas, qui avait

(1) Duco et d'Antras. Une habile restauration vient de rendre à l'église d'Aignan toute sa beauté primitive.

(2) Dupleix, vie d'Henri IV, page 19. Un document que nous trouvons dans les archives de la maison de Pins-Monbrun, nous indique le peu de sécurité dont jouissait alors le pays. Réné de Pins, chevalier des Ordres du roi testa à Auch dans la maison de Herranot,

embrassé leur parti, ayant rencontré entre Vic et Condom le régiment du comte de Panjas, le chargea brusquement, quoiqu'il n'eût avec lui que dix-sept archers et douze arquebusiers à cheval; et voyant que les ennemis gagnaient un chemin creux, tracé le long de la rivière de l'Osse et favorable aux gens de pied, il mit lui-même pied à terre avec les siens, et combattit si vigoureusement, que de six vingt soldats dont se composait le régiment, il n'en échappa qu'un seul, et encore celui-ci ne dut-il son salut qu'à son adresse. Bezolles ne perdit que Laprade, gentilhomme plein de courage. Les Ligueurs se répandirent dans les environs. Catherine, chargée de gouverner le Béarn et tout le pays qui composait les anciens domaines de la maison de Navarre, craignit de ne pouvoir se défendre. Elle députa à son frère, le baron d'Arros, Laas, Sauveterre, Morlaas et Castelnau, pour demander des secours. En même temps, elle écrivit au maréchal de Matignon, qui commandait dans Bordeaux, pour l'engager à venir soumettre Aire et Marciac, et invita Favas, Panjas et Castelnau à prendre part à l'expédition. Comme le maréchal tardait à se déterminer, la princesse espéra hâter sa résolution et fit un voyage en Guienne. Dans sa route, elle entra à Mont-de-Mar-

---

au mois de mai 1592, *régnant Charles, roi de France*; quoique le cardinal Charles de Bourbon, que ce titre désigne, fût mort le 9 mai 1590. Réné étant mort lui-même peu de jours après son testament, son corps fut transporté à Monbrun et inhumé un an après, « et ne fut baillé aux pauvres que 24 robes valant chascune 30 sols et fut employé autant de flambeaux valant 15 sols pièce et ne s'y trouva que les prêtres et gentilhommes voisins. *Les proches parents dudit feu messire Réné ne s'y étant pas trouvés à cause de la guerre qui estait en ce temps-là très forte et rigoureuse.* (Voir note 15).

san et y fut complimentée (1) par Claudine Lixant, qui lui fit hommage d'un de ses ouvrages. C'était un traité sur la prédestination. Ce fait et quelques autres de cette espèce que nous offrent les annales de cette époque suffiraient pour expliquer la perturbation dans laquelle la Réforme avait jeté la France. Le moyen le plus sûr d'égarer les masses, c'est de jeter pour aliment à leur curiosité des questions sociales, surtout quand ces questions sont ardues et difficiles. Catherine écouta avec plaisir la harangue et accueillit l'hommage avec une complaisance bien marquée. Ardente huguenote, elle ne pouvait qu'applaudir en voyant son sexe descendre dans l'arène et défendre les principes qu'elle professait. Nous ignorons quel fut le succès de son voyage. Il paraît, toutefois, que les combats cessèrent quelque temps autour d'elle.

D'Epernon, qui, durant les premières années du règne d'Henri IV, présenta l'étrange spectacle d'un particulier assez fier et assez puissant pour combattre à la fois les Ligueurs, les protestants et même les gens du roi, profita de ce léger calme pour s'acheminer vers la Gascogne et visiter l'Astarac. Marguerite de Foix, sa femme, l'accompagnait. Les deux époux arrivèrent au château de Caumont, vers la fin de juillet 1590, et firent, le 2 août (2), leur entrée solennelle à Masseube, l'ancienne

---

(1) Hôtel-de-Ville de Mont-de-Marsan. Les revenus de cette ville ne s'élevaient alors qu'à 1,695 livres, savoir : 1,400 pour les deux tiers des droits de scise, 212 pour le droit de plaçage et 83 pour le droit de location. La charretée de froment valait alors 30 livres, idem de seigle 31, de millet 15, de panis et de milloc 12, d'avoine 15. La pipe de vin 18, idem de miel 24. Une paire de bœufs 45 livres, une vache 12, un cheval 9, une brebis 15 sols.

(2) Voir, tome 6, page 338.

capitale du comté. Le fastueux duc ne négligea pas de réclamer, à cette occasion, la pompe et le cérémonial usités jadis dans de pareilles circonstances ; mais, lorsqu'on lui réclama le serment que le seigneur prêtait à ses vassaux, il répondit qu'il ne le devait qu'aux États assemblés. Les États s'assemblèrent en conséquence dix jours après dans la même ville. On y vit Carbon de Lamazère, seigneur de Grammont, gouverneur du comté ; Jean de Béon, vicomte de Sère ; Bernard de Mascès, seigneur d'Esclassan ; Carbon de Sedirac, seigneur de Saint-Guiraud, syndic de la noblesse du pays ; Philippe de Benque, seigneur de Bizos ; Gaspard de Marestan, seigneur de Lagarde; N. de Magnaut, seigneur de Montégut-d'Aguin; Jean de Marseillan, seigneur de Meillan; Arnaud de Monbeton, seigneur de La Seube ; Carbon de Lupé, seigneur du Garrané; Jean du Garrané, seigneur de Pépieux ; Arnaud de Marras, seigneur de Clarens; Arnaud d'Astarac, seigneur de Chélan et de Lamothe ; Philippe d'Arquier, seigneur de Lembege; Jean-Pierre de Béon, seigneur de Massès ; Jean d'Artigues, seigneur de Moncorneil et de Saintos ; Mathieu de Labarthe, seigneur de Manent ; Carbon de Lupé, seigneur de Marcian ; Jean Lacoste, Vidal Lacassagne, Gabriel Baudent, Jean Navarre, consuls de Masseube, Jean Bonnassies, consul de la châtellenie de Montcassin ; Bernard Sérès, consul de Castelnau ; Dominique Case, consul de Villefranche, et Jean Trouette, consul de Durban, assistés de tous les consuls de leurs châtellenies respectives.

Requis alors par le syndic du tiers-état de prêter le serment, d'Épernon se rendit, escorté par toute l'assemblée, à l'église paroissiale. Là, devant le maître-autel et entre les mains du vicaire de Masseube, tête nue, à deux genoux et les mains jointes, il jura sur le missel, le *Te Igitur* et la croix, de garder fidèlement les franchises *de la comté* et de la régir en bon et loyal seigneur. Son serment fut suivi du serment de tous les consuls. Lavalette traînait à sa suite Françoise de Foix, sa belle-sœur. Il la conduisit ensuite à Saintes, où il la contraignit à prendre le voile et à prononcer les vœux monastiques, après l'avoir obligée à donner à sa sœur tous ses biens, à la réserve d'une pension de six cents écus ; mais Marguerite jouit peu du don qu'on lui faisait. Elle mourut à Angoulême, le 23 septembre 1593, à peine âgée de vingt-six ans (*).

(*) Elle laissait trois fils : Henri, duc de Lavalette, mort sans postérité à Casal dans le Piémont, en 1639, avec la réputation d'un grand capitaine, Bernard qui continua la descendance, et Louis que son père voua aux autels. Françoise de Foix (1), leur tante, resta à Saintes jusqu'en 1600, qu'elle fut pourvue de l'abbaye de Ste-Glossine-de-Metz ; mais loin d'accueillir cette faveur, elle protesta contre les liens qui l'attachaient au cloître : néanmoins elle se rendit à son abbaye et y passa trois ans. Lasse alors du joug qu'elle portait, elle écrivit au roi pour se plaindre des violences dont elle était victime. Le roi la manda à Chantilly et la pria de ne pas inquiéter le duc d'Epernon. Françoise se soumit ; toutefois elle ne rentra pas au monastère de Ste-Glossine, et alla habiter à Verdun. D'Epernon s'alarma de cette vie libre et sans contrôle. Il intrigua auprès du roi et l'ancienne abbesse eut ordre de se retirer au monastère de Moncel, où elle fut confinée tant que vécut Henri IV. Après la mort de ce prince, l'infortunée, ayant recouvré un peu de liberté, s'adressa à Rome et obtint un bref de sécularisation. Malheureusement elle ne s'en tint pas à ce bref ; les persécutions de sa famille l'avaient dégoûtée d'une religion qui se montrait à son esprit avec le cortège de vœux publics et de couvents ; elle l'abjura et embrassa solennellement le protestantisme, le 14 décembre 1611. En même temps, elle demanda à être reçue en partage des biens de sa maison. La justice de sa demande échoua contre le crédit des Lavalette ; et après de longs et inutiles plaidoyers, la der-

(1) Grands Officiers, tome 3, page 386.

Catherine, sœur d'Henri IV, n'était guère plus libre sur les marches du trône que Françoise de Foix dans son couvent. Le comte de Soissons avait su lui plaire. Le prince et la princesse se donnèrent leur foi, mais Henri IV se prononça contre cette union, et rien ne put le fléchir. Catherine, égarée par sa passion, eût passé outre ; mais, au moment où le mariage allait s'accomplir, le baron de Panjas y mit obstacle et força le comte de Soissons à quitter le pays : en même temps, on mit des gardes autour de la princesse pour empêcher qu'on ne l'enlevât. Son frère voulut la soustraire à toute nouvelle tentative, et la rappela près de lui. Catherine était adorée dans le Béarn, où son administration sage, ferme et prudente avait su maintenir la paix. Elle-même chérissait les Béarnais, et c'est les yeux baignés de larmes qu'elle dit adieu au peuple, qui se pressait autour d'elle. Comme elle s'éloignait, une femme lui cria : *Hé ! Madame, plan béden l'anade, com de la vostro may, mas nou beyran pas la tournado* (1). Cette triste prédiction devait s'accomplir. Catherine ne revit plus le Béarn.

Le départ de la princesse (14 octobre 1592) fut le signal de nouveaux troubles dans la Gascogne. Les Ligueurs, comme s'ils eussent respecté sa présence ou redouté son habileté, reparurent aussitôt en armes. Un

---

nière descendante des comtes d'Astarac, la fille puînée des comtes de Candale et de Benauges, dut se contenter de sa pension de six cents écus et d'une rente de deux mille livres, qui lui avait été assignée sur l'abbaye de Ste-Glossine. Elle parvint à un âge très-avancé et mourut dans le mois de septembre 1649, à Paris, où elle avait fixé sa demeure.

(1) Madame, nous voyons bien votre départ, comme nous vîmes celui de votre mère; mais, comme le sien, nous attendrons vainement votre retour. (Olhagaray, page 691).

prébendier d'Ibos (1), les introduisit dans cette ville. L'église, ainsi que presque tous les édifices religieux d'une époque très reculée, présentait l'aspect d'une forteresse féodale. Les Ligueurs en firent leur citadelle, et de là ils se répandirent dans le voisinage et y portèrent la désolation. A cette nouvelle, les habitants de Saint-Bertrand (2) jugèrent l'occasion favorable pour se venger des maux qu'avaient semés dans le Comminges les capitaines Sus et Begolles, à la tête des bandes protestantes. Ils se précipitèrent de leurs montagnes, et fondirent comme une avalanche sur le Bigorre, pillant, amenant, emportant ou brûlant tout ce qu'ils pouvaient saisir. Les ravages et les déprédations n'avaient jamais été semblables depuis le commencement des guerres civiles. Les laboureurs, voyant leurs maisons incendiées et leurs moissons détruites, privés d'ailleurs de leurs bestiaux et de leurs instruments aratoires, s'exilèrent volontairement de leur malheureuse patrie, et allèrent chercher un asile en Espagne.

La ville de Tarbes devait partager le sort général du comté. Etienne de Castelnau-Laloubère (3) vint l'investir, et à la faveur de quelques intelligences, et surtout du clergé et des moines, il pénétra dans la Rue-Longue, où il posta les capitaines Domaison et Galosse. Le danger était pressant. Le baron de Bazillac, gouverneur de Béarn, qui s'était renfermé dans ses murs, se hâta de demander des secours à d'Incamps, commandant du château de Lourde. D'Incamps lui envoya aussitôt cent arquebusiers, qu'il suivit de près avec quelques autres troupes. Le capitaine Sus accourut de son côté,

---

(1) L'abbé Duco. — (2) Mazières, Man. de Tarbes. — (3) Duco, Mazières et Olhagaray, page 692 et suivantes.

à la tête d'une trentaine d'hommes d'armes et de quatre-vingts arquebusiers. Le baron de Bénac eut l'adresse d'introduire dans la place ce double renfort sans que les ennemis s'en aperçussent ; mais ils en furent bientôt instruits par des transfuges, et abandonnèrent leurs postes avant que les assiégés ne fissent aucune sortie. Cet échec ne découragea point les Ligueurs ; ils s'adressèrent à Villars et lui firent entendre qu'il lui serait facile de soumettre le Bigorre, et peut-être même le Béarn.

Villars, séduit par leurs paroles, vint assiéger Tarbes. Bazillac n'osa pas l'attendre. A son approche, il assembla les habitants devant l'église de St-Jean, et leur déclara qu'il y aurait témérité à essayer avec des ressources aussi faibles que celles dont il pouvait disposer, de disputer à une armée nombreuse une ville aussi vaste et aussi mal fortifiée. Le consul Duprat combattit vainement cette résolution. Bazillac alla s'enfermer dans Rabastens avec ses soldats et une partie des habitants. D'Incamps et Sus se retirèrent, le premier à Lourdes, et le second en Béarn. Le reste des habitants, abandonnés des troupes, se sauvèrent à Séméac et dans les villages environnants. Les seigneurs de Dours et de Roquepine, qui précédaient Villars, entrèrent ainsi sans résistance dans des murs déserts. Villars y entra après eux, et quand il en eut donné le gouvernement à Laloubère, il passa outre et alla assiéger Lourdes. D'Incamps, sommé de se rendre, répondit comme jadis Arnaud de Vire à Duguesclin : Le roi, mon maître, m'a confié cette place pour la garder et non pour la remettre à ses ennemis. Cette noble réponse fit comprendre à Villars que la force seule triompherait du gouverneur. Il craignit d'être arrêté trop longtemps s'il faisait le siège du château, et marcha sur le Béarn. D'Incamps, de son côté, laissant Espalunge à Lourdes, courut défendre Nay, dont il était gouverneur. Là se rassemblaient les forces destinées à repousser l'invasion. Villars fit proposer aux chefs réunis de traiter avec lui de la rançon du pays, et les menaça, en cas de refus, de toutes les horreurs de la guerre. On ne répondit à cette bravade qu'en envoyant le capitaine Lamothe, à la tête d'environ quatre cents soldats, occuper Pontac, vers laquelle l'armée des Ligueurs s'avançait. Lamothe s'y fut à peine renfermé que l'avant-garde parut sous les murs et fut repoussée. Du Lau, qui conduisait la cavalerie, rétablit le combat et jeta dans la ville les capitaines Roques et Peyrot. Il alla lui-même prendre position au village d'Adè. La garnison résista cinq jours; mais Villars étant arrivé avec le reste des troupes, elle évacua la place et se retira sans être inquiétée. Les Ligueurs entrèrent alors dans Pontac, et y commirent les atrocités dont ils avaient cherché à épouvanter le Béarn. Enhardi par le succès, Villars envoya sommer la ville de Pau ; mais le brave de Lons, qui y commandait, fit la même réponse que d'Incamps, et Villars n'osa pas s'aventurer plus avant.

Une autre expédition se préparait en Gascogne. Les seigneurs du pays étaient réunis pour en fixer les dernières dispositions. Les états de Béarn leur députèrent le baron de Miossens, qui paraît avoir conjuré cet orage: de Lau seul fut intraitable (1). S'élançant à la tête de cinq ou six cents hommes de cavalerie, il traversa la Chalosse et alla tomber sur la ville de St-Palais, qui avait été établie capitale de la Basse-Navarre, et où l'on

---

(1) Olhagaray, page 697.

avait transporté l'hôtel de la Monnaie et la cour du royaume. La ville fut emportée d'assaut et livrée au pillage. L'hôtel de la Monnaie devint la proie des flammes. On épargna les habitants; mais les officiers de justice subirent d'atroces vexations. Sponde, un des conseillers, ancien secrétaire de la reine et père de l'historien de ce nom, fut amené prisonnier, malgré son âge et ses infirmités, et quelques jours après massacré de sang-froid. La prise de St-Palais fut le dernier triomphe de la Ligue dans la Gascogne. Henri de Gontaut-St-Geniez, gouverneur de Béarn, venait de mourir. Henri IV le remplaça par Caumont-Laforce, ce jeune enfant que nous avons vu échapper au massacre de la St-Barthélemy. Soldat courageux, général habile, administrateur ferme et vigilant, Laforce déjoua les projets des ennemis de son maître; mais déjà Henri lui-même avait ôté à ceux que la différence de religion armait seule contre lui, tout prétexte de continuer ces violences. Il abjura solennellement ses erreurs dans l'église St-Denis, le 15 juillet 1593.

A cette nouvelle, le protestantisme s'émut. Un synode s'assembla à Pau : on y arrêta qu'on augmenterait le nombre des ministres destinés à défendre et à propager le protestantisme, et qu'on en doterait les villes qui en étaient dépourvues et en particulier (1) Mont-de-Marsan, Vic-Fezensac, Eauze, Montréal, l'Isle-Jourdain, Mauléon-dans-la-Soule et quelques bourgs de la Chalosse. On y décréta aussi qu'on cesserait de prier publiquement pour un prince qui venait d'outrager la Réforme par une seconde défection. Henri, sans s'inquiéter de ce décret, dicté par le dépit, mit le sceau à sa conversion

---

Poydavant, tome 2, page 328. Mirasson.

en recevant l'onction sainte dans la cathédrale de Chartres, le 28 février 1594 C'était la consécration religieuse de sa légitimité. Aussi, un an après (22 mai 1595), il entrait à Paris. Cependant, Rome faisait attendre son absolution; mais la prudence et l'habileté de Dossat et de Du Perron, chargés de plaider la cause du monarque français auprès du souverain pontife, triomphèrent de tous les obstacles, et le pape Clément VIII le réconcilia avec l'Eglise, le 16 septembre 1595. Cet acte porta le dernier coup à la Ligue(\*). Le duc de Guise et Mayenne lui-même firent leur soumission. Tous les seigneurs, qui, dans les provinces, avaient encore les armes à la main, imitèrent cet exemple. La France se reposa enfin de ses longues et cruelles agitations, et Henri IV, dans l'effusion de sa joie, put s'écrier : C'est maintenant que je suis roi. Mais après avoir abattu les partis, il fallait guérir

(\*) La lutte fut vive dans les domaines de l'ancienne maison d'Armagnac, durant ces dernières années et surtout en 1594. Le 22 janvier de cette année, les consuls et jurats de Mauvezin décrétèrent que la foire du lendemain se tiendrait hors des murs de la ville, *afin d'éviter la surprise qui en pourroyt advenir*. Le 17 mai suivant, ils envoyèrent deux pièces d'artillerie à la ville de Gimont qui s'étai t divisée en deux partis, les uns tenant pour la Ligue et les autres pour le roi, et qui en étaient venus aux mains. Dix-huit jours après, Jean de Luppé-Maravat, gouverneur de Mauvezin, ordonnait aux consuls de faire faire bonne garde pour surveiller les ennemis qui s'assemblaient pour quelque entreprise. Durant toute cette époque, les catholiques ne comptèrent à Mauvezin aucun de leurs co-religionnaires parmi les consuls, ni même parmi les jurats. La noblesse des environs était aussi presque toute protestante. Jacques de St-Julien, seigneur de Bouvées et de St-Brès, déclare dans son testament (25 mars 1603), qu'il meurt dans la religion Réformée, il veut que ses enfants soient élevés dans la même religion, et charge de ce soin, Jean de Luppé, seign. de Maravat, Alexandre de Preissac, seign. d'Esclignac, Severic de Pressac, seign. de Labrihe, François de Gére, seign. de Ste-Gemme, et Aymeric de Leaumont, seign. de Puygaillard, tous ses cousins.

les plaies qu'ils avaient faites à la France. La tâche était rude et difficile. L'éternelle gloire d'Henri est de l'avoir remplie dignement.

L'église avait eu sa large part dans les malheurs de la patrie. Elle est toujours la première à souffrir des commotions publiques; mais ici, il faut le dire, ce n'est pas seulement les guerres civiles qu'elle devait accuser; la royauté avait été le principal auteur de ses maux. Catherine de Médicis avait abusé du concordat pour accumuler les bénéfices sur les mêmes têtes et pour placer sur les siéges épiscopaux des princes et des grands seigneurs, qui ne résidaient pas parmi leurs ouailles, quelquefois même des hommes, qui n'avaient aucune des qualités que demande le sacerdoce, et c'est en face du protestantisme naissant qu'on établissait de pareils gardiens de la foi. Faut-il s'étonner ensuite du progrès de l'erreur? Les désordres s'aggravèrent à la suite des guerres civiles. Les évêchés, les abbayes, les cures elles-mêmes devinrent le prix des services militaires. Qu'on juge, par ce qui se passait dans le diocèse d'Auch (1), des brèches faites à la discipline sous l'administration de Catherine. Le maréchal de Bellegarde y possédait les abbayes de Gimont, de Sère et de Lescale-Dieu. Un de ses parents avait l'abbaye de Lacaze-Dieu, les pieurés de St-Orens et de Peyrusse-Grande, l'archidiaconné de Vic, les grangeries de Vic et de St-Martial. Lavalette jouissait de l'abbaye de Berdoues; François de Candale, du prieuré de St-Mont; le capitaine Monluc, du prieuré de Montesquiou; Lamothe-Goudrin, du prieuré de Gavarret et de la rectorerie de Labarrère; le baron de Lussan, de la *sacristenie* de Faget; Massès, des rectoreries de Labéjan, de Bésues

---

Manuscrit de l'Auteur.

et de Montie; Bazordan, des rectoreries de Thermes et d'Areu; le vicomte de Labatut, de la rectorerie de Thermes; Baratnau, de la rectorerie de Montestruc et du bénéfice de St-Martin-Binagré; Corneillan, de la rectorerie de Saint-Mont et du bénéfice de Corneillan; Fieux, de la rectorerie de Dému; enfin Bonas, du bénéfice de Saint-Sernin-de-Bonas. L'archevêché d'Auch, lui-même, était entre les mains d'un enfant.

Le cardinal Louis d'Est, que nous avons laissé paisible possesseur de ce siège, ne parut qu'une fois en France, où il remplit les fonctions de légat *à latere*; il assista, en cette qualité, aux premiers états de Blois, en 1578. Le clergé, peut-être à son instigation, y demanda le rétablissement des élections capitulaires; mais la cour déclina cette demande. Le légat retourna bientôt à Rome, où il mourut en 1586, dans le magnifique jardin du Quirinal. A ses derniers moments, il se souvint de son église d'Auch, qu'il n'avait point visitée durant sa vie, et lui légua son cœur. Ses entrailles furent déposées dans l'église de St-Louis, à Rome; mais son corps fut porté chez les Franciscains de Fiésoli. Ce prélat ne se distingua pas moins par sa piété et sa charité pour les malheureux, que par son intelligence et ses talents administratifs: aussi l'appelait-on le trésor du pauvre, la lumière du sacré-collége et l'ornement de la cour pontificale (\*). A sa mort, les vœux publics du diocèse ap-

(\*) Louis d'Est portait comme son oncle. On voyait ses armes aux vitraux de l'église et à la petite porte d'en haut de l'archevêché. Guillaume Leblanc, évêque de Vence, un des plus célèbres poètes de son époque, fit son épitaphe. Sous l'épiscopat de Louis d'Est, une quantité de biens ecclésiastiques furent aliénés en vertu d'une bulle du pape Grégoire VIII et des ordres d'Henri II, et de Charles IX. (Voir note 16).

pelaient sur le siége Jacques, ou plutôt Jules Salviati, son vicaire-général, mais il fut écarté. Toutefois, avant de quitter l'administration, il voulut relever le collége d'Auch, qui penchait déjà vers sa décadence. Les premiers professeurs n'avaient fait que s'y montrer quelques jours. Leurs successeurs n'avaient pas été plus constants, et les derniers maîtres venaient de se retirer. Dans cet abandon, Salviati, le chapitre métropolitain et les consuls jetèrent leurs yeux sur les jésuites (\*). La négociation ne fut terminée que le 23 juin 1589. Salviati n'en vit pas la fin; il se retira dans son abbaye de Ste-Croix de Bordeaux, et y termina loin du bruit.

(\*) Ils s'adressèrent au Père Lagrange, qui prêchait avec éclat la station de l'Avent dans l'église métropolitaine et en obtinrent momentanément trois professeurs sortis de Toulouse, d'où la peste les avait chassés. Ils écrivirent en même temps au général Aquaviva, qui accepta l'établissement pour la Compagnie, et s'obligea à y entretenir six classes de latinité, y compris la philosophie. Les cours s'ouvrirent solennellement le 23 juin 1589 : le Père Lothier en fut établi le premier recteur. Cette place fut occupée dans la suite par le Père Montgaillard, auteur d'une Histoire de la Gascogne, inédite, et par le Père Vannière, l'élégant émule de Virgile. St-François-Régis y professa deux ans les humanités, ainsi que les Pères de Faye et Seguy, l'un et l'autre avantageusement connus dans la république des lettres. La jeunesse accourut en foule se ranger sous la discipline de ces nouveaux maîtres. Le collége n'avait jamais été aussi florissant. On jeta aussitôt les fondements d'une chapelle qui fut bénite le 14 février 1595, par Jérôme de Lingua, évêque de Couserans, assisté de François Védelly, qui avait remplacé Salviati dans les fonctions de vicaire-général; mais, cette chapelle ayant été trouvée trop étroite, on l'abattit pour en construire une plus vaste : c'est celle qui existe encore. Léonard de Trappes en posa la première pierre le 10 septembre 1624, et y célébra la première messe trois ans après. Les Jésuites gardèrent le collége jusqu'à leur expulsion de France, en 1764. Ils furent alors remplacés par des prêtres séculiers. M. l'abbé Bauduer, de Peyrusse, un de ces types de l'ancien sacerdoce, chez qui la plus haute science s'alliait à la plus douce et à la plus tendre piété, fut le dernier principal du pensionnat.

du monde et de ses vains honneurs une vie sainte par une mort plus sainte encore.

Henri III donna l'archevêché à Henri, marquis de St-Sorlin (1), second fils de Jacques de Savoie, duc de Nemours, et d'Anne d'Est, sœur du cardinal Louis. Henri était né le 2 novembre 1572; il n'avait ainsi que quatorze ans à la mort de son oncle. Le duc de Savoie, à la cour duquel il était élevé ainsi que son frère, venait de le créer, l'année précédente, chevalier de l'ordre de l'Annonciade, et paraissait le destiner au maniement des armes. Le séjour où s'étaient écoulées ses premières années, et l'avenir qu'on lui préparait, semblaient peu propres à former un enfant aux vertus épiscopales. Le célèbre Sixte-Quint était alors assis sur la chaire de St-Pierre. Il ne voulut pas se prêter aux vues du roi de France et refusa les bulles d'institution. Henri III maintint néanmoins sa nomination et permit à Anne d'Est d'établir un économe, qui perçut les fonds de l'archevêché au nom de son fils. Cette faveur et quelques autres non moins signalées ne purent attacher la maison de Nemours à leur bienfaiteur. Charles Emmanuel, frère aîné du jeune Henri, se déclara pour la Ligue et se prononça plus ouvertement encore contre le roi de Navarre, lorsque la mort d'Henri III l'appela sur le trône de France. Le jeune marquis de St-Sorlin marcha bientôt sur les traces de son frère, et, peu content d'applaudir aux Ligueurs, il parut en armes dans leurs rangs. Henri IV, le trouvant dans le camp ennemi, changea les économes nommés par Anne d'Est, et transporta les fruits du tem-

(1) Voir, pour tout ce qui concerne le jeune Henri de Nemours et Léonard de Trappes, le *Gallia Christiana*, dom Brugelles et les Man. de M. d'Aignan.

porel de l'archevêché au maréchal de Biron. Heureusement que l'administration spirituelle (1) était entre les mains de Léonard de Trappes, qui gouvernait le diocèse en qualité de vicaire-général. La Ligue ayant succombé, le marquis de St-Sorlin fit sa soumission, et Henri IV lui rendit, avec ses bonnes grâces, le temporel de l'archevêché; mais alors le jeune seigneur, devenu par la mort de son frère aîné héritier du duché de Nemours et des comtés de Genevois et de Gisors, avait complètement renoncé aux dignités ecclésiastiques. Il se démit de l'archevêché d'Auch, et à sa sollicitation on en investit le digne et pieux vicaire-général, qui l'administrait avec tant de sagesse.

Léonard de Trappes était né à Nevers, d'une famille riche et considérable. Dès son enfance, il se livra avec ardeur à l'étude des belles-lettres et y fit de rapides progrès. Les voyages étaient alors le complément de toute éducation perfectionnée. L'Italie tenait, d'ailleurs, le sceptre de la littérature, et la Grèce venait de renaître sous les veilles des doctes philologues du xvi° siècle. Léonard s'empressa de traverser les Alpes. Après avoir visité Florence, Rome et Venise, il alla explorer les ruines d'Athènes et de Sparte. Entraîné par son avidité de connaître, il s'embarqua pour Constantinople, d'où il passa en Syrie, et quand il eut satisfait sa piété en parcourant en détail les lieux si chers à un cœur chrétien, il revint par l'Espagne et l'Angleterre, riche de souvenirs et de notes qu'il garda longtemps et que sa modestie seule l'empêcha de livrer à l'impression. Sa haute vertu, ses talents, ses connaissances, ses longs voyages, tout le signalait au duc de Nemours, qui comptait la ville

(1) *Spiritualia capitulo providente felicem cursum tenuere.*

de Nevers dans son apanage. Le duc, non content de l'attirer dans son palais, lui confia la conduite de ses enfants, et, quelque temps après, il lui donna l'intendance générale de sa maison. Enfin, le jeune fils du duc se reposa sur lui du gouvernement du diocèse. Ces divers emplois le rapprochèrent de la cour. Il ne tarda pas à y être apprécié. Henri IV, qui posséda à un si haut degré le talent de connaître les hommes, le choisit pour son ambassadeur en Angleterre. Les vues du prince ne furent pas trompées. Aussi, quand Léonard vint rendre compte à son maître de sa mission, celui-ci, pour lui témoigner son contentement, accepta la démission d'Henri de Savoie et appela, en 1597, Léonard sur un siége qui depuis longtemps n'était plus occupé que par des princes ou par des membres des premières familles du royaume. Cette nomination souffrit quelques difficultés, car les bulles ne furent expédiées qu'à la fin de 1599. Le sacre suivit de près.

La cérémonie se fit à Paris, dans la chapelle de l'archevêché. Le cardinal Paul de Gondi y présida, assisté d'Arnaud de Pontac, évêque de Bazas, et de Leger de Plas, évêque de Lectoure. Des affaires retinrent quelque temps le nouveau prélat à la cour; mais il prit enfin le chemin de la Gascogne, et fit son entrée à Auch, le 5 novembre 1600 (1). Depuis plus d'un siècle, aucun de ses prédécesseurs n'avait résidé dans le diocèse. Quelques-uns s'y étaient à peine montrés; d'autres n'y avaient pas même paru. Cette longue absence de premier pasteur avait amené des maux sans nombre. Afin de les mieux guérir, Léonard de Trappes voulut les connaître par lui-même. Il commença aussitôt la vi-

(1) Voir les détails de cette entrée, note 17.

site de son troupeau. Sa suite était nombreuse. Il amenait avec lui deux chanoines, deux autres prêtres et deux Jésuites. Cette visite était une mission perpétuelle. Partout les Pères annonçaient la parole divine, et presque toujours le prélat mêlait sa voix à leurs prédications.

L'église d'Oleron (1) avait, plus encore que la métropole, souffert du malheur des temps. Claude Regin, cet évêque que sa lâche complaisance pour les volontés de la reine de Navarre avait longtemps fait soupçonner d'hétérodoxie, était mort à Vendôme en 1595, épuisé d'ans plus encore que de douleur. Quoique presque tous les revenus de son siége eussent été attribués aux ministres protestants, le seigneur de Luxe ambitionna cet évêché et en obtint du roi le brevet. Le chapitre, retiré à Mauléon, ne put que nommer un vicaire-général pour administrer le spirituel, et son choix s'arrêta sur Arnaud Maytie. C'était le fils de Maytie, l'ardent athlète du catholicisme contre l'évêque Roussel. Voué aux autels dès son berceau et devenu plus tard chanoine d'Oleron, Arnaud avait hérité du courage de son père. Le comte de Luxe, gagné par ses vertus, lui céda son brevet et lui obtint la nomination royale; mais il exigea de lui qu'il s'engageât à se démettre de son siége dès qu'il le lui commanderait et en faveur de la personne qu'il lui plairait de désigner. Arnaud eut la faiblesse de signer un pareil engagement. Il voulut le révoquer plus tard, et prétendit n'avoir cédé qu'à la violence. Le comte Louis de Montmorency-Bouteville, gendre du comte de Luxe,

---

(1) Voir, pour ce qui concerne les églises d'Oleron, de Dax, de Lescar et de Bayonne, le *Gallia Christiana*, Poydavant et les Man. d'Oleron, de Dax et de Bayonne.

prit la défense du prélat, et Maytie resta paisible possesseur de son évêché, dont il était digne à tant d'autres titres.

Les protestants redoutaient sa fermeté. N'étant encore que chanoine, il avait dénoncé leurs violences au parlement de Bordeaux et en avait obtenu un arrêt qui rendait aux catholiques la cathédrale d'Oleron. Dès qu'il fut promu à l'épiscopat, il força le gouverneur de La Soule à restituer à son usage primitif un hôpital dont ce gouverneur s'était emparé. Dès-lors, la mort du courageux ministre de la religion fut résolue. Un soldat l'attira dans un guet-à-pens et le frappa de dix-sept ou dix-huit coups d'épée; mais le ciel veillait sur ses jours. Non seulement Maytie guérit de ses blessures, mais il n'en garda aucune infirmité. Les sectaires, voyant qu'il avait échappé au fer, recoururent au poison. Le prélat fut averti à temps, et déjoua leur projet. Ce double attentat, loin d'affaiblir son zèle, ne servit qu'à l'accroître. Sa vie ne fut désormais qu'un combat continuel contre la Réforme. Presque tous les bénéfices ecclésiastiques du Béarn étaient aliénés. Le clergé de France, réuni à Melun (1596), supplia le roi d'en ordonner la restitution. Henri se contenta de faire rendre aux évêques de Dax, de Tarbes et d'Aire, aux abbés de Saint-Pé et de Pontaut, aux prieurs de St-Leser et au chapitre du St-Esprit, ce qui leur avait été enlevé; mais il ne statua rien en faveur des évêques d'Oleron et de Lescar. Il voulait ménager la susceptibilité des ministres religionnaires et de leurs principaux adhérents. Toutefois, cette tolérance ne put les gagner : ils repoussèrent l'édit de Nantes lui-même, malgré les avantages qu'il assurait à leur parti, et prétendirent qu'il ne pouvait regarder le Béarn, pays indépendant de la France. Maytie, à la tête des seigneurs catholiques du pays, sollicita le prince d'en rendre un second qui ne regardât que les anciens domaines de la reine Jeanne. L'évêque de Lescar se joignit à son collègue pour l'obtenir. Au déplorable Louis d'Albret avait succédé Jean de Jagot, qui ne put visiter son église désolée et se retira à Carcassonne, où il mourut. Après lui, quelques-uns placent un Calvet ou Chauvet, si peu connu que son existence elle-même est problématique. Jean-Pierre d'Abadie s'assit enfin sur ce siége.

C'était un vieillard vénérable dont l'air majestueux la grave éloquence rehaussée par d'éminentes vertus retraçaient l'image des anciens pères de l'Eglise. Il s'était marié dans sa jeunesse avec l'héritière de la maison de St-Cassin, et avait exercé la charge de maître des requêtes de la maison de Navarre. La mort lui ayant ravi sa femme, il renonça au monde et se consacra aux autels. Ses vertus, ses services passés, sa naissance, le désignaient au choix du gouvernement: il fut pourvu de l'évêché de Lescar. S'il était moins actif que Maytie, il apportait à la cause catholique une expérience des hommes et une habitude des affaires qui manquaient à l'évêque d'Oleron. La requête fut accueillie, et par une ordonnance datée de Fontainebleau (avril 1599) et sanctionnée par un édit rendu à Blois, le roi rétablit solennellement le culte catholique dans le Béarn et assigna sur les domaines de Navarre des pensions pour les deux prélats et pour douze curés : c'était tout le clergé que l'Etat consentait à entretenir; encore leur traitement était bien faible. L'évêque de Lescar avait mille écus de rente et celui d'Oleron à peine la moitié de cette somme; mais la pauvreté des ministres de la religion ne fut jamais un obstacle aux succès de leur mission. Les conversions furent nombreuses; les peuples de la campagne surtout, libres de toute contrainte, abandonnèrent en foule un culte qui ne parle ni au cœur ni aux sens pour venir s'agenouiller aux pieds des autels qu'avaient bâtis leurs pères. Oleron ne conserva bientôt que soixante protestants. Monneins, qui contenait alors mille neuf cents feux, ne compta que seize familles restées fidèles à l'hérésie. La défection fut aussi grande aux portes même de Pau. A Gan, sur six cents maisons, cinq seulement persévérèrent dans l'erreur. L'église de ce village fut réconciliée avec le plus grand appareil : on y était accouru de toute la contrée. La procession, lorsqu'elle se déploya aux regards des habitants de Pau, se composait, dit-on, de huit mille âmes. Les armées de cette époque étaient rarement aussi nombreuses.

La contrée de Béarn, dépendante du diocèse de Dax, se montra plus rebelle à la vérité : ce n'est pas que François de Noailles n'eût cherché à prémunir ses ouailles contre le venin de l'erreur. A la nouvelle de la prise d'Orthez par Montgommerry, il quitta la cour et vint se fixer parmi elles. Il leur prodigua quelques années tous les soins d'un pasteur actif et vigilant. Ces travaux, nouveaux pour lui, développèrent une maladie cruelle dont il portait le germe depuis quelque temps : on espéra que les eaux de Cambo, dans le Labour, arrêteraient son mal; mais l'art et les remèdes furent impuissants. Le prélat, sentant approcher sa fin, se fit transporter à Bayonne, et peu de jours après (15 septembre 1585) il alla rendre compte de sa gestion au Pasteur suprême. Son corps fut porté à la collégiale de Noailles près des cendres de sa famille, mais son corps resta à Dax. Malheureusement Gilles, son frère et son successeur, n'eut ni son zèle, ni sa vigilance. D'abord, conseiller au parlement de Bordeaux et maître des requêtes, Gilles suivit comme François la carrière diplomatique et fut successivement ambassadeur en Angleterre, en Ecosse, en Pologne et en Turquie. La cour récompensa ses services en lui donnant les abbayes de l'Isle et de Saint-Amand, et enfin la coadjutorerie de Dax, en 1562. Ses emplois et ses voyages ne lui permirent pas de se montrer à Dax durant la vie de son frère. Il n'y parut pas davantage après sa mort : on croit même qu'il ne retira jamais ses bulles, et que content de percevoir les revenus de son siége, il négligea de se faire sacrer. Un pasteur semblable ne pouvait qu'aider aux progrès de l'hérésie; il déposa enfin la houlette en 1597, se retira à Bordeaux et y mourut cette même année, vers la fin d'août.

Jean-Jacques de Sault, en faveur duquel Gilles de Noailles se démit, était fils d'un avocat-général du parlement de Bordeaux. Il possédait le doyenné de Saint-Surin, lorsqu'il fut appelé sur le siége de Dax ; c'était le prélat que réclamaient les besoins de son église. Pieux et zélé, il s'attacha à rétablir la discipline, et répara la cathédrale dont il augmenta les revenus.

Le siége de Bayonne était occupé par un homme de foi et de piété. Jean de Sossionde était mort le 27 novembre 1578 et avait été remplacé par Jacques Maury, dont l'épiscopat se passa à lutter contre le conseil de Béarn et la cour d'Espagne pour leur arracher les revenus de son évêché, retenus par les protestants en deçà des Pyrénées, et au-delà des monts attribués à l'évêque de Pampelune, comme nous l'avons déjà vu ; mais le prélat échoua complètement contre la cour d'Espagne, et il réussit peu contre le conseil de Béarn. A sa mort, arrivée le 17 janvier 1595, Henri IV lui donna pour successeur Bertrand d'Etchaux. La cour de Rome refusa longtemps de sanctionner une nomination faite par un prince hérétique; mais quand le prince eut abjuré l'erreur, le saint Père, non seulement s'empressa de délivrer les bulles d'institution, mais il remit de sa propre main le rochet à d'Etchaux.

Celui-ci méritait cette distinction de la part du souverain pontife. Il était fils du baron d'Etchaux, que nous avons toujours trouvé à la tête des plus constants défenseurs du catholicisme. Bertrand avait hérité du zèle, de la piété et du courage de son père; mais la houlette de l'évêque servit mieux l'église que l'épée du baron. Le vieux guerrier n'avait pu triompher des sectaires. Le ministre de Jésus-Christ les ramena dans le giron de la Foi, et en peu d'années son troupeau ne compta pas un seul dissident. Avant qu'il ne prît les rênes de l'administration, la ville de Bayonne faillit à échapper à la France. Trois traîtres, gagnés par l'or du gouverneur de St-Sébastien, avaient promis de la livrer à l'Espagne la veille de Saint-Jean-Baptiste. Leur complot fut découvert, et après qu'ils eurent avoué dans les douleurs de la torture leur criminel dessein, ils furent pendus. Les autres diocèses de la province offraient un spectacle aussi édifiant. Ainsi, tout renaissait à la fois : l'ordre et la prospérité dans l'État, la décence et la régularité dans l'église; mais le moment approchait où la Gascogne allait cesser d'avoir sa physionomie propre et particulière.

C'était une des lois constitutives de l'ancienne monarchie française que tous les apanages retournaient à l'État, quand le prince, qui les possédait, parvenait à la couronne. Néanmoins, Henri IV répugna longtemps à y réunir ses domaines particuliers. Des lettres-patentes du 1er avril déclaraient même qu'ils en demeureraient complètement séparés jusqu'à ce qu'il en fût ordonné autrement. Le parlement de Paris protesta contre une pareille déclaration et refusa de l'enregistrer, malgré deux ordres successifs. Mais d'autres cours plus dociles ou moins indépendantes se prêtèrent aux désirs du prince, et les lettres furent entérinées. Henri agit d'après ces dispositions. Quelques années plus tard (31 janvier 1599), ayant marié sa sœur au fils du duc de Lorraine, il lui assigna pour douaire le duché d'Albret, les comtés d'Armagnac et de Rhodez, et la vicomté de Limoges. Mais la princesse vécut peu, et son mariage fut stérile. Toujours obstinée dans l'erreur, ni l'exemple, ni les exhortations de son frère ne purent la ramener au sein de l'Église; et comme à ses derniers moments on la pressait encore : *Non*, dit-elle, *je ne serai jamais d'une religion où il me faudrait croire que ma mère serait damnée* (1).

Après sa mort, les terres dont elle avait été apanagée retournèrent à son frère. Le parlement de Paris renouvela alors ses plaintes. Le prince résista encore; mais en 1607, voyant que deux fils lui étaient nés, il céda enfin, révoqua les lettres-patentes et reconnut que par le fait *de son ascension au trône*, tous les fiefs mouvants de la couronne y avaient fait retour et devaient y être irrévocablement unis. La Navarre et le Béarn, pays souverains, demeurèrent à sa libre disposition. Tout le reste

(1) L'Art de vérifier les Dates, tome 6, page 231.

était incorporé à l'État. C'étaient les duchés d'Alençon, de Vendôme, d'Albret et de Beaumont, les comtés de Foix, d'Armagnac, de Fezensac, de Gaure, de Bigorre, de Rhodez, de Périgord, de La Fère, de Marle, de Soissons, de Limoges et de Tarascon, les vicomtés de Marsan, de Tursan, de Gavardan, de Lomagne, de Fezensaguet et de Tartas, les quatre vallées d'Aure, de Barousse, de Magnoac et de Nestes, *et tant d'autres terres que le dénombrement en serait ennuyeux* (1). Le prince avait ainsi, à lui seul, agrandi le domaine royal presqu'autant que toutes les autres branches des Capétiens. Cet acte (2) si important dans les fastes de la Gascogne, puisqu'il changeait ses destinées, fut signé dans le mois de juillet (1607). Les événements dont cette contrée sera désormais le théâtre appartiennent à l'Histoire de France. Aussi nous laisserons à d'autres le soin de les raconter. Nous nous contenterons de rappeler les principaux dans l'épilogue qui va faire suite à ce volume.

Démembrée de la couronne sous les Mérovingiens, la Gascogne avait vécu de sa vie propre depuis Caribert jusqu'en 1607, c'est-à-dire 979 ans. Aucune autre de nos provinces n'avait eu une existence aussi longue : peu en avaient eu une aussi brillante. Pour dernier titre de gloire, elle ne s'effaçait qu'en donnant à la France le roi dont elle avait besoin pour relever ses destinées.

(1) Laplace, tome 2, page 396. — (2) Cet arrêt se fit tout entier dans Olhagaray, page 726.

FIN DU CINQUIÈME VOLUME.

# ERRATA.

Page 18 ligne 25. Leurs voix, lisez *leur voix*.
26  3. A sire, lisez *au sire*.
33  17. Nous montre, lisez *montrait*.
99  9. D'Alençon, son compétiteur, lisez *d'Alençon, sœur de son compétiteur*.
106  10. Effacez la virgule entre d'Aragon et porta.
111  7. Quinze cents, lisez *quinze mille*.
124  3. Aimant, lisez *aimait*.
191  32. Des privilèges, lisez *de privilèges*.
203  13. La chanoinie, lisez *cloître des chanoines*.
261  30. Les trois premiers; ajoutez, *fils*.
298  22. Sous le portique, lisez *le porche*.
308  4. Trois mois, lisez *six mois*.
345  4. Orthez, lisez *Arthez*.
355  14. Qui ait illustré, lisez *qui aient illustré*.
375  2. Leurs parents ou leurs amis, lisez *leur parent ou leur ami*.

# TABLE

## DES MATIÈRES DU CINQUIÈME VOLUME.

### Livre XVII.

#### CHAPITRE 1er.

Page

Éléonore, comtesse de Foix, monte sur le trône de Navarre. — Sa mort. — François Phœbus, son petit-fils, lui succède et meurt à 15 ans. — Guerre pour sa succession. — Catherine, sœur de François, est reconnue par les États. — Son mariage. — Hommage des seigneurs d'Armagnac. — Les enfants et le frère du duc de Nemours obtiennent justice. — Charles, frère de Jean V, est délivré de prison. — Tortures qu'il avait endurées. — Il intéresse à sa cause les États de Tours. — Une grande partie des biens de son frère lui sont rendus. — Son entrée solennelle à Auch........................... 1

#### CHAPITRE II.

Mort de Jean de Lescun, archevêque d'Auch, et du comte de Comminges, son frère. — Le comté de Comminges est donné à Odet d'Aydie, qui est comblé de faveurs par Louis XI. — François de Savoie, archevêque d'Auch. — Évêques de Lectoure, de Dax, de Comminges, d'Oleron, de Lescar, d'Aire, de Bayonne, de Bazas, de Tarbes, de Lombez et de Condom. 29

#### CHAPITRE III.

Violences et prodigalités du comte d'Armagnac. — Ses nouveaux malheurs. — Il est délivré de prison. — Comtes d'Astarac. — Ingratitude et révolte du comte de Comminges. — Alain d'Albret. — Ses efforts pour épouser l'héritière du duché de Bretagne. — Nouvelles hostilités entre la reine de Navarre et le vicomte de Narbonne. — Premier accommodement. — Mort de François de Savoie, archevêque d'Auch. — Jean de la Trémouille lui succède. — Jean Marre est nommé à l'évêché de Condom. — La guerre se renouvelle entre Catherine et le vicomte de Narbonne. — Couronnement de Catherine et de Jean d'Albret, son époux. — Expédition de Charles VIII, en Italie. — Seconde pacification entre les Membres de la maison de Foix. — Mort de Charles, comte d'Armagnac. — Sa succession est disputée. — Mort du roi Charles VIII ....... 57

## CHAPITRE IV.

Louis XII, roi de France. — César Borgia épouse Charlotte d'Albret. — Mort de Jean d'Armagnac, fils aîné de Jacques, duc de Nemours. — Mort de Jean de Foix, vicomte de Narbonne. — Son fils, le célèbre Gaston de Foix, lui succède. — Mort d'Odet d'Aydie, comte de Comminges. — Expédition d'Italie. — Louis d'Armagnac, duc de Nemours, dernier fils de Jacques de Nemours, commande au-delà des Monts. — Bataille de Cérignoles. — Mort de Louis et extinction de la maison d'Armagnac. — Mort de César Borgia. — Troubles dans la Navarre et le Béarn. — Mort du cardinal de La Trémouille. — Louis XII écrit au chapitre d'Auch et fait élire François de Clermont-Lo-Lodève. — Bataille d'Agnadel. — Le comte d'Alençon épouse Marguerite d'Angoulême, sœur du jeune François d'Angoulême. — Gaston de Foix passe en Italie. — Il s'y couvre de gloire. — Il meurt à Ravenne. ....., ................, ........ 88

## Livre XVIII.

### CHAPITRE Ier.

Troubles dans la Navarre. — Ferdinand enlève ce royaume à Jean d'Albret et à Catherine. — Vains efforts pour le reconquérir. — Entrée du cardinal de Clermont à Auch. — Jean Marre bâtit l'église d'Eauze et la cathédrale de Condom. — Mort de ce prélat. — Évêques de Comminges, d'Aire et de Lombez. — Mort de Louis XII. — François Ier lui succède. — Les biens de la famille d'Armagnac sont délivrés au duc et à la duchesse d'Alençon. — Jean d'Albret tente de nouveau de recouvrer la Navarre. — Il meurt de regret. — Catherine le suit de près dans la tombe. — Henri, leur fils aîné, prend le titre de roi de Navarre et hérite de leurs domaines. —Germaine de Foix et le vicomte de Lautrec lui en disputent une partie. — André de Foix attaque la Navarre. — Il est défait. — L'amiral de Bonnivet s'empare de Fontarabie. — Querelle du sire d'Albret avec l'archevêque d'Auch. — Sa mort. 125

## CHAPITRE II.

Henri, roi de Navarre, épouse Marguerite, veuve du duc d'Alençon, qui lui apporte en dot tous les biens de la maison d'Armagnac. — Le cardinal Georges d'Armagnac. — Expédition d'Italie commandée par Lautrec.— Mort de ce brave capitaine. — Mathe, comtesse d'Astarac, fait massacrer quatre habitants de Mirande. — Long procès à ce sujet. — La reine Éléonore traverse la Gascogne.— Naissance du protestantisme. — Marguerite le protège. — Fondation de la collégiale de Barran. — Évêques de Comminges, de Couserans, d'Aire, de Tarbes et de Lectoure........................................... 170

## CHAPITRE III.

Évêques de Dax, de Lescar, d'Oleron, de Bayonne, de Bazas, de Lombez et de Condom. — Marguerite de Navarre penche vers le protestantisme. — Henri d'Albret la maltraite à ce sujet. — Jeanne, leur fille unique, est recherchée par le prince royal d'Espagne.— Elle est fiancée au duc de Clèves.— Progrès du protestantisme dans la Gascogne. — Mort du cardinal de Clermont-Lodève. — Le cardinal de Tournon lui succède à Auch. — Gérard Roussel, évêque d'Oleron. — Marguerite et Henri reviennent sincèrement au catholicisme. — Troubles que les nouvelles doctrines excitent dans leurs États.— Mort de François Ier............................................. 201

## CHAPITRE IV.

Marguerite, reine de Navarre, visite Auch. — Entrée du cardinal de Tournon dans cette ville. — Fondation des colléges d'Auch, de Gimont, de Mont-de-Marsan et de Lectoure. — Mariage de Jeanne de Navarre avec Antoine de Bourbon. —

Mort de la reine Marguerite. — Idem de Roussel, évêque d'Oleron. — François de Tournon est remplacé sur le siége d'Auch par le cardinal de Ferrare.— Naissance d'Henri IV.— Mort de Henri, roi de Navarre, son grand-père. — Jeanne et Antoine se font reconnaître dans leurs nouveaux domaines. — Leur engoûment pour le protestantisme. — Les États de Béarn protègent l'ancien culte. — Nouvelle expédition tentée pour recouvrer la Navarre.—Mort de Henri II, roi de France. 231

## Livre XIX.

### CHAPITRE I<sup>er</sup>.

François II, roi de France. — Antoine de Bourbon conduit la princesse Elisabeth au roi d'Espagne.— Établissement du protestantisme en Gascogne. —Conjuration d'Amboise. — Mort de François II. — Charles IX lui succède. — Le roi de Navarre retourne au catholicisme. — Obstination de la reine Jeanne.—Troubles religieux.—Prédication des Ministres.— Monluc. — Exécution à St-Mézard. — La Gascogne prend les armes. — Diverses expéditions de Monluc. — Siège de Lectoure. — Massacre de Terraube. — Prise de Lectoure. — Bataille de Vert en Périgord. —Mort d'Antoine de Bourbon... 262

### CHAPITRE II.

Jeanne, reine de Navarre, embrasse le protestantisme. — Troubles à cette occasion. — Le pape Pie IV l'excommunie. — Le collége d'Auch. — Voyage de Charles IX à travers la Gascogne. — Lieux qu'il visite. — Le Guypuscoa et La Biscaye soustraits à la juridiction des évêques français. — Jean de Moutier, évêque de Bayonne. — François de Noailles, évêque de Dax. — Jean de Monluc, évêque de Valence. — La reine Jeanne abolit la religion catholique dans ses Etats. — Réclamation des États de Béarn. — Soulèvement de la Basse-Navarre. — Deuxième guerre civile. — Sagesse des habitants de Mont-de-Marsan.— Paix de Longjumeau.—La guerre renaît. —La reine Jeanne y prend part et se retire à la Rochelle avec ses deux enfants. — Batailles de Jarnac et de Moncontour... 293

## CHAPITRE III.

Charles IX fait saisir les possessions de la reine de Navarre. — Sarlabous soustrait le Bigorre à l'autorité de la princesse. — Terride est nommé, par le duc d'Anjou, gouverneur du Béarn et de la Navarre. — Le Béarn est attaqué par plusieurs côtés à la fois. — Marche de Terride. — Ses succès. — Siège de Navarreins. — Montgommerry — sa marche — ses cruautés. Il délivre Navarreins, — il bat Terride et le fait prisonnier avec presque tous ses officiers. — Atrocités qui signalent la prise d'Orthez. — Drame tragique de Pau. — Nouvelles cruautés de Montgommerry. — Inaction de Monluc et de Danville. — Prise de Mont-de-Marsan, par Monluc................ 325

## CHAPITRE IV.

Mesures prises par Montgommerry contre les catholiques. — Synode de Lescar. — Montgommerry repart pour aller rejoindre l'armée des princes. — Il entre à Morlas. — à Maubourguet. — à Tarbes — saccage St-Pé-de-Génerez et l'Escale-Dieu — menace Bagnères et Marciac — ravage Aire, Nogaro Eauze et Montréal — s'introduit à Condom — s'avance vers Auch. — qu'il fait insulter par Sérignac — retourne à Condom, fait sa jonction avec l'armée des princes, et se dirige avec elle à travers le Languedoc. — Après son départ, Monluc assiége et prend Rabastens. — Nouveaux malheurs de la ville de Tarbes. — Le catholicisme est banni du Béarn et de presque tous les domaines de la reine Jeanne. — Violence de la persécution. — Nouvelle paix. — Jeanne retourne dans le Béarn et y renouvelle ses édits de proscription contre le catholicisme. — Projet de mariage du prince Henri, son fils, avec Marguerite de France. — Voyage de Jeanne à la cour de Charles IX. — Sa maladie et sa mort.................... 334

# Livre XX.

## CHAPITRE Ier.

Henri de Navarre succède à Jeanne, sa mère — il épouse la princesse Marguerite. — La St-Barthélemy. — Massacres à Condom et à Dax. — Le vicomte d'Orthe à Bayonne. — Les protestants du Midi s'unissent en confédération. — Siège de

La Rochelle. — Le comte de Grammont, gouverneur du Béarn, est fait prisonnier par le jeune d'Arros. — Mort de Frédéric, dernier comte d'Astarac de la maison de Foix. — Malheurs de la ville de Tarbes — Losier, chef protestant, tue Baudean, gouverneur de Bagnères, et est tué à son tour. — Les protestants sont chassés du Bigorre. — Mort du roi Charles...... 381

## CHAPITRE II.

Le roi Henri III succède à Charles IX. — Monluc, maréchal de France — sa mort. — Le maréchal de Bellegarde. — Évasion des princes. — Henri de Navarre visite la Gascogne. — Danger qu'il court à Eauze. — Ses tentatives infructueuses sur Condom et sur Auch. — Prise de Mirande par les catholiques. — Rencontre près de Jegun. — Le château de Manciet est assiégé et démoli. — Fête donnée à Henri de Navarre, par la ville de Bayonne. — Nouvel édit de pacification, qui n'a pas plus de durée que les précédents. — Prise de Marciac par les protestants. — Voyage de la reine Catherine et de Marguerite, sa fille. — Elles arrivent à Agen — visitent Toulouse et l'Isle-Jourdain — séjournent à Auch. — Henri de Navarre les rejoint dans cette ville — il s'empare de Fleurance.......... 402

## CHAPITRE III.

La reine Catherine de Médicis et Marguerite, sa fille, quittent la ville d'Auch. — Paix signée à Nérac. — Les protestants évacuent Marciac. — La reine Marguerite habite le château de Pau. — Henri de Navarre tombe malade à Eauze — il prend Cahors — il défait un gros d'ennemis, près de Vic-Fezensac — il occupe l'Isle-Jourdain. — Biron attaque Nérac et prend Mezin. — Poyanne surprend Mont-de-Marsan. — Valence, prise et évacuée. — Prise et reprise de Beaumarchez. — Jean-Louis de Lavalette, duc d'Épernon. — Henri de Navarre, devenu héritier présomptif de la couronne de France, est sollicité d'abjurer le protestantisme. — Henri III accepte la Ligue et déclare la guerre au roi de Navarre. — Traits de courage. — Lysander de Léberon. — Vignoles. — Prises et reprises de Vic-Fezensac et de quelques autres villes. — Le duc de Mayenne en Guienne. — Henri de Navarre s'assure d'Eauze — il échappe à Mayenne. — Pardaillan-Gondrin défait et tue devant Montcrabeau les trois fils du baron de Trans. — Les catholiques reprennent Vic-Fezensac. — Bataille de Coutras. — Henri III se réconcilie avec le roi de Navarre — il l'appelle à son secours. — Mort de Henri III.................... 424

## CHAPITRE IV.

Le roi de Navarre succède sur le trône de France à Henri III, sous le nom de Henri IV. — Plusieurs seigneurs l'abandonnent. — Troubles dans l'Agenais, l'Armagnac et le Bigorre. — Catherine, sœur d'Henri IV, est reçue à Mont-de-Marsan. — Le duc d'Épernon reçoit l'hommage des seigneurs du comté d'Astarac. — La princesse Catherine quitte le Béarn. — Nouvelle invasion du Bigorre. — Villars attaque le Béarn. — Prise de St-Palais. — Henri IV abjure le protestantisme et se fait sacrer à Chartres. — Il soumet tous les partis. — État de la religion dans la Gascogne durant les guerres religieuses. — Henri de St-Sorlin, nommé Archevêque d'Auch. — Il renonce à sa nomination, et le siége est donné au vénérable Léonard de Trappes. — Vie de ce prélat. — Maythie, évêque d'Oleron. — Evêques de Lescar, de Dax et de Bayonne. — La Gascogne est réunie à la couronne de France............... 451

FIN DE LA TABLE DES MATIÈRES.

www.ingramcontent.com/pod-product-compliance
Lightning Source LLC
Chambersburg PA
CBHW071620230426
43669CB00012B/2004